# カラコラムを越えて

西域探検紀行選集

ヤングハズバンド著
石一郎訳

白水社

（左）ヤングハズバンド

（右）ヤングハズバンド（左端）とシナ官吏との会見

（上）夜のゴビ砂漠を行進するヤングハズバンドの一行

（下）天山山中の農場

（上） シナ・トルキスタンのバザール(市場)風景

（下） シナ・トルキスタンの一オアシス

（上）ムスター峠の氷の斜面を行くヤングハズバンドの一行
（下）アスコリ村近くの索橋

# 西域探検紀行選集

# カラコラムを越えて

ヤングハズバンド
石一郎訳

Francis E. Younghusband
*The heart of a continent*
London/John Murray/1896

生存の争いに先立って、私は青春の物音や人生のざわめきを耳にした。
そのとき感じたあらあらしい胸の鼓動を感じさせてくれ。
はじめて父の畑地をあとにする少年のようなあつい心をいだき、
来る年が生む大きな興奮へのあこがれだ。
そのとき、少年の魂はとびはね、抜けだして先へと去っていく、
昼も夜も、人々の群れの中にいても。
その人々は私の兄弟、みずからつくったものをいつもあらたに刈り取っては、
次の仕事を真剣に求める人々、はたらく人々である。

テニソン（英国の詩人、一八〇九－九二）

わが母の霊へ

ロバート・ショーの妹としての母を通じて、
私は探検の精神を継承した。
私の仕事には成功がともない、成功のことごとくが、
私の計画全般に対する母の熱烈な関心と
さらに
計画の実行に当たって示された献身的な激励に
負うところが多い。
わが旅行の記録を捧ぐ。

# 序言

ロンドンからスコットランドへ旅行をする人が、何はともあれまっさきにやってみたいのが、旅行の終わりに、友人に、途中の経験を述べることである。——汽車が混んでいたとかいなかったとか、天気がどうだったとか、鉄道会社の手順は完全だったとか不完全だったとか、である。いま私の心の中にはたらいているのは、自分の得た経験を他に話したいと思う人間一般の本能である。それを会話で述べるのが、私の場合には絶望的な仕事なのである。——一つには、私の旅行の経験が現在のところ、おそろしく積みかさなってしまったのと、もう一つには、聞き手にはまったくなじまない見知らぬ土地の旅行談を、口から伝えるのが不可能なくらいにむずかしいと思うからである。同時に、私は人のいかない地球上の僻地で、さまざまな様相を呈する自然を夢中になってながめ、なかば未開人にしても高度の文明に浴している他の国民よりも、しばしば性格に興味ぶかい特徴のある、風変わりなほとんど未知といっていい国民と交わったときに感じたたのしみを、いつもできるだけ友人と共有したいものだという望みをいだいている。

そんなわけで、私の経験をまとまった形で、個人的な知人ばかりではなしに、私の心に生いそだった冒険愛や未知をさぐる探求欲を私と共有する多くの同好者にも、とっつき易いように書かなければならないと、そんな思いに年々駆られてきた。著述の大きなよろこびは、著述を介してそんな人々のところへも達することができると感じることである。書物や仕事を通じて、人々が私に話しかけた。それとまったく同じように、私も人々に話しかけられると感じることである。また、これから冒険の生涯を送ろうとする人々に、私が先人から受けとったその同じ旅行熱や自然愛を、ひょっとしたらゆずりわたそうとしているのかもしれないと感じることでもある。

その他、私の書物の影響がおよんでもらいたいと思う人がいる。――英国の家庭におさまっている何百万人中のごくわずかの人々である。この人々の中には、家を出、世界を見ようとする英国人特有のあこがれを心にいだいている人が多数いる。事務机に向かい、あるいはロンドンの生活やシャコ猟やキジ猟からうけるきまりきった単調な興奮の中で全生涯を送るのは、英国人にとって自然なことではない。多くの人々は家庭にしばりつけられていると自分から考える。が、しばしば自分で自分をしばりつけているのである。事実心の中に旅行精神さえあれば、自分の望むとおりを行なう際、邪魔になるようなものは介入させない。おまけに、この書物を書きながら私のいだく希望の一つは、この書物に誘われて家庭居坐り組の中のごく少数者でもいいから野外へ出かけ、自然の純粋で新鮮な空気を少しでも呼吸し自然が与える地球上のすべてを楽しむ回生力や高揚した力を、いくらかでもその存在の中へ吸収してもらいたいことである。

私の書物には、科学的であるとか、なにか正しい文学様式で書いてあるとか、主張できるものはない。が、私が訪れたほとんど知られていない、ときにはまったく未知な地域で、私が見、行ない、感じたことを、できるだけはっきりと印象ぶかく打ち明け、出会ったさまざまな国民について、心にうかんだままの印象を述べるように努力した。本書の一部は、あるいは一般読者以外の人々に貴重なものになろうが、旅行を企てる前に、科学的訓練を経なかったのをかえすがえすも遺憾に思っている。最後の一、二年は、この欠陥を補うのでできるだけのことをしたのだが、ヒマラヤの山中で、ゴビ砂漠で、満州の森林の中で、かつて学校で習い覚えた生半可なギリシア語やラテン語の知識をすてさえすれば、私の周囲に生きうごくのを目にした自然の偉大な力を知ることができたのに、なんと私は努力を惜しんだことだろう！

二、三の序言を私は述べた。本書を書いた精神に共鳴される人も、読者の中にはいるだろう。本書によって一時間でも風景の変化が得られ、島国の彼方にある自然の偉大な世界を一瞬垣間見る人も、多忙な英国の群集の中にはいるだろう。従来見たのとはちがった土地の記述をたのしみに思う人も、世界に散在している同胞の中にはいるだろう。そうあって欲しい希望をいだきながら、あてもなく旅行をした人間の行為、目撃した風景、私の心をうごかしたさまざまな感情の物語をここに公刊するわけである。

山々のそば立つところに友人がいた。
太洋の起伏の上に彼の住いがあった。
青空ときらめく国土のひろがるところ、
彼は放浪の情熱と力を持った。
砂漠、森林、洞窟、くだける大波の泡、
彼にはすべてが友だちづき合いだった。たがいにわ
　かる言葉でしゃべり合い、
一巻の母国語の書物よりも明瞭だった。
湖上の太陽の光をガラスのようにはめた自然のペー
　ジのために、
彼はしばしば一巻の母国語の書物を見忘れた。

＊

危険は求めず、危険に出会ってひるみもしなかった。
風景はあらあらしく、風景はあたらしかった。
冬の突風を追い返し、夏の暑熱をよろこび迎え、
風景は果てしない旅行の労苦を甘美なものにした。

バイロン（英国の詩人、一七八八—一八二四）

# 緒言

本書の刊行が、予期しなかったいろんな理由でおくれた。原稿が完成しないうちに、著者は、とつぜん、チトラルへ赴任を命じられた。一八九五年、同国で行なわれていた鎮圧戦争中のことだった。また昨年一二月、ほんの二、三ページ印刷にかかった際、著者は二、三時間前に通知をうけただけで、はからずも世界の僻地へ向かって出立した。

出発直前、私は印刷中の著作を見て欲しいという依頼をうけた。この仕事はすこぶる興味があったし、よろこんで引きうけたが、いささか困難がともなった。場所によっては、現在ある地図では名前の見つからないのがあったし、述べているできごとも、著者だけが知っているのが多く、疑問が生じた場合、たしかめる作業が往々不可能になったことがあった。

旅行家・探検家としてのヤングハズバンド大尉の業績は、王室地理学協会金牌受賞者のなかでも非常に顕著な位置を占め、世人のよく知るところである。その主要な探検の記録をくどくど紹介するにはおよぶまい。

一八八六年、彼はインド政庁官吏ジェイムズ氏とともに満州を訪れ、長白山《チャン・ベ・シャン》の頂上にいたった。

そこから北京に戻り、一八八七年、アジアの心臓部を通りぬける冒険旅行に出発し、ゴビ砂漠と新疆省を横断してカシュガルとヤルカンドに達し、同地点からムスター峠を経、ヒマラヤを越えてスリナガルにいたった。

一八八九年キルギス領域のカンジュート人、すなわちフンザ人の襲撃状況調査に派遣された。その間、ヤルカンド川渓谷を下り、サルトロ峠とシムシャル峠を探検し、パミール高原タグドゥムバシュ地区に達してから、フンザ人の領主サフデル・アリをフンザの本拠地に訪ねた。

一八九〇年、ヤングハズバンド大尉は有名なパミール探検を行ない、探検の終わりに、ロシヤが主権を主張している領域から一方的に退去命令をうけた。この命令を伝えた将校はヨノフ大佐で、わずか二、三時間前には、ヤングハズバンド大尉はこの大佐と同じ場所で、非常に友好的に宿営していたのだった。のちに、ロシヤ政府はこの行為を陳謝した。

一八九二年、サフデル・アリを屈服させた輝かしい小戦役ののち、彼はフンザに派遣され、英国代表部を設置した。が、翌年早々、領主アマン・ウル・ムルクの死にともなう紛争が勃発すると、とつぜんチトラルに呼び戻された。平和が回復し、領主ニザム・ウル・ムルクの領主継承が確立すると、ヤングハズバンド大尉は何か月か英国駐在官として首都にとどまり、その後まもなく英国内の関心を大いにひくことになった一国を、この期間にすっかり知るようになった。チトラルとチトラル人、またその死が一八九五年の遠征の直接の原因になった不運な領主についての話が、のこらずこの著作に出てくる。

遠征談はすでにヤングハズバンド大尉が公刊し、諸経験の記録中の一挿話となっているものだが、前後それに関係のある物語が本書ではじめて述べられているのである。

ジョン・マレー（本書の出版社主）

# 目次

## 1　長白山

過去一〇年間、私は放浪の旅をかさね、アジアの広大な地域を越えた。はじめどうしてそんな旅行に出たのか、正確に言うのがむずかしい。が、じっとしているのがいかにもやりきれず、不満の種子が一八八四年の夏にまかれた、と私は考えている。当時、パンジャーブ地方のラワルピンディに駐留していた私の所属連隊、竜騎兵近衛連隊から二、三か月間の賜暇をもらい、ヒマラヤの若干の低山地帯を旅行して回るのに休暇を利用した。

私は本能的にはじめダルムサラへいった。かなり長い年月、叔父のロバート・ショーが住んでいたところである。叔父はヘイワードとともに、ヒマラヤ越えを敢行してトルキスタン平原へいった最初の英国人だった。叔父の家には、昔からの雇い人が大勢いた。――数度にわたるヤルカンドやカシュガルへの旅行にお伴をしていった連中である――それに、書物も地図も古い原稿もあった。探検を計画し、それを達成するために出発した実にその家で、私は探検家の遺品に取りまかれた。私は書物を熟読し、地図をじっとながめ、年とった召使いたちと何時間も話し合った結果、探検の精神が徐々に私の魂の中へはいりこみ、私は居たたまれず、チベット方面への予備的な徒歩旅行にとび出し、翌年同国へおもむく旅行計画をした。

この突拍子もない最初のヒマラヤの山旅を、その後おこなったどんな旅行にも劣らず、痛切にたのしい気分で思い返すのである。私は以前スイスへいって雪の山々を見たことはあったが、それはただ少年としてで、自分の思いどおりにさまよい歩くことはできなかった。いま私は自由だったし、二一歳の血気さかんな敏感な年ごろだった。一日に一行程だけでは物足りず、きまって二行程、時によると三行程もすすんだ。当時私に利用できるのはせいぜい二か月にすぎず、その二か月のあいだ、私はどこへでもいきたかった。カングラやクルのような渓谷の風景が魅惑的だった。やがて、はじめて雪の峠越えをする覚悟をしなければならず、その興奮がやってきた。書物の中の記述（むろん普通の季節でないときの経験を書いたもので、あとになってそれがわかった）から想像されるあらゆる恐怖を、私はひとり心の中に描いた。何時間も何時間も、私はやわらかい深雪の上を、うんざりしながらとぼとぼと単純に歩いていった。そしてすべての恐怖がだらしなく変質したのを知ったときの落胆を、いまでも思いおこすことができる。氷のような寒風が吹き、太陽が頭のてっぺんへじりじり照りつけ、空気の稀薄化を伴い、それまでにないひどい頭痛を覚えた。それからまた、ヒマラヤ山脈の最初の森林帯のかなたに横たわる、極端に草も木もない茶褐色の山々をながめたときの嫌悪と絶望の感情、その山々の寒々とした、ほとんど人間を寄せつけない外観——すべて私はよく覚えている。私の手順はまるっきり未熟で、経験に乏しく、一生懸命に力仕事をやる人間としてまず恥ずかしくないと思われる朝食分の食物で、一日三〇キロも五〇キロも、かねて想像していたとおりに進めないのを発見したのもよく覚えている。それでも、毎日の長い行程が終わったとき、あるいは、一つ一つ峠を越えるたびにあたらしい渓谷へはいっていったときには、甘美な満足感があった。それにともなって生まれたすばらしい健康と体力が、どこへでもいけて、人間の力の範囲内ならどんなことでもできるという気を私におこさせた。

この最初のヒマラヤ山地旅行から、私はすっかり探検熱にとりつかれて戻り、ひっきりなしに旅行記に読みふけった。ちょうどそれから二、三か月後、気候が寒くなってから、非常に幸運にも、インダス川に沿い、三か月間、アフガニスタン国境方面へ、調査のため派遣され、ありあまるエネルギーにとってはいささか活動の機会にめぐまれた。次に、現在のサー・ウイリアム・ロックハートの下にあった主計総監部に配属されてから何か月かたち、アフガニスタン領主に敬意を表しての謁見を得るため、情報部付き武官としてシムラに派遣され、カシミール国境の『地名辞典』を改訂するように命じられた。これはすこぶる性《しよう》に合った仕事だった。ダルムサラで私を大いに魅了し、探検家である私の叔父に関連してしばしば耳にした神秘の土地、ヤルカンドとカシュガルへの接近作業をすべて取り扱うことになるのだった。いまは私の自由になるアジア各地の旅行記のみごとな書庫が、探検へのまた違った刺激になって、一八八五年のその夏、シムラで思いめぐらした計画は実に多かった。
が、最初の大旅行の原因は、ジェイムズ氏*だった。われわれがいっしょになれたのは、なんとも幸運なことだった。はじめ晩餐会で出会い、二人の話がだんだんヤルカンドやカシュガルのことに移っていった（読者に切にお願いする。この二地点をよく心に止めておいていただきたい。本書には最後までしばしばこの地名が出てくる）。私は自然その話題には雄弁になって、一、二週後、ふたたび晩餐の席で出会い、われわれはまた同じ場所の話をした。すると、二、三日たったある日曜日の午後、ジェイムズ氏が歩いて私の家までやってきて、いっしょに旅行する気はないかときいた。どこへいくのかは一言も言わなかった。が、どこへいこうと、旅行にでかけさえすれば私にはよかったのである。むろん私は、「いいとも」と言った。その午後、シムラの教会へいって着席しながら、顔を上げて人々の列をながめ、この人たちがこれから私がしようとすることを知りさえしたら、各自がどんなに私の代わりを務めたがるだろうと考えていたのを覚えている。機会がありさえすれば、だれだってとうぜん旅行をしたいのにちがいないし、旅行をするのが人間の最大最高の野心にちがいないと、私はそのころ考えていたのだった。

*〔原注〕H・E・M・ジェイムズ氏はインド政庁官吏。当時インド郵政長官、現シンド州（インダス川下流州）長官。

ジェイムズ氏は、はじめ有名なチベット探検家ケアリー氏といっしょに旅行をするつもりらしかった。ちょうどケアリー氏が旅行にでかけようとしていたのだった。が、ジェイムズ氏の賜暇がむずかしくなって、翌春まで旅行を延期しなければならず、仲間がなかったので、自分のいくところへどこへなり同行しないかと私にたずねたのだった。この親切な行為は、今後とも私の大いに徳とするものだろうし、私の旅行歴の出だしが実にジェイムズ氏のおかげなのだという気持を忘れることはないだろう。

われわれは二人ともシナ方面にいきたいと思い、あてもなしにたちまちシナへいくことに決めた。私はたまたま余暇に満州、蒙古、華北についての書物をたくさん読み、その地方の旅行案内書を大いに集めていた。そんなわけで、私の上司で当時主計総監だったサー・チャールズ・マックグレガーには、旅行についての真剣な証拠をいささか示すことができ、上司は私の賜暇について、むずかしい点をとりのけるように援助し、できることはなんでもするむね約束した。それから一、二か月間、私は連隊ですごし、その期間中に連隊は約五〇〇キロ行軍して演習地のキャンプにいたり、インドでしかやらないような演習に参加した。それぞれ二万の兵力を持つ両軍が一六〇キロ以上へだたった基地から出発し、作戦、戦機、戦場をおたがいに見つけ合ってたたかうように言われていたのだった。一八八六年の春に演習が終わり、私は賜暇を得、カルカッタでジェイムズ氏といっしょになった。

　われわれの計画はすでにでき上がっていた。満州一周旅行だった。満州はいろいろと興味のある国なのに、一般にはほとんど知られていなかった。現在シナを統治している王朝の発祥地で、現地にいったことのあるごく少数の旅行者が、美しい風景、ゆったりした河川、土地の肥沃や天然資源、健康な風土のことを述べているのにすぎない。すべてそんなことをインドの暑熱の中で読み、われわれは満州に魅惑を覚えた。一方はロシヤ領、他方は日本領に接近しているので、同国には軍事的政治的関心が付随し、そんな国ですごす時間を無駄にできないだろうという気がした。

　一八八六年三月一九日、カルカッタをあとにし、日をかさね、満州の開港場牛荘《ニューチワン》に着いた。ここはいわば作戦基地になるはずのところで、幸運にも、シナ領事館員のH・フルフォード氏がここから同行した。彼はシナ語をぺらぺらとしゃべり、シナの風習には通じていたし、土地の外来者としてのわれわれが大いに必要とする援助を与えてくれる館員だった。が、満州旅行の詳細な話を残らずするのが私の意図ではなく、それはすでに、『長白山』というジェイムズ氏の書物に述べられている。同書には、われわれの旅行の記述ばかりではなく、歴史、宗教、国民の風習などについての知識のうんちくが見られる。私は私のうけとった二、三の印象で、氏の著作を補足するのにすぎないのである。

　われわれの最初の目標は、シナの伝説で非常に有名な山——長白山だった。この伝説的な山へは、一七〇九年、進取の気性に富んだイエズス会派の測量技師の一人が訪れている。この技師たちは万難を排していたるところへすすんだらしく、シナ帝国のおどろくべき正確な地図を編集した。が、その話を確認するのに、その後ヨーロッパ人は一人も同山には訪れていないし、今日でも多分にロマンティックな神秘が同山にはつきものになっている。とりわけ、満州人はその山を心の底から崇敬した。それに関し、乾隆帝の漢詩の翻訳をジェイムズ氏の書物から引用する。

「わが大清国（偉大な王朝）を築いた夏族の太古の起源にまでさかのぼるのには、その大いさ、そのかがやかしい色彩のために（王朝と）等しく際立つその山へおもむかなければならない。有名なタウマン湖（竜王潭）が頂上の一部を占め、鴨緑江《ヤールーチアン》、フントン、アイフンの諸河川が湖心に源を発し、流域の野に肥沃をもたらす。この魅力的な場所にたえず立ちのぼるかぐわしい霧が、真の栄光と純粋な幸福をたたえるのはきわめてとうぜんである。この祝福された山上で、天界の処女、すなわち天の娘が、とりわけあざやかな色どりの果実に心をひかれ、味わい、食べ、身ごもり、自身に似たこの世のものならず美しい男子の母になった。天はキョーロ（覚羅）の名前を授け、高貴な身分として、貴金属の名前をそれにつけ足し、アイシン・キョーロ（愛親覚羅）、すなわち《黄金の覚羅》を名のるように定めたのである。」

長白山は無限の森林の中心に位置し、おそろしく高く（山名自体が雪をかぶった峰を暗示する）、頂上には水深の測れない湖があると伝えられた。そこでわれわれはその神秘にはいりこんで頂上をきわめる熱意に燃え、その目的で、五月一九日、港町の牛荘を出立した。

われわれはこんどシナ旅行をはじめて味わったのだが、全体としてけっして不愉快なものではないのがわかった。だいいち、気候が申し分なかった。――英国の夏のように温和である。国内はいたるところ豊かに耕やされ、軒庇《のきひさし》のあるしっかりしたつくりの農家が散在し、英国で見うける農家と少しも変わりがなかった。われわれは二輪馬車――シナのことをかいた書物で、しばしば述べられている軽装馬車――に乗って旅行をした。二輪馬車にはそれぞれラバが二頭ずつつき、一列につながっているのを御していくのだ。車内の背後に荷物をつみ上げ、われわれは御者とならんで、長柄のもとのところに腰かけ、足を車からぶらんぶらん下げている。道路がぬかってやわらかい夏時分には、速度はいっこう上がらず、旅行者はとび下り、車にそって歩き、気が向けばまたとび乗る。が、道路が凍り、おびただしい交通量のためにつるつるになって、アスファルト道路のようになめらかになる冬期には、二輪馬車はゆうに時速八、九キロでごろごろすすみ、四五〇キロか五五〇キログラムの荷物をのせ、一日五〇キロはなんの苦もなくいくのである。

沿道にはいたるところに宿屋があって、動物もいっしょに宿泊の便が得られる。ヨーロッパの文明――われわれの場合には、牛荘の英国領事アレン氏の邸宅が代表する――からはじめてシナの宿屋にとびこむのは気持のいいものではないが、いたれりつくせりの旅行というわけにいかないのはやむをえず、いったん落ち着いてしまうと、宿屋には多くの便益があるのがわかる。たいがい個室が得られ、生活の必需品もすべて手にはいり、動物の飼料がいつも用意してある。こういった宿屋は一般にしっかりした建物で、シナの旅行者と商人にとっては実際に恩恵物である。普通横に長い一室があって、左右が一段高くせり上がり、まんなかが通路である。この低い壇、すなわちカン（炕）は、下から暖められ、上においてある低いテーブルに客がよりかかるか、すわるかして、食事をしたりぺちゃぺちゃおしゃべりをしたりする。夜になると、客は壇の上に長い列をつくり、並び合って眠るのである。こんな宿屋の大きな欠点は、内外ともに泥土づくりのことだ。フルフォード氏がいつもよく話してくれた日本の宿屋の清潔さに、われわれはしばしばあこがれの念をいだいた。

牛荘から一九二キロで、瀋陽《ムクデン》に着いた。満州の首都で、一時、現在シナを統治している王朝政府の所在地だったことがある。首都でうけた応待は愉快なものではなく、宿屋をさがして街を二輪馬車に乗っていくと、あざけったりわめいたりする群集が宿屋のなかにまでくっついてはいってきた。シナ人はプライヴァシーにはまったく無頓着である。われわれは彼らを個室に入れなかった。彼らはわれわれをじっと見つめ、持ちものを一つ一つしらべ、どんな種類の布地でつくってあるのか見ようとして、衣類にさわり、年齢とか、どこからやってきたのか、どのくらい滞在するつもりか、どこへいくのかとか、きりもなくたずねるのである。そんなことをさせな

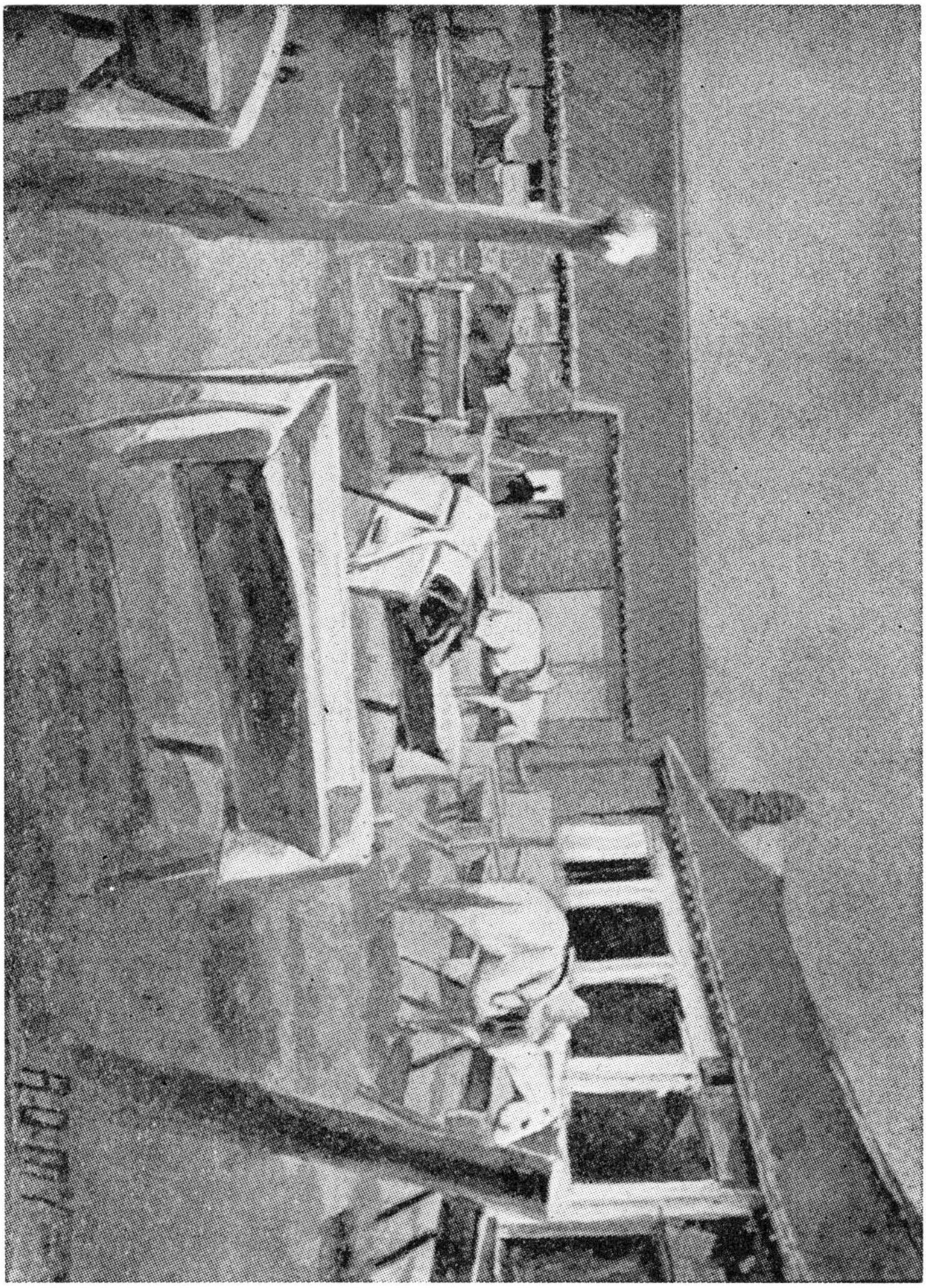

シナの宿屋の中庭

かったので、連中はかなりいらいらしたようだった。部屋から追い払ってもわれわれをなやますことをやめず、着替えをしていると、部屋の紙の窓に指をつっこんで穴をあけ、簡単にできてしまうそののぞき穴に目をあてがった。体をふいている最中、顔を上げると、たくさんの目——目だけであとは何も見えない——がわれわれをのぞいているのが見えるのだった。その結果はとりわけ腹だたしく、激怒してとびだしていって抗議した。が、部屋へはいるやいなや、彼らは前とそっくり同じに戻り、とうとうどうにもならずお手上げだった。

　が、こんなことは、シナを旅行する者のだれもが普通に経験することで、これまでに何百回となく述べられてきたのを、私はただくり返しているのにすぎないのだ。山地帯へわれわれを運んでいくラバの一隊を編成するので、瀋陽に一週間とどまった。そのため、同地を見物したり、何度か付近へ遠足に出かけたりする余裕があった。いちばん興味ぶかかったのは、現王朝の始祖ヌルハチ（清の太祖）の陵墓へいったことだった。満州人は、偉人にふさわしい墓地というものについてすばらしい着想を持ち、世界無比の人口を有する帝国の統治者へと一族をたかめた、単なる山地の頭首の墓としては、これ以上に印象的なものはないといっていい。都会生活の騒音から離れた郊外に位置して、周囲に城壁をめぐらし、広さ何キロにもわたるほのぐらい糸杉と松の木の公園の中央にある。どっしりした城壁の入口には衛兵がいて、純満州人以外の人間のはいるのを禁止している。陵墓は目的にぴったり調和し、尊厳な安息感をともなう思いがつよくはたらく。

　瀋陽にも周辺にも寺院が多いが、普通のシナ様式のもので、とくに興味がない。寺院については、シナ人はまったく奇妙なくらいに、人々の興味をひくことがへたである。実際に感銘をうけたシナの寺院には一つもぶつからない。——インド全体を通じて見られる寺院にくらべて、一つも、である。ごく少数の例外はあるが、いずれも安っぽくぴかぴかで、うすっぺらである。インドの大寺院の特徴である、建立に当たっての注意と労力と思考、美の感覚、それらの膨大な量を示す証拠にはぶつかることがけっしてないようだった。木の柱はしばしば白木のままだし、シナで普通見かけるグロテスクに塗りたてた壁を、インド寺院の堂々とした大理石の柱や精巧な彫刻の代用物にするにしては貧弱である。

五月二九日、キャラバンがすっかりまとまり、われわれは瀋陽をあとにし、朝鮮国境の鴨緑江まで東に向かってすすんだ。まもなく丘陵地帯へはいり、風景がまるっきり美しくなった。——完全に英国型の森にかこまれた山腹、インドでは一度も見たことのないカシやニレがある。谷間には繁栄している小さな村や集落がいっぱいにあるし、流れや川のほとりにはすばらしい美が瞥見された。草花やシダの量がおびただしかった。ジェイムズ氏は植物採集を行ない、一日に五種類ものちがった谷間のユリと、さまざまな形のアジアンタム（シダ類）——その一つは一種のらせん状の鉢に似て、とくに美しかった——さらに、ユリ、スミレ、アネモネその他多数の英国の草花を見つけた。われわれは申し分のない小さな国へはいりこみ、美しいものを周囲にして旅をした。

われわれが通過した谷間の一つは、満州王朝の始祖がその征服の生涯をはじめたところだった。——ニレの巨木の並木道がいくつかある平和なようすの谷であった。この時分になると、降雨のため、おおいに支障を来たした。もう毎日のようにどしゃ降りだった。さいわいいつも宿屋か農家があって、夜はそこへ泊まれたが、一日の行程はきまってずぶぬれで、進行がしばしば難渋した。それまでわれわれは望みどおりの速度でどうやらうまくすすんできたのだった。毎朝四時三〇分か五時に起き、身の回りの品をすっかりつめ、朝食をとり、それからのろくさいラバ引きの男たちが動物に荷物をのせているあいだに、二時間もわびしくうろうろしているのがいつものことである。進行の途中では、悪場を越えるので、ラバを助けたり、勝手にいってしまわないように看視したりしなければならなかった。昼になって二時間ばかり休み、食事をし、動物たちに飼料をやり、それから六時か七時までふたたび進んだ。進行の途中、私は二度か三度ひどくつかれ、倒木の上に横になり、なにか木の枝によりかかり、雨が降っていたのにもかかわらず、ぐっすり眠りこんだのを覚えている。この時期にまたとくに感じたのは、ミルクとバターの欠乏だった。シナ人も満州人も牛の乳をけっしてしぼらない。牛乳を飲むのを不快に考えているらしい。ネズミや犬を食べるが、牛乳は飲まないものになっているし、とにかく飲まない。われわれはこの単純な必要物のないのをおおいにさびしく思い、けっきょくその代わりに、食物といっしょに油を多量にとらなければならなかった。

どしゃ降りの雨のため、河川が自然に増水し、源流から二〇数キロのところは徒渉できなかった。そんな場合、旅行者は土地の《くり舟》——まんなかをくりぬいてうろになっている単なる丸太——に乗ってわたるか、洪水がひくまで数日待たなければならないか、どっちかである。この待つ方をわれわれはちょいちょいやらなければならなかったのだが、ある意味で私はよろこんだ。少しばかり休養になったし、雑嚢をひっくり返してつくろう余裕がいささかできたからだ。そんな場合には、川の近くの農家に泊まった。町の群集から離れたそんな田舎で、ひまなときには、シナ人をしみじみながめることができたのだった。いまわれわれのいる地帯はすべて純粋のシナ人が開拓し、元来そこにいた満州人に取って代わろうとしている。満州人は数が少なく、シナ本土の町に駐留して守備をするため、徴募に応じて家族とともに去り、いまでは、人口過剰か飢饉のために参っているシナの諸地区からのシナ移民が、この満州の谷へ流れこんでいた。森林を伐採し、年一年そこをさらに耕作するようになった。事実、わが国の移民が多年カナダでやってきたことを、彼らはここでそっくりそのままやっていた。彼らがやりとげる仕事の量はおどろくべきものだと、私は考えた。夜明けの最初の光がさしてくると彼らはおき上がり、腹いっぱい食事をして、やがてうんざりするような仕事にとりかかり、倒した木株を土地から一掃した。切り株に斧を打ちこみ、裂き、一時間また一時間、せっせとはたらいた。なかには土地を掘りおこし、農作物のための準備をする者もある。昼になると仕事をやめ、また腹いっぱい食べ、やがてたそがれがはじまるまで前と同じく疲れのひどい仕事に戻り、たそがれがはじまると、隊伍を組んで夕食を食べに帰ってくるのだった。彼らはたいがい強くてがんじょうな男たちで、もうれつに食欲があった。アワかゆ、野菜シチュー、スープが主な食物で、すごい大量を大茶碗でたべた。家もたいがいは居心地がいいし、しっかりした建物で、広い。屋根も非常につよく堅固にでき、シナ家屋は全般に屋根が目立つのだが、その特色がここにもあった。家は清潔にしておけるだろうのに、かならずしも清潔ではない。が、植民地の奥地で見られるはずのものにくらべると、全体としてはるかにましな住家だった。そんな植民者が森林を物ともせずすすむときに示す力づよい精神に、私はいたく打たれた。シナ人は勤勉なのでよく知られているが、それに加えてなかなか頑強な活力があった。

　われわれはついに朝鮮と満州の自然の国境鴨緑江に達した。ぶつかったあたりは、ゆったりとした川だった。――川幅三〇〇メートルあまり、深さ三メートルから四・五メートル。両岸は水際《ぎわ》まで森林にかこまれ、ところどころ平坦地には耕地と二、三の農家、あるいはあらゆる種類の草花におおわれた牧草地があった。――しばしばおびただしい見事なユリの群落があり、なかには直径一五センチもあるのがあった。紫のイチハツとオダマキがいちめんにひろがって風にゆれた。筏《いかだ》が音もなくすべるようにやって来、風景を横切って川をしずかにただよい下った。森林を通り、とぼとぼと苦労して上流へすすんでいく代わりに、筏と同じことをやってみたい気になるのがわびしかった。

　が、われわれはいま長白山に接近しつつあったし、そこへ到達しようとする興味が、努力のすべてにお返しをしてくれるのをよく知っていた。近づくにつれて、おもむろに難儀なこともふえてきた。瀋陽から四四八キロ、鴨緑江のほとりの帽児山《マオ・ア・シャン》で、普通の食糧が万事得られるものとばかり思っていたところ、ほとんど見当たらなかった。この場所へつくまでの一両日間は、非常に切りつめた一日分の食糧ですごし、着いたらかなりたっぷり肉食にありつけるものと期待していたのだった。肉については、とても食べられない豚肉を若干手に入れることができたのにすぎず、六か月前の塩づけ卵でつくった卵カレーで満足しないわけにいかず、やたらにからいカレーの勢いでやっと食べられたのだった。

　こんどは、鴨緑江の渓谷をあとにして、長白山をおおっている森林の中心部にとびこまなければならなかった。長白山から走っている山稜をくる日もくる日も上った。――山稜をこちら側から上って反対側へ下り、ふたたび上り、果てもなく上下をくり返した。樹木の幹のほかは何も目にはいらなかった。山稜の頂上からさえ何も見えず、われわれはただ森林の中へおちこみ、森林の外側を見ることができなかった。ラバを通すために下生えをかき分けてすすみ、斜面や岩石だらけの涸れ沢を上るのでラバをひっぱり、あとからぐいと押し、苦闘をつづけた。そうやって山稜の頂上へ達するのだが、あいかわらず樹木の幹にとりまかれ、樹木のほかは何も見えず、こんなに意気沮喪したことを私は知らない。われわれはまた蚊やブヨになやまされて苦しんだ。インドのどの地方へいっても、そんなに蚊やブヨを気にしたことがなく、昼間は、腹立たしいばかりチクリと刺して、われわれを狂わしくするブヨがいた。夜になると、雲のように群れる蚊がいた。ちょっと手をにぎるだけで、いつでも十何匹つかまえられた。むろんわれわれは一日中ヴェールをかぶり、両手はポケットに入れたままで、できれば布切れですっかりくるまなければならなかった。が、そうやってもひどい目にあい、手を洗うのがまるっきり拷問《ごうもん》だった。ウシバエも、この地方のために発明された、またちがった拷問の形式だった。かなりひっきりなしにわれわれを攻め立ててきたものの、注意は主に動物に向けられ、みじめなラバは攻撃をうけ、しばしば血まみれになって狂い立った。

夜になると、われわれは黒テン狩りの猟師の小屋に泊まるのだった。小屋には、一九キロから二四キロおきにぶつかり、黒テンのワナをしかけたり、チョウセンニンジンの根をさがしたりする猟師連中の本拠なのである。——チョウセンニンジンの根は、シナ人が医薬の目的でおおいに珍重する植物の根なのである。小屋は普段そこに住んでいる小人数にはちょうどあつらえ向きなのだが、われわれ多人数がやってきてふえ、ぎっしりにつまった。われわれはその小屋の中で眠らなければならなかった。小屋の外の蚊群の間の、おまけに森林のしめったところで眠るのは、ほとんど不可能なことだった。そこで小屋の中へぎっしりつまり、ときには、カン(炕)の上に横にならんでぎゅうづめになると、全部がのこらずはいりこむにはシナ人と背中合わせに寝なければならなかった。蚊を追い払うので、火をもやしていぶしつづけねばならず、そんなわけで、夏の夜の暑熱と小屋の中の空気の状態はだれにも想像されよう! われわれはむろん適切な休息はとれなかったし、その旅行期間はいたってたえがたいものだった。

猟師たちはたいがいはわれわれを非常によくもてなしてくれたものの、彼らの生活は、われわれにはねたましく思われるようなものではなかった。黒テン狩りの猟師などにはある程度の刺激剤があって、森林中に残らずワナをかけ、ワナをしらべて見て回り、たまに、それもごくまれに、何かかかっているのがわかるのだった。が、チョウセンニンジン採りはくる日もくる日も、終日森林をさまよい、一シーズンに一本植物を見つければ満足するのだった。この植物はおそらく一五ポンドの値打ちはあるだろう。純粋に野生のその植物には、非常にふしぎな精分があるとシナ人は信じているのである。

この連中について注目すべき点は、仲間同志での名誉に対する厳格なおきてである。たとえば、ある場所で、踏みあとからそんなに離れていないところにある植物の回りで、森の下生えがすっかり刈りとられているのに気がついた。これはさんざんさがし回っている植物の一つとわかった。一人の男が発見したのだが、まだ十分に成長していないので、成長するまでそこへのこしておいたのだった。この連中の間では、名誉の基準はいたって厳格で、その植物には値打ちがあり、さっさと持ち去っていけるだろうに、それにもかかわらずだれもそれには手をふれないのだった。

森林を通って旅をつづけると、松花江（大スンガリ）の支流の一つに達した。――松花江はアムール川（黒竜江）の支流で、合流点では黒竜江の方がはるかに水量がある。この流れはわれわれが求めている長白山から流出しているといわれているので、この流れを上っていった。が、二日間旅をつづけると、泥沼にぶつかり、動物をつれては通れず、ラバの輸送で立ち往生した。荷物運搬人を確保できるにしてもたった一人きりで、そこでわれわれは各自荷物を最少限にへらし、めいめい自分のを運ばなければならなかったし、たった一人の運搬人だけは、これから先、手にはいらないような食糧を運んだ。テン狩り猟師の小屋が一つか二つあると聞いていたのだが、食物が欠乏して小屋の持ち主はほとんど餓死しかかっているということだった。一年分の食糧を補給して貯蔵するのだが、なにか支障があって、食糧が届かなかったのである。われわれは荷物をかつぎ、渓谷をもういちめんにふさいで切れ目もなくつづく泥沼をわたり、強行して、夜には小屋に泊まった。それまでにないつらい仕事だつた。一日にしばしば二四キロから三二キロもひざまでもぐった。足場のはっきりしないところを進み、荷物を背負っているのでますますへたばり気味だった。おまけに、一日分の食糧を半減しなければならないというよけいな試練があった。われわれは森林にはいってから、食糧の入手がむずかしくなっていたのだった。小麦粉がいたって乏しく、主にアワがゆですごさなければならなかったし、つらい行進のあとで、好きなように肉をちょいちょい取りだすわけにいかなかった。が、主峰に近づくと、こんどはいよいよ食糧が不足した。ラバをあとにのこしてきた結果、とんでもないつらい仕事をやったので、少なくとも私はガツガツして、猟師の料理鍋のところへ二、三度出向き、彼らが食事を終えたのち、料理鍋の底をすくってできるだけ食べるといった状態だった。三度ばかりべつべつの場合だったが、ジェイムズとフルフォードと私自身がいっしょにすわって、三人で一羽のシャコの食事をしたのを覚えている。それにほんのわずか味のいいスープとホットケーキがつき、つかれきった行程のあとで、食べものといってはそれだけだった。

けれども、われわれはいま神秘的な長白山に実際に接近しつつあるのを知って、満足した。しだいに高く上ると、森林がひらけはじめた。ラバをあとにのこしてから四日目に山すそに着き、長白山が森林の上に高くそば立っているのが見えた。われわれはほんとうに救われたため息をつきながら、山を見上げた。さて、その山のまぎれもない現実のなかで、われわれはその山にまといつく神秘感や、神秘感にふさわしい畏怖感をうけとった、とはいえない。森林にとりまかれた周囲の山々からたしかに高くそば立っていた。おそらく英国諸島では山としてりっぱに通るものだろうが、われわれが期待していたような雪をかぶった王者ではなかったし、あとでわかったのだが、高度は二四〇〇メートルにすぎなかった。それでも山はたしかにあったし、雄大さに欠ける点をその美しさが補っていた。山腹の斜面が実に美しい牧草地と雑木林にとりまかれているのだった。カシミールにも美しい牧草地はたくさんあるが、長白山にくらべられるものはないし、またそれに匹敵するものを私は見たことがなかった。おびただしい色彩の量、あらゆる種類の花、イチハツ、オニユリ、オダマキがぴったりの牧草地、色彩の過剰を救って全体の美をますために、あちこちに散在する優雅で堂々としたモミの木。より間近にながめると非常に優美な格子模様のはいったシダ、濃い青いリンドウ、黄金色のキンポウゲ、ツツジ、ランその他あらゆる美しい形をした多数の草花、すべてがたったいま夏の開花をはじめたところだ。

翌日、松花江の源流の一つになっている泉をいくつか訪ね、次の日、山を上った。木立はいよいよ少なく、丈たかい草、いじけたツツジ、ヒース、黄色いケシ、リンドウにおおわれたひらけた斜面に出た。急峻だったが、それだけのことで、上りはべつに難儀もせず、いかめしくそば立つぎざぎざの二つの峰頂間の鞍部へ向かってすすんだ。そこから、反対側の朝鮮の方をはるかに遠望したいと思い、鞍部につくので懸命にすすんだ。ついに鞍部に達した。すると予期した展望の代わりに、うす気味の悪い風変わりな絶壁を背景にした、非常に美しい湖をちょうど足下に見下ろしたのにはびっくりした。事実、われわれは死火山の上にいたのだ。この湖は、かつて噴火口だったところをすっかりいっぱいにしているのだった。湖の水はとりわけ澄み、濃い青色で実に山頂に位置し、四方をぎざぎざの断崖状の絶壁が閉ざしているので、ことさら目をひいた。湖のふちまで下りて見ようと思ったが、絶壁を下りる道が見つからず、そこで高度をたしかめるため、温度計を煮沸してから、湖をぐるっと取巻く岩峰の最高点へ私は上りはじめた。上りは骨が折れたが、うまく頂上に達した――長白山の最高点である――そこから、満州方面へ目のとどくかぎり、また朝鮮の方へも目のとどくかぎり、四方八方延々とのびる森林におおわれた波濤のような山々のひろがりを見わたした。岩を背景にして、サファイアのように足下に湖が横たわっている場所を除くと、あとは森林ばかりである。この湖と、折々きらりときらめく河川がやっと単調な緑を破った。

この湖は救いの点景の一つだった。周囲は一〇キロ前後あるらしく、反対側の末端に湖の口があり、松花江の最大の支流がながれでている。とすると、ゆうゆうとした大河の源泉であり、この大河は、あとになって、四、五〇〇キロ下流では、川幅一・六キロ以上にわたるのがわかった。また大黒竜江――大きさ、威厳、ともに世界有数の巨大な川――の最大の支流と当然考えていい資格を持っている。

私はふたたび仲間といっしょになって、旅行の目的をうまく果たしたのをよろこび、労苦がすべて無駄ではなかったという気持をいだき、山腹をいそいで下りにかかった。長白山は雪で真っ白ではなく、そんなわけで、いつのまにやら予期するようになっていたとおりに高くもなかった。昔は火山だったので、ところどころ白いには白かった。が、この事実を確認して満足したし、花におおわれた斜面と山麓の牧草地の美しさ、頂上にあるすばらしい湖の静寂が、高度についての失望を十分につぐなってくれた。

三日後、ラバをのこしてきた場所へ戻り、うまくそこで手に入れたいくらかの卵をむさぼるように食べた。腹八分目で食事の席を立つのがいいといわれる。そのころ、われわれはいつもまだいくらでも食べたいのに食事の席を立っていた。といっても、もう荷物をかつぐ必要のないのは大助かりだった。幸福は相関的な性格のものにすぎないから、心臓を体内から押しだしてしまうような重いものを背負わず、ラバの横をてくてく歩いていったその翌日は、われわれはすっかり幸福な感じがした。

われわれの意図は、こんどは、満州の主要都市の一つ、吉林《キーリン》に向かって松花江を下っていくことだった。同市は源流から四八〇キロ下流にくらいし、川はその付近でさらに広々とひらけた地方へはいる。われわれは山稜を次々に上り、支流をあちこちわたり、森林を通り、何日間かあいかわらずつかれきってとぼとぼ歩いた。同一行程の途中、支流の一つを二四回も徒渉しなければならず、いたるところ腰ぐらいの深さがあった。が、ついに、まったくだしぬけに森林を出はずれ、われわれはすばらしく肥沃な、人口稠密な地域にはいった。土壌——すべて森林を開墾したもの——はほとんどまっくろで、農作物から判断すると、おどろくばかり肥えているのにちがいなかった。家はすべてあたらしく、大きくて、しっかり建てられ、食物が豊富に手にはいった。無人地帯をあらっぽく旅行したあと、ふたたび人間の仲間入りをして、周囲の活動的な生活をながめると、ほんとうにやれやれとするものである。ここでも、前と同じく、森林を突破したシナ人の入植者の活気と繁栄に感銘をうけた。アジアでは何代も経た古い生活をたくさん目にするが、そのアジア大陸では、植民地の新鮮な若い生活が活気を帯びて前進するのを見られる場所は、ごく少ないのである。

八月一二日、吉林に達し、第一回の旅程は全部終わった。吉林は人口八万から一〇万の大都市で、松花江の屈曲部、森の多い小山の間にくらいし、絵のように美しかった。川は源流からわずかに四八〇キロ、ここでは川幅四〇〇メートル、水深六メートルの巨大な流れである。が、われわれがそこにいたあいだ雨がひっきりなしに降り、その結果、土地の汚れや匂いがひどくなって、そんなこともなければたのしんだはずの自然の美しさがいっこうたのしめなくなった。瀋陽から荷物をはこんできたラバ引きには勘定を払い、さらに満州一周旅行をつづける二輪馬車の準備をととのえるので、二週間ばかりここに滞在した。その土地で見つけた主な見ものは、ヨーロッパ人の指導や管理をぜんぜんうけず、最近シナ人だけで設立し、彼らの手で運営している兵器廠だった。ここでは、連発銃、ガットリング銃(米人R・J・ガットリングの発明、初期の機関銃)、野砲が実にりっぱな様式で生産されているのがわかった。われわれが兵器廠長《しょうちょう》を訪ねると、彼は自身で先に立ち、工場を一巡した。工場をはじめたのもその廠長で、海岸から数百キロ離れた満州の中心部で、おまけに重い精密機械を輸送する鉄道も水路も、優良な道路さえない国で、そんなほんとうにりっぱな工場設備を見つけたのには、かなりびっくりした。廠長の孫《ソン》氏は単に模倣的な天分というのではなく、それ以上のものを持ち、発明や改良についても才能があった。手はじめに工場をつくり、工場では増産し、氏自身連発銃を発明した。石炭は付近で手にはいり、鉄もある程度得られるが、大部分は輸入しなければならなかった。彼はわれわれには非常に礼儀正しく、夕食に招待してくれた。そこで何人か土地の役人にも会った。

シナの正餐は非常に手のこんだものである。ここでも例外ではなかった。料理が次々に出、ナマコ、フカのひれ、ツバメの巣のスープといった美味をふくめ、しまいには三〇から四〇は出たのにちがいなかった。シナ人は注目すべきたくみな料理人である。料理は往々ヨーロッパ人にはひどく感心しない方法で出されるけれども、実際に料理法がすぐれているのは疑いのないところである。たとえば、スエット(牛・羊の腰肉・脂肪)の小さなゆでだんごがあった。すてきな料理で、軽く、ゼリーのように口の中でほとんど溶けてしまうといってよかった。野菜料理の中にもすこぶるうまいのがあった。とくに若いセロリーのシチューを私は思いだすのである。料理法がわれわれとはちがうのかもしれないが、胃の腑の世話を見る方法では、シナ人は明らかに非常にうまい考えを持っている。ところが、酒の部門では大いに賛辞を寄せるわけにはいかないと言おう。米から蒸溜したアルコール分をあたためたものは、うまくない。シナ人がとうぜんそうするものと考えているように、またたいがいのシナ人がやるように、ひっきりなしに飲むと、胃にもたれ、それだけのことにしても気分がわるくなりがちである。が、そういった社交的な集まりで、シナ人が非常にすぐれている点は、主人役としてのつとめ振りである。お客に十分気をつけ、陽気で善良な性質に富み、よくしゃべり、完全な主人役である。念が入って上品で、非常に多くの礼儀作法を守り、かたくるしさを表面に出さない。だれもが陽気で、ひっきりなしによくしゃべる。こんなシナ人がわれわれの間へはいってきたら、どんなにいい人間になれるだろう。そう考えたのは、まったくわれわれには啓示だったのである。下層階級、ラバ引き、街の浮浪人、宿屋の常連だけ見ると、シナ人について好ましくない印象を持ち、外来者をきらって、ほとんど苦もなく自分の気持をごまかし、粗野で卑猥で礼儀のない人種と見なしがちだが、家庭でのシナの紳士が見られるとすると、この印象は大幅に修正される。この場合や、その後さらにシナの紳士と何度も面会する機会のあった他の場合などから判断して、個人的に、彼らには賞賛していいものや好きになれるものが多分にあるのがわかった。おたがいにけっして品位をくずさないのが気に入った。それは常住普段いつものことで、単なる虚飾とは思われず、おたがいに真に尊敬の念を現わしているらしかった。シナ人は外来者をほとんど尊敬せず、仲間同志でおたがいに尊敬し合っているのだと私は考える。ところで、もう一度くり返すと、彼ら同志のあいだでの陽気なのは、好ましい国民性である。ヨーロッパ人のあいだでの一般的な印象は、シナ人は冷ややかな頑固な人間で、けっして笑わないことになっている。実際には、物事を楽しむ気がおきれば多分に熱中し、浮き浮きして上機嫌である。彼らの会話もなかなかうまい、といっていいだろう。たしかに生き生きとして、いかにも自然でなめらかである。むろん、ヨーロッパ人としゃべる場合は、すぐれていない。たとえば、地理については嘆かわしいくらいに無知で、相手の国をシナの属領かときくので、一般に外国人をいら立たせる。彼ら同志でつづける会話には、地理や天候と同じぐあいに話題がたくさんあるらしく、哲学的道徳的な問題については古典からの引用を随時織りこみ、長い、とっくり考えぬいた、うまい表現の議論を耳にする。シナ人は多分におそらく天上界の人間なのだろう。まるっきり雲上の人といってよく、一般世俗の人間の上にいる。この世の風俗の日常事には、たしかにほとんど関心を示さない。が、家庭で会うと、愉快な人間なのである。高慢さのためにしばしば腹立たしい思いにさせられることもあるが、このシナ人が望んでいるような高尚な見地を望み得るような人間には、私はしばしば尊敬の念をいだいた。またこのシナ人の場合、単なるうぬぼれではないと感じた。何千年の間、完全無欠を保持し、われわれ自身が野蛮へ没入しているときに、文明へ接近しようとしている帝国に属しているという誇りをいだいているのだった。

## 2　満州から北京へ

イパイラス（古代ギリシアの一国）の領地は遠退き、山々はつきる。
たえず仰ぎ、凝視につかれた目は、
草色の衣裳をつけた《春》のようになめらかな
広い谷間に止まってはなれない。
その平野にさえつつましい美はなく、
大胆な河川が遠いひろがりをひき裂いて、
川堤に沿う森が高く波打っている。
森影は鏡のような水面でおどり、
あるいは月光とともに、真夜中の荘厳な夢幻の中に眠る。

三週間休養してから、九月三日、われわれはふたたび旅行を開始して、こんどはチチハルに向かった。道路が比較的平坦でよかったので、以前のように二輪馬車が使え、一日に四〇キロ以上も進めた。が、季節がわるく、雨がひっきりなしに降り、その結果、道路——むろん割石の敷いてあるのは一つもない——がまるっきり泥沼だった。吉林を一歩出ただけで、絶望的などろんこの中へ二時間ばかりはまりこんだ。いずれにしても長時間にわたっておくれ、それが毎度のことだった。が、われわれは二輪馬車にそれぞれ三頭のラバをつけ、一台がひどくめりこんだときには、もう一台から応援を求めて三頭のラバをつなぎ、そんなぐあいに、道路の状態から見てとても不可能と思われるくらいにうまく毎日進んだ。吉林から三八・四キロの地点で、松花江を渡し船でわたり、右岸の堤に沿っていった。進むにつれて小山はいよいよ低く、谷がさらに広くなって、まもなく広々とした起伏の多い地方へ出た。土地は豊かに耕され、人口は稠密だった。麦はもうすっかり穂が出そろい、すばらしいできである。とりわけ、アワが、大きいのも小さいのも普通見られないような重い穂をつけていた。村はかなり大きく、数も多かったが、農家にしても小さい村にしても、離れ離れに分散しているものはほとんどなかった。――多分匪賊の略奪のせいだったのだろう。北満全域にわたって、匪賊の略奪がひんぴんとあった。二輪馬車が道路で襲われたり、村や町さえ略奪をうけたりした話をちょいちょい耳にした。が、われわれは略奪された経験を親しく持ったわけではなく、われわれの旅行のうち、この部分ははじめから終わりまで、人口の多い繁栄した地区を通過し、おもしろいにはおもしろかったが、事件と興奮に欠けていた。

伯都訥《ベトウナ》を出たところで、ふたたび松花江にぶつかった。北からノンニ川(嫩江)が注いでいる地点である。この川のそばの沼沢地で、それまでの記録をすっかり破るような蚊の経験をした。沼沢地のようすから見て、シギのいそうな場所と考え、下りていったのだった。遠い海のとどろきのような、一種の抑圧されたとどろきを耳にした。川からきこえてくる音にちがいないと思ったのだが、ぜんぜんちがい、それは蚊だった。沼沢地の上五、六〇センチのところに何万となくいた。われわれはほんのわずかの時間、シギ猟をやった。あたりにはシギがたくさんいたのだが、蚊が半ズボンや手袋の上からじかに食ってくるし、われわれは気違いのようにさせられ、そそくさと立ち去らなければならなかった。

松花江はここで多数の水路をだし、ほぼ一六キロぐらいの幅にひろがった。渡し船で川を渡り対岸につくと、まもなく広々としたうねるような蒙古のステップ(草原帯)へはいった。農耕はすでになく、また村もなく、いまはときたま蒙古人の住んでいる小屋のあたりを通りすぎていくだけで、まったく旅行の新局面へはいっていった。ほとんど木一本見当たらず、豊富な草や優美な花におおわれたうねる丘陵を、何キロも何キロも越えて進んだ。窪地にはしばしばかなり大きい湖があった。中には長さ数キロのがあった。いちめんに水鳥が群れていた。――何千何万というカモやガチョウである。まったくこれらの湖は水鳥の繁殖地にちがいなく、寒冷の気候になると、大陸のあたたかい地方へ下っていくのである。ガンも非常に多く見かけ、カモシカの群れもたくさんいた。

が、この旅行期間、主に心をひかれたのはミルクとバターで、それが手にはいった。ほとんど四か月もミルクやミルク製品なしで過ごしたあとに、そこの蒙古人が持ってきてくれた甘い濃い飲料を飲んだ。それはなんというもてなしだったろう！　森林の中で、あるとき私はすっかり元気がなくなって、食糧品の中のコンデンスミルクを滋養剤として一杯飲ましてもらったことがあるが、それだけ飲むのも非常にぜいたくだったのである。もっと飲みたくて、こんどはもう一日仮病をつかっていたい気におおいになった。が、ここには純粋なのがいくらでもあったし、デヴォンシャー産のに劣らないくらいクリームが濃厚だった。この蒙古人は、非常においしい一種のクリーム・チーズもつくった。デヴォンシャー産の一種の固型クリームで、三、四時間ばかりミルクを煮つめ、表面にできるクリームのかたまりをとって乾燥し、ホットケーキのようにのばしてつくるのだった。クリーム・チーズほどかたくはないが、デヴォンシャー産の固型クリームよりはかたくて、それとそっくり同じ味がした。このクリームの便利な点は、紙の上へのばし、一日の行程の途中でパンと交互にかじって食べられることだった。

蒙古人はごく少数しか見かけなかった。彼らは交通の幹線から移動して寄りつかず、本街道によくいるいかがわしい手合いを避けているのだろう。彼ら特有の住居であるフェルトづくりのユルトには、二つしかぶつからなかった。われわれの出会った蒙古人は普通の家に住み、多少なりその土地になれて定着していた。

九月二〇日、ついにチチハルに到着した。人口四万から五万の大きな町で、北満全域を占める同名州の州庁の所在地である。ごく普通の商店、土埃のひどい街路、どのシナ町にもある荒廃した寺院のほかにはほとんど見るべきものがなかった。ここはわれわれの最北の地点だった。冬が近づき、すでに霜の気配が感じられた。これからまだ進んでいかなければならないところがたくさんあったので、ふたたび方向をかえて松花江の方へ戻り、こんどは呼蘭《フーラン》をめざすことにした。さらに蒙古のステップ地帯をいくつか越えた。もう雨季が終わり、道路が乾いていたので、二輪馬車を早駆けに走らせることができ、一日四八キロ以上もすすんだ。その地方は、それまでのようにうねる大草原で、いちめんに豊富な草におおわれ、草をたべている小馬の大群がしばしば見られた。――二輪馬車の馬を小さくしたような美しいつよい小馬で、非常にがんじょうだった。

ある日、とつぜん、われわれは農耕地帯へまっすぐ乗り入れた。蒙古とシナの境界線をこえていた。それは丘陵地を横切って、純粋に人工的に敷かれている境界線ではあるが、その線まではシナ人が耕し、線の反対側は蒙古人が主権をにぎっている。が、土地を耕作しようとするこころみは一つもせず、その結果、シナ本土と、現在シナ人が蒙古人のものとしてみとめている領土との境界線は、アワや麦の列がつくっているのである。

　呼蘭はチチハルから三二〇キロばかりの地点にくらいし、ごく最近できたばかりのあたらしい町で、繁昌しているのもわかった。周囲を堅固な石の壁でかこんでいる。商店はりっぱで、土地全体にいそがしくざわめき立っているようすがあった。この町は、前年匪賊の一隊におそわれ、主だった商人がのこらず探索され、さんざんおどされ、強奪され、それから彼らが引き上げていったのだった。われわれが訪れた前の年に、フランス人の宣教師コンロー神父がすこぶる残忍な拷問をうけ、半死半生の目にあったのも実にこの土地なのだった。

　この地点から、北林子《ペ・リン・ツ》というもう一つのあたらしい町を訪ねるので、ふたたび北に向かった。そこにはローマ・カトリック教伝道所が設立されているという話だった。が、いってみると、運わるく主管牧師カール氏が不在だった。そこでまた南に向かい、もう一つの伝道基地巴彦蘇々《パ・エン・ス・ス》へいくと、そこの管理者と北林子から来ていたカール氏と二人ともいた。こんな僻遠の世界の片隅で、国籍がどうあろうと、こういう人々に出会い、ヨーロッパ人同志がおたがいに述べ合うあたたかな、心からのあいさつの言葉を耳にして、本当にうれしかった。前年、コンロー神父のうけた暴行調査のために派遣されたフランス領事のほか、こんな僻地の伝道基地へやってきたヨーロッパ人は一人もいないし、われわれにしてももう数か月もヨーロッパ人に出会っていないので、この出会いのよろこびは容易に想像されよう。が、それとはべつに、この二人の人そのものにわれわれはふかい感銘をうけた。まったくこの素朴な宣教師ほどにつよい印象を私に与えた人はほとんどないといってよかった。彼らは人間の最良のものすべてを持ち、けっしてぐらつくことのない率直な人だった。その人の周囲には、ただちにひとりでに感じられる本当に純粋な善良な雰囲気があった。単に善良な人間のそばにいるというばかりでなく、真の人間といっしょにいるのだということが、すぐわかったのである。彼らが所有しているのは、弱々しい感傷癖や瞬間的な熱狂ではなく、まがいのない人間的な価値なのだった。友人からも、すべての文明からも遠くはなれ、生き、はたらき、そして死ぬ。その地方で出会った三人のうち二人が、われわれがそこを去ってから死んだのだった。彼らがフランスをあとにするときには、永久にそこをあとにすることなのである。帰る希望はいだかない。全生涯、国の外にいるのである。彼らは多くの改宗者を見いだすことはできないかもしれないが、慈善にたずさわる。シナ人でもヨーロッパ人でも、ラギー氏、カール氏、われわれがあとになって出会ったリファール氏に五分間接すると、接したことからだれもがさわやかな感じをいだかないわけにはいかないだろう。つよいがやさしく素朴な性質が、苦難な境遇や高遠な理想のためにはっきりと現われ、世俗の賞賛や世俗のふしぎな魅惑にふれても汚れず、ひとりでにただちにふかい印象をわれわれに与え、われわれの周囲の国民ではすでに立証ずみなのだが、その立証されたとおりの影響をシナ人におよぼしているのだった。

偉大な行為は死滅するはずがない。
それを見守る人々に祝福を与えながら、太陽や月
といっしょに、みずからの光を消さず、永久にか
がやかしいものにする。

伝道の根本理由について不信の念をいだき、敵意の感情をおこす人があるかもしれない。そしてそんな感情はたしかにある。が、いま述べた人々は真に世の光であり、キリスト教の精髄——他に慈善を行なうこと——を海外に広くひろめる人々なのである。

この僻遠の伝道基地——だれ一人ヨーロッパ人のはいりこんだことのない場所に設立された——は、われわれには無上の興味の源泉だったし、そんな伝道基地についてのわれわれの最高の理想を満たしているものだった。他の場所の多くの伝道施設に見られる入念に金のかかった家も、ぜいたくなようすもここにはなく、何もかもひどくきびしく簡素だった。部屋の中はほとんどガランとして、かたい単純な家具付きの粗末で小さな家があるのにすぎなかった。そんな素朴な環境や、文明世界との交

渉から永久にしめだされたつらい状態で、この宣教師たちは鈍感できびしく、おそらく病的な人間だろうと想像されるかもしれないが、ぜんぜん反対だった。彼らは単純な陽気な性質をたくわえ、心から親切で元気いっぱいだった。時にはため息まじりに《美しいフランス》のことを話しはしたが、明らかに不満もなく幸福に暮らし、自分の仕事に献身していた。

この簡素でねんごろな伝道基地から、われわれは三姓《サンシン》に向かってすすんだ。いまはもう日一日と寒く、ある場所では猛吹雪のため一日停滞させられた。いそいで進んでいかなければならなかった。冬になると、マイナス四〇度C以下になると宣教師たちは確言していたし、四四度まで水銀の下ったのを見たことのあるその寒暖計を持ちだして見せてくれた。われわれが通過した地方は小山が多く、いちめん雑木林にとりまかれていた。——カシにカバである。こんなにまた英国の風景に似通っているところもなく、林のはずれで、われわれはきまってすばらしいキジ射ちをやったものだった。終日ガチョウの群れが次々に頭上をとび、南へ向かっていった。射止めるのにはいつも距離がありすぎたが、風のある日には、風のために、小山をとびこえられるくらいにやむなくずっとまい下りてくるのがしばしばで、そこで、小山の頂上から、小山をとびこえるときに狙って撃つのだった。

われわれはもう一度松花江をわたり、一〇月一三日、三姓に達した。少し前に通過した町にくらべると古く、活気に乏しく、町のざわめきも少なかった。が、ここでは優秀な毛皮を手に入れることができ、つらい冬がいつ襲ってくるのかわからないので、足のくるぶしまでたっぷりとどく、長いだぶだぶの羊皮の外套を着こんだ。三姓は、黒竜江方面でのもっとも国境に近い重要な居住地である。松花江はこのあたりではかなり大型の船が通えるので、シナ人は付近に相当強力な要塞をいくつか設けていた。われわれはラバにのって、見にいった。要塞は泥土づくりながら、もっとも定評のあるヨーロッパ式に設計され、重量六、七トンあるクルップ砲を備えているのがわかって、私はおどろいた。われわれはまっすぐ要塞の中へはいり、ぐるりと見回し、シナの兵隊が一人、気むずかしいふうもなく歩いていたので、弾薬庫の戸をあけてくれまいかとたのんだ。兵隊は弾薬庫の方にいって、あけてくれた。やがて要塞の視察を終え、そのままそっと立ち去ろうとしていると、駐屯している連隊の大佐が使いをよこし、お茶にくるように招待をうけた。大佐は非常に親切で、ねんごろにもてなしてくれたが、お茶の中ごろで、三姓から騎馬伝令が息せききってやってきた。われわれを絶対に要塞の中へ入れてはいけないという同地の将軍の命令を持ってきたのだった。これはすこぶる弱ったことになった。が、見るべきものは見てしまったので、将軍の命令なら一刻もぐずぐずできず、即刻要塞を退去すると確言して、われわれは極力誠意を示した。ところが、ねんごろな老大佐はお茶を終えていくようにとしきりに言った。部下の訓練の弛緩《ちかん》からわれわれを要塞へ入れたため、大佐が処罰されなければいいがと私は望むのである。

大砲に信頼がおけるなら、この要塞は松花江の通路を絶対に扼《やく》すだろう。口径が非常に大きく、そんな砲のものとしてはいちばん大きい口径らしかった。しかも、その砲をここまではこんできたときに示したのにちがいないシナ人の忍耐とエネルギーには、驚嘆した。陸路何百キロ、小山の多い地方を越えて輸送しなければならないのだった。野砲や攻城砲ぐらいだったらたらくに輸送できたかもしれないが、満州をまっすぐつっ切り、重量六、七トンもある火器をはこぶのは、まったくやりきれない仕事だったのにちがいない。が、いざという場合に砲を発射することができるのかどうか、シナ人についてはいつも疑念がある。砲も、砲に付属している精密機械も、ぜんぜん注意が欠けているし、すべてさびつき、廃物になるのにまかせ、またそんな結果についてまったく無関心である。非常な労力を使ってそこまではこんできたのにちがいない砲が、いざというとき、彼らを見すてないと確信することができない。

三姓で二日間休養してから、われわれは南に向かい、フルカ川(牡丹江)の上流寧古塔《ニングダ》にいった。道路がおそろしくわるかった。いぜんとして二輪馬車に乗っていったのだが、荷物運搬の動物にだけしか実際には向かない道路を、われわれというより御者がうまく車を走らしていったのには、驚嘆した。川にまで達している支脈をいくつも上ったり下りたりしてひっきりなしだった。支脈はたいがいきまって急峻で、道路はせまく、岩が多かった。二、三度、二輪馬車が片方へ倒れ、一度は山腹をころがり落ちながら、車もラバも二回ばかり宙返りをやった。それでも、車から荷を下ろし、ふたたび道路までひっぱり上げてみると、車もラバもひどく損傷はうけていなかった。車の幌もあちこちたたきつけられていたものの、主要な部分は少しも異常がなかった。ラバにしてもぶるっと体をふるわしただけで、すべてそれがその日の仕事だからいっこうにおどろくには当たらないというかのように、石のような目で前方を見つめた。シナの二輪馬車とラバはおどろくべき産物である。二輪馬車はみごとなできで、目方は重くなくじょうぶである。ラバもそれ以上はなれないほどがんじょうだが、一般にはいたっておとなしい。シナ人の御者は手綱をとって御していくことはめったにせず、声とピシッピシッと鳴る鞭の音だけですましていく。そんなわけで、ラバにすれば、苦労してすすみ、あげくには車が大きな岩にバンとぶつかり、車もろとも山腹をころがり落ちるか、おびただしい泥沼や沼沢にはまりこむ。そうなると、あとの車から一連のラバが応援につけ足される。このあとの場合でも、ラバの運命はかならずしも幸福なものではない。あるとき、応援なしに二頭のラバで二輪馬車をひっぱり、わたりきろうとしたがさっぱりだめで、応援の二頭をつけてからひっぱりはじめた。ところがどうしたわけか、長柄につけてあったラバが一頭はなれ、馬車の下敷きになったまま、そんなかっこうで、ほかのラバを止めるまで一〇〇メートルもずるずるひっぱられた。われわれは死んだのにちがいないと思った。——泥土ばかりだから、泥土のために窒息したのにちがいないのだ。が、ラバはおき上がり、ぶるっと体をふるわせ、正直のところいつもよりいくらかひどい目にあったかのように、おもしろくもないようすでぼんやりあたりを見つめ、やがてまた長柄につけられるのにまかせ、その日ののこりの仕事をひとりでにつづけた。支脈間の窪地には、きまってそんな泥沼が生じていたし、そこをわたるのにはしばしばひどく難儀した。小さな村にはほんのたまにしかぶつからなかった。前に通過した地方にくらべると、人口は稀薄だった。小山はカシとカバの森におおわれ、頂上いったいに松があった。小山のなかには金鉱のあるのがあるということだったが、採金は政府が行ない、政府以外には許可されていない。勝手に採金を行なう結果が闘争やけんかや紛争になるだけだとシナ人は考えるからで、したがって皇帝は国民の採金を全面的に禁じている。われわれは支流をたくさんわたり、支流には、本流の牡丹江に負けないくらい魚が群れていた。たいがいはサケだった。土地の人間は支流をせきとめて、何百匹となく魚をつかまえる。そこで、こんどは、キジ、ガチョウ、それにサケなど何やかやあって、おおいに安楽にくらし、長白山の森林中での困苦欠乏の埋め合わせをやったのだった。

寧古塔に近づくと、渓谷がひらけて広大な平原になり、農耕がゆきとどき、人口も多い。一〇月二六日、寧古塔に着いた。人口二万あまりのにぎやかな土地である。ちょうど開設したばかりの電信局があった。ここはロシヤ領に接しているので、シナ人はこの国境をかなり重要視し、電信線の架設にしても、ここに関心を持っている表れの一つだった。電信線はデンマーク人の監督をうけ、非常にしっかりとした工事だった。が、電信局の椅子はシナ人が全部占め、使用語は英語だった。局員は全部英語をしゃべり、われわれの母国語を話す人々にぶつかったのがうれしかった。

二日ここにとどまってから、琿春《フンチュン》に向かって出発した。琿春はある程度重要な守備隊駐屯地で、極端に国境に近く、ロシヤ、シナ、朝鮮の領地がぶつかり合っている地点だった。われわれが寧古塔を出立した朝はマイナス二四度C、最終の目的地につくにはおおいに強行しなければならなかった。最終目的地は、琿春の先のロシヤ領港町である。海に臨んでいるのだろうが、満州の厳冬に追いつかれないうち、そこからもとの出発点牛荘へ引き返さなければならなかった。道路はおそろしくわるく、高度四五〇メートルから六〇〇メートルの山稜をまたいくつか越え、難儀な泥沼と沼沢をわたり、松、カバ、カシの森林を通りぬけた。一〇月五日、図們川《トウメン》にぶつかった。吉林付近の松花江のようなみごとな流れを予期していたのだが、川幅はほぼ九〇メートルにすぎず、岩石や円石をかくすほどの水深もないのがわかった。岩石や円石がいたるところに頭をだしていた。夏季には増水してもっと満ちてくるのはうたがいない。ひところ、季節を問わずに舟の便があることになっていたのだが、いまはとても得られない。

琿春は単純な守備隊の町だった。約三〇〇〇人の部隊がいくつかここに駐留し、小さな町はせいぜい部隊の必

満州の家屋

需品を供給するのに役立っている程度だった。が、すぐ近くのロシヤの駅から輸入されるヨーロッパの物品を多数発見した。時計、菓子類、石けん、果物の罐詰その他たくさんのぜいたく品がここで手にはいる。おまけにやたらに高いという値段ではなかった。われわれはシンガポールのパインアップル罐詰を一シリングで買った。

琿春は、若干の小山の麓にある平野に位置し、町の周辺にはロシヤ領――たった三・二キロしか離れていない――の方面に、重いクルップ砲をのせた堅固な要塞がいくつかあった。三姓で、私はその砲を見ておおいにおどろいたのだが、そこへは吉林からの水路輸送ができたはずで、吉林と海岸とのあいだには比較的低い山しかない。琿春と吉林をへだてる山稜また山稜を越え、われわれが途中見かけた沼沢地や森林を全部通りぬけ、そんな巨砲をシナ人がどうやってひっぱってこれたのか、私は大いに首をひねった。彼らは巨大なそりにのせ、地面も泥沼も何もかも堅く凍った冬の真最中にはこんできたのだとジェイムズ氏は考えた。それでも並大抵のことではなかったのにちがいない。その地方は、冬になるとやたらにひどい降雪があるからだ。琿春の砲は、近代的な機械装置の援助をうけずに、きびしくつらい労働力だけでどんなことができるかの証拠を、あいかわらずとどめたものである。が、砲はただ証拠をとどめるだけの用に役立っているのにすぎない気がする。前述したとおり、精密な機械類を手に入れると、もうそれを手入れする考えがシナ人にはまるっきりないからだ。

琿春には、国境の責任者である陸軍中将――かなり重要な人物――が常時その任にあり、到着した翌日、われわれは出向いて訪問した。日がくれてから、われわれはやや物々しい官邸に招待をうけた。シナの官邸はどこへいっても入口がたくさんあって、訪問者の階級にしたがい、入口の門をたくさん開くか、少ししか開かないか、どっちかである。われわれの場合は、入口の戸が全部開かれ、中庭には兵隊がならんでいた。邸宅全体にシナ提燈を下げ、まったく明るかった。官邸は新築で、大きく広々とし、提燈のおかげでその場の情景がきらきらかがやき、絵のようだった。儀《イー》将軍は威厳のあるりっぱな風貌の軍人で、太平の乱(一八五〇―六四、洪秀全、太平天国の乱)にはおおいに戦功があった。非常に上品丁重だったし、シャンパンをわれわれにふるまい、賢明なおもしろい話振りでしゃべった。シナ人の庶民ほど粗野な人間になりうる者もいないが、いくら望んでもシナ人の紳士以上に上品で洗練された人間にはだれもなりえない。

琿春から、ジェイムズ氏は、国境を越えた反対側のロシヤ守備隊駐留地司令官に手紙をやった。ロシヤ領内を旅行する旅券の下付をうけていないのだが、許可をいただければノヴォ・キエフスクをぜひ訪ねたいと書いたのである。そこで、われわれはロシヤ領の方へ出かけた。琿春から一六キロばかり、小山の頂上に高い方尖碑があって碑文がきざまれ、国境の標柱とわかった。この方面の境界を決めるので、つい二、三か月前、シナ政府から派遣された委員がロシヤ側の委員とともに立てたのだった。ちょうどその正面のあたりに、馬に乗った男が二人、早駆けでわれわれのほうにやってくるのが見え、だんだん接近するとまぎれもなくコサックとわかった。それまでだれもコサック騎兵を見たことがなかったが、挿絵入りの新聞や書物で見た絵とそっくりなので、それだけで相手が何者かを知る証拠にはなった。挿絵でわれわれがよく承知しているのと寸分たがわず、けば立って毛むくじゃらな外観の灰色の羊皮帽子、長い外套、長靴、鞭、はすかいに背負ったライフル銃などがあった。彼らはあいさつして、ロシヤ守備隊駐留地司令官ソコロフスキー大佐の手紙をジェイムズ氏にわたした。国境を越えるのには大佐として異存がないこと、駐留地を訪ね、「コサック兵の心からの、だが自慢にもならない歓待をうけていただきたい」むねが手紙には書いてあった。そこでわれわれはさらにラバに乗って進み、国境から五キロばかりで、低いやや裸の山のあいだに位置しているスワンカのロシヤ軍駐留地にぶつかった。われわれがそこへいったときには、約三〇〇人のコサック騎兵が常駐していた。幾棟かの低い粗末な兵舎が立ったばかりで、小屋ふうの将校用の建物が周囲に点在した。大佐の住宅は大きくりっぱだったが、家屋はすべて僻遠の国境駐屯地に当然見られる荒けずりな単純なものだった。

ここで、ロシヤの大佐の心からのもてなしをうけた。ロシヤ人は懇切丁寧を欠くようなあやまちはけっしてしない——とくに英国人に——。しかも、セント・ペテルブルクやロンドンから何千キロとはなれたこのアジアの僻地で、われわれは招待をうけた客ではなかったが、真にあたたかいもてなしをうけたのだった。大佐の家にはぜいたくすぎるようなものは何もなく、ガラス窓とストーヴ――二つとも、前年、チトラル国境地帯の私の本拠地を訪ねたら、ぶつからなかったろうというぜいたく品だった――があったが、壁も床も白木のまま、家具類も非常に簡素なものだった。たった一室しかなく、一部が仕切られ、寝室と化粧室になっていた。家のあたりにはどこにもかしこにも軍需品がいっぱいつんであった――ロシヤの大佐自身が給与係で軍需品係らしい――。部屋の中にもいっぱい馬具の山、あちこちにかかった兵器、雑多なコサック騎兵用品の集積があった。

かるい飲みものを少し飲んでから、大佐にともなわれ、兵舎を見て回った。コサック騎兵たちは、冬がはじまらないうちに建物を仕上げるので、兵舎で懸命にはたらいていた。彼らはがんじょうで力強いようすをした連中だった。愉快な善良な顔つきの色つやが美しかった。職人みたいなところがあり、なんでも手がけ、また手がけられるのだという思いを人々にいだかせた。英国の兵士は、戦場勤務の宿営地にいるときには非の打ちどころがないが、兵営にいると、人生の主な関心は服装なのだという印象を与える。反対に、コサック騎兵は、どこで会っても、即座に仕事にかかり、たたかう用意があるように思われる。服装や外観は、彼らにすればたしかに世の中でいちばん頭をなやますものではないのである。

ちょうど立ったばかりの兵舎は、荒けずりながら清潔で、インド土民軍の兵営にやや匹敵していた。琿春にくる途中にあったシナ軍の兵営にはおよばなかったが、暫定的のものであるのは明らかだった。コサック兵の一日分の食糧は主に黒パンで、それにスープ様のシチュー、あるいはシチュー様のスープの給与がつき、食糧全体としては英国の兵士の一日分にくらべ、ずっとおちた。月給が二〇ルーブル――約五〇シリング――軍需品いっさいの費用をそのなかから出す必要がなければ、おおいにあまるだろう。大佐の話によると、彼らのポケットにはいる給料は、実際には一日半ペニーぐらいなものだった！　こんなばかげた俸給で、コサック兵の仕事の一切《いっさい》合財《がっさい》をやらせようとするのでは、まったく広く募兵をしなければなるまい。

夕方、大佐はささやかな晩餐会をひらき、駐留地にいる三人の将校と、それに、ロシヤ人とシナの役人の間で通訳をやっているシナ人が一人はいってきた。側《わき》テーブルで、サーディンやサケの小さな切り身といった小料理を食べ、一、二杯ウォッカを飲んでそれをながしこんだ。これから正餐をとるため、のどをきれいにしておくまったく必要な処置なのだと大佐が教えてくれ、それから本式の食事の席についた。最初に大きな蓋つきのスープの入れものがテーブルにおかれ、実にたっぷりスープがはいっている。「おていさいは抜きにして、みなさん、私《ジュ》はたっぷり《マンジュ・エノルメマン》ちょうだいしますよ」と大佐が言った。すすんでたっぷり一杯すくい、テーブルをかこんでいた連中が同じくすくった。だれもがよこにぶどう酒とビールの瓶を六本ばかりおき、そのどれへとびついてもかまわないことになっていた。「なんにもお飲みになりませんね」と大佐が大きな声を上げ、テーブルごしに手をのばし、赤ブドウ酒をこちらのグラスへなみなみと注いでくれる。——クリミアから取りよせたすばらしく上等なブドウ酒ですよと彼が言った。それを飲み乾さないうちに、もう一人の将校が、またこちらのグラス——同じグラス！——へなみなみシェリー酒を注いでくれるのだった。すると、ビールを飲んでみるようにと大佐がしきりに言う。その間に、たっぷり量の多い料理が次々に出、だれもが自分で取って食べる。そればかりか、将校の誰彼がばかでかい肉を切り、それをこっちの皿の一つへのせてくれるのだった。歓待は純粋にひどく心のこもったものだが、その夜どうやって切りぬけたのか、われわれには驚嘆すべきことだった。ついせんだってまで、つらいけれども健康な生活を送ってきたので、旺盛な食欲があり、食べることではロシヤ人にめったに引けはとらなかった。酒も一種類だけ飲ましてもらえたら、われわれは多分長持ちしたろうが、ブドウ酒とビール、シェリーと赤ブドウ酒、ギネスの黒ビールとウォッカ、あれもこれもとそれからそれへですっかり参った。

食事の最中にリンリン鳴る鈴の音がきこえ、大型四輪馬車がやってきた。入口の戸があいて、はいってきたのは若いロシヤの将校だった。妻といっしょに到着したのだ。「食事にちょうど間に合ったね」と大佐が言った。「そちらの席をあけてやらんかね。」そこで将校が腰を下ろし、妻は家の方へいった。食事は途切れもせずにつづき、とうぜん食事にやってくることになっていたのに、ちょいとおくれただけのような扱いを新任者はうけた。が、その将校も妻もその駐留地ははじめてだったし、あのおそろしい道路をこえ、シベリアを横断し、三週間の旅をしてきたばかりだった！　旅行のあとでつかれたかどうかと婦人にはきかないらしく、つかれることだってあるだろうとだれもそんなことを考えてはいないふうだった。

一方、シナ人だけはいかにもなれなれしかった。ひっこみ思案にならないようにとシナ人にはめったに言うにはおよばないのである。たしかにこの場合もそうだった。食事前、大佐がいないときに彼はやって来、ロシヤ人の化粧室へ平気な顔をしてずかずかはいり、石けんや化粧用品を使うだけ使った。さて食事になると、同じふうに気ままだった。食べものをもっと取るようにとか、グラスをいっぱいにするようにとか、しいて言うにはおよばず、彼は食事中はじめから終わりまでのべつ幕なしにしゃべった。彼はロシヤ人の客だったが、ロシヤ人にあまりよろこばれない話はひかえる必要があると考えなかった。そんな話をすると、われわれがよろこぶだろうと考えていたらしかった。が、そんないいかげんな人の口からでる話にはそれだけの値しかつけられず、わざわざひまをつぶして、そんな話をつづけなくてもいいと、願い下げにしてもらった。

ソコロフスキー大佐はロシヤ・トルコ戦争(一八七七〜八年)に参加し、その問題についてはすこぶるきびしかった。「われわれがなしとげたことをながめてごらんなさい」と言った。「われわれが失った何千という人間、われわれが遭遇しなければならなかった艱難、全部ひっくるめてですよ。その結果はなんでしたか、何かいいことを得ましたか、何もない。絶対に何もない！」彼は現在この国境地区の責任者で、騎兵一連隊、砲兵一中隊、歩兵一大隊が指揮下にあるのがわかった。彼はまた国境の司令官として、自国語のほか二か国語をしゃべらないわけにいかなかった(シナ国境ではとくに有益なので、フランス語とドイツ語を話した)。それでも、意見を述べ合っていると、私はインドの英国騎兵連隊の下級将校として、彼より高い給料をとっているのがわかった。ジェイムズ氏についていうなら、彼の俸給で、この国境司令官の位置を一二――文字どおり一二である――全部買うことができた。が、ロシヤ人がわれわれにくらべて有利なのは、気候の点だった。インド平原の暑熱の気候が帯びる病気になりそうな疲労感、その埋め合わせをするのにはおそろしく金がかかる。われわれのそばにいたロシヤの将校は、つよくて頑丈で、健康にはちきれそうな人々だった。彼らと、七、八の二か月インド平原にいる英国人の連中との間には差異があり、あわれにも、一日二、三ルピー貨を余計にもらってやっとその差異の埋め合わせができるのである。

何時間か、食べたり飲んだりしゃべったりして、将校連中がいってしまってから、大佐がわれわれに言った。「寝るところがいっこうにありませんが、お一人にはソファがあります。お二人は床に寝ていただけませんか。」われわれはすすんでそうやって、ロシヤ領内での第一夜を送った。コサック騎兵の歓待は荒けずりだけれども心からのものなのだと大佐は話していた。実際そのとおりだった。

翌日、われわれはここよりも大きいノヴォ・キエフスクの守備隊駐留地に向かって出発した。それは二四キロ離れた海岸に位置していた。途中で、代表委員、すなわち役人頭《がしら》に出会った。彼は英語を話し、われわれにはすこぶるていねいで、ウラジオストクまでいけるように取りはからおうと言った。――非常にいきたい旅行だが、時間をさく余裕がなかった。われわれは旅券を持っていなかったけれど、このロシヤの役人がわれわれにていねいだった事実は、われわれに対するロシヤ人の友好的な傾向を示すまた一つの証拠だった。ノヴォ・キエフスクは、歩兵一大隊、砲兵一中隊、約一〇〇人のコサック騎兵をふくむ守備隊のいる小さな場所だった。兵営のほかにごく少数の建物があった。車道には割石も敷かれず、土地全体が荒涼として、放ったらかしの外観を呈した。ロシヤ人のホテルも旅舎も見当たらず、シナ人の宿舎に投宿しなければならなかった。ロシヤ人の店が二軒、シナ人の店が四軒あった。シナ人の店の方がましだったが、インドの駐留地の拝火教徒の二流店にほぼ匹敵した。兵営も、所帯持ちの将校や兵隊の家屋も小さく、白ペンキを塗り、極端に寒々としたわびしい外観だった。兵営、商店、教会、その他すべてをひっくるめた場所全体が、インドでの私の連隊の兵営ほどの大きさもなく、建物もたしかにしっかりつくられてはいなかった。活気がまったくないのが、とくに目立った。とにかく午後になれば、将校も妻もなにか娯楽か運動を求めて出てくるのが見られるものと思っていたのに、だれも現われなかった。将校たちはタバコを吸い、酒を飲み、トランプあそびをやって余暇をすごしているらしく、妻はそれをながめているというのが私の結論である。そんなことよりほか何もすることがないらしかった。

町のすぐそばに小山があって、われわれはむろんそれへ上った。そのあとでまた代表委員に会い、英国人は山を見るとすぐ上りたがるのが特徴だという話をしばしばきいたことがあると彼は語り、われわれが実際にこの小山へ上ったのだときくと、ひどくくすぐったい顔をした。その場所にいるロシヤ人で一人でもそこへ上ったというのをまだ知らないと言った。が、ここへ英国人がやってくると、さっそく上りにかかるというわけである。頂上からポシェト湾が見わたせた。このノヴォ・キエフスクの小さな駐留地は湾のほとりに位置し、約三キロへだたった対岸には、三〇戸か四〇戸から成るポシェトの小さな植民地があって、それとわかった。

山を下りてくると、新兵の分隊がさかんに教練をやっているところだった。背嚢をかつぎ、背嚢には背中がかくれるくらいに大きな外套がぐるぐる巻きにくくりつけられた。足をぴんとまっすぐつきだして行進するように教えられている最中で、小柄で機敏な助手が隊列をあちこちとび回り、歩調をまちがえたり、列からはみ出したりする兵隊を、ときどきつかまえては、正確なひどいパンチをくれた！ 兵隊は小柄だった。——平均一六五センチ、あるいは一六七センチ、それ以上に出ているとはいえないだろう——が、胸幅が厚く、頑健なようすをしていたし、すべてのコサック騎兵と同じくがんじょうらしかった。

ここは朝鮮国境に近く、付近には多数朝鮮人がいた。この渓谷に大勢定住し、繁栄しているらしく、ロシヤ当局からは好意を寄せられているふうである。彼らはやや鈍感で、おもしろ味のない人種のようにいつも私には思われるのだが、物しずかで、秩序をよく守るといわれる。土地の大部分が荒廃したままなので、その土地を耕作し改良する人手をロシヤ人が欲しがり、彼らはロシヤ人ができそうもない仕事をやるので、自由にロシヤ領内へはいってきているのだった。ロシヤ政府は、東シベリア全部にロシヤ人を入植させたくてやっ気になっていると、ソコロフスキー大佐が語った。植民者にはできるだけの奨励援助をするし、実際にやっていた。馬や家畜を無償で下付し、ロシヤ本土からの費用いっさい政府持ちで彼らを連れてきたのだったが、植民者は活気もエネルギーもなかった。受けとるものはみんな受けとり、暮らしていけるだけのものは生産する仕事にとりかかったのだが、それ以上に出なかった。「あなたがた英国人がこの地方をお持ちになっていたら、いまごろはすばらしい場所にしていたでしょうね。が、われわれロシヤ人には、あなたがたがお持ちになっている開拓精神が一つもなく、この地方のひらけぐあいも実に遅々としています」と大佐が言った。が、それ以来シベリア鉄道工事が進捗している。ロシヤ人は真剣にめざめつつあるし、東シベリアの膨大な肥沃な地域の前途には、当然すばらしい未来が横たわるべきなのである。シナ人の植民者が国境の自国側でなし得たことは、ロシヤ人にもなし得るという一つの原型である。その原型の発達を助ける鉄道があれば、黒竜江および支流の流域地帯は、カナダのもっとも繁栄している地方にすべて当然匹敵すべきなのである。

ノヴォ・キエフスクには一日滞在しただけで、友人ソコロフスキー大佐の駐留地に戻り、また会食して、そこで代表委員にも会った。話が英国の侵略問題に移った。ロシヤ領土に対する英国の企図のことをいつも人々が話し合っていると、この二人のロシヤ官吏が言った。巧妙を極める侵略企図や深謀をめぐらす侵略計画についての人さわがせな噂や疑念については、インドで相当なれっこになっていたが、同じたぐいのものがここにあるのも奇妙だった。英国艦隊がつい一、二週間前ポシェト湾を訪れ、おしゃべりな連中がすぐこの訪問のうらの目的を見つけにかかっているのだった。英国人がポシェトを砲撃し、ポート・ハミルトン(南朝鮮、済州島東北の巨文島、一八八五―八七年英国軍占拠)でちょうどやったばかりのように、東シベリアの港を占拠するつもりなのだと想像した。ジェイムズ氏と私にとって幸運だったのは、この国境の責任者である軍人と文官が二人ともはるかに心の広い落着いた気性の人で、すでに述べたように、すこぶるていねいに、何一つ疑念を見せず、われわれをあつかってくれたことだった。そこで、われわれはささやかながら非常におもしろい訪問を行なうことができたのだった。

## 3 北京へ戻る

われわれはいよいよ帰途についた。旅行ももう限界に達し、こんどは海岸の牛荘までいそいで戻らなければならなかった。ジェイムズ氏は近道をとって吉林に向かった。一方、フルフォードと私は二輪馬車にのり、手紙をもってくるはずの人間に出会うので、寧古塔経由で迂回した。一一月一一日、琿春をあとにしたのである。例年どおりにもう冬がはじまっていた。寒暖計はマイナス一八度C、あるいはマイナス一七度C、またはマイナス一九度Cだった。雪がふりだしていた。寧古塔に着くと、三週間前に渡し船でわたった川は、川幅約一三六メートル、けっしてゆるい流れではなかったのに、いまはすっかり凍結し、氷の上を重い荷をつんだ二輪馬車が走っていけた。この寧古塔では、われわれがあてにしていた男に出会い、やっと手紙を受け取った。六か月前に旅行をはじめてから、われわれは一束も手紙を受け取らなかったのだ。旅行中の辛苦やしばしばおこった憂鬱《アンニュイ》な気分のあとで、ふたたび友人に接し、故国のやわらかな空気を一息吸いこむよろこびは強烈で、とまどいかげんだった。おかげで、われわれが経てきたつらい部分は全部失念した。すべてがいまは夢のように思われ、必要ならもう一度満足感をいだいて探検旅行に出かけていったと思われるあたらしいエネルギーを、外界からのその軽い一撃がわれわれに注ぎこんでくれたのだった。

フルフォードと私は、吉林にいく途中で、前日匪賊に殺害された男の死体のそばを通った。が、事件にはべつにぶつからなかった。一一月二六日、吉林でふたたびジェイムズ氏といっしょになった。大松花江はもういちめんに凍結していた。氷の厚さは三〇センチ以上もあって、川幅二七〇メートル、水深六メートルの川をわたって、二輪馬車をすべるように走らせることができた。

クァン・チェン・ツから三二キロばかりのシァオ・パチア・ツという村にあるローマ・カトリック教の北満伝

道本部を訪ねたかったので、吉林からはまっすぐ海岸に向かわなかった。この場所に近づくと、平原のはるかかなたに教会の塔が見えた。——満州の風景をがらりとかえている。われわれが到着すると、二人の牧師——リトー神父とマヴィエール神父——が心から歓迎し、高貴な容姿をした温和な紳士の司祭に紹介された。司祭は三〇年以上も同地方に住み、その後その土地で死去した。この伝道所のいちじるしい特徴は、村全体がキリスト教徒なことだ。宣教師たちは、子供をキリスト教徒として教育し訓練することからはじめた。子供たちが成長して大人になり、こんどは自分の代わりに子供を教会にやり、時が経つうちに村全体がキリスト教徒になったのだった。われわれは日曜日の礼拝に参列し、ここの改宗者の真に誠実な敬虔な性格には大いに感動させられた。子供のころからキリスト教徒として育てられ、善良な牧師の温和なやさしい影響をうけているので、この小さな村の人々は、冷ややかでがんじょうな周囲のシナ人とはまるっきりちがった人種のように思われた。

われわれは一日滞在しただけで、翌日、ひきつづき瀋陽に向かってすすんだ。寒気がますますきびしくなっていた。道路の交通がひんぱんで、夕方になって宿屋の居室を確保するのには、早朝出発しなければならなかった。毎朝二時か三時に起き、かゆを腹いっぱい食べ、少しお茶を飲み、それから出立した。最初の一時間か二時間はむろんまだ暗い。雪が地面をおおい、寒暖計の目盛りは、マイナス一八度Cからマイナス二五・五度Cぐらいを示し、マイナス二五・五度がわれわれの記録した最低気温だった。寒いには寒かったが、おおいにこたえたという記憶はない。空気が一般にじっと動かず、われわれはぽかぽかあったまったまま、暖かい部屋から出かけられる利点があったし、一日の行程の終わりには、ちゃんと暖かい部屋があって、またそこへいくわけである。私がほんとうに寒さを覚えたのは、あとになって、パミール高原とヒマラヤ山地においてだった。そこには、われわれが出立した暖かい部屋の代わりに小さなテントしかなく、時にはぜんぜんテントのないときもあったし、焚火をするにしても焚木が十分に得られず、おまけに高緯度から呼吸困難を来たし、気力が減退し、居心地が悪くなるいっぽうだった。が、この満州では、たまたま風がないと——したがって、ほんとうにつらい思いもない

――寒気の影響はほとんど感じられなかった。道路は固く凍り、ひんぱんな交通のために積雪がかなり踏み固められ、われわれは一日ゆうに四八キロ進んだ。

冬期のこの交通量は大したものだった。一日の行程中、八〇〇台以上もの二輪馬車を数え、どの馬車もたくさん荷を積み、何頭立てかで引いた。少なくとも二頭立て、小馬やラバが九頭もいるのが多かった。冬の満州の本街道はいそがしいながめである。霜の朝、二輪馬車が幾組もつらなって走っていく。引き馬の鈴がりんりん鳴りひびき、御者が動物に大声を投げかける。夏期のひどい泥んこ道をはじめて経験したあとでは、ほとんど予期もしていなかったさまざまな活気と躍動の現われがあった。宿屋は多いが、混雑した。二輪馬車がつらなって宿屋の前を通りすぎると、中から男が走りだし、とくにその宿屋の利点を大声で述べ立て、御者をいいくるめて宿に入れようとするのだった。そこで、二輪馬車がとまると、宿屋の男が動物に穀類の飼料をもってきたり、客に食物をはこんだり、あちこちざわめき立ち、英国の市場町でのような喧騒と活気があった。御者が動物にたっぷり飼料を与えることは述べた。満州産というより蒙古産の小馬もラバも、毛布も布切れもいっさいかけてもらえず、寒い夜に一晩中むきだしの裸のまま立ち通し、寒気がきびしく、朝になると、動物の背にまっ白い霜が厚く下りているのが見えさえするのだった。が、うごいているときには、飼料をどっさり与えられる。一日に七キログラムぐらい、穀類とフスマにキビの茎を小さく切ったのをやる。うごいていないときには、たべつづけである。食うこととうごくことが一日の時間の大部分を占め、いつ眠るのか、私にはその時間を見つけることができなかった。この動物の一日の予定は、まず夜明け前一時間か二時間に出発することだった。正午か正午少し前に休止する。休止するやいなや飼料桶をあてがわれ、そのときには、桶の中には、フスマにこまかく切ったキビの茎か麦わら、それに大麦かキビがごちゃ混ぜに混じる飼料が山盛りにはいっている。これを食べるのと水を飲むのが、二時間の休止の大部分を占めることである。ふたたびその日ののこりの旅に出発し、たそがれになると、宿泊するので、止まる。到着するやいなやまたおそろしいくらいたくさんの飼料を与えられ、さらに夜中になって三度目が与えられる。そして次の朝、夜明け前にふたたび出発するのだった。穀類はむろん非常に安く、豊富にあるが、アジアの各地方で、満州ほど動物に飼料をよくやるところを見たことがない。その結果、飼い主が動物から最大限の労働量を得られ、二頭の動物が目方五四〇キロの物資をひっぱり、一日四八キロすすむのはいっこうにむずかしくはない。

　われわれが通過した地方は、冬でも非常に美しく、夏なら本当に美しかったにちがいない。起伏が多く、いたるところ樹木にとりまかれ、間に多くの小さな流れや河川があった。この季節にはすべてが雪をかぶっていたが、ある朝、われわれはかつて見たことのない、たとえようもなく美しい光景の一つを目にした。同じような光景を、それまでにも、それからあとも、私は見たことがない。それは凍った霧だった。太陽が上ると、空気全体がきらきらする微粒子でかがやいているのだった。太陽光線を浴びて、微粒子がきらめいた――霧がすべての樹木の幹や、美しい網目模様をつくっている樹木の外形にこびりつき、まっ白い霜のようにからみついた。大地も木立ちも、あらゆる風景が白くかがやき、空気全体が太陽の光を浴びてきらめいていた。それはほんのみじかい時間つづいたのにすぎない。太陽が上ると、霧がすっかりとけて消えてしまったからだ。が、見ているうちは、まったくお伽の国にいるように思われた。

　多くの村やにぎやかな小さな町を通りぬけ、最後は二日間に一四四キロすすみ、ついに瀋陽に到着して、ふたたび同国人の仲間入りをした。われわれは同地に設立されているスコットランドの伝道所までのっていったのである。この前瀋陽を訪れたとき、伝道所の人々はとりわけわれわれに親切にしてくれ、帰りにはぜひ泊まっていくようにと言った。二輪馬車でのりつけるわれわれを見ると、ロス、ウエブスター両氏、クリスティー博士が家から走りだしてきた。ご婦人連がお茶を飲んでいた居心地のいい応接間に招じ入れられたときには、旅中なんともむさくるしくなっていたのに気がついた。一人一人ひげはのび、いま文明の光を浴びてみると、髪の毛と同じようにひどくもじゃもじゃに見えたのである。顔は陽に焼けてもえているように真っ赤だったし、衣類――とくに長靴――は、それまでさんざんあらっぽい目にあっていたので、すりきれて破れていた。われわれは旅行の途中で多くの試練をうけたものの、応接間でご婦人のお茶の会に直面したのが、いちばんつらい試練だった。彼我見くらべた結果、いかにも見苦しいようすに気がつき、その場をはずしてわれわれだけでなんとかさせてもらいたいととっさにおねがいした。すると、ウエブスター氏がいろいろとぜいたくなものを出してくれた。——きれいな白いワイシャツ、とくに私にありがたかったのは、二、三足の靴下だった。自分のはとっくにぼろになっていたし、私の長靴はすっかりいたみ、ジェイムズ氏が好意的にくれた長靴も同様で、足にはなさけないことに靴ずれやマメができていた。

やがて応接間へ戻り、文明へ復帰したもの珍しい気分が消えると、われわれは周囲の心のこもった影響をしだいしだいに感じた。スコットランド人はいつも客を歓待するが、歓待にかけては、この瀋陽の宣教師以上に出られる人は少ないだろう。ウエブスター夫人は何か変わった慰安の形式をわれわれのために工夫し、ひっきりなしにうごいていた。——われわれの一人一人に居心地のいい部屋をととのえるかと思うと、ありったけの衣類を取りだし、またスコットランドふうの菓子やホットケーキやマッフィン（朝食用菓子パンの一種）などおどろくべきさまざまな種類をつくった。

このスコットランドの伝道所は特種な目的をもち、他の伝道所とはちがった方針に基づいて設立されている。目的は、シナの役人や身分のある人々を得ようとすることである。下層階級にも布教を行なうが、社会的に身分のある人や上層階級にとりわけ接しようとすることだ。この目的で、高度な訓練をうけた人々が派遣され、伝道所はある《様式》を帯びて設立された。とりわけぜいたくな環境を暗示するためにそんな言葉を使うのではなく、それまでに見てきた極端に簡素なほかの伝道所の施設との相異を印象づけたいためだ。非常に見すぼらしい家に住み、衣裳にむとんちゃくな人間とは、シナの役人は気ままに交じわりたがらないと一般に認められているし、より高い衣住の様式をとっている人の方が、そんな敏感なシナ人に会う機会が多いと考えられる。そればかりでなく、この伝道所の当事者は、妻もともなえば気分も晴れやかではげましにもなるし、妻は子供を教え、布教の仕事を助け、僻地での仕事がそれだけうまくいくだろうと考えている。伝道基地にはそれぞれ宣教師の医者がいなければならないというのも、一般活動方針の一部

満州における一行

である。医者を通じて、医者がいなければ接近できない人々にもまっさきに達することができるだろう。

この種の伝道所は、たとえば北満で出会ったフランス人の宣教師と同じ程度の熱狂を生みはしない。が、効果はそれに劣らずあるかもしれず、上層階級への接近を得る当面の目的には、おそらくこっちの方がはるかに適していよう。とりわけ、伝道所の医療上の役割はいちじるしく実用的なもので、土地の人々からはありがたがられる見込みのあるものだ。われわれ自身見たところでは、シナの高級官吏たちはクリスティー博士の奉仕を実際に利用していた。病気を治してもらったからといって、すぐにでもキリスト教徒になるとは期待できないが、シナ人も宣教師もおたがいに接触する機会があろう。それは明らかに両方にとっての利点である。医療伝道者のまじめなつよい性格がいくらかは相手のシナ人に反映するのにちがいなく、伝道者の側にすれば、シナの有識階級の偏見や理解に苦しむ点をいくらか習得できよう。

瀋陽にはまる一日とどまった。それ以上とどまる余裕がなく、ひきつづき牛荘に向かい、牛荘にはそこを立ってから七か月目の一二月一九日に到着した。同地ではジェイムズ氏は領事のアレン氏のところへ泊まり、私はシナ税関弁務官エドガー氏の非常に手厚いもてなしをうけた。文明の辺境地区で英国人に出会うと、こちらがまるで他人なのに、非常に親しい終生の友人のようにあつかわれる。それはすでに十分に実証された愉快な事実である。これは世界中でおこっていることで、人間おたがい同志の真の感情が善意のものであるまぎれもない証拠である。人間の心情は社交的なもので、おたがいに知りたいと思い、おたがいに離れにくい。文明地帯での冷ややかな束縛された交際は、単に文明の所産にすぎず——外見上の虚飾だけだ——、各人が持っている、そして文明の中心地をあとにするとすぐにも明白になる真に暖かい心を隠しているのだ。

牛荘でわれわれ一行は解散した。ジェイムズ氏は旅順《ポート・アーサー》口へ向かい、そこから日本におもむく。一方、フルフォード氏と私は北京へ向かってすすんだ。年月がたってみると、私はジェイムズ氏のおかげをどんなにうけていることか、それをつよく感じる。氏を通じて、こんなぐあいに、真の旅行についての最初の経験を得たのだった。またそのときにはよくわかっていなかったが、のちに私が遠征の推進役（一九一九年、英国エヴェレスト遠征委員会結成、委員長）をしなければならなかったとき、神秘的な長白山めざして森林を通りぬけ、われわれ一行をみちびくためには、まがいのない堅忍不抜の性格をどれだけ彼が持ち合わせていなければならなかったかがよくわかった。インドでは高い地位にあって、インド政庁官吏のぜいたくな野外生活様式になれている人間が、休暇中に艱難辛苦の生活をしたいとは、妙なことだと私はいつも考えた。ジェイムズ氏は実際にやったのである。森林や沼沢地を通りぬけ、しっかりした足取りですすんでいくのを私は見たのだった。とりわけ雑嚢を背負わなければならなかったときには、私は驚嘆したものだった。若い下級将校にはそんなことはあたりまえだったが、二〇年以上もその職にあるインドの高級官吏が実際にそんなことをやったときには、おびただしい勇往邁進の気概がそこにあったのにちがいなく、ジェイムズ氏はまぎれもなくこの気概を持っていたのだ。

満州旅行は全部終わったが、同国について、若干一般的な言葉を述べるのも興味のないことではなかろう。全般的な知識が得たければ、ジェイムズ氏の『長白山』を読まれるのがいい。同書を読むと、まず満州が途方もなく肥沃な国なのが推測できよう。この点と気候風土については、カナダのいちばんいい地方に似ているようである。大半が以前森林にかこまれていた土地で、したがって、土壌には多年にわたる腐葉土の堆積から生じる豊かさがある。年一年、シナ人の植民者が中へ食いこんできているが、国土の広大な部分がいまでもまだ森林の下にある。気候は、冬がきびしい。海岸の牛荘では、寒暖計がマイナス二三度Cから二四・五度Cまで下る。二つの大陸を吹きまくる風の勢いがいちばんつよく感じられる北部では、すでに述べたとおり、フランスの宣教師によると、寒暖計がマイナス四〇度C、あるいはもっと下るのである。夏はあついが、炎暑というわけではなく、最高気温が三二度Cから三五度Cである。春の季節が非常に美しいといわれ、秋はさばさばして鮮明である。われわれの経験から判断すると、降雨はかなりのものであるのにちがいない。その点、同国は海洋に近い恩恵を十分にうけている。

同国の鉱産物については正確に述べられないが、われわれは炭鉱にも熔鉱炉にも、それからそれぞれ三二キロ以内にある小銀山にもぶつかった。多くの地方では、金が発見されている。これらの鉱物のどのくらいの量が採掘されているのか私にはわからない。概算はできるが、その前に、やはりだれか有能な鉱物学者が全国にわたって探査しなければなるまい。

植物の生産は、木材(モミ、カシ、ニレ、クルミ)のほかに、小麦、大豆、タイマ、ケシ、タバコ、米がある。住民は非常に勤勉に土地を耕し、自然の助けもあってみごとに豊かな農産物をつくる。シナの他地方に大豆と大豆油を多量に輸出するので、海岸へ輸送される。

住民については、若干の話をすでにやった。牛荘の前領事テイラー・メドーズ氏とジェイムズ氏は、人口を二〇〇〇万から二三〇〇万と計算しているが、ほんとうの満州人はそのうち一〇〇万とはいない。残余はシナ人の移住者である。だから、満州の人口がふえるのはシナ人がふえるので、満州人ではない。こういったシナ人の植民者は、各地のシナ人と同じく懸命に働き、勤勉で、悪政や、すべての地方、とくに北部に横行する匪賊はなんとも思わず、国は栄えて発展している。住民はましな家に住み、食物もよく、上等な衣類をつけている。食物は豊富で安く、冬期の道路がすばらしくいいので、海岸から容易に物資を輸入できる。国民性については、すでにこれまでの話から推察されたことだろう。彼らは外来者にとってたしかに魅力がなく、旅行の終わりには未練もなく立ち去るのだが、勤勉ないい性格を持っている。――開墾にはうまずたゆまず努力し、習慣はつつましやかである。

クリスマスの二日前に、フルフォードと私は天津へ向かって出立しなければならなかった。クリスマス直前に、こんなぐあいに友人のもとを去らなければならないのは、いささか別離の悲しみに似ていたが、川が閉鎖しないうちにうまく天津に達して、沿岸地帯を離れることができるかもしれないと考えたのだった。クリスマスをあるシナの宿屋ですごした。友人の贈物のプラム・プディング(クリスマス料理の一つ)をむろんわれわれは食べて、家郷の人々の健康を祝い、少しばかりブドウ酒を飲んだ。クリスマスの季節に、私の身の上を気づかわないように、旅行からは無事帰着した電報を牛荘から家にあてて打つことができ、私はおおいに満足だった。

山海関《シャンハイクワン》に着くまでは、べつに興味のあるところも通らなかった。山海関は、シナの《万里の長城》が海からはじまっている、あるいは海に終わっている地点である。これはまったく見ごたえのする光景だった。高度六〇〇メートルから九〇〇メートルの山々が一線にのび、内陸から海岸すれすれに下ってきていた。目の届くかぎり、これらの高地に沿い、一つの山腹を下りては次のに上り、頂上を越え、反対側にまた下り、ついに下りっきりになってまっすぐ海へとびこみ、果ては末端を波が洗い、そうやってこのおどろくべき城壁が走った。それは見せかけだけの壁、たとえばわれわれが目にする現代の牢獄をとりまいている壁ではない。それは、中世紀にもっとも堅固な城の周囲につくった高さ一〇メートル前後、厚さ四・五メートルあまり、二台の馬車がならんで走れるほど幅が広く、一八〇メートルおきに塔のある、がっしりした石造の正規の城壁なのだ。これはシナの《万里の長城》のはじまるあたりのことで、ピラミッドよりもすばらしいといっていいと思う。私はその両方とも見たのである。両方とも巨大な勤労の証拠なのには驚嘆した。が、《万里の長城》は、高さも距離もおかまいなしに山々をいっさんに越え、おそらく印象はより深いだろう。といっても、ピラミッドの方が《万里の長城》よりすぐれている点がいくつかある。ピラミッドはまったく完全な姿なのである。キズ一つ見つからない。巨大な石材が一つ一つ絶対に正確におかれ、この長城の無限の石塊の使用にくらべると、耐久性に欠ける兆候が内外とも一つもない。反対に、《万里の長城》は何百キロの間、私が述べたような壮大な状態で走っているのだが、しまいには単なる泥土の壁へと縮少し、それればかりか、最良の部分ですら内側がぼろぼろの泥土にすぎなくなる。全長すべてにわたって完全ではなく、内外とも堅固でもない。《万里の長城》が荒廃に帰しても、ピラミッドはのこるだろう。

山海関には、クルップ砲を備えてつくった若干の近代的な要塞があった。——かたわらの古めかしい防備城壁とは奇妙な対照である。この大砲使用についてのシナ人に対する教官、ドイツ人の下士官が一人常住していた。彼はシナ人の義務関心について、ひどく見くびった話をした。大砲を正しく手入れさせるのが不可能だと言った。その必要を彼らにわからせることができず、金をかけて高度に仕上がった大砲が適切な注意に欠けるところから、廃物になろうとしていた。この欠陥は、いたるところでシナの陸海軍将校に見られる。

ここからわれわれは開平《カイピン》へいった。途中、棺をのせた二輪馬車を次々に追いこした。棺の上には、雄鶏籠《おんどり》がのっかっていた。シナ人は《万里の長城》の外で埋葬されるのをきらい、親類に余裕がありしだい、仏を郷里に連れ帰る。この棺は満州で死去した植民者の遺骸で、郷里に連れ帰られるところだった。《万里の長城》を通過する際、雄鶏は鳴き声を上げ死者の霊をめざめさせる、そういうつもりだった。さもないと、霊は迷ってどこかへいき、遺骸を忘れてしまうかもしれず、遺骸だけ長城の中へ運ばれ、霊が置き去られてしまうかもしれないという不安があった。

開平に近づき、英国人の労務者が二人、道路を歩いているのを見かけたのにはおどろいた。どこの国の人間かはけっしてまちがわなかったのである。追い越したときに、一人が他の一人に英語で言ったからだ。「あの――ありゃだれだろうな、ビル。」二人はこの土地の炭坑にやとわれている坑夫だった。開平炭鉱の管理者がカインダー氏で、その夜、非常に親切に、一室をわれわれにあてくれ、翌日炭鉱を案内して回った。われわれが訪れたときには、坑の深さ二七〇メートル、一日五〇〇トンが採炭できた。が、いまでは一〇〇〇トンから一五〇〇トンがらくに採炭できる。現在でもカインダー氏が管理しているが、おどろくべき精力と企画を持った人物である。シナ人の会社にやとわれているが、私の想像ではかなりな影響力を持ち、何はともあれこの炭鉱を操業できる状態にしたのだった。それから、石炭を港にはこぶ目的で、海岸の方へ小さな電車軌道を敷いた。はじめ荷馬車を小馬で引いたが、そのうちに、この仕事をするための《ロケット号》という小さな機関車を、カインダー氏は組み立てた。この機関車をおおいに自慢して見せてくれた。現場で、何から何まで、自分一人でつくり上げたのだった。輸入した唯一の部分品は車輪で、香港からもってきた――古い電軌会社ののこりものである。機関車一台が、《外国の悪魔》の手で輸入されるのではないかとシナ人はおそれていたが、現場で機械ができてその恐怖をかき立てられることもなかった。日が経って、さらに強力な機関車がもう一台できて、鉄道が拡張された。シナ人も蒸気機関車に見なれた。そうなると、カインダー氏は現場で貧弱なものをつくる代わりに、海外から機関車をもってくる考えを口にすることができた。氷は叩き割られた。最初の偏見が克服され、シナにおける鉄道がはじまったのである。こんどは、機関車、車両、レールが輸入され、天津にいたる鉄道敷設がはじまった。カインダー氏は、炭鉱監督のたった一人のヨーロッパ人助手といっしょに、目下この鉄道を建設中だった。それから一、二年経って、鉄道が天津に達し、現在は東の山海関へのびている。満州に延長するのが次の手段で、延長すればすばらしく豊かな満州全体が開発されよう。鉄道をシナにもたらした名誉をになうに値いする人がいるなら、その人こそカインダー氏だと思う。

カインダー氏は、われわれをたのしませるシナ人との交際話をたくさん持っていた。あるとき招かれて、ヨーロッパ人を一度も見たことのない非常に高貴な地位にいる満州の領主の前へいった。領主はしばらく英国人をけげんらしくながめ、その体をなで下ろしはじめた。と同時に、この人はすっかり馴れて、かみも蹴りもしないらしいと言った。シナ人がいつも呼んでいるように、ヨーロッパ人はほんとうに悪魔なのだと領主は信じさせられていたのだった。一種の野獣が面前にひっぱってこられるものと思っていたのだ。これはシナ人と交際するときには、ヨーロッパ人がぜひ打破しなければならない偏見の一つだった。

カインダー氏にしばしばひどく邪魔っ気になったもう一種類の偏見は、《フェン・シュイ》だった。霊魂界に関係のある偏見である。生きている人間はある法則にしたがわなければならず、さもないと悪霊が家へはいりこみ、その家に関係のある人全部に災いがおよぶとシナ人は考えている。シナにいった外国人は、門口のすぐ前、一、二メートルはなれて、家の大きさにもよるが、横の長さが一〇メートル、二〇メートル、あるいは五〇メートルぐらいの壁があるのに気がついておどろく。壁だけが目立ち、見たところなんの目的も果たしていない。それは実際には悪霊が家にはいってくるのを防ぐつもりのものなのである。悪霊は、シナ人によると、まっすぐ前にすすめるが、角をまがることができない。だから、壁が門口のすぐ前に立っていると、悪霊はまともにぶつかって家へはいれないのである。これは《フェン・シュイ》についての迷信の一例にすぎない。地方を貫通する鉄道建設の妨げになりそうな偏見が、この迷信にはたくさんはいっている。たとえば、鉄道が出現すると、悪霊が客車の屋根にのっかってやってきて、家の中をのぞきこむかもしれないというので、シナ人が反対した。「しかし、それなら鉄道の築堤をながめてみたらいい。実際に何キロも何キロも走っている。それぞれの家のすぐ前で、どれだけたくさんの悪霊を追い払えるか、考えてみたらいい」とカインダー氏が言った。偏見を打破するのには、こんなたぐいの外交が多分に必要だった。

われわれは開平からまったく平坦な平原を越え、天津に向かい、一八八七年の元旦、同地に着いた。白河がいちめんに凍結したばかりで、南との汽船の連絡は春まで停止である。天津では、領事のバイロン・ブレナン氏夫妻に非常に手厚いもてなしをうけた。ジェイムズ氏と私が前にきて泊まったことがあった。天津の小租界の生活は一般に豊かで、フランス人が編成する騎馬の鬼ごっこあそび、氷上ボートの帆走、スケートなどがあった。氷上ボートは大いに魅力があり、洪水のあった平原を帆をいっぱいに張り、時速ゆうに五〇キロですべった。この氷上ボートは巨大なスケート状のすべり金具の上にのっかったつくりで、ヨットのように帆走した。むろん舵がある。速力がおそろしく出る。摩擦がほとんどないし、船が海上で出会わなければならない抵抗がぜんぜんないのだ。同じ理由で、どっちの方向へでも瞬間に向きをかえられたが、たった一つむずかしい点は、ボートがすっとまがるときにしっかりつかまっていなければならないことだ。あるとき、一人の婦人がしっかりつかまっていなかった。それまで、同方向にいとも優美に氷上をすべっていたのが、外側へ投げ出され、ボートは時速五〇キロで反対方向にそれていったのである! どんな形式のヨット帆走にせよ、この氷上ボート帆走にくらべれば、おとなしいものだ。唯一の不利は、寒気である。寒暖計は零下をそんなに下っていないが、大気の中を勢いよくすすんでいくと非常に寒く、かなり厚いものが必要である。

天津滞在中にロシヤの正月がはじまり、ブレナン氏は私を伴って、同地のロシヤ領事やロシヤ商人をひとわたりぐるりと訪問した。ロシヤ人は正月の行事を盛大に行なう。どの家へいっても側《わき》テーブルに飲みものがどっさりおいてあって、新年の幸運を祝い、シャンパンの乾杯をしきりにすすめる。天津のロシヤ人はたいがい茶商人で、なかには富豪がいるし、調度の非常にぜいたくな家に住んでいる。ロシヤ人特有のあたたかい、心からねんごろな風習をだれもが持っていた。

このあと私は北京へいき、はじめは当時シナ担当書記官で現朝鮮総領事ウォルター・ヒリアー氏、のちにサー・ジョン・ウォルシャム夫妻など英国公使館の方々のもてなしをうけた。人々の歓待に私はあまり長く甘えすぎたのだが、人々は親切にもてなしてくれた。それまで送ってきた荒っぽい生活ののちに、居心地のいい家庭的な環境に落ち着くと、私はほっとして、春がくるまでとうとう立ち去るわけにいかず、約三か月厄介になった。同地ではむろんシナ人について多くのことを学んだが、私一人だけだったらとてもそんなに多くは学べなかったろう。ヒリアー氏はりっぱなシナ学者で、シナ人に精通しているので知られていた。そんなわけで、同氏と話し合うのがとりわけおもしろく、その後の旅行では、同氏からうけた助言のために益するところが多かった。

北京についてはしばしば述べられているので、重ねて述べる必要はあるまい。たった一つ目立つのは、城壁や城門の大きいこと、街路の不潔なこと、上品な生活に住民がぜんぜん無関心なこと、である。公使館を出ると、なんともいやな不潔を通りぬけないことにはどこへもいけず、そんな事実から、結局は、各国の公使館員はできるだけ外出しない。それでも彼らだけでかなりたのしみ、冬期間は晩餐会やダンス会がひっきりなしにつづき、毎日午後にはスケートリンクでよく顔を合わせたものだった。柵でかこった屋根のある場所で、毎日水をたたえてはあたらしく凍らせる天然氷があった。英国公使館の宴会は、むろん非常にかがやかしいものだった。建物は古王宮で、並みはずれて大きく、おまけに装飾のゆきとどいたりっぱな部屋がいくつかあった。その部屋をウォルシャム夫人が英国ふうにあたらしく飾ったばかりだった。その宴会で、もっとも美しい家具類やあらゆる種類の現代的な慰安にとりまかれ、周囲ではあらゆるヨーロッパの国籍の人々がしゃべっていると、これが世界でもっとも隠遁的な一国の首都でのことであり、またこんなことが実現されるようになったのも、シナ帝国が存在した三千年のうちわずか過去三〇年以来のことにすぎないと悟るのに、なかなか骨が折れた。

## 4　北京から帰化城へ

旅への渇望が辛苦を癒《い》やしてくれるが、それまでには、
事情は次々に変転し、ころがり出てはころがり去っていかなければならない。

北京に滞在中、副領事で王室工兵隊勤務のM・S・ベル大佐が当地に現われ、まっすぐインドに向かって旅行をする予定だという知らせがとどいた。インドの情報部では、ベル大佐の下で勤務していたので、私は同大佐を知っていたし、すぐおねがいして同行させてもらうことに決めた。これこそかねて切望していた機会だった。ヒマラヤ山脈のかなたのもうろうとした神秘の土地を訪れ、私が少年のころから、叔父ロバート・ショーの手紙を通じて、名前だけはよく知っていたカシュガルやヤルカンドを実際に目にする機会にめぐり会ったのだった。陸路インドへの旅行は、新疆省を完全に横断することになろうし、シナ人が長年にわたるねばりづよい、注目すべきいつもの努力で同地方を再征服してから、状態がいぜんとして未知のままだった。われわれはそんな中央アジアの秘境に住む人々を見ることができるだろう。彼らの間へいったことのある少数の旅行者の話をよんで、私は彼らの姿をぼんやり心の中に描いていた。われわれはまたインドへ向かう途中、ヒマラヤを完全に縦断しなければならないので、ヒマラヤの実に心臓部を見るという魅惑があった。すべてをひっくるめたものが、一大旅行計画だったのである――北京から大胆にとびだしていって、インドへはいりこむこの着想――それ自体が熱狂を生み、私の体内のあらゆる探検熱の火花をめざめさせた。かつて経験したどんな興奮も、この一大旅行計画のそれにはおよばなかった。そんな生活の唯一の欠陥は、すべてが終わったとき、そのあとにくる反動で、日常平凡

な、千編一律の生存が、くらべてみていかにも不活発無気力なために、かえって圧迫をうけることだ。私が目の前にした計画は、中央アフリカを横断し、もう一度引き返して横断してくるくらいの長距離旅行だったが、少なくとも、私にはどんなアフリカ旅行よりもずっとおもしろかった。——さまざまな国を通り、ゴビ砂漠の平坦な荒地から雪をまとったヒマラヤ山塊にいたる旅行だ。そればかりか、三〇〇〇年の歴史を持ち、現代に対してもいぜんとして新鮮な興味を帯びる帝国の全領域を通過するのだった。そんな旅行をする機会があるなら、旅行に対する熱烈なあらゆる興奮が体内にわき立つのを感じないわけにはいかないだろう。おまけに、実に長い時間ののち、やっと出発できる旅行なのだ。

　ベル大佐は三月の終わりごろ北京に着き、二つ返事で私が同行してもいいむね言ってくれたが、将校二人がいっしょに旅行するのは、いささかエネルギーの浪費だろうと考えた。そこでわれわれはそれぞれちがったルートをとる手順にしたのである。

　むろん出発する前に、いくらか切りぬけなければならないむずかしい問題があった。——主なものは、所属連隊を留守にする許可である。が、サー・ジョン・ウォルシャムが直接ダファリン卿へ打電して、このむずかしい問題を切りぬけてくれた。この場合の氏の親切にはいくら感謝の念を寄せても寄せきれない。そして、そのむずかしい問題——一般に軍籍にある探検家がぶつからなければならない最大のもの——がすぐ取りのけられたのだった。

　電報を打ってから、ベル大佐と私は地図をひろげ、作戦行動を討議した。彼はシナの人口の多い地方を見たがっていたので、《万里の長城》の内側の諸省を通って甘粛省にいき、ゴビ砂漠を横断してハミまで強行し、北京と新疆省の間の主要ルートを踏破することに決めた。私はよりあたらしい、より純粋な探検仕事をするめぐり合わせになって、ゴビ砂漠横断の直通路に沿い、できればハミでベル大佐に出会うことに方針を決めた。* ベル大佐はハミで出会う日時を決めてから北京を出立したのだが、動向全般の様式から判断して、同地で私を待つにしても四五分ぐらいでそれ以上は無理な気がすると、公使館の私の友人たちが言った。実際、われわれはインドに着くまでついに出会わなかった。着いてからベル大佐の話では、ハミ――中央アジアの中心にあるこの場所は、われわれの出発点から約三二〇〇キロ――では実際にまる一日私を待ち、日時どおりに私が現われないのにあわてて、ひきつづきインドに向かっていったのだった。

＊〔原注〕　このルートは、それまでヨーロッパ人によっては踏破されていなかった。私の知っているかぎりでは、その後も踏破されていない。同地は、新疆省にいたる公道と、一八七二年にネイ・イライアス氏が北京からシベリアにいく途中とったルートのちょうど中間にある。氏は、その探検で、王室地理学協会の金牌を得た。

一方、私は公使あての返電を待ったり、さまざまな準備や通訳さがしに取りまぎれたりして、北京にとどまっていなければならなかった。許可承諾の返信がとどいた。すると、サー・ジョン・ウォルシャムはいつもの親切から、入手できる最良の旅券をシナ人からもらう尽力をした。その旅券が手にはいり、一八八七年四月四日を北京出発の日取りにしたのだった。

出発の前夜は本当に忘れがたいもので、そのとき、私は自分がいま企てていることの正体をはっきり悟ったのだと考えている。食事がすんでから、私がこれからたどっていこうとするルートの印を地図の上へつけて、私のやりたいと思っていることを正確に話してくれるように、ウォルシャム夫人に所望された。そこで、私はアジア地図へ鉛筆で線をひきながら、目の前の私の仕事をはじめてかみしめたように思われた。何もかも漠然としてわかっていなかったのである。北京のどこへいっても、砂漠を横断する道路についての情報は得られなかった。私は砂漠にいったことがなかったし、これから越えなければならない一六〇〇キロあまりの砂漠があった。砂漠の反対側の国情についても、何も情報は得られなかった。シナ人がその国をにぎっているのはわかっているが、どんなふうに保っているのか、同国ではどんな種類の秩序が維持されているのか、たった一人ヨーロッパ人の旅行者が住民の中へはいり、どうなふうに暮らしていけそうなのか、何もわからなかった。最後に、それらすべての背後には、極端に遠いかなたに、ほのぐらくもうろうと浮かぶヒマラヤ山脈があった。そこを越えること自体が長途の旅行なのだと、以前私は考えていたのだった。

地図の上へ鉛筆の線をひきながら、何もかもおそろしく漠然としていて不確実なのが、ひとりでにつよい感銘を私に与えた。私がいましようとしているのは、実際に未知への突入だった。そのルートがあとになって、将来の旅行者にどんなにやさしいものかがわかっても、実際にむずかしいのは、やはりそのルートについてのこの最初の突入なのだという気がした。私よりも前に、だれか一人でも旅行者が踏破しているか、いまからでもいいから、だれか頼りになる仲間なり、そばにいて信用のおける従僕なりが、一人でもいるかするなら、仕事は比較的やさしく見えたのである。が、お先はすべてまっくら、北京で見つけたシナ人の従僕とたった二人だけで旅行をすることになっていた。

安全と文明の中での最後の夜、困難と不安が私に重くのしかかった。が、朝になると、すっかり忘れて、私をまた困らせることもなかった。もう出発することになっていたし、ほんとうの興奮もはじまっていた。とにかく二、三か月後にはなんとかして、インドに足をふみ入れるのだというゆるぎない確信がやってきた。

サー・ジョン・ウォルシャム、同夫人、それに公使館の全員が、別れの言葉を述べるので入口に集まった。言葉を口にしたとき、それまでに示してくれた多くの親切や、計画に寄せてくれた善意や関心に、私はなんどもありがたくお礼を言おうとしたのだった。旅行についてはいろんなことが回顧されるが、いま離れようとしている友人たちの誠意のこもった祝福と感じられるものを、まざまざと思いだすことほど、うらぶれのひどかった瞬間の私を浮き立たしてくれたものはなかった、といっていい。

やがて私はラバにのって入口の門をくぐり、外へ出、北京の城壁を出はずれ、いよいよ旅行へのりだした。ほんのわずか劇痛のようなめいった気分、ものの化のような二、三の困難がまず現われ、やがて永久に消えた。旅行の冷酷な現実をみずから感じはじめると、私は勇気をふるいおこし、すぎ去ったことは考えず、前途におこり得るあらゆることに直面する覚悟をした。

出発したときには、満州ではじめから終わりまでジェイムズ氏に伴われていたシナ人の従僕がいた。通訳の役目をするはずだったが、のちに、われわれが砂漠のはじまる境いめまでいったときに旅行を断念した。けっきょく、二番目の従僕劉三《リュウ・サン》がインドまでの全行程いっしょに旅行し、通訳、料理人、給仕、馬丁、御者とかわるがわるその役目をしたのだった。彼はまめまめしく忠実につかえ、いつも一生懸命にはたらき、困難な道路にもすすんで向かっていった。たった一人の私の従僕で仲間であるこの者に万事依存していたのを考えると、私のお伴をして示してくれた忠誠にはいくら感謝してもおよばない気がする。

帰化城までの最初の二週間は、荷物を馬車ではこび、私はロバに乗っていった。北京を出た翌日、南の入口で、《万里の長城》から内側にのびる支脈の城壁を通りぬけ、二日後、張家口《カルガン》では外側にのびる城壁を目にした。まったくこの《万里の長城》はすばらしい光景である。前には、山海関で海からはじまる長城を見、張家口から西へ一行程か二行程いったところで、また長城を通過した。この地点で、長城を通過したときには、すっかり縮少し、取るに足りない大きさだった。私は日記にこう書いている。「北京付近の巨大な建造物にはいささかも似たところのないみじめな構造である。高さも約六メートル、泥土づくりでぼろぼろにくずれ、大きな割れ目がある。一キロから二キロおきに、泥土づくりの望楼がある。」

張家口にはアメリカ人の小伝道団があって、団のスプレーグ氏が非常に親切に援助し、私がたどらなければならない帰化城からの砂漠横断ルートについての情報を入手しようとして下さった。スプレーグ氏のほかに、ウイリアムズ氏、女医の二人の宣教師、ミス・ダイアメント、ミス・マードックがいて、おおいに慈善を施しているように思われた。医療伝道は大きな牽引力《けんいん》を持っている。医者（この場合は、女医）は明瞭に表面に現われる実際的な様式で、慈善と善意を示すことができ、一般的にいうなら、それがおおいにありがたがられる。この女医はとりわけ阿片患者の治療に努めているように見えた。シナで出会うたいがいの宣教師と同じく、彼女たちもアヘン吸引の習慣にはすこぶる反対意見を持ち、悪癖の結果や、いったん習慣にとりつかれたら抜けだすのがむずかしいことを、実に目に見えるように述べた。事実、それがその習慣に反対する最大の理由の一つらしい。いったん習慣にとりつかれると抜けでることができない。こんなふうにアヘンの影響をうけた人々がやってきて治療を懇願するありさまを、ミス・マードックが話してくれた。が、彼女のとっている唯一の有効な方法は、彼らを監禁することだった。食事は自弁で、患者が死亡したときの遺骸引取りの責任をもつ保証人を出さしているのだった。こんな厳格な方法で、多数の患者を治癒させたのだが、誘惑物が足もとにあると、治癒した患者がまたもとの習慣にまい戻っているのがわかって、しばしば落胆した。

ロシヤ人の茶商人イワノフ氏も、張家口で出会ったもう一人のヨーロッパ人だった。ロシヤ人にぶつかるのは、いつも愉快である。ロシヤ人はいつもきまって率直で心から親切である。ロシヤ人にあたたかい心がないと非難するような人はいないだろう。見知らぬ土地へきた外国人に対して、このロシヤの商人はとりわけ暖かな心をいだいた。私のために情報をしらべるので、すぐ地図や書物を取りだし、あたらしくてとりわけいい地図を進呈しようとしきりに言った。その地図はあとになってすこぶる役に立ち、個人的にロシヤ人からうけたこんな小さな親切で思いやりのある行為を、私は書きとめておきたい。機会はいずれやってくるだろうが、ロシヤ国民とわれわれ自身以上におたがいが好きになれる二国民はないと信じる。両国の国民の一人一人がおたがいに知れば知るほど、両国にとってそれだけいいことになる。

張家口で得たもう一人の知己は、清仏戦争（一八八四年におこる）で福州作戦に参加したシナ砲艦の前艦長だった。彼の身上話は奇妙な物語だった。戦闘の折、指揮官は勝利か死か、どっちかでなければならないという主義をシナ人は持っている。この人物の艦船はフランス艦隊からかなり離れたところに繋留されていた結果、残余のシナ船舶のうけた運命をまぬかれ、撃沈されずにすんだ。艦長は敗戦とわかると、自分の小砲艦では被害を挽回する手は何も打てず、陸に上がって脱走した。が、シナ皇帝はこれを最大の不名誉な行為と考えた。フランス人に殺されなくても、当然自殺すべきなのだ。彼は自殺しなかった。そこで、蒙古の辺境へ終身追放を命じ、死刑にならないのを幸運と考えるように言われたのだった。ところで、そのあわれな小柄な紳士は——自国政府にひどく腹を立てていたけれども、元気がよく、浮き浮きして、私にはたしかに役に立った。いつも私と連れ立って何時間も市場を歩き回り、私に入用なものを手に入れ、道路についての情報を得ようとした。

張家口には数軒なかなかいい店があって、私はそこで時計まで買った。蒙古人や、そこから北へ砂漠を越えシベリアへ向かって出発するキャラバン相手に、そこでは莫大な交易をやっている。が、ここでも、帰化城から砂漠を横断するルートについては何もわからなかった。地理についての本能らしいものがシナ人に欠けているのは、程度をこえている。自分の町とかあくせく歩いていく道路以外には何も関心がなく、何も知らない。キャラバンは定期的に帰化城を出発し、砂漠を越えてハミに向かっている。帰化城は、張家口からわずか一週間の旅行なのに、われわれがいかなければならないルートについての情報は、その土地ではどこへいっても得られなかった。中央アジアの市場で目にすることと、すべてがなんとちがっているだろう。中央アジアの市場では、商人たち——インドからやってくるもの、トルキスタンからやってくるもの、アフガニスタンからやってくるもの——が出会い、旅をしてきた国や道路のありさまを話し合い、現在利用されているキャラバンのルートについて、旅行者はいつも一般的な公正な考えが得られるのである。

シナ旅行の特色は、御者と入念に契約することで、またそれをしなければいけない。北京を立つ前、そんなことでは私の会ったうちでいちばん親切で注意ぶかい人間の一人ヒリアー氏が、王室の宣言か弁護士の証書のように、いっさいぬかりなくふくんでいると思われる書類を作成してくれた。それでも、御者は書類のあらを拾った。余分に手当てをはずまないと、決めた日に目的地に着こうとしないのだとスプレーグ氏が知らしてくれた。そんなわけで、私はこの書類を修正し、四月一〇日に張家口を出発した。

われわれはいよいよ北京からシベリアにいたる大キャラバン・ルートをあとにして、洋河《ヤン・ホー》のひろい渓谷を溯《さかのぼ》った。このあたりの村はどこも城壁にかこまれ、地方全体に望楼が散在していた。——騒乱の時代と匪賊を物語るものだ。畑地の耕作はゆきとどかず、人々の暮らしもよくない。季節はもうすっかり四月になっていたのだが、天候はいぜんとして寒く、朝になると流れはいちめん氷におおわれた。木立にも葉がついていない。私は皮の上着、前びらきのジャケツ、フランネルのシャツ、チョッキを着たけれども、ラバに乗って二輪馬車のそばをいくと、やはり寒かった。

われわれはまた北の方から——蒙古の高地から吹きつけるひどい寒風に見舞われたものだった。風はもうれつに吹いた。砂漠と砂漠の果ての草木一つない連山から、砂まじりのじゃりじゃりした雲のような土ぼこりが、風にのってやってきた。これは、北京ではごく当たり前になっている不透明なうすぼんやりした大気をよく説明しているもので、新疆省でも見られた。華北の多くの地方でぶつかる黄土層を生んだのも、この風だった。砂漠の土ぼこりをすっかりはこび、層また層とつみ上げ、シナの平原のいくつかの場所では、厚さが数百フィートに達している。逆風が、砂漠から吹いてくる風にぶつかる。そんなこともあるし、その他の原因もあって、砂漠の風がぴたっと静止するようになる。はこんできた土ぼこりの細粒が急速に下の地面にふりこぼれ、こうして、砂漠の南の広大なシナの地域が黄土層におおわれている。黄土層の土壌はかるく、ひどくもろい種類で、ほんのちょっと押してもぼろぼろにくずれ、垂直に断層をつくる傾向がある。その結果、黄土層を通る道路は、非常に目立った外観を呈している。二輪馬車が黄土の上を通過する。土壌がくずれ、くずれたあとから風が土ぼこりをまい上げ、その結果がふかいわだち道だ。ほかの二輪馬車がまた通り、黄土がさらにくずれ、土ぼこりがいっそうまい上がり、わだち道がしだいしだいにふかくなって、何世紀もすると、周囲の地方の平坦面からは、道路が三〇メートルから六〇メートルも下っている。この道路は左右を垂直の断崖にとざされる。前述したように、黄土が切り立った断層になるからである。

いま溯っている洋河の渓谷で、この道路を通った。二輪馬車一台がやっと通れる道幅なので、隘路にはいる前に、人を一人先にいかして、反対側からやってくる二輪馬車があったら、どなってとめなければならなかった。

この地域でとりわけりっぱなものとして、ロバを書きとめる。が、華北でひょいと思いつく事情は、その地方のロバと小馬の交配でできたラバで、そのどっちよりもはるかに大きいのである。北京では、高級官吏のもっている二輪馬車には、おそろしく大きなラバがついているのを見かける。最優良種のラバの相場が、時によると、五〇から一〇〇ポンドということだった。そんな動物は、しばしば高さが一六七センチから一八〇センチ、親の小馬よりも一〇センチか一五センチは完全に高いのである。

四月一二日に《万里の長城》を通過し、マルコ・ポーロが《ゴグとマゴグ（伝説上の英国の巨人）の国》と呼んだところへはいった。《万里の長城》の城門は粗末な木枠のつくりにすぎず、堂々としたものではなく、付近には低い小屋があって、小柄な衛兵といっしょに役人が一人住み、小屋の前には、小さなカノン砲が二門、材木にくくりつけられてあった。門の左右の城壁——ここではまったくの泥土づくり——には大きな割れ目があって、馬車か何か通りぬけられそうだった。

一四日には、朝の三時に出発して、蒙古本土の広大な平原へ踏みこんだ。美しい朝で、平原の左右の果てをはるかに遠く区切っている低い山々には、かすかに青いもやがかかっていた。一見無限の距離にのびひろがっていく周囲のあの膨大な草原をながめたとき、やたらとおどりはねる自由の感じが私に襲いかかった。妨害になるものはどこにもなかった——どこへでもいけそうな気がした。すべての自然がわれわれをさそって先へすすませるかのように、きらきらかがやいて見えた。われわれはうねる草原にいた。あちこち遠方に点々としたものの集まりが見え、近づいてみると、ラクダと家畜の群れなのがわかった。ヒバリが前後左右いたるところからたくさんまい上がり、歌声で朝を明るくきらめかした。シカの小さな群れにもしばしばぶつかった。ガンも見かけ、多数のガチョウとカモが頭上を通りすぎ、北へ向かってとんでいった。

平原の彼方に黒い点がいくつか見え、朝の大気の中で、青い煙がそこからかすかにまっすぐ立ち上った。それは蒙古人のユルト、すなわちフェルトのテントで、そっちの方へわれわれは進んでいた。そこへ着いてみると、いろんな旅行記で読んだ結果予想していたものとそっくりなのがわかった——格子型に枠を組み、ドーム状で、屋根に通風孔があって、外側をぐるりとフェルトでかこっていた。あるテントに住んでいる人たちが、われわれにはいる余地をつくってくれた。横になってねられるフェルトをひろげ、小さなテーブルを二つ、私のそばにおいた。テントの内側には、周囲に箱や食器戸棚がきちんとならび、片隅には花瓶や仏像がいくつかあった。中央が炉で、屋根の通風孔の真下に位置していた。そこの居心地のいいのに私は魅力を覚えた。それまでに泊まらなければならなかったシナの宿屋は寒くて、風がよく吹きこんだ。ここは太陽が屋根の穴からながれこんではいり、すきま風も何もなかった。ほこり一つなかった。ここは裕福な蒙古人のテントだったので、清潔できちんと整っていたのだ。

家族が全部集まって私の所持品を見、雑嚢の中から手当たりしだいに取りだした。スポンジがいぶかしく、びっくりした大きな原因になった。が、彼らをとりわけ魅惑したのは、ひげそり用の凹面鏡で、ふしぎそうに顔を拡大し、ゆがめた。彼らは鏡をながめ、金切り声を上げて笑い、若い娘たちに鏡の中の顔を見させた。それがほんとうの似顔なのだから、ご面相のいいのを自慢するのにはおよばないと言うのだった。

ついこの前までの旅行で通ってきた土地の不健康なシナ人のあいだで暮らしたあと、こんな陽気な、丸顔で血色のいい頰をした蒙古人のあいだへやってきたのが楽しかった。シナ人はほとんど親愛感を見せず、上機嫌な顔もせず、いつもいやな印象の原因をつくっているように思われた。私が出会ったこの最初の蒙古人は、たまたま並みはずれに魅力のあった連中だった。私があとではるかに遠い砂漠の中で出会った連中にくらべると、むろんいい暮らしをしていた。多分このことがいつも彼らが浮き浮きして愉快なようすをしているのを説明するわけだろうが、私には気持のいい印象を残してくれた。

蒙古の第一日のもう一つの魅惑は、ミルクとクリームだった。——どこでも手にはいり、濃くて、栄養たっぷりだった。ここにも、シナとの楽しいちがいがあった。シナでは、すでに述べたように、牛の乳はしぼらず、したがって牛乳は求められない。

全体をひっくるめて、この日は旅行の辛苦をいっさい物影へ投げこみ、帰するところ何もかも最高に楽しかったと旅行者に感じさせる輝かしい日の一つだった。さまざまな物影は光を際立たせ、自由気ままな生活の魅惑をさらにはっきりと打ちだすのに役立っているだけのことだ。

翌日、われわれはふたたび山の多い一地方へはいった。途中、数羽のシャコを目にした。シャコはすぐそばまで御者をのこのこ近づけた。そこで、御者は鞭で一羽をひっぱたくことができ、それでもほかの鳥はとび立たず、とうとうほかのまで鞭でたたきつけられてしまった。その日の行程の終わりに、われわれはシナ人が耕作している土地にぶつかった。蒙古の国境ほとんど一帯にわたっているのだが、ここでもシナ人は蒙古人の中へ侵入し、いちばんいい土地から徐々に彼らを砂漠へ駆逐しつつある。動作が鈍くだらしのない蒙古人は、押しのつよい勤勉なシナ人には立ち打ちできない。そこでどんどん後退する。弱者と怠惰な人間が、強力で活気のある人間に屈伏する――自然界を通じて理解される古来からの物語である。それでも、観察するものの同情心はすべて蒙古人に集まり、冷酷な性質のシナ人が、開放的な心を持つ蒙古人に取って代わろうとしているのを見るのは、遺憾な思いである。

一年中のこの時期で注意すべき点は、気温の急激な変化だった。朝はまったく温暖といっていいだろう。空気にはやわらかな香気のような感じがある。すると、とつぜん身を切るような風がおこり、寒暖計はたちまち一〇度も下がる。住民はこれが原因でひどく病気にかかるらしく、この季節には発熱や病気があたりまえになっている。

帰化城には、四月一七日に着いた。近づくと、地方がしだいに人口稠密になった。――同地区は正しくいえば蒙古の一部なのだが、全部シナ人だった。――道路上でも、しだいにふえてくる交通量にぶつかった。小型の二輪馬車が多数見られ、内側にも外にも物資を満載し、しばしば一〇〇〇斤（六二一キロ）もはこび、長い重い二輪馬車には毛皮がのっていた。トゥンガン人が多数目立ち、山地の黄土層を掘った横穴住居がときどき見られた。

帰化城に着き、紹介状を持っていたので、シナ内陸伝道所のG・W・クラーク氏夫妻を訪ねた。宣教師特有の暖かい応待に出会い、一室を私のために用意し、ほんとうに心からの親切を示した。クラーク氏が当地に落ち着いてから二年になる。その土地に永住する最初の宣教師だったと思う。それまでシナ内陸伝道所の人とは私宅でお目にかかったことがなく、そんなわけで、クラーク氏の仕事の話をきくのはとくに興味があった。この伝道に現われている熱意とエネルギーは驚嘆すべきである。伝道所の人々はシナ人と同じくシナ服を着、シナの実に心臓部に当たるはるかに遠い奥地に住み、実際に住民に接触するので大いに努力を払っている。きまった俸給を受けとっていないが、伝道所あてに送金があるので、生活していくだけの費用をまかなうだけのものは送ってもらえる。が、しばしば資金がなくなると、飢餓寸前にまで追いこまれ、ある場合には二、三週間文字どおり一文無しで、食べるものもなく、本部からの資金が届くまで、できるだけ金を調達するのであちこち物乞いして歩き、衣類を売らなければならなかったのを、クラーク夫人が話してくれた。

伝道所は聖職者ばかりでなく、平信徒も、いろんな宗派の信徒も、受け入れている。新任者は、シナにやってきて、一、二年間は伝道所に永久に所属するにはおよばず、仕事に向かないとわかれば英国に帰ってもいいという非常にすぐれた規則がある。シナ奥地での仕事が実際にどんな意味のものか、その仕事が、英国で考えられ得る仕事の概念とどんなにちがうものか、それがわかれば、規則の知恵も容易に理解できる。本国の宣教師の会合の魅惑、人目をひく熱狂、そのいっさいから遠く離れたシナの僻地の町で、ほとんど――時にはまったく――一人で、本能的に西洋人をきらう冷血な、感情を表面にださないシナ人にとりまかれてすごすわびしい年月に耐え得られるのは、実にきびしい真正の心にちがいない。身辺には何一つ慰安がなく、熱狂を維持するためのものは、心の中に持っているものでしかなく、反対に、熱狂をさめさせるものはなんでもある。そんな事情で仕事をつづけていくのには、心の中に無尽蔵の熱意を貯えておかなければならない。伝道所の管理者は、英国から未経験のままやってくる多数の人間にそんな膨大な熱意の貯えがあるはずがないのをよくわきまえているから、賢明にも、各人に帰国の機会を与えているのだ。クラーク氏から知ったのでは、伝道所の創立者で管理者のハドソン・テイラー氏によって、もう一つのいい主義が定められている。――絶対に必要とするときのほか、英国の公使にも領事にも、援助を求める訴えをしないことである。

クラーク氏は宣教師としてシナに長年滞在中、二万五〇〇〇キロ国内を旅行して歩き、ほとんど各地に住んだことがあった。清仏戦争のときには、雲南にいた。同地での募兵の方法について、愉快な話をいくらかくわしくしてくれた。国家が開戦すれば、常備軍がまず使われると想像するのが自然だろう。他の点でも大半がそうだが、この点でも、シナ人は、他の人々とはまったく正反対のことをやる。正規兵は言った。「われわれはこの町から離れて戦ってはならない。われわれのすることは、町を守ることだ。町が攻撃をうければ、われわれは町を死守するが、そこを離れてはならない。」そこで、シナ人がトンキン湾でフランス人と戦わなければならなかったとき、やむを得ず農園や村に人をやって、戦争にいきたい人間には、一般庶民生活で得られる以上の高い給料を出すと言わざるをえなかった。こんな方法で、ある地区の将軍連は、ある数の、たとえば二〇〇〇人の兵隊を募るだろう。兵隊は四人の大佐に統率されて戦争にやられ、四人の大佐は兵員一人一人の給料を政府から受けとる。が、大佐は自分のふところをあたためなければならず、ある人員に特別賞与をだし、故郷へ帰らせ、それからは幽霊人員の給料を政府から受領しつづけ、それを全部自分のポケットへ入れたのだった。だから、もともと派遣された二〇〇〇人のうち、戦争の現場に着いたのはおそらく一〇〇〇人ぐらいだったろうし、一方では大佐たちはのこり一〇〇〇人の給料を着服したのだ。そこで、トンキンへ到着したと報じられた軍隊の人員は、実は半分だったのである。

シナの将軍連が当面の敵として、北京に報告したフランス軍の兵力はおどろくべきである。私はかつてある機会に、同じ戦闘についてのシナの司令官の電文（北京ガゼット紙に掲載）と、フランスの将軍の電文（フランス政府の公表）を読みくらべてみたことがあった。はなはだ教えられる読みものだった。シナ人は、フランス軍の兵力が実際の一〇倍から二〇倍もあるように皇帝へ報告し、皇帝もそれを厳粛に信じたものと想像する。勇敢なシナの兵士が行なった殺戮は、史上未曾有のものなのである。北京ガゼット紙によると、トンキン湾戦争でのフランス人の戦死者は、一八〇万名を下らず、同じ筋の発表で、クールベ提督はそれぞれちがったときに四六回戦死していた。

われわれの準備がすすみ、その間に、クラーク氏と私は帰化城を何度も歩き回った。奇妙な町で、二回にわたって、外方へ発展していったように思われる。現存している約三〇〇メートル平方の城壁内に元来はおさまっていたのだが、城壁の外にはみだし、約一・六キロ平方の外壁が周囲につくられた。この城壁からもまたはみだし、二番目の城壁の外に家がたくさん立っている。が、私が訪れたときには、人口は減少しつつあり、蒙古との交易基地としての以前の重要性を大いに失っていこうとしていた。これには二つの理由があるとクラーク氏は言った。第一は、それまで漢口から当地にはこばれ、さらにゴビ砂漠を越えてキャフタにいたったものだった茶が、現在では汽船で天津にいたり、そこから張家口経由でキャフタとシベリアにはこばれているからである。第二は、カシュガル地方の戦争とトゥンガン族の反乱のため、ここ数年来交易がほとんど止まり、それ以来再開されていないからである。

帰化城は元来蒙古人の町だったものである。いまでも蒙古にふくまれ、同地には蒙古の領主が住んでいる。が、だれもがシナの町と信じ、ちがうと思っているものはないだろう。シナ人がほとんど町を独占し、蒙古人を町はずれに追い払っているからだ。それでもみごとな仏教寺院がいくつかあり、町には多数の蒙古人のラマ僧がいる。クラーク氏の話では、ラマ僧は、シナ人の僧侶にくらべ、仏教の信仰心がきわめてうすい。両者とも、厳格にいうなら、肉食をしてはいけないのである。シナ人の僧侶はたいがいしないのだが、蒙古人はそれに比べるとだらけた考えをいだき、ちょいちょい食べるどころではないのである。城内の北側の市場風景は非常におもしろい。砂漠からやってくる日焼けして血色のいい顔つきの蒙古人が見られ、大きなキツネ皮の帽子をかぶり、よごれた羊皮の上着をきている。自分ではつくれないか、それとも怠惰のためにできない二、三の必需品を買いにはいってきて、抜け目のないシナ人のおやじのいる露店で、皮靴、鞭、きせる、帽子、その他いろんなものを値切っている。砂漠をすすむのに必要なものを買い占めるシナ人のキャラバンの連中がいる。――ラクダの荷鞍、水樽、食糧袋、ロープ、どうしてもなくてはならないこまごました物である。一般に日焼けした渋紙色の顔つきをしているが、それとは別に、こんなキャラバンの連中は一目でそれとわかる体つきをしているので、見分けがつくのである。きまって特別前かがみで、腰から上がまがっている。長いわびしい砂漠の進行の間、毎晩毎晩、ラクダの背にかがんで乗っていくか、ラクダのよこを、あの単調な平原ではどうしてもそうならないわけにはいかない、だるい半眠りの状態で、とぼとぼ歩いていくかするので、両肩がすぼまってしまうことになる。

帰化城の小売商売は、ほとんど全部が旅行者や蒙古人に必要な物品らしい。良質の石炭が、二日とかからないところで採れる。

さて、ゴビ砂漠を横断してハミへいく準備をしなければならなかった。帰化城はこの方面の最後の町で、東トルキスタンへ向かうキャラバンの起点だった。二輪馬車というより、馬車を引くラバや小馬がここから先へはいけない。そこで解約して、ラクダをさがさなければならなかった。到着した翌日、私はクラーク氏といっしょに町の方へでかけ、トルキスタンと貿易をしている大商会の一営業所を訪れた。前庭には磚茶《せんちゃ》(れんがのようにかためたくず茶)、綿製品、絹、陶器、金物類などのきちんと梱包した商品が列をなしてならび、すっかりととのって、グチェン(古城)に向かって出発しようとしているキャラバンを待っていた。グチェンは、ハミからクルジャの方面へ七日行程ばかりへだたった町である。そのルートについての完全な情報がついに得られることになった。私は、中央アジアの霧のようにもうろうとした町々へ実際いったことのある人々を、絶大な興味をいだいてながめた。砂漠横断には一般に公認のルートがあって、冬期間は月に一回ぐらいキャラバンが出発するらしかった。グチェンはキャラバンが普通いく場所なのだが、ハミへはめったに訪れなかった。ハミへいく道路は、ハミから一〇日行程ばかり手前で横道にそれる。グチェンへ達するには、キャラバンで八〇日から九〇日かかり、ハミまではそれよりも一〇日ぐらい少ないと教えられた。ハミの干アンズ、トルファンの干ブドウだけを、トルキスタンからの帰途にもってくるらしかった。帰化城からグチェンまでの運送料が、ラクダ一頭分の積み荷一〇八キログラム分一六両《テール》(約四ポンド)ということだった。が、この砂漠横断路は商人たちのキャラバン用として利用されているのにすぎず、帰化城からハミにいたる公認道路は、ウリヤスタイとコブドを経由するもので、一八七二年にネイ・イライアス氏がたどった道である。ジュンガリアから帰ってくる兵士はキャフタ経由でその道をとり、ゴビ砂漠を越え、張家口にいたる。

われわれのような少人数の一行がそんな長旅をつづけるのに、よろこんでラクダを貸してくれる人間ははじめはうまく見つからなかった。大キャラバンを組んで旅をするのにはだれも異存はないのである。が、たった四人の一行で出発し、砂漠を横断しようとする考えにはのってこなかった。が、私は出発することになっているキャラバンを待つわけにいかなかった。そんなことをしていると、どっちみち数週間足止めを食うことになろうし、私には横断しなければならない新疆省全域があった。また、冬が迫ってこないうちに、ヒマラヤを越えなければならず、そんなにぐずぐず日をおくらしている余裕がなかった。そんなときに、クラーク氏の援助や経験を思いのままに利用させてもらったのは、幸運なことだった。彼はいっこうにへこたれず、人さがしをしてとうとうグチェン住いのシナ人を見つけた。この男は、一頭分の積荷一三五キロとして、五頭のラクダを一八〇両《テール》（約四五ポンド）で貸し、砂漠をこえ、ハミまでわれわれ一行に同行する道案内を提供するのを引きうけた。厳粛な協定書を作成し、以上の金額で六〇日目にハミに到着すべきことを主な条項にした。

出発するのに縁起のいい日をシナの暦でしらべるのが、次の仕事だった。こんな旅行にゆき当たりばったりのいいかげんな出発をするのはよくないと道案内が言い、出発にはとりわけ気をくばった。出発の日取りは大いに気をつけなければならないのである。四月の二三日、二四日、二五日は何やかやの理由でみんな次々にはねのけられ、二六日がどの点から見ても適しているというので、ついにその日に落ち着いた。

その間、食糧を仕入れ、できるかぎり必需品をそろえ、仕事がたくさんあった。あちこちに羊ぐらいはいようが、その他のものは途中ではいっさい手にはいらないだろう。二か月間一行を支えるだけのすべての種類の食糧を買い占めなければならなかった。旅行に際してはぜいたくをしないのが絶対に必要と考えている人がある。が、私は経験から学び、ちがった考えだったので、事情のゆるすかぎり食べものを奮発する決心をした。だから、実際に不自由を忍ぶ必要があるようになると（あとになって、ヒマラヤ越えをしている間がそうだった）、私は元気いっぱい、辛苦に耐えられることになろう。そこで、小麦粉二袋、米一袋、われわれのたのみの主食になるはずの牛肉の罐詰三〇個のほか、ミルク、バター、スープなど長持ちのする罐詰を二つ三つ、そんなぜいたくなものはすでに北京で買った。この帰化城では、若干の干アンズと干ブドウ、スープに非常にうまい風味をそえる蒙古産のキノコ一袋、ジャガイモをもう一袋、クラーク氏からもらった乾燥大豆の小袋一つ、最後に若干のオートミールを手に入れた。そんなぜいたくなものも実際には荷物の全量を少しふやしたのにすぎず、かりにラクダ一頭分の荷がべつにできたにしても、それなりに私の能率をたかめるのだから旅行の妨げにはならなかった。

　カブール（アフガニスタンの首都）型としてインドで知られているものにならって、テントを一つ町でつくった。が、あとでわかったところでは、砂漠旅行用としては考えられる最悪の種類といっていいテントだった。ひっきりなしの暴風がテントの側面にぶち当たり、テントを張っておくのがほとんど不可能になるのである。今後旅行者にすすめたいのは、私の道案内の持っているようなテントで、側面がゆるい傾斜をつくり、そのまま末端が地面に達し、垂直の側面がないから風はまともに当たらない。

　いささか異様な備品は、二つの水樽だった。進行に当たって毎日水をいっぱいに入れ、ときどきおこることだろうが、道に迷ったり井戸を見つけそこなったり、見つけても砂がぎっしりつまっていたりする場合には、いつも頼りになるものがあることになる。

## 5　ゴビ砂漠横断

しかしここには――頭上にも、周囲にも、眼下にも、
山上にも、峡谷にも、
倦みつかれた目にはいってくる
木立も、灌木も、植物も、草花も、何もない
スコット（サー・ウォルター・スコット、スコットランドの小説家・詩人、一七七一―一八三二）

縁起のいい日、四月二六日がついにやってきて、親切でねんごろな私の友人――これからさき数か月間はもう会うことのない同国人――に、心ならずもお別れの言葉を述べ、ゴビ砂漠と、砂漠の彼方のはるかに遠い未知の土地へとびこんでいかなければならなかった。航海にでかけるのに似ていた。食糧はすべて持ったし、何もかも出かけるばかりにととのった。われわれは小じんまりまとまった小人数の一行だった。――道案内の役目をするラクダ引きの男、蒙古人の下ばたらき、シナ人の召使い、八頭のラクダ、それに私自身である。通訳の張三《チャン・サン》は、目の前の旅行に直面する気がしなくなって北京に帰り、私はあとにのこり、召使いの劉三と、半分英語、半分シナ語でなんとかうまくやっていくようなはめになった。道案内は体が二つにまがったような小男で、シワだらけの顔のなかからときどき両目がかがやき、錐《きり》のように相手を射通すことがあったけれども、全般にはよく見えなかった。彼はふしぎな人間で、ストークス（サー・G・G・ストークス、英国の哲学者・物理学者、一八一九―一九〇三）の学徒に匹敵する記憶を持っていた。砂漠の行程ではそのつど井戸の所在地を思いだし、その思いだし方は驚嘆すべきものだった。彼は頭をラクダのこぶにつけるか、横にふらつかせるかして、前かがみになったままラクダの背でぐっすり眠るのだが、とつぜん目をさまし、まず星をながめて時間を一五分とたがえずに言えたし、次にくらやみの地方を見えるかぎ

りじっとながめるのだった。しばらくしてラクダの向きをかえ、踏みあとを少し離れていくと、実に確実に井戸のあるところへ出るのだった。彼が道をけっして踏みはずさない異様な方法は、私の知っているようなどんな手をもってきても、とてもかなわない。だいたい踏みあとは目にはいらないし、とくに砂地帯では見えないのだ。一般には、前のキャラバンのラクダの糞とか、多くはキャラバンの通った踏みあとによって、なんとかうまく彼はわれわれをみちびいていったものである。踏みあとはかすかで、指差されても私には見分けがつかなかった。ラクダは、庭園のよくふまれた小路のように、砂礫の上へ大した踏みあとをのこさないのだが、道案内には、あちこち目じるしになるものがあって、くらやみの中でもうまく踏みあとを見つけだした。彼についてもう一つ変わっているのは、歩きながら眠るのに慣れているその方法だった。彼の自然のすすみ方はそっくり前かがみになっていくことで、彼自身いっこう苦にならずうごいているらしく、ぐっすり眠ったままふらついているかっこうに見えるかもしれないだろう。が、彼には一つ欠点があった。――頑固なアヘン吸飲者だった。テントを張るやいなや、アヘン吸飲のきせるを取りだし、ふたたび出発するまで、吸ったり吸わなかったりするのだった。あとでだんだんわかるだろうが、私はこの男とはたまに意見の相違を来たさないわけにいかなかった。それでも全体としてお互いにうまくやっていったし、別れるときの彼に対する気持は、腹立たしいよりも悲哀の思いがふかかった。彼は二〇年間、ほとんどつづけさまに砂漠を横断し、行っては戻るつらい生活を送っているからだ。そのつらい生活のあと、とうぜんたまっていいはずの貯金を、常習的なアヘン吸飲のためにみんな使ってしまった。

蒙古人の下ばたらきは、名前をマ・テ・ラといい、不用意な気のいい男で、いつも口笛を吹き、歌をうたい、ほんのちょっとしたこと、とりわけちょっとした災難を見ると、とつぜん大声をあげて笑いだした。ラクダが荷物の箱を一つ地面に据えて、蓋を蹴とばしてあけるとすると、こんなおもしろいいたずらはないと考えたものである。私の所持品をふしぎがるのをいっこうにやめず、別れるときコーンビーフの空罐をやると、あたらしい玩具を手にした子供と同じようによろこんだ。私がヤルカンドから持って帰ったいくつかの硬玉の鉢を、私の家で珍重するのと同じように、おそらく彼の家でもいまこの古罐の宝物を珍重しているだろう。

マ・テ・ラは哀れにも、膨大な仕事の量をやらなければならなかった。彼は先頭のラクダを導びき、各行程とも全部――ほとんど全部といっていい――歩かなければならなかった。次にラクダの荷物を下ろし、テントを張る手伝いをしてから、家畜の糞やラクダの糞を求め、あたり一帯をいそいでさがさなければならないのだった。いずれも、一般に燃料として手にはいる唯一のものだった。朝の二時ごろには、多分若干の睡眠をとれるだろうが、ラクダの番をするので、ラクダの間に横になっていなければならず、夜があけるとすぐ起きてラクダを連れ、草を食わせにいくのだった。ラクダはあっちこっち、いじけた灌木を食いちぎれるところで一口食いちぎらないわけにはいかない結果、かなりの範囲の地面をさまよわなければならず、平原を何キロも何キロもいくことになった。彼は食事をするので、ほんのちょっとテントにはいりこむが、ふたたび出かけ、徐々にラクダを追っていつでも出発できるようにさせる。それから手伝って荷をつみ、ふたたびその日の行程へ出立するのだった。彼にはものすごくつらい仕事のようにいつも思われたのだが、そんなことでいっこう不快がるようすはなく、いつも晴れやかで陽気だった。ある日、ラクダのうちの一頭へ乗せてやった。が、乗ると道案内が賃金をくれないだろうと言って、ふたたび乗ろうとしなかった。

ラクダは八頭いた。一頭に私自身が乗り、四頭が荷物と仕入れてきた食糧をはこび、その荷物運搬のラクダの一頭へ従僕が乗った。のこり三頭のうち、一頭が水をはこび、一頭が磚茶をはこんだ。これは蒙古人から物を買うのに、金の代わりに使う。三番目のに一行の連中の身の回りの品をのせた。荷物の全量は、二か月間の食糧、従僕の料理道具、テント用品一式その他をふくめ、六四二キログラムだった。

われわれは町の北門を通って、帰化城をあとにした。八キロばかりはよく耕作された平原をすぎ、蒙古高地へとつづく大きな控壁《バットレス》状の山脈を上りはじめた。この山脈は陰山山脈と呼ばれ、蒙古高地の支えであり、高地へ上っていく階段になっている。翌日、この山脈を越え、いちめんに起伏する山間地帯へはいった。主にシナ人が住んでいた。村が多く、二輪馬車のわだち道が四方八方に通じ、渓谷はよく耕作されていた。豊かな草の大きな牧草地があり、おびただしい羊の群れが草をたべていた。われわれはいま蒙古にいるのだが、いちばん多くていちばんいい羊群の世話をしているのはシナ人で、おまけにシナ人の所有とわかっておどろいた。とりわけ蒙古人の専業であるべきものにおいて、蒙古人は完全に押しのけられているのだった。羊を肥えさせて北京市場にだすため、山東省からはるばる蒙古の牧場地までシナ人がやってくるのは、まぎれのない事実なのだ。押しのつよい勤勉なシナ人はどこまでもやってきて、侵入する地方の忍耐に乏しい住民を徐々に駆逐していくやり方の一例がここにもまたあるわけである。南からはシナ人、北からはロシヤ人が、哀れな蒙古人をそのうち砂漠の奥へ追いこんでしまいそうである。

こんな羊群を見ると、わが国の商人の何人かでも、世界貿易をはじめる価値がありそうな気がふとした。南蒙古には非常にすぐれた放牧地がたくさんある。天津までの輸送費がオーストラリア人と競争できるかどうか、それだけが問題だろう。

天津のG・W・コリンズ会社がラクダの毛の貿易をすでにはじめ、帰化城に住んでいる代理人を通じて、この蒙古地方からその毛を入手している。すばらしくやわらかくてあたたかい布地がつくられ、冬に着るのにこんなにいいものはない。蒙古のラクダ*の毛は、冬非常に長くのび、夏になると抜ける。二、三年前、ヨーロッパの一商人が南蒙古を旅行して回り、このラクダの毛の貿易をはじめた。そこで、現在では蒙古人もシナ人も、キャラバンの連中は、以前のようにつまらなく使ってしまわないで、それを取っておいて、帰化城にもってきては売るのである。

＊〔原注〕 このラクダの習性や特性については、デルマー・モーガン氏の訳したプルジェワルスキーの著書『蒙古』中の非常にすぐれた記述を参照されるよう、読者に一言する。

私はこのあたりの泥棒を見張るように注意された。ある日、人相のよくない数人の男がやってきて、キャンプのあたりをうろつき、道案内は彼らから目をはなさず、拳銃を用意しておくように私に言った。私はシナ人の召使いの劉三には、ある懸念を抱いていた。正確にはどこにあるかわからないにしても、私が大金を持っているのにちがいないのを彼は知っていた。私はいろんな場所にかくしていたのだ。銀の一かたまりは小麦粉の袋の中、もう一かたまりは牛肉の空罐の中、といったぐあいである。そこで、弾丸をこめた拳銃を彼にわたしたら、ある日荒野の中で、私にはいたってそれが不愉快なものになりかねないと、私ははじめ不安に思った。そこで、部外者には私の一行に対する畏怖心をおこさせるため、彼には弾丸のはいっていない拳銃をわたした。が、その後、中途半端なやり方はほとんど役に立たないと考え、弾丸をこめてわたし、全幅の信頼をおいているのだと話してやった。彼も私もおたがいに誠意を持たなければならないし、私は彼の面倒を見、彼は私の面倒を見なければならないのである。計画はみごと図に当たった。彼は拳銃を持って威張って歩き、会う人にはだれにでも見せた。拳銃ではおそろしい処刑をすることだってできるのだと、ひどくいやらしいうそをついた。シナ人ほどぬけぬけとうそのつける人間もない。この武器では一度に二〇人ぐらいやっつけられるのにすぎないのだが、私にはすごい殺人道具が山ほどあるのだと、ぽかんと口をあけている蒙古人や東トルキスタン人に話したので、彼らはまったく畏怖感をいだいて私をながめたものだった。旅行全体を通じて、騒動といったものは一つもなかった。

劉三のうそつきの性癖がいつも私にとって幸運だったとはかぎらず、彼はむろん自分が重要な存在なのを誇張する目的で、私が非常に重要な人物なのだと人々に話し、時にはかなり迷惑を感じさせられたものだった。彼はまじめくさった東トルキスタン人の老人と長話をやって、わけのわからない視線をちらりちらり私に向けながら、おしつぶした声でささやき、私はヤン大人というえらい人で、北京からやってきた有力な使節であり、最大の尊敬を払わなければならないと言っているのを見かけたものだった。やがて、彼は私にいかにもぺこぺこしたふうを装い、すこぶる卑屈な態度で叩頭《こうとう》のおじぎをするのだった。私は彼に腹を立てていいのか、笑いだしていいのか理解に苦しみ、彼はいつもはなはだこっけいだった。彼はしじゅう目をきらきら光らせ、そんなことをやりながら、ときどき英語（我流《いいかい》の英語）で私に言ったものである。「旦那、えらいおかた、思う。小さな人、ない。」家の中に居心地よくじっとしている代わりに、こんな人里遠くはなれた場所をうろつくなんて、私はまったく頭のおかしくなったえらいお方だと彼は考え、よく言ったものだ。「旦那、えらい心ある、思う。シナ役人、それない。」

蒙古のこの地方では、シカ――シナ産黄羊《ホワン・ヤン》――のおびただしい大群をよく見かけた。蒙古人の猟師はひどく変わった方法でそれを射止める。シカの通路を横切って、約九メートルおきに大きな石を長くならべておく。シカは何もない平坦な平原を越えてくると、異様な光景をながめておどろき、立ち止まり、奇妙な現象に目をやる。すると、大きな石の背後にうずくまっている油断のない蒙古人の猟師は、火縄銃の火ざらに火縄をあてがい、いちばん手前のシカを射止める。

われわれは五つ六つの蒙古寺院とラマ廟のそばを通過した。白く塗られ、清潔な外観だ。われわれのキャンプ地の一つに近い小さな丘の上に、とくべつ小さな寺、というより墓があったので、そばまでいってしみじみながめてみた。石を無造作につみ上げたもので、凹所の内側に標札がはいっていた。それをながめていると、なかに巣くっていた何羽かの大ガラスのために私は追い立てを食い、とんだ恥をかいた。大ガラスはするどく鳴き立て、目の前五、六センチのところをいかにも不愉快らしくと び回り、私も棒切れを手にしていないところから、ほうほうの態でキャンプに逃げ帰った。

五月七日に、起伏の多い山地帯を出はずれ、モリ・ホーと呼ぶ小さな流れをわたり、八、九キロはなれた北方で荒涼としたぎざぎざの連山にとざされている、広大な平原にやってきた。山麓には蒙古人のユルトがいくつか見られ、目立って白い寺院があった。一方、南には三〇キロばかりへだてて、シェイトゥン・ウラ山脈（シナ人は、リアン・ラン・シャン、あるいはユル・ラン・シャンと呼んでいる）があった。黄河の北岸に沿って横たわり、一八七三年、プルジェワルスキーが探検した。五、六百年前、五〇〇〇人のシナ軍が山上で蒙古軍に包囲されたという、この山脈についての伝説を私の道案内が知っていた。シナ軍は蒙古人の誘引にかかって砂漠にはいりこんだ。蒙古人は水のあるところを全部知っていたのに、シナ人は水にありつけず、おそろしい苦難をなめ、生きのこったのがやっと一〇〇〇人だった。それ以来、シナ皇帝は蒙古の領主に金を払い、騒乱をしずめた。

八日に、グチェンからやってきたキャラバンとすれちがった。約一五〇頭のラクダで、大半は荷をつんでいなかったが、五、六頭が銀のはいった箱をはこんでいた。西方からやってくるのに出会ったこれが唯一のキャラバンだった。六〇日前にグチェンを出立していた。

翌日、北方の連山から走ってくる支脈のすぐそばを通りすぎた。支脈は火山性の成因らしかった。連山は非常な奇観を呈し、するどい鋸歯状の峰々がそば立っていた。連山には一連のするどい山稜が平行して走り、あいだに多分四〇〇メートルぐらいの広さはあったろうが、平原が細長く介在した。満州では、長白山で死火山の痕跡、吉林と寧古塔のあいだで熔岩《ラバ》流のあとを見つけたが、天山山脈では火山活動の兆候が見られた。これははじめフンボルト（F・H・アレクサンダー・フンボルト、ドイツの科学者、一七六九―一八五九）が指摘し、のちロシヤの旅行者が確認したものである。

小さな流れ――小石の多い広い川床をながれ、ここでは深さが五、六センチしかない――が、連山から走り下っている。道案内はホー・ライ・リウと呼んだ。プルジェワルスキーがシェイトゥン・ウラ山脈の南側でわたったのと多分同じ流れだろう。

われわれは一〇日に、この流れの近くにキャンプをした。南方を低いまるい連山、というより山々の起伏にとざされている地点だった。三キロそこそこの距離と思い、午前中、連山をながめに出かけていったところ、距離はここではいたってまやかしもので、一〇分もすると頂上に着いた。単なる起伏にすぎなかった。二、三日前には、五分ぐらいで歩いていける距離に見えた山の方へ、私は気まぐれにぶらぶら出かけていったが、そこへ着くのには半時間もいそいで歩いていかなければならなかった。目じるしになるものが何もない――判断の対象になる人とか木立とかいったものがないのである。前方にはただ草木一つない平原、荒涼としたなめらかな山腹が見えるだけで、山が一キロ先なのか、三キロ先なのか、たしかめるのがむずかしい。いまの場合は、ほんの一キロしかなかったので、うれしかった。その地方の周囲をしらべる余裕がそれだけあったからだ。われわれは平行して走っている連山のあいだにいた。窪地は一般に砂土なので、山間地帯は起伏が多く、一方、山腹はすべて赤味がかった粘土の沖積層で、雑草や背のひくい植物が乏しくのびるのを粘土が支えている。時おり伸びの足りない二、三の草花が見え、砂漠のきびしい気候のために、明らかに生存の苦闘をしている。この地域でいちばん多く生えている花はイチハツで、時によると一かたまりになって三〇センチか四五センチぐらいにのびているのが見られるが、ここではせいぜい一五センチか二〇センチぐらいにしか達しない。次の行程で小さな岩山へ上り、裂け目の中にぜいたくにのびて、おまけに満開の野生の桃を見つけた。黄色い野バラもあった。のちにアルタイ山脈の低い山稜では、白いバラを見つけた。

われわれは徐々に砂漠の心臓部へ近づきつつあった。地方の様相がしだいしだいに荒涼としてきた。流れは消え失せ、水は粗末な井戸か、前に通ったキャラバンが掘った水穴からやっと得られるのにすぎなかった。草が一つも見られず、その代わり乾いていじけた植物におおわれていた。植物は昼まは太陽に灼かれて茶褐色を呈し、夜は霜にやられる。物音一つ聞こえず、一見果てしない平原を越え、ゆっくりと、だが着実にとぼとぼ歩いていくと、ほとんど生きものの姿も見られなかった。ときどき私は道路からそれてすすみ、周囲をながめるために、あるそば立った丘に上った。左右には草も木もない連山があって、スエズ湾から見える山々によく似ていた。ぎざぎざの山頂、長い平坦な砂礫の斜面が平原まで走り下り、平原は私の前面に果てもなくひろがった。そして眼下には私の小さなキャラバンがいた。荒涼とした膨大な広がりの中の単なる点にすぎず、ゆっくりゆっくりうごいていくと、ハミへ到着できるまでに通過しなければならない遠大な距離が、いっこうに終わりそうもないように思われた。

われわれの普通の予定は、午後三時ごろに出立し、真夜中か、ときにはもっとおそくまで進みつづけることだった。これは、荷物を積んだラクダには昼まの暑熱がひどくこたえるので、半ばその暑熱をさけるためにそうしたのだが、昼まラクダに草を食べさせるのが主だった。夜になって食べさせると、ぶらぶら遠くの方へいって行方不明になるおそれがあるので、勝手に放置しておくわけにはいかないのだ。物音も立てずにうごいているラクダの背中に腰かけ、あの長くわびしい行進のおそろしい単調さは、だれにだって想像できる。明るいうちは、本を読み、書きものさえしたものだが、ほどなく目の前で太陽が沈み、星が一つ一つ現われ、長い暗い時間を通じて、われわれはだまったまま進んでいくのだった。しばしば星だけに助けられて道をさがし、夜がどれだけすすんだかを示しながら、星が地平線の下へかくれるときには、その星の一つ一つに注意した。最後に道案内が止まれの合図をして、ラクダはまぎれもなくほっと救われたため息をつき、ひざを折って地面にしゃがみこんだ。荷物がすばやく下ろされ、まもなくテントが張られ、その長い砂漠の旅行でまた一日行程だけ済んだ満足感を覚えながら、われわれはテントの中へはいり、うまくやっと手に入れた睡眠をたのしむのだった。

けれども、早朝にはキャンプはふたたびもぞもぞうごき、いつも八時ごろ私は起床した。朝食後、目にはいるものを見るのであたりをぶらぶら歩き、次に日記を書き終え、地図に歩いたルートの線をひき、一時か二時に食事をして、それから次の進行の用意をした。そんなふうに、まるまる一〇週間、単調に規則正しく日がたっていった。

その行程はいたって単調だったが、夜はしばしば実に美しかった。ヒマラヤの高地でさえ匹敵するものを見かけなかったくらいに、荘厳に星はかがやいた。金星はさんぜんとかがやく目標で、われわれはその星にみちびかれ、何キロとなくあの砂漠を越えた。銀河もきらきらときらめき、光りかがやく燐光の雲のようだったし、背後に月をかくした明るい雲のように見えた。大気が清澄なのは、多分いちじるしく乾燥しているせいだったろう。何もかもパサパサに乾き、電気を帯び、羊皮の上着か毛布をひらくと、パチパチと裂けるような高い音を発し、いちめんの火花を伴った。このいちじるしい大気の乾燥の結果、まったく予期していなかったことだが、私が非常に大事にしていた上着が駄目になった。北京をあとにする直前、サー・ジョン・ウォルシャムが永久にもつだろうといって私にくれたものである。ゴビ砂漠以外の土地だったら、もったことだろう。非常に織目のつんだカンバス地のつくりで、どう見ても破れそうになかったのだが、一月とたたないうちに、上着がずたずたになったのは事実なのである。極端に乾燥しているので布地がもろくなり、シワができると、そこが長い裂け目になってやぶれた。そでの肘の部分は、買ったその日と同じく外側の方はちゃんとしていたのだが、湾曲部の内側がこまかく裂け、肘のあたりのシワになるところはどこもやぶれた。

気温はかなりひどく変化したものである。霜は五月の末までつづいたが、日中はしばしば非常に暑く、午前九時か一〇時が、時によるといちばん暑かった。それ以後になると普通は強風がおこり、極端にあらっぽく吹きまくるときがあって、日没にいたってやっとおさまるのだった。この風が北から吹いてくると、天気がよくて晴れたが、寒かった。風が南に回ると、比較的あたたかだったが、雲が集まり、時々雨がおちた。が、一般に雨は地面に達しないうちに、湯気になって消え失せるのだった。前方にどしゃ降りの雨を目にするのだが、雨は地面に達しないうちに徐々に消え失せ——消滅し——、雨がさかんに降っていた地点に達すると、地面にはしめりのあとさえないのだった。

私がいま述べた毎日の風は、しばしばまったく不快だった。テントを吹きとばされないようにするのは並みたいていのことではなく、砂はどこからでもはいりこみ、何もかも砂だらけになった。ラクダが風の暴力にさからってすすむことができず、われわれは時によるとその日の行程を断念しなければならなかった。

シェイトゥン・ウラ山脈と連山をむすんでいる山稜を越えてから、ひどく荒涼としたある地方——平行して走っている連山のあいだの平原を通過した。土壌は砂土質か、いちめんに小石が混じり、一帯にハリエニシダの群れが点在し、南側のものだけがほとんどといっていいくらいに花をつけていた。北側は北風がやたらに寒く吹き、花をつぼみのままいじけさせてしまうのである。私の日記からの抜粋が、われわれがいま通過した地方の情景をもっともよく説明することになろう。

五月一三日——非常に不愉快な風の日。砂がところきらわずはいりこむ。空気中にある砂が目には見えないのに、テントの中のあらゆるものが砂をかぶり、砂だらけだ。この地方は極端に荒涼としたようすである。——いたるところ砂丘ばかりで、微粒子のような砂のために空気がもうろうとしている。毎夕五時ごろ、羊や家畜の群れが平原を越えてゆっくりやって来て、キャンプの近くの水場に集まるのが見られる。羊だけには誰かついているらしい。ユルトはほとんど見かけない。

小馬が一頭かそれ以上の種馬に護られ、雌ばかりで二〇頭ぐらいが一隊になり、半分野放しの状態のままあちこちうごいている。種馬はなにかたべる草をさがし、一か所から一か所へ、小馬を追い立てていく。小馬はまったく放置されて、毎夕、日没時分になると、並んでゆっくり蒙古人のユルトへ戻ってくる。蒙古人は用のある一頭をつかまえるのに、一苦労する。先に輪縄をつけた長い棒をもって馬に乗り、えらんだ小馬を追いかけ回すのだが、最後には棒を投げてうまく輪縄を首に通させる。

一三日に、低い山をいくつか越え、渓谷へはいると、節くれ立っていじけたニレの木が何本かあった。――蒙古ではじめて見る木である。高さが約一メートル、明らかに古木だった。やがて、砂漠全体として実に最悪の地帯、ガルピン・ゴビ砂漠のはじまりの草木一つない、砂土質の荒地を通っていった。蒙古人のキャラバンに出会い、包頭《バウトウ》からグチェンへいく大キャラバンの屯営地のそばを通った。

五月一四日――ひどい強風が、朝、北東からおこり、終日吹き、夕方になるといよいよ吹きつのり、進むわけにいかず、今日は出立を見合わした。もはやまぎれのない砂漠である――どっちを見ても砂の荒地である。ところどころいじけた灌木の叢生がある。イチハツが小さく群生し、たいがいどこにも見られる。

五月一五日――今日もひどい強風。日没近くまで風がおさまるのを待ったが、ますます強くなるいっぽうだった。が、私は出立した。まもなく黒雲が集まり、風が吹きつのり、最後に雨がつよく降りだした。もうまっくらやみで、道案内は手さぐりで進んだ。そこでわれわれは停止し、キャンプをした。四・八キロ進んだだけだ。包頭からのキャラバンも進もうとはしなかった。

日記には、われわれが停止してキャンプをした事実を書きとめたのにすぎないようだが、その夜のキャンプがどんなにつらかったか、私はよく覚えている。まっくらやみで一寸先も見えず、いつもの暴風がきまりきって吹き、時々、どしゃ降りの雨がとつぜんつよく降りつづいた。あらっぽい風のためランタンをつけることができず、ラクダのあいだで手さぐりで荷を下ろし、テントをまた手さぐりでさがし、やっとのことで張った。――まったくなまやさしいことではなかった。テントにぶつかってくる風のためにほとんど吹きとばされそうになった。何もかも持っていかれないようにするのが精いっぱいだった。

翌日、われわれはガルピン・ゴビ砂漠を越えて旅をつづけ、前日のあらしで踏みあとがすっかり消え、道をさがすのにさんざん苦労した。が、道案内は実にふしぎな方法で、井戸を見つけた。

五月一七日――われわれは平原を越えて旅をつづけた。平原はいちめんに低い灌木におおわれているが、二、三の雑草の小さな茂みがあった。かなりたくさんのラクダの群れを見かけ、小馬や羊もいくらかいた。シャコが多数灌木からとび立った。――非常におとなしくて、私はいっしょに走って追いかけたものだった。たいてい、つがいだった。

八時にすごい風が吹きおこり、黒雲が集まった。ほんのわずか前進しようとしたけれども、いまにもひどく雨が降ってきそうなので、停止しないわけにいかなかった。砂あらしの中でテントを張るのは、私の知っているかぎりでは、いちばんいらだたしいことの一つだ。ハンマーで杭を打ちこむやいなや、風の勢いでひっこぬかれ、ひざを折って杭を打ちこむと、砂が目の中へとびこんでくる。おまけにまっくらやみで、時々驟雨《しゅうう》が勢いよくやってきた。四角なテントは四方の側面が大いに風に抵抗することになって、こんなつらい仕事にはこのテントは向いていない。

五月一八日――終日おそろしい風が吹き、砂と時たま驟雨を伴った。二人の蒙古人がいっしょにキャンプをした。彼らは棒を支柱にして、まに合わせのフェルトのテントの中で眠り、二人のあいだで火をたくと、やっとはいれるだけの余地しかなかった。

風のために、道案内人は一日停止したがったが、私は反対し、午後六時三〇分に出発し、西の方の連山に向かって進んだ。日没に風がおさまり、夜はよく晴れた。が、踏みあとへ砂が吹き寄せられ、道に迷い、やむなく、午後一一時三〇分に停止しないわけにいかなかった。平原のまんなかで、水のあるようすもない。

五月一九日――幸い水樽にいくぶん水を入れてきたので、朝食にはそれで十分まに合った。が、水なしでいつまでもいるわけにいかなかったので、食後に出発しなければならなかった。

午前一一時に出発し、目じるしになる連山があったので、すぐ踏みあとを見つけた。八キロ進んだところで、井戸に達した。が、ラクダに水を飲ませてからおもむろに連山を上り、次の井戸を求めてさらに進んだ。連山はここへきてフルク連山の最東端なのがわかった。最高所が平原からの高度二一〇メートル、踏みあとが一八九メートルの地点を越えた。ここでも距離にはずいぶんだまされるのがよくわかるのである。二、三日前、われわれはほじめてこの連山を見、その日の行程が終われば着けるものと考えたのだが、着くのに四日かかった。連山の上の高地を五キロ半ばかり通過し、徐々に山を下りてふたたび平原に達し、午後七時一〇分、井戸の近くでキャンプした。

山々は荒涼としているが、山肌には低いやぶがわずかに散在し、そのあいだをうろつくラクダの食物として役立っている。山々はぎざぎざの稜線を示し、隆起したところは草も木もない火成岩質だが、窪地は灰色の砂礫がいちめんに埋めつくしている。

五月二〇日――ほんとうにたのしい朝だ。砂漠はもはや物わびしいものではない。今朝の風景が現わしている以上の美しい色彩表現は、どんな画家でも望めないだろう。頭上は雲一つないカラッとした青空、その青空の下で、平原はねぼけた単調な様相をとりおとし、さまざまな濃度の青色にとけこみ、色調はそれぞれしだいしだいに濃くなってついに山々に達する。山々はまたぎざぎざの稜線のあたりで多種多様な気持のいい色彩を現わし、すべてがすっかりやわらげられて、ぼんやり青味がかった色合いを帯びる。いっぽう、その風景に水が欠除しているのをまやかしものの蜃気楼が補い、澄んだしずかな水をたたえる美しい湖と錯覚されるものへ、山の影が映っている。

分水嶺へ向かって二日行程ばかり徐々に上りつめた。分水嶺は、フルク連山と、一三キロか一六キロ南の方を道路に平行して走っている似たような、いくらか低い連山とをむすんでいる。この連結山稜を越え、二二日早朝、われわれはボルツォン井戸に達した。

北方のフルク連山からながれてくる細々とした水の堤に、二、三の蒙古人のユルトがあった。ここで、私はプルジェワルスキーがたどった道を横切った。第一回と第三回の旅行で、彼は南からガルピン・ゴビ砂漠を縦断し、北のウルガへ向かう途中この場所を通過した。ガルピン・ゴビ砂漠について彼が書いている説明は、愉快なものではない。彼は述べている。「この砂漠はものおそろしい。これにくらべると、チベット北部の砂漠は、地味肥沃と呼んでいいかもしれない。とにかく、渓谷には水もなければ、豊富な牧草も見つからないだろう。——いたるところが《死の谷》の静寂である。フルク連山は、ゴビ砂漠のもっとも荒々しい、もっとも不毛な地帯の北の限界である。」

フルク連山に向かって横断したガルピン・ゴビ砂漠が、北東に当たって目のとどくかぎりのびひろがっているのが見えた。プルジェワルスキーが越えたときの砂漠の広さは二九キロにすぎず、海抜一〇七一メートルだった。砂漠は東西にひろがり、二〇日間の行程だと蒙古人が彼に話した。それは蒙古の広大な高地での注目すべき窪地をつくり、アルタイ山系と陰山《インシャン》山系をはっきりと分ける境界線である。まもなくあとで説明するが、フルク連山は、アルタイ山脈の延長と見なすことができるかもしれない。

二二日は、フルク連山の南麓に沿って進み、ほとんど平坦な極端にわびしいようすをした平原を通りすぎた。灰色の砂礫から成り立っている。すっかり枯れた植物の小さな群れがいちめんにおおっていた。それまでわずかながらあった春の緑もすでに消えようとしているし、ひとりでにのりだす力のあった若い草も植物も萎えかかり、すべてが茶褐色で、生命の気配はない。

二三日には、不運なことにラクダを一頭失った。ラクダは何かにおびえて後ずさり、逃げだした。積み荷をふり落とし（幸運だった）、やみの中へ消え失せた。その夜はほとんど一晩、翌日は夕方までさがしたのだが、それっきり消息がなかった。

そんなことがあって、われわれはフルク連山から走ってくる低い山々をいくつか越え、たのしい小さな流れの堤についた。幅が三〇センチ、深さが三〇センチばかりで、流れのふちには緑の草地がいくつかあった。あらためてラクダを二頭買うので、ここに三日間とどまった。この付近には蒙古人のユルトが五つ六つあって、訪ねてくる男たちがなかにはいた。非常にりっぱな体つきで、背がたかく、つよくて筋肉たくましい連中である。他の蒙古人というより、チンギス・ハンの後裔《こうえい》としてとうぜん考えていいものに似ていた。が、彼らは子供っぽく、なんでもおもしろがって、ひどく粗野なふるまいをした。

途中、一三日に追い越した包頭のキャラバンがやっと追いつき、すぐそばにテントを張った。一四〇頭のラクダがいた。既成品の衣類と皮靴をグチェンへはこんでいくのだ。彼らのキャンプはいかにもきちんとしているふうだった。梱包はいくつかの長い行列をつくって整頓され、非常にていねいに荷づくりされていたし、何から何までまったく新しいもののように見えた。雨がいまにも降ってきそうなときには、梱包には一つ一つ白いフェルトをかけ、ぐるっと包んでくくりつけた。苦力《クーリー》たちには大型テントが一つあり、請負人は小型のを持っていた。苦力たちは、気転のきく連中で、おどろくばかりすばやく、手ぎわよく仕事をやった。帰化城からやってきたシナ人だった。監督の請負人が私を訪ねてきて、長話をやった。私は劉三とは毎晩話をするので、ある程度のシナ語はわかりはじめていたのである。この請負人は、ウルムチの将軍のために、天津までいって、レミントンとマルティニ・ヘンリーのライフル銃を二、三挺、それにガットリング機関銃を一挺買ってきたのだった。イリ（クルジャ）から北京にいたる通路は、コブド、ウリヤスタイ、キャフタを経由すると彼は言った。その道路は一一〇日行程で——ロシヤがクルジャをシナに返還したとき、彼は至急便を持っていったが、そのときには二八日かかって乗っていったという距離である。

二頭のラクダをあらたに購入したので、吹きつづける暴風にもかかわらず、二八日、ふたたび出発した。が、いくらもいかないうち、風のために、次の日一日休止しなければならなかった。もう五月の終わりだったけれど、夜間の寒さはあいかわらずかなりなものだった。ベッドでは、二枚のあつい毛布をかけて寝た。フランネルのシャツを二枚と、前びらきのジャケツを着ていた、と私は書きとめている。寒気は風のせいで、西北西と北西から吹きつけた。

五月三一日、雑草におおわれた起伏の多い地方を通過した。羊と家畜の群れを五つか六つ見かけ、フルク連山と、一六キロか一九キロ南にはなれて平行に走っている連山との間の窪地に、豊かな草原らしいものが見えた。われわれを訪ねてきた蒙古人によると、六キロ半ばかり南のフル・ス・タイには、蒙古人の耕作している土地がいくらかあるという。一一キロばかりいって、いい水のある小さな流れをわたった。

次の二、三日は、フルク連山と、南に平行して走っている名前のわからない連山のあいだの平原を進んだ。フルク連山の峰頂が見え、私といっしょの蒙古人がバロソ・ハイと呼んだ。頂上付近のいくつかの割れ目に、まだら雪が見えた。

　われわれは蒙古人の屯営地を五つか六つ通りすぎた。ある日、蒙古の役人が訪ねてきた。老人で、ごく普通の知能すらいっこうにないようすなので、おもしろくもなかった。目がわるく、目蓋に塗るようにカルヴァートの炭酸軟膏をやったが、ぜんぜんありがたいような顔をしなかった。長靴の中から、いろいろ集めた物品をすくいだすように取りだした。――きせる、小さなひもの一巻き、ラクダの毛糸若干、紙一枚、それからあれやこれやの雑品。しまいに、私のやった軟膏を適当に包み、彼は満足して長靴の中へしまいこんだ。

　蒙古人は、所持品の半分ぐらいを長靴の中へ入れて持っている。私の従僕のマ・テ・ラも、私が行進中に投げすてた紙切れ、ひものはし、すりきれた靴下、その他たくさんのつまらない屑物を、ある日、長靴から取りだした。蒙古人には、砂漠では何もかも貴重なので、一つのものでもむだにしない。あらゆるこまごました物を彼らが大事にしているのを、私はまもなく知ったのだった。

　ある日、私がなんでもない蒙古人にライムジュースの古ビンをやってしまったのを、劉三がひどくとがめた。そんな大切な贈り物は、えらい人のために取っておくべきだと言ったのである。そこで、私はその次にぶつかった《えらい人》に、ライムジュースのビンをうやうやしく進呈した。こんな贈り物をもらうなんて、一週間のうちそんなにざらにありそうもなく、私のような寛大な人にぶつかったのは幸運なことだと、彼はしきりにそう理解したがった。

　蒙古人の屯営地を通り、何か売るものを持っていないかをたしかめると、タバコを少しねだりに人々が馬を走らして平原をやってきたものである。シナ人の道案内はたくさん物を持っていたのに、一つもやろうとしなかった。が、かわいそうに、マ・テ・ラはごくつまらないものをいつも一つか二つやった。とにかく茶色の紙一枚でもやったのである。――彼はそれを長靴の中から取りだした。おそらくそれは私が投げすてた何かののこりものだったろう。劉三はタバコもすわず酒も飲まなかった。

――彼は絶対に禁酒家なのだと言って、私のライムジュースにさえびくついた。

このへんの小馬はなかなかすぐれ、がっしりした頑健な小動物だった。どんな程度の仕事にも向く。蒙古の最東端、満州のチチハル付近のステップで見かけたちっぽけな二輪馬車の馬にくらべ、ずっと乗馬用に適していた。小馬はすばらしい小動物で、高さは一五五センチぐらいしかなかったが、長柄をつけて、いつもシナ人の御者に使われていた。――一方、馬車は、前に六、七頭の動物（小馬とラバ）がいてひっぱるので、時には二トンの荷物をはこんだものだが、このがっしりした小動物ならたった一頭を長柄につければよい。

七月三日、ちょうど出発の準備をしていたとき、平原の彼方のはるか遠くに、大きな黒ずんだ雲が見えた。砂あらしがこっちへやってくるのだった。われわれのいるところはまったく静かで、頭上の空はきらきら光り、すっかり晴れわたっていたが、西の方の遠くに黒い雲が見えたのである。――夜のようにまっ黒い雲だ。雲は徐徐に空全体にひろがり、あらしが近づくと、遠雷のようなとどろく音がきこえ、あらしはやにわにおそろしい勢いでおそいかかった。そこで、われわれは荷物のかげの地面に這いつくばらなければならなかった。幸運にも、あたりには砂がなかった――砂礫の平原だった――が、小さな砂礫がおそろしい勢いで風にかり立てられ、とんできたのである。われわれはかなり負傷した。あらしは半時間つづき、やがて前と変わりなく、静かにきらきらと晴れわたって、大いに涼しくなった。

われわれは依然としてこのステップ地帯を越えて進んだ。北方に約二四キロ、南方に一六キロ離れて、左右に連山があり、平原はその間を占めているのだが、まったく平坦ではなく、徐々に左右の山の方へせり上がっている。距離はいつものようにだまされやすい。連山は一時間もすればらくに辿りつけるようにごく近くに見え、行く手の山々も比較的近いようすをしているのだが、いくら進んでも、遠くの山々にはいっこうに近づかないように思われる。左右の峰々がいたってゆっくりと背後になっていくにすぎないのである。

四日に、トゥ・プ・チと呼ばれる蒙古人の屯営地に達した。平原の彼方には、五つ六つ、ほかにもユルトが散在していたので、ゴビ砂漠で見かけたうちでは、ここがいちばん住民の多い場所だった。道案内は前の旅で、ここへ小麦粉と米の食糧を大量に残しておいたので、こんどは自分の食糧の補給がついた。蒙古人は非常に貧相で、やせ、ひどい食事をしているし、みすぼらしい衣類をつけていた。が、羊の群れは第一級の状態にあって、それぞれちがったユルトのまわりに集められていた。われわれはひきつづき一〇キロばかり進み、いくつかのユルトのそばで停止した。そこでは、蒙古人があたらしく一人加わり、ラクダの世話を見た。

翌日、われわれはフルク連山と南方の連山を結びつけている山稜を越え、その山稜の西側の二つの連山間の広い渓谷、というより平原へ下りた。われわれのいるところと南方の連山の間には、極端に目立つ砂丘の連なりがあって、道案内がフン・クア・リンと呼んだ。長さが約六四キロ、何一つ植物の生えた痕跡がなく、まったく砂でできている。砂礫の平原からとつぜん隆起して、ところによっては、高度二七〇〇メートルはゆうにあると私は測定した。南方の山々の黒ずんだ輪郭を背景にして、この白い風変わりな砂の連丘は、ひどく際立った外観を呈している。それは風の作用で形成されたのにちがいない。西の方には膨大な砂の地域があり、そこから、フルク連山と南の連山の間の窪地まで、風が砂を吹きとばして、非常に目立つ砂丘を形成したのは明らかだった。この仮説を伝説が確証している。蒙古人が大軍を集結して、シナをめざして進軍の準備をしていたとき、暴風がおこり、砂漠の砂を大軍に吹きつけ、いくつかの村や寺院もろとも全軍を埋没させてしまったと、蒙古人が言っているからである。現在は、連山の北のすそに沿って流れが走り、流れの堤にはいくつか牧草地があるし、堤には、五つ六つ、蒙古人のユルトがかたまって立っている。

われわれの通過した地方は起伏が多く、連山の方へゆるく下っていた。ある地帯はしっかりした砂礫だが、ある地帯はぐざぐざだった。——普通の砂よりもゆるんでいる。これは風による生成で、水によるものではないように私には思われる。よりきれいで、より多く砂をふくんでいる。表面は実際にはごくわずか灰色の砂礫をかぶっているが、浅いので、足跡が下の砂のせいで一つ一つ白いしるしになって残る。

砂の連丘の末端を通過すると、それまで通ってきたど

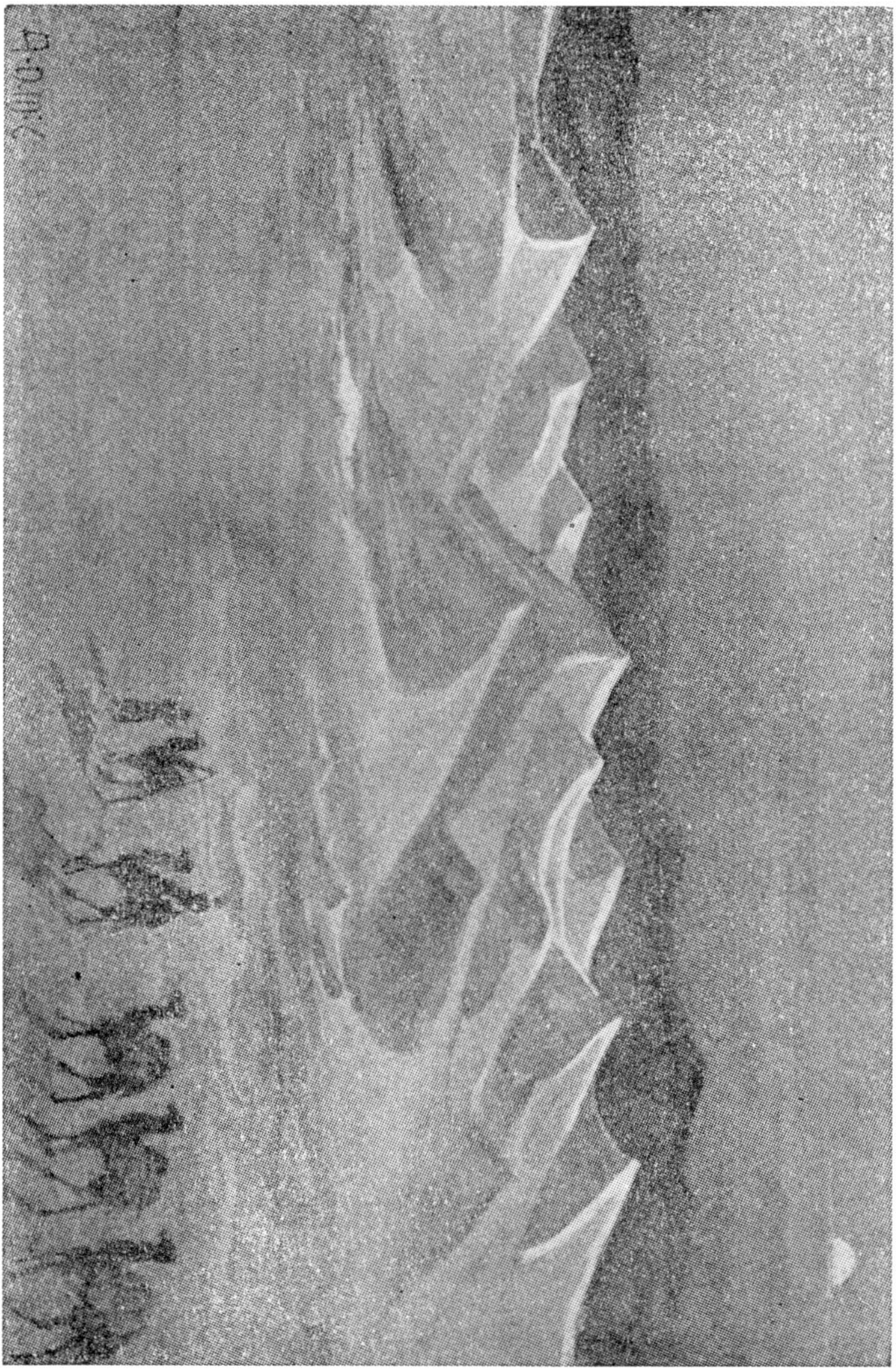

ゴビ砂漠の砂丘

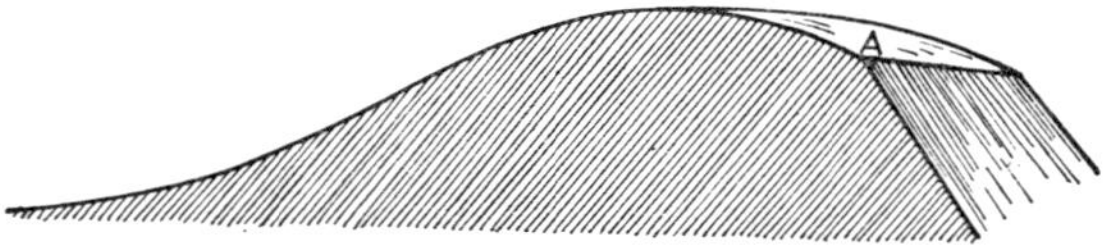


こともちがった地方へはいった。もともと砂の平原だったのだろうが、風の作用で破壊され、砂丘と窪地に化し、極端な荒廃や寂寥のため、かつて見たどんなものも及ばない風景をつくっていた。空気の諸元素が地表そのものとたたかい、それを寸断したらしく、風景は形容しがたい混乱を帯びていた。光景の不吉なのに加え、地方一帯がタマリスクのやぶにおおわれ、風が砂を吹き払い、根が露出していた。節くれ立ってゆがんだ根をむき出したまま、そこに生えていた。砂丘はときどきひどく風変わりに妙な形をしていたが、たいがいは長い尾根になって走り、四方八方からたがいに食いこみ合った。平坦な地面からとつじょとしてそば立ち、時によると三〇メートル以上の高さに達した。

　上図にあるのは、一般的な断面図である。A点で砂は四五度の傾斜に急激に落下する。Aは小丘の頂上のやや下方で、Aの字が示している縁《へり》の線は、砂丘の全長にわたって絶対に一直線に走る。小丘が地面（地面が平坦なら）と交わる線も、絶対に一直線で、その急峻な側をながめると、砂丘はうまく構築された要塞の外観を呈する。平原のあらゆるやぶや灌木地の風下には、砂の小丘

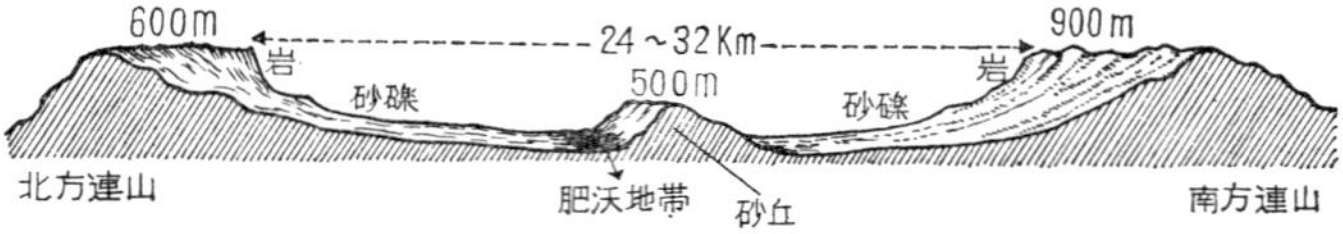

がいくつもある。砂は白いし、周囲のものは黒ずんだ砂礫なので、この小丘はよく目立つ。そこで砂丘はこんなぐあいに形成されるように私には思われる。強風が西から吹き、たとえば、やぶの東側にいくつか小丘をつくるのである。やぶが密生してつづいている場所なら、小丘が小丘に食いこみ、五つ六ついっしょになって一大砂丘になる。砂の大連丘の場合は、その生因は肥沃な地帯に育っている多数の樹木か、* おそらくはまた伝説にあるような村か、多数の寺院のせいかにちがいないと考える。砂の連丘は、堅固な連山によりかかっているわけではなく、下図のように、二四キロから三二キロ離れた二つの連山のあいだに独自の位置を占めている。二つの連山のあいだの平原は砂礫質で、下部は砂である。ピジャンの近くでは、これによく似てもっと低い砂の連丘を見た。プルジェワルスキーは、サ・チョウの近くで見たと述べている。

*〔原注〕 そんな地帯の付近には、現在高さ三メートル半から四メートル半に達する樹木が生長する。時には、四〇本から五〇本もの樹木が群れをなしている。

フルク連山はここで終わりを告げ、前方には平原のかなたに、三〇キロへだてて、アルタイ山脈の突兀《とっこつ》として隔絶した山々が見えた。フルク連山はここで一連の山脈としては終わっているけれども、北の方に一連の孤立した山々があり、それである程度アルタイ山脈に連繫している。その地方が海抜約一二〇〇メートルまで水に浸っていると想像するなら、この連繫はおそらくもっともよく説明できるかもしれない。その場合、西には大きなアルタイ山脈の岬が見え、東の二つの岬（フルク連山と南方の連山）が大洋に走りこむ。北方には、いわば飛び石といえる一連の島々があって、フルク連山とアルタイ山脈とをつないでいるだろう。南の方はずっとひらけた海である。

フルク連山は、約三五〇キロにわたり極端な長さを持っている。西端がいちばん高く、ずっと東で見るような一連の山々というよりは、一連ののびきった山稜の外観を呈している。最高点は際立った高峰で、バロサカイという名前をきかされたが、ロシヤの旅行家ペストフがゴウルバウン・セイキン*と呼んだ山と一致するのに、私はいささかも疑念を持たない。この山の高さはおそらく海抜二五〇〇メートルぐらいだろう。六月中旬でもそこにはかすかに雪があった。

*〔原注〕 蒙古人から正当な発音を聞きとるのは非常にむずかしいと思った。nはほとんどひびかない。私が聞きとれなかったのかもしれず、それはありうることだ。

この西の山稜は約二〇〇〇メートルの高度を保ち、プルジェワルスキーが連山を越えたその東の方の地点は、海抜一八四〇メートルで、その地点から東の方はさらに高度がへり——末端はせいぜい一五〇〇メートルぐらいの高度である。プルジェワルスキーの越えたあたりの広さは、一一キロである。プルジェワルスキーの述べている二、三の植物には桃もはいっている。ところによっては見つかるかもしれないが、全山稜は草木一つない不毛の外観を呈している。

フルク連山に平行し、それとほとんど同じ長さにわたって走っている一つの連山は、一般的な性格としてはよく似ているが、たいがいは高度がひくい——高度差が一三、四〇メートルから三〇〇メートル、それもまちまちである。が、最西端では、二連山のうち南方の連山が約二五〇メートルか三〇〇メートルぐらい高くなっている。

六月八日のたそがれ時分、砂丘を通過して、低い連山に近づいた。ここで道案内が立ち止まり、山々は盗賊が好んで出没するところだから、拳銃を出すようにと私に言った。そこで私はラクダを下り、拳銃を手にしてラクダの前方を進み、召使いと道案内(武器代わりにテントの支柱を手にした)はそれぞれ両側を進んだ。われわれはラクダの鈴をはずし、まったく物音を消して山々に近づいた。もうすっかり暗く、感覚がすこぶる鋭敏になった。空を背景にして、黒い山々の輪郭以外は何も見えず、一方チリンチリンという鈴の音がないので、砂漠の死のような静寂がそれだけ印象的だった。

連山のすぐ近くまでいくと、盗賊は峠を越えるキャラバン目がけて大きな石をころがし落とすいやらしい習性を持っているから、夜明けまで待った方がいいと道案内が言った。そこでわれわれは羊の皮にくるまり、夜が明けるまで地面に横になり、交替で見張りをした。

蒙古人は、たそがれ時分に、馬に乗った男が一人、山の方へ向かっていくのを見たと言い、召使いはほかにも馬に乗った連中があたりをうろついている映像をときどき勝手に描き、二度ばかり拳銃をぶっ放した。が、何事もおこらず、三時三〇分、ふたたび進行をつづけた。これからわれわれのはいっていく山には、匪賊にはうってつけの隠れ場所がたくさんあるので、拳銃を手にしたまま、依然として防戦態勢だったのである。この山々ぐらい荒れ果て、ものわびしいところもありえない。——植物はまったくなく、いちめんに黒ずんだ砂礫におおわれていた。

小さな円丘の頂上にはそれぞれ石が積んであって、どうしても人とまちがえる。はっきり人に見え、こっちが撃たなければ、相手（道案内でなく山賊）が撃ってくるからわかると道案内が注意ぶかく私に言ったのだが、どうやらここでは弾薬を多量にむだ使いしそうだった。渓谷の小さな泉の近くで、六時三〇分、停止した。

午後四時を回った直後に出発して、一時間後、南へ流れている川の水のない川床へ着いた。キャンプの下手三〇メートルのところは、ゴビ砂漠では、それまでに達したうちの最低地点だった（おそらく八四〇メートルだったろう）。大きな積石《ケルン》が一つと小さいのがたくさんあって、五年前に大キャラバンがおそわれた場所を示していた。九人が殺され、銀は略奪され、のこりの連中はこのおそろしい砂漠を越え、できるだけ徒歩で進まなければならないはめに陥った。

さらに五キロ、低い山々を越えていった。一〇〇メートルおきに小さく石を積み上げたのがあって、二人の蒙古人はきまってそれに一つか二つ石をのせた。山々が終わる地点に、二つの大きな積石《ケルン》が道の両側にあった。蒙古人はこれにさらにたくさん石をのせ、用心ぶかく積み上げ、われわれが山々をぬけだし、ふたたびずっとひらけた平原にはいったので、ほっとしたため息をついた。

たそがれ時分になって、いくらか水のある窪地に近づいた。山賊がこの近くに野営してはいないかと道案内は不安がって、われわれは拳銃を手にしながら物音を立てず、舞台の陰謀団のような演技をくり返した。が、だれも現われず、ふたたびひらけた平原にたどり着き、以前の平和な状態に戻った。いたって不愉快な行進だった。暗さは暗いし蒸しあつく、むっとしていた。蒙古人もラクダもひどく疲れ、ごくゆっくり進んだ。

真夜中にキャンプをしたが、一九キロ以内には水がなかった。私は北京で買って、ゴビ砂漠の最悪の地帯のためにとっておいたシェリー酒の二本目のビンをあけた。コルク栓がポンとあく音を聞くとうれしくなって、私は酒を欠かしたことのない飲み手のような気分をいだき、酒がごくごくコップにはいっていくのを見つめた。そんな気分は、旅と暑熱にもみくちゃになってもいっこう変わらず、いっさいおかまいなしで、やはり奇妙なくらいにわるくなかった。

翌日、ひきつづき平原を越え、野生ロバの二、三の群れのそばを通り、一一日に、マン・チン・トルという大きな蒙古人の屯営地に着いた。アルタイ山脈の最初の支脈の山麓で、平原に会った。支脈の最高地点のあたりには、かすかに雪の名残りがある。平原にはいたるところに小さな水たまりがあって、水は豊富だった。が、水は塩味がして、水たまりのふちにはソーダが結晶していた。

午前中に、スー・チョウからやってきた二〇頭のラクダの小キャラバンが、近くにキャンプをした。蒙古人のあいだで商売をやっているシナ人の持っているキャラバンだった。ラクダの飼料に、若干の黒豆、私のかゆにする小米（籾摺《もみす》りアワ）を買った。

今日は思いきってみんなにけんつくを食わした。ハミまで何日かかるかと道案内にきいたところ、二〇日かかると言った。が、契約の日数六〇日には、あとあますところ一三日しかないのだ。召使いにそれを説明するように言い、ラクダ一頭分の値段の一八両《テール》もはずまないからと話した。彼はラクダを一頭失ったことや、新しいのを買うのがおそかったことや、雨や風のことを、なにかとぶつぶつ言った。私は高い賃金を払って、早く進むように積み荷を軽くし、ハミに着くのには五〇日があたりまえなのだが、雨やその他の災難をひっくるめて考慮に入れ、契約には六〇日と記入したのだと説明した。最後に、私はツン・ヤーメン（総理衙門《がもん》＝清朝政府外務省）から旅券をもらい、すべての役人には私の援助をはかるように通知がいっているから、ハミに着いて、途中おくれたもようをハミのヤーメンに話せば叱責を受けるだろうと言ってやった。が、いくらこんなことを話してみても、それだけ早くハミにはつけそうもない気がした。ラクダがうまく着いてくれないのである。老いぼれで、よぼよぼして、みじめな生きものなのである。

帰化城で見てわかっていたのだが、道案内は、蒙古にいってからもっといいのに変えるつもりだと言ったのだった。私はそのことで数回彼のところへいってみたが、彼は変えなかったのである。実のところ、それは彼の罪ではぜんぜんなく、帰化城の悪党どもこそ責められるべきなのだ。私は前金でそっくり払わされた（私は抗議したが、それだけのことだった）。彼らはこの金でラクダを買い――大キャラバンがグチェンに向かって出発しようとしていたので、そのときはラクダが少なかった――、道案内にはびた一文もやらず、一〇〇ポンド分の磚茶を持たして出立させたのだった。その結果、彼はラクダを変えることができず、逃走した一頭と病気になった一頭の代わりとして、あたらしい二頭分の代金三八両《テール》を前払いして彼にやらなければならなかった。彼の方が有利な位置にあるのだし、「ク・ヴレ・ヴ」（しかたがないじゃないか）である。私が金を先にわたさなければ、現在のところまで来れなかったろう。私のたった一つの保証は、怪しいものだが彼の正直にある。またこれも確実とはいえないが、ハミのヤーメンがその件をすすんで採り上げてくれることにある。

私はまた劉三も叱りつけた。帰化城のラクダ引きの連中がどんなにわるい男か、また、クラーク氏の下男が私がラクダに払った金の一部をどんなにちょろまかしたか、その説明を彼はやりはじめたのである。ところで、私は彼がその金を一〇両《テール》ちょろまかしたのを偶然知っていた。が、事が混乱しないため、彼に言うのをわざと避けていた。それを私はいま口にだし、その効果を見るのでまともに彼の顔をながめた。が、シナ人は考えおよばないふしぎな人間である。罪の気配がさらになかった。彼の顔はそれまで帯びていた高尚な道徳的な表情から一瞬にして、憤然とした反抗のそれへと変わり、案内人の方を向いて言った（シナ語で）。「ヤング・ラヤ（私のこと）は、わしが帰化城のよう土地で――わしは天津の人間だよ――金をちょろまかすなんて言うぜ」同じ調子でそれからべらべら言った。二人とも顔色も変えず平然としているようすには笑いだしたいのをやっととこらえた。その結着は二人のあいだのことで、私に関係のないことだ。が、道案内は、私の召使いのような正直者が金をちょろまかすなんて想像をする私のずうずうしさにはびっくり仰天、あきれたものだと述べ、述べた以外は顔の筋肉一つ動かさなかった。私は召使いにはそれ以上何も言わなかった。が、彼の態度はいちじるしく好転し、明らかに私の気に入るようにしようとしている。その午後、自分の父親がどんなに善良で正直だったか、自分自身もどんなに正直か、自分でもよく知っている、と長話をやった。――私は全部喜んで聞いたけれども、そんな話題には一言も口出ししなかった。こんな叱責は、しつけのきびしい家庭でやることだろうが、わずらわしいことである。不運な道案内をいつも「がみがみ」言ってばかりいられないので、できれば二週間に一度にかぎることにする。われわれは四時一五分に出発し、平原を越えてひきつづき進み、五つ六つのユルトと多数の羊やヤギや小馬の群れのそばを通りすぎた。

六月一三日――北風、朝わずかに雨、ひどくくもっている。一一時に晴れ上がり、遠い北の山稜には雪が――ずっと下の方まで――あった。ながめるのはすこぶるたのしい。二時ごろにはいちばん高い山稜を除いて、すっかり晴れわたった。

いい放牧地にきたら、ラクダが草をあさって食べ、ふたたび元気に力が出せるように、いったん停止しようと私は道案内に提案した。が、ラクダはいったん停止しようものなら、次の日はぜんぜんうごかないと彼は言うのである――ラクダはせっせとうごかすしかないのである。『ピックウィック』(チャールズ・ディケンズの小説『ピックウィック・ペイパーズ』)のなかの辻馬車の馬にいささか似ている。倒れはしないかと思い、いつも馬車をひっぱらしておかなければならなかった！

北方には四〇キロへだててアルタイ山脈があり、海抜約二七〇〇メートルの高さにそば立っていた。今日の降雨前、頂上にはかすかに雪があった。山脈には草木一つなく、南の斜面はけわしいが、絶壁状ではない。山脈の中央には、野生のラクダがよくやってくる草の高地があるといわれている。野生のラクダはキャラバンの通路を避け、いつも山の上にいるのだと道案内が言っている。蒙古人はそのラクダのあとをつけていって、若いのを捕え、荷はこばない習性なので、乗るだけに使っている。一日に四八キロ進むと道案内は言うが――たぶん誇張だろう。足が細く、毛がなめらかだ。三歳ぐらいで馬ぐらいの大きさになり、五歳で、飼育している小さなラクダぐらいになる。

道案内の話では、この付近と西の方には、野生の馬とラバがいる。今日の行程では、道案内の言っている野生のラバを何頭か望遠鏡で私は見た。ラダクとチベットにいるキャン（チベット馬）で、高さが一五五センチから一六五センチぐらい、色は下腹部が非常にあざやかに目立ち、明るい栗毛である。頭と尻尾がラバに似て、首すじが厚くて弓形に曲がっている。自由に軽やかな動作ですばしっこく走る。道案内はこの馬が二百か三百頭の群れをつくってあちこちうごいていると言う。

われわれは三時四五分に出発し、西から少し南の方向に砂礫の平原を越えて進んだ。この平原は、南の方一三キロばかりへだてて、一連山にかぎられ、連山は全般に西方から東の方へ走り、平均一八〇〇メートルの高さだった。

一二時に、いくつかの低い山間部でキャンプをした。五キロ西の方に水がある。ラクダはひどくみじめだ。新しいラクダの一頭がびっこになり、もう一頭はごく軽い荷を積んだだけでもうほとんど動けないのだ。

六月一四日――美しくきらきらと輝く日。太陽はひどく熱かったが、涼しい微風が東から吹いた。

われわれは四時二〇分に出発し、あい変わらず平原を越えて進み、一〇時にいくつかの低い山の中へはいった。私は時おり英語の助けをかりて、私の召使いとシナ語で長話をした。彼の兄は上海向けの競馬用小馬の輸出商で、一家はジョホール・ラマミアウの出だと言っている。小馬は天津まで馬追いに連れていかれ、一頭につき一五ドル、あるいは三頭と人間一人につき三六ドルで、外国船によって輸送する。彼自身上海で騎手だったことがあり、気が向くと、なかなか気のきく人間で、全般に旅行には満足していい召使いである。彼の英語も大いに面目をあらため、シナ語を私はほんのちょっとしか知らないのだが、おたがいになんとかうまく理解し合える。彼が道案内とけんかをやっているときには、シナ語の悪口のとっておきが足りないのを補い、英語の毒舌をうまくえらんで口にするのが耳にはいり、ときどき私をおどろかした。

われわれは一一時三五分に、リアン・コ・バでキャンプをした。平原の草地の回りに四つ、蒙古人のユルトが集まっていた。

六月一五日――くもり、パラパラと雨が落ちた。あたりに雨の降っているのが見えたのだが、雨は地面に達しないうちに湯気になって消えていった。

ここで二頭のラクダを変えた。一頭はびっこになっていたし、もう一頭はほとんどうごけなかった。私は帰化城で一両《テール》払った磚茶三つで、羊一頭を買った。付近では小馬が何頭か飼育されていた。じょうぶでなかなか格好のいい動物だったが、ひどい飼育状態だった。テントまで蒙古人が乗ってきたのに、私は乗ってみた。北京にいる不格好な小馬とは大いにちがっている。われわれは四時四〇分に出発し、道路の右手に平行して走っている低い連山の端に沿い、あいかわらず砂礫の平原を越えていった。

六月一六日――西寄りの風が猛烈な突風になった。晴れが、曇りになった。アルタイ山脈の上では雪が降っている。朝、私は小山に上り、あたり一三〇キロばかり、地方全体の美しい展望を得た。アルタイ山脈の主脈は一様に同じ高度ではなく、反対に、際立ったいくつかの山稜から成り立ち、山稜を結ぶやや低い山々がある。東の方には、アルタイ山脈の突兀とした末端を形成する雪の山稜が見えた。四〇キロばかりの長さにわたっている、北西に二番目の山稜があり、それにもかすかに雪があった。二つの山稜のあいだ――八〇キロか一〇〇キロ――には、一連のやや低い山があって、平原から三〇〇メートルぐらいの高さにそば立っている。二つの山稜は周囲の山々からとつじょとしてそば立ち、際立っている。私のルートとアルタイ山脈のあいだには、一連の低いせまい山稜があって、東南の方向に走る平原がいくつか介在している。すべてがまったくむきだしで、やぶらしいものもなく、草もきわめて乏しい。南の方にも、同じような一連の山稜と平原がのび広がっている。山稜は高さが九〇から一五〇メートルぐらい、それが八キロから一〇キロたがいにはなれている。次の行程では、ときどき地面に小さな細い筋になって現われる流れの砂礫の川床を伝って下っていった。流れのふちがソーダの結晶で厚くおおわれ、ゴビ砂漠ではそれがいつも水のある場所を示しているように思われる。

一七日に、われわれはふたたび山々をぬけだし、平行する草木一つない二連山のあいだに走っている、もう一つの大平原に出た。この平原ではさらに何頭かの野生のロバや馬を見かけ、うまいぐあいに望遠鏡でしみじみながめられた。大きな頭と耳がある。部厚くていささか短い、まるまる肥えた胴体、その胴体にうまくつり合っている足、ほとんど地面にとどくばかりの長い尾。ラバやロバに似てほっそりしている。私の見たかぎりでは、たてがみのあるのが一頭もいない。あっても、ごく短いものである。道案内はラバと呼び、野生のロバから生まれたのだと言っている。

翌日も平原を越えてひきつづき進んだが、日没後、空は重い雨雲におおわれ、極端に暗くなった。一一時ごろ、ラクダがよろけてもがきはじめ、われわれが泥沼にはいりこんでいるのがわかった。このへんは昼まひどく雨が降ったのだった。土壌はぬかるんだ粘土で、地面はでこぼこがひどく、いくつかの小丘になっている。ランタンをつけるとラクダをびくつかせるし、ランタンのない方がラクダにはよく道が見えるのだと道案内が言うので、ランタンをつけるようにいいくるめるのに骨が折れた。

ランタンをつけてみると、われわれの場所は愉快になれるようなものではなかった。ラクダはそれぞれ小丘の上にちょこんとのっかり、水たまりとぬかった粘土があるので、たがいに離れ離れになっているのだった。道案内と二人の蒙古人と召使いで、ラクダの鼻綱をさんざんひっぱり、しまいに鼻がそっくりもげ落ちはしまいかと思ったのだが、ラクダはいっこうに動かなかった。次に、うしろから叩きつけてみたのだが、これもうまくいかなかった。最後に、元のところへひっぱって戻ろうとすると、これは望みどおりに効き目があった。——ラクダは動きだし、動きはじめると、一歩ごとに倒れそうになったり、体がひき裂けそうになったりしたが、そのまま進んだ。すると、こんどは道が消えてなくなり、雨が降りだし、沼沢地からは一晩中出られないものと私は考えた。道案内が目標にしてしたがう星のかげすらなく、私の磁石が方向をまちがえて進んでいるのを示してくれなかったら、たぶん出られず、それがわれわれのとうぜんの運命だったろう。ついにわれわれは砂にぶつかり、小道を見つけ、その直後に砂礫の地面を見つけ、そこへテントを張った。

翌日は滞在しなければならなかった。一日休むと、ラクダの体がこわばってしまうと道案内は言ったのだが、それでも周囲のじくじくした粘土質の土壌をラクダはどうしても進まなかった。次の朝出発して、二、三日のあいだは平行した二連山の間の平原を進みつづけた。連山の北方は約四五〇メートル、南方は二四〇メートルばかり平原から隆起している。ゴビ砂漠横断中に見たすべてのほかの山に似て、二連山ともまったく草木がなかった。

ある夕方、蒙古人の下ばたらきのマ・テ・ラが非常な速度で、とつぜん前方にとびだしていくのが見えた。聞くと、家へいくつもりなのがわかった。平原を越えてはるか彼方へどんどん進み、ついにははるか遠方の一つの点になった。同じ方向には私の家があり、しかも私と家のあいだには一見ただ距離だけしかなく、その空間をつっ切って、マ・テ・ラのように、私自身が家へ帰っていくのを懸命に見ようと努力しているような気がした。重そうに、物音もなく、のろくさ進む一連のラクダの横を私はとぼとぼたどり、それがたいくつな現実だった。夜通し、単調に規則正しく、一時間また一時間と歩きつづけなければならなかった。

九時間ばかり進むと、とつぜん砂礫の平原が終わり、草地を通りすぎ、小さな流れにぶつかり、そこで停止した。すぐ近くに四つのテント(ユルト)が張ってあって、それがマ・テ・ラの家だった。

彼は翌日私のところへやって来て、道案内が賃金を全部払えないので、彼に四両《テール》貸してやってくれと頼み、私は貸した。彼はその道案内に四年間もついて働いているのに、道案内はたった一五両《テール》(三ポンド一五シリング)しかやらなかった。道案内もおきまりの悪党である。かわいそうなマ・テ・ラは昼も夜も働かなければならなかったのである。焚木を集め、水をはこび、ラクダが草をたべる面倒を見、そして全行程歩かなければならなかった。それにもかかわらず、彼はとびきり楽しく、全行程中歌をうたい、口笛を吹き、何にでも笑った。——彼をながめても、ニヤッとした笑いが顔いっぱいにひろがるのを目にすることだろう。しかもいま、このものおそろしい砂漠、北極のような冬の寒気、熱帯のような夏の暑熱、そんななかでの二年間の重労働に対する賃金一五両《テール》を手にしたのだった。——一日一ペニーぐらいである。

午後三時一〇分に出発し、ふたたび砂礫の平原を越えて進んだ。日没はすばらしいと言っていい。今夜の雲が帯びたとくべつに赤い色合いを、雨季のインドの山々のあいだでさえ私は見たことがなかった。赤でもなく、鮮紅でもなく、両者の中間の混色である。――非常に濃く、同時に非常にきらきらと輝いた。私はシムラやスイスで、さまざまな色彩がもっとも豊かにひろがっていく、もっともきらびやかな日没を見たことはあるが、こんなふしぎな色どりのものを見たことがなかった。一時間半ばかりしてほとんど暗くなりかかったとき、非常に明るい、燐光のような感じの雲が、日没の土地の上空にかかった。

小さな流れのある、二、三の低い山のあいだの窪地で、午前一時三〇分にキャンプをした。

六月二三日――砂礫の平原が徐々に消え失せ、やぶのたくさんある軽い粘土質の土壌に変わった。やや進むといつもの牧草地にぶつかり、家畜や羊や小馬の群れがおり、五つ六つ蒙古人のテントがあった。耕作地や木立がいくつか見えさえしたし、水は豊富で、灌漑溝で畑地にみちびかれていた。小麦がたった一つそこで育つ農作物だった。蒙古人は明らかに農業に適していない。耕作地はすこぶるだらしのない状態だった。畝のしるしはないし、種子は明らかに土地全体にばらまかれている。非常に厚いところもあるし、非常に薄いところもある。ここはわれわれがぶつかった最初のほんとうのオアシスだった。連山のあいだの窪地で、土地は四方からゆるい傾斜を帯びて下ってきている。

このオアシスの名前は、ヤー・フーである。東西の距離が約八キロ、南北間はもっとあるだろう。二〇キロばかり西には、道案内がホー・ヤー・シャンと呼んでいる際立った山がある。平原からとつじょとして約六〇〇メートルの高さにそば立ち、明るい色の完全に固い岩塊である。頂上にはたぶん満州の長白山のように、死火山の旧噴火口の中にだろうが、水があると言われている。

六月二五日、われわれはウラ・クトゥンに着いた。ハミへいく道路とグチェンへいく道路が分かれるところだ。単に野営地で、石の多い平原に位置し、アルタイ山脈の主脈から分かれた一支脈の南のすそに当たる。低い丘というより砂礫の山にとりまかれている。アルタイ山脈とのあいだには、幅三二キロばかりの砂礫の平原がある。――ヤー・フーが位置しているその同じ平原が西の方へひろがっているのだ。この南の山稜の高さはかなりあるにちがいない。こんなにおそくなって（六月二五日）、山稜上はひどい吹雪だったし、そこにはいつも残雪があるらしかった。

ゴビ砂漠でそれまで私が見てきた山々のすべてに共通する特性――頂上から走り下りる長い平坦な傾斜のある砂礫の平原、やがてそれが平行する連山から相い呼応して走ってくるゆるい傾斜の平原といっしょになるか、広大な砂漠にとけこむ――が、長いあいだ私には謎だった。が、このアルタイ山脈の低い山稜のあいだで、岩石を調べるのによい機会があったし、次に述べることがそんな傾斜を帯びた平原生成の真の原因に私には思われる。

これまで数度書きとめてきたように、ゴビ砂漠の山々は完全に裸で草も木もない。極端に乾燥した風土で、冬の氷のような寒風と、夏の太陽のすさまじい光線にさらされると、岩石がまず分解し、やがていちじるしい範囲にわたってくだけ落ちる。この岩屑《デブリ》を洗いながすだけの降雨がないので、連山の中腹から下のさまざまな様相が、上部から落ちてくる岩屑《デブリ》の堆積に徐々におおわれる。やがて時が経ち、しばしば全長五〇キロか六五キロにおよぶ一様に平坦な斜面が生じる。本来のぎざぎざした岩石の多い輪郭が見えるのは、頂上六〇～九〇メートルのあいだにすぎない。

それほど目立たない様相の斜面では、現に分解作用がおこっているのが見られる。岩石はひび割れ、ちょっとふれても*くずれる反面、岩塊がときどきひとりでにころがり落ちる。太陽熱と冬の霜の共同作用のため、そんな山々に生じる一般的な結果は、そこで、ぎざぎざの氷塊が熱をうけて生じるようなものとまったく同じことである。時が経ち（前者は二、三百万年――後者は、二、三分）、両者ともつるつるしたまるい塊に変形していくだろう。

＊〔原注〕岩石は実際陽に焼かれるようになるものである。太陽や風雨にさらされている側は濃い茶褐色になって、かがやくような色になるだろうが、太陽の当たらない側は、にぶい薄茶色を呈した。

ウラ・クトゥンから、いくつかの低い山々を通りぬけ、進行の途中、《オヴィス・アルガリ》（アジア大角《おおづの》羊）の角にひょいとぶつかった。道のまんなかに横たわっていたのである。計ってみると、湾曲部の太さが一三〇センチ、基底の周囲が四三センチなのがわかった。――巨大な角である。天山山脈にはたくさんいると蒙古人たちは言っている――彼らはアルガリと呼んだ――。白い胸をしているとも言っている（プルジェワルスキーの著書参照）。このあたりにクク・ヤーメンがあるということである。

われわれは六時三〇分に、泉と豊富な草地のそばにキャンプをした。しばらくラクダのたべていなかったたい草がある。周囲をながめるので、私はいちばん高い小山の一つへ上った。あたりには白いやわらかい雲がたくさんうかんでいたが、とつぜん私の目はたしかに偉大な雪の山脈と感じられるものの上にとまった。私は望遠鏡を取りだした。はるかかなたに、まさしく天山山脈があって、雲とやっと見分けがついた。私のよろこびはかぎりなかった。シナ人が呼称するその《天の山々》の上に、長いあいだ、私は自分の目をたのしませた。その山山は私の長い砂漠旅行の終末を示しているからだ。

が、次の行程は、全体を通じていちばんつらかった。ジュンガリア砂漠と呼ばれるゴビ砂漠の一部で、ゴビ砂漠全体のなかでも絶対に不毛地帯の一つである。そこを横断しなければならなかったからだ。われわれは午前一一時に出発し、まず低い山々を通りぬけた。まったく荒涼としていたが、窪地には二、三やぶがかたまり、ある窪地は白いバラがいっぱいだった。一二キロばかりすんでから山々をあとにして、あらっぽいやぶにおおわれた砂礫の平原にはいった。草は一つもなかった。道もなく、われわれはまっすぐ天山山脈の末端をめがけて前進した。平原を二四キロすすんでいくと道にぶつかり、道についてから午後一一時三〇分まですすみ、なにか食べものを料理し、ラクダを休ませるので、停止した。テントを張るのは無駄だった。水も、燃料も、草もなかったからだ。やぶも、植物も、草の葉一つなく――砂礫のほか絶対に何もなかった。私は地面に横になり、劉三がなにかのスープと罐詰肉を持ってくるまで眠った。午前四時にふたたび出発し、午後三時一五分まで、かつて見たこともない荒涼とした地方をすすんでいった。いままでに通過したところで、ここにくらべられるようなものは何もない。――動物にせよ、植物にせよ、生命の気配は何一つなく、ただ砂礫の連山の連続である。一滴の水もない。われわれは徐々に低い平坦地に下り、太陽がだんだん高くなって、風がいよいよ熱く、熔鉱炉の衝風と同じことなのに私はへきえきした。パンジャーブ地方の熱風だけがそれに似通っている。幸運にも、前のキャンプ地で入れてきた水がいくらかまだ水樽にあり、パンもいくらかあった。そこで、死滅に瀕することはなかったのだが、人間にとって、ましてラクダにとって、いかにもつらい行程だった。ラクダは飲まず食わずだった。何もない。二日間の炎暑は極端だった。ついにいくらか木立にかこまれた井戸に達した。道案内はそこまでの距離を二三〇里と呼び、私は約一一〇キロと推算する。われわれは四時間半の休止をふくめ、キャンプ地から二七時間四五分の地点に至り、ほぼ一二〇〇メートル下ってきたのだった。その地点の暑熱はそれまでに経験したことのないくらいひどかった。きまって公園らしく見えるところ――地方一帯が樹木におおわれ、地面には高い雑草がいちめんに生えている――のはずれにある、水の涸れた川床にキャンプをした。川の対岸の堤には、植物の影も形もなく、対照がすこぶる際立っていた。

われわれは蒙古人の道案内を一人やとっていた。この男に《オヴィス・ポリ》(大角灰色羊)を見張っているように言いつけておいたのである。低い山のあいだにあったこの前のキャンプ地をあとにした直後、彼は叫びをあげて、木の枝がかさなり合って積み上がっているところへとんでいき、中から《オヴィス・ポリ》の角を二対さがしだした。一対はすばらしく大きなもので、それぞれ計ると一三〇センチと一三五センチあった。二対とも取り上げてみたが、もう一対の方は一〇八センチしかなかったのでその場にのこした。大きい方の一対は基底を計ると、四八センチあった。――私の太ももぐらいの大きさである。ここは猟師のかくれ場なのだと蒙古人の道案内が言った。水場から四五メートル離れたところで、水場へは動物が水を飲みにやってくるのだ。このへんで野生のラクダを見たことがないかと道案内にきくと、「いくらでもある」と言った。彼のユルトには若いラクダが何頭もいた。ラクダの毛皮も何枚か持っていた。なんという機会をとりにがしてしまったものだろう! 彼のテントは、ウラ・クトゥンのわれわれのキャンプからわずか一六キロのところだった。ジュンガリア砂漠をさらにすすむと、踏みあとをまたいだ。彼は野生のラクダの通ったあとだと言った。飼っているラクダの足跡にくらべると小さく、踏みあとは一本で、われわれの進行線を横切り、まっすぐジュンガリア砂漠の奥へつづいていた――

どこからともなくやって来て、そしてどこへともなくつづいている――。どこの野営地からも何キロとなく離れているので、野生のラクダ以外のものでは、どうやらありそうもなかった。

　この進行のあいだ、私のシナ語がいささかヘマをやった。私は歩きつづけていたので、ラクダに乗りたくなって、案内人に「ヤウ・チ（乗りたい）」と言った。案内人は少しパンを食べていて、首をふり、私を笑った。私はいささか腹を立て、「ヤウ・チ」とくり返し、彼はまた首をふり、私のラクダを指差した。こんどは私の召使いが道案内をどなりつけると、彼はすぐ下りてきた。私のラクダを乗れるようにしてくれた。「チ」というのは「食べる」という意味があったのにひょいと気がついた。彼は私が彼のパンを少し食べたいと言っている意味に受けとり、私のパンのはいっている鞍嚢《あんのう》を指差したのだった。私はびっくりした調子の発音で「ヤウ・チ」と言うべきところを、腹立たしい調子（いつもの親しい心の状態ではなかった）で言ったのである。そこで意味が、「私は乗りたい」から「私は食べたい」にやにわに変更していたのだった。シナ語がややこしいことの若干の例である。

　この長いつらい行程のあと、われわれ（ともかく、私）はほとんどまんじりともできなかった。風がそよともなく、暑熱が息苦しいばかりだった。私はカーブル・テントの中で地面にじかに横たわっていたのだが、一種のブヨの災難に見舞われ、ブヨが目や鼻やそのほかいたるところへはいりこんだ。全旅程を通じて、もっとも絶望的なときだった。私はその夜なんどとなく、いままでに生まれた人間のなかで最大のばか者だと自分を責め、地球の未開地をうろつく旅にはふたたび出かけるつもりのないのをすべての神に誓った。そんな意気消沈の時期は、旅行者の誰にもとうぜんあるのにちがいない。「こんなことをやってなんのためになるのか」と、時には自問しないわけにはいかない。が、夜明け前はいつもいちばん暗い。そしてやっと私はめざめる一日の最初の微光を目にすることができたのである。《天の山々》の雪をいただいた峰頂が頭上にそば立っていた。それでも、まだこれから先つらい苦しい仕事をしなければならなかった。翌朝、太陽が上って微風がおこり、ブヨを追い払った。が、暑熱が猛烈になった。それにかまわず、われわれは午後一時三〇分に出発し、翌朝の三時まですすんでいかなければならなかった。

三キロばかりのあいだは木立にとりまかれ、ところどころ雑草ややぶの茂る地帯を通りすぎた。土壌は半ば粘土、半ば砂だった。それがとつぜん始まったのと同じくとつぜん終わり、ふたたび砂礫の砂漠を越えてすすんだ。草も灌木も、その影すらなかった。ここへ吹きつけてくる熱風は絶対に人間をこげつかしてしまうように思われたが、昨日の順序が、こんどは逆になった。――われわれは上りつつあったし、太陽は沈みかかろうとしていた。しだいに涼しくなった。

夜の一〇時ごろ、芝地を進んでいるのにとつぜん気がついた。左右にやぶや木立があって、するどい澄んだ声が遠方から私たちを迎えた。われわれは停止し、道案内が答え、見知らぬ人が現われると、それは東トルキスタンの女だった。彼女は先に立ち、どこか耕作地を越え、やぶを通って家へ案内した。ほとんど一六〇〇キロのあいだではじめての家だった。

それは何日間というもの、あこがれ、目にしたいと思っていた神秘の国――トルキスタン――、その新しい国へはいりこんだ最初のしるしだった。家のそばに流れているのは、とても甘い水の小さな流れだった。流れの幅は一メートルとなかったが、ゴビ砂漠で通りすぎたほかの流れのちょろちょろしたものではなく、ごぼごぼと楽しい音を立ててすばやくながれ、両手ですくい上げられるほど深かった。なんどもなんどもすくっては、口いっぱいごくっと飲み、何日も長いあいだ飲めなかった飲み方を楽しんだ。水樽に水をいっぱいに汲んでいるあいだ、私は流れの堤の草に横になった。すると、砂漠の旅の試練がもうほとんど終わったのだと思った。が、まったく終わってはいなかった。流れから五〇メートルといかないうちに、植物が消え失せた。われわれはふたたび砂礫の砂漠にいた。前と同じように徐々に上り、相変わらず五時間も進んでいかなければならなかった。――一二時に、斜面と平行した小さな山々の連なりのあいだの、長さ四キロにわたる峡谷を通りぬけた。夜が明けかかっていたので、燃料と、ラクダの飼料にちょうどいい灌木のある斜面のところで停止した。水はない。

次の日、天山山脈の長い山麓の斜面を上りつづけ、山脈の最東端を徐々に回っていった。われわれはバルクルからハミにいたる二輪馬車のわだちのあとを通りすぎた。これは天山山脈ごえをさけ、山脈を迂回する回り道になっている。岩石があったり、斜面全体が涸れた水路に切りこまれていたりするので、進行が思うにまかせなかった。水路の深さは三〇センチをほとんど出ていなかったが、斜面いちめんにあった。山々から水が自然に落ちてできたもので、水路はふかい渓谷に走り下りずに、斜面一面にひろがっている。地方全体が灌木だらけで、あいかわらず不毛の土地だった。が、斜面の下の窪地には東トルキスタン人の小さな村があって、木立や耕地にとりまかれていた。

その夜、モルガイと呼ぶ東トルキスタン人の家のそばでキャンプをした。家は小麦と陸稲の畑地にとりまかれ、ちょうどそこで地面に現われる小さな流れから水をひいていた。流れはさらに下流へいくと、川幅をひろげ、小石の多い山の斜面に吸いこまれていった。

翌日、私はこのあたらしい人種の一つを、間近くはじめてしみじみながめる機会にめぐまれた。その人々の国を通って、二四〇〇キロばかりのあいだ、これから旅をしようとしているのだった。男たちは背がたかく、みごとな体つきをしていた。予期していた以上に蒙古人的な特質を備えていた。顔がいくらかまるい。が、蒙古人にくらべるとやや面長で、かなり理知的なところがあった。が、カシュガルとヤルカンド地区の住民にくらべると、輪郭がまるく、彼らに見られる理知やするどさが少ない。事実、あとで、ハミの市場では、トルキスタン東端の住民とカシュガル人を私は容易に見分けられた。

西方へ進むにつれ、蒙古人型のまるさが、はっきりとはみとめられないにしても、徐々に、よりするどい特徴の顔型に変化していくのに気がついた。進めば進むほどそうである。これは偶然なのか、それぞれちがった人種が混じり合った結果そうなのか、私にはわからない。が、東へいけばいくほど住民の顔がさらにまるく広くなり、西へいけばいくほどさらに長くせまくなると述べて、まちがいではないと思う。

これは多分こう説明できるかもしれない。周知のとおり、蒙古は広大な範囲にわたって、以前はトルコ人（ウイグル人）によって占領されていたが、蒙古人によって駆逐された。蒙古人は、けっきょく、チンギス・ハンとその後裔の統治の下で、トルキスタンと西域諸国全体にひろがった。ところが、ダッタン人の本来の故郷である満州に、トルコ人は一度も住んだことがなく、東蒙古にきて、ダッタン人の特徴を持った正真正銘の顔型が見られるのである。西蒙古では、顔つきはいくらか（大したことはないが）長くてせまい。トルキスタンの東部へくると、トゥラン人に近く、はっきりと変わる。が、それでもまるくて広いダッタン人の顔つきが非常に目立つのである。さらに西へ進むと、蒙古からはさらに遠く離れ、蒙古人、別名モグル人（チンギス・ハンの後裔または部下）とトルコ人がいっしょに住み、いまでは同一人種になって融合している。その土地へはいると、彼らの顔が徐々により長くよりせまくなるのに気がつく。さらに西進すると、アフガニスタン領トルキスタンの若干の住民、その多くをカシュガルとヤルカンドで見かけるだろうが、その住民のなかでは、ダッタン人、あるいは蒙古人的顔型の特徴がぜんぜんといっていいくらいになくなっているのがわかる。

　このモルガイで、私はまた東トルキスタンの女たちを目にした。化粧した顔である。てん足でよちよち歩く人形のようなシナの女とは大ちがいだった。骨太で騒々しい満州の女、大きな赤い頬をして、汚れて、理知的でない顔をした、単純でおろかしい蒙古人の娘、それとも大ちがいだった。この東トルキスタン人は美しくて、小ぎれいな女たちだ。ギリシア人やスペイン人にくらべても、そんなに顔の色はくろくない。頬の色は好ましく、目は黒味がかってつぶらだった。風采全体が絵のようにいたって美しかった。りっぱな威厳のある態度で、長いゆるやかな服を着、腰のあたりをつよくしめつけていない。長い黒髪を肩ごしに垂れ、ただ末端は二つにむすび、太く編んでいる。頭をいくぶんそらして、真っ赤な帽子をかぶり、全体の風采を効果的に際立たしている。

　彼女たちは、白人（そのときの私の顔は、英国人一般並みに白くはなかったと思うが）のとつぜんの出現におおいにおどろき、まじまじながめた。が、われわれはおたがいの魅力をしみじみながめ合う余裕があまりなかった。私は、その日、天山山脈を越えなければならなかったからだった。

　早朝出発して、流れを上った。が、流れはふたたび消え、もはやそんなものは何も見えなかった。山腹ははじめいささかむき出しで草も木もなかったが、高く上るにつれ、しだいに緑になった。八、九キロ進むと、豊かな緑の芝土におおわれ、草木一つなかったゴビ砂漠の山々のあとでは、ながめる目に非常にたのしかった。山々の中にある空地ごしに、あちこちで、頭上にちらっと雪の峰々をながめることができた。が、山上にも、渓谷にも、木は一本もなく、やぶさえなかった。多分《オヴィス・アルガリ》が見られるかもしれないという話だったので、私はカービン銃と望遠鏡を持って先頭を進んだ。道端には、五つ六つ《オヴィス・アルガリ》の角と、ほかに野生の羊かヤギの角があって、そこを通りすぎた。《オヴィス・アルガリ》はそんなにめずらしくないのだ。

流れの川床で、私は巨大な《オヴィス・アルガリ》の頭骸を見つけた。計ると一四〇センチあって、私は勝ち誇ってラクダにつんだ。が、三、四キロ進んで、私はいまいましく投げすてた。岩の上に横になっていると、巨大な頭骸が私の目にはいり、角の一つは一五五センチあった。角は二本ともほとんど完全な状態にあったし、いぜんとして頭骸についていたので、すっかり完全なものとして私は手に入れたのだった。そんなに大きいのはなかなか手にはいらないと道案内が言った。

今日私が見た《オヴィス・アルガリ》の角は、アルタイ山脈で見たのとは、すべてがずいぶんちがっていた。アルタイ山脈のは、基部が太い（周囲が四〇センチに対して四八センチある）。いっそうまるくて、ひどくは曲がりくねっていない。羊も同じだと蒙古人が言っている。

われわれは二四〇〇メートルの高所で山脈を越えた。最後の一キロ以外は、上りは急峻でもなく、徐々にせまい渓谷を上っていけた。最後の二キロか三キロはやわらかい緑の芝土を越え、頂上付近には完全な花の群落があった。主にワスレナグサである。こんな荒涼としたゴビ砂漠の砂礫の斜面のような場所で、花と草のおびただしい氾濫を見たそのよろこびを、私はいつまでも忘れないだろうと確信する。太陽はすでに沈んでいた。私は《オヴィス・アルガリ》を見る最後の希望をいだき、付近の頂上へ上ったが、それらしいものの気配はなかった。周囲にはさらに高い峰頂がそば立ち、頂上からの大観は得られなかった。わずかに南の方の平原をちらっとながめたのにすぎず、そこは遠いもやにつつまれていた。

あいかわらず木が一本も見られず、この山々の奇妙な特徴は絶対に水がないことだ。モルガイから峠の頂上まで二〇キロのあいだ、一滴の水も見なかった。水がないせいで、渓谷はふかくはなかった——左右両側とも、山山の頂上から一五〇〇〜一八〇〇メートルぐらいなものである——。山腹も、ヒマラヤ山脈でのようにいちじるしく急峻ではなかった。草の斜面なのだ。頂上や山稜のあちこちに岩石が頭をつきだしている。南側へ八キロ下ると、小さな流れが現われ、谷底がいくつかの畑地に区切られ、周囲に灌漑水路がひいてあった。が、いまはぜんぜん見すてられ、無人で、耕作のない畑地の方へ水が流れ、無駄使いになっていた。木立が流れの近くに現われはじめ、午後一一時一〇分、つめたいきれいな水の流れのそばにある小さな森の中で、小さな草地にキャンプをした。そこはほんとうに至福の高所——完全なパラダイスに思われた。そして、砂漠の旅行は私の背後に置き去ってきたおそろしい悪夢のようだった。小鳥の歌声も私の感動をつよく呼んだ。ゴビ砂漠にはいつも死のような静寂があったのである。小鳥たちがしきりにつづけているさえずりに私は注意した。木立の数も前より多かったし、いくつかの山々の北側斜面には、松林のあるところが見えさえした。

天山山脈を越えたら、かなりな範囲にわたって耕地のある、比較的人口稠密な土地にぶつかりたいものと思っていたのだが、前と同じく不毛の砂漠を見つけたのには、落胆した。が、二五キロか三〇キロおきに小さなオアシスがあった。住民は主にトゥンガン人とシナ人で、ひどく貧しく見えた。が、東トルキスタン人はみんなりっぱで、健康そうなようすの男たちだった。

七月二日、真四角な城壁をめぐらした、チン・チェンと呼ぶ小さな町を通った。小麦畑と豊かな草地にとりまかれていたが、それが終わると、たちまち砂漠がはじまった。

砂漠のはるかかなたに、二本のポプラの木が平原から高く生いのびているのが見えた。新疆省を通じて、このポプラの木を非常によく見かけ、すぐれた陸標をつくってくれる。夜中の一二時にそこへ着き、着いてみると、二、三人の兵士が駐屯していた。ハミまではまだかなりあると言った。ところで、先月の六月中、私のきまりきった質問は、「ハミまであとどのくらいあるか」だった。この二、三日来、道案内はそのたびにあと一〇〇キログらいなものだと言っていた。ところが、あますところ二五キロか三〇キロの距離の代わりに、まだたっぷり八〇キロあるとわかって、私はいささかいらいらした。そこで、翌日、午後二時にテントを取り払ったとき、ハミへ着くまでもうテントを張らないつもりだから、長歩きの覚悟をした方がいいとみんなに言いわたした。その午後は進みっきりに進んだ。——とりわけ暑い午後だった。やがて目の前に太陽が沈み、夜通し、太陽がふたたびわれわれの背後に上ってくるまでどんどん進んだ。

ラクダに一息つかせるので、二時間ばかり道端で休み、やがてまた出発した。八時に砂漠が終わり、耕地を通りぬけようとすると、ついに遠方にハミが見えた。一帯に人が住んでいるというより廃屋に多くとりまかれた地帯を横切ってから、午前一一時、一軒の宿屋へ着いた。なんともいいようのない救われた感じで、最後に、私はラクダの背を下りた。

私の砂漠の旅はとうとう終わった。帰化城から二〇〇八キロを七〇日ちょうどで踏破し、最後の一週間は、天山山脈越えをふくめ、三五八キロ進んだ。

## 6　トルキスタンからヤルカンドへ

到着してから私があちこちできいたのは、ベル大佐がすでに着いたかどうかだった。出会う予定の約束の日から二、三週おくれて私は着いたのだが、彼の方でも大きく迂回してやってきたし、約束の日よりおくれるかもしれなかった。彼はすでに三週間前に当地を通過したと教えられた。どうしてそんなにうまく速く進んだのか、私は驚嘆した。が、おそらくベル大佐ほどの敏速なすぐれた旅行家はいないだろう。現在やっている旅行以外にも、ペルシア、小アジア、バルチスタン（旧英領インド北西部、パキスタンに併合された）、ビルマ、シナを旅行し、彼の旅行記を読むなら、ヨーロッパ人でベル大佐ほどに見、行ない、記録した人間は、かりにあったとしてもきわめて少ないのを知るのである。

次に私のたずねたのは、カシュガルにいく手段と、そこに到着するのに要する日数のことだった。むろん、まずいろんなむずかしい問題がおこった。とにかくそこまで着くのに七〇日かかる。そうなると九月の末になってしまい、おまけに冬前に越さなければならないヒマラヤがそっくり残るのである。

夕方になって私は町をぶらついた。貿易の小中心地につきものの生活のざわめきがすべてここにもあった。ハミは多分人口五、六千の町だろう。かなりいい店もあるし、いそがしい市場もある。そこでは国籍のちがう人が大勢出会う姿が見られる。——シナ人、蒙古人、カルムイク人（シナ西部とヴォルガ川の中間に住む西蒙古人）、東トルキスタン人その他。重く荷をつんだ旅行二輪馬車がごろごろ車の音をひびかせて通りすぎ、ラクダの一隊がいくつか砂漠を越えてやってくる。

ロシヤ商品が買えるという話の一軒の店を私はさがしていた。店を見つけ、店の上のロシヤ語の看板文字に気がつき、カウンターの背後をながめるとロシヤ人がいたので、びっくりもしたしうれしくもあった。彼はねんごろに私と握手し、中へはいるように言った。彼はシナ語も英語もわからず、ロシア語と蒙古語しか話せなかったし、私はまた両方ともわからないので、蒙古語のしゃべれるシナ人を仲介にして、おたがいに意志を通じ合わなければならなかった。このロシヤ人はシナふうの家に住み、シナふうの生活をしていたが、ヨーロッパ人の衣類を身につけていた。部屋の壁には、《インドにおけるプリンス・オヴ・ウェールズ》と題名のついているけばけばしい絵がかけてあるのに気がついた。各人がおそろしく赤い顔色をし、すこぶる豪華なちょっと考えられない軍服を着ている絵だった。ここでの商売はそんなにもうからないと彼は語った。主に綿製品、手桶、金だらい、ナイフなどの金物類を売っていた。ここには五人のロシヤ人がいたが、二人はコボロにいってしまい、彼らは借金を払ってもらおうとシナの官吏を追いかけ回しているところだった。

　翌日の夕方、このロシヤ人を食事に招待し、私の宿屋に来てもらった。会話はむずかしかったが、われわれはなんとか大いにたのしい一夕をすごすことができ、それぞれの国王のために乾杯した。私はグラスを上げて、「ツァー（ロシヤ皇帝）」と言い、いっしょに飲んだ。それからまた私はグラスを上げ、「スコベレフ（ロシヤの将軍、ロシヤ・トルコ戦争に武勲あり、一八四四―一八八二）」と言った。そんなぐあいに、私がきいたことのあるロシヤ人のために、乾杯をつづけた。私の客は、残念ながらほとんど英国人を知らなかったが、英国には女王がいる事実を理解していたので、五分おきぐらいに、英国女王のために乾杯するのだった。

　三年後、私がカシュガルにいたとき、ハミに住んでいる二人のロシヤの商人がシナの官憲のために投獄され、ひどく虐待されたという話を聞いた。シナ人にやとわれていたあるヨーロッパ人がこのうわさを耳にして、北京のロシヤ公使に注進におよんだ。うまく釈放されたものと私は信じるが、それでも、汚れきって疫病のはびこる牢獄の中で、飢餓と監禁のすさまじい苦難に遭遇したのである。心から親切で善良だった私の客が二人の中の一人だったかしらと、私はしばしば不安に思った。

　土地の人間のいるハミの町のほかに、五四〇メートル平方ぐらいの城壁をめぐらしたシナ人町があって、四方に城門を持ち、分厚い望楼がその上に立っている。

　『蒙古人の歴史』の著者サー・ヘンリー・ハワースが、

私が帰国すると、ハミではなにか古い廃墟に気がつかなかったかときいた。ハミ周辺の地方はすべて廃墟にとりまかれ、大半が泥土づくりの建物で、建物の年代は推測がつかなかった。私はなにか特別のものをさがしだしたのではなかったが、私の覚えている唯一の顕著な廃墟は、緑色のつやつやした瓦屋根のドームを持った、一見古寺院ふうのものだった。

われわれはハミに四日間滞在し、七月八日、カシュガルに向かってあらためて出発した。――大旅行の第二行程である。その行程は全部二輪馬車が使えそうだったので、もはやラクダはいらなかった。幸運にも、召使いの劉三とはすばらしい取り決めをすることができた。契約書によって、所定の日に私をカシュガルに到着させる契約をしたのだった。私は一か所から一か所へ二輪馬車に乗ってはこばれる一個の商品と見なされるわけで、彼は取り決めの責任の全部を引きうけるはずだった。彼は四〇日で私も荷物もカシュガルにとどけ、このハミで七〇両《テール》（約一七ポンド一〇シリング）受けとり、その日数でカシュガルについたら、さらに三〇両《テール》受けとることになっていた。その日数より早い場合は、一日につき二両《テール》加算し、四〇日以上かかれば、一日につき二両《テール》減額して支払うのだった。この取り決めはすっかり私の期待どおりのものになった。輸送費として儲かるはずの金は私の《召使い》のふところへはいり、だれかほかの人間のところへいくわけではないので、彼は文句なしにさっそく旅行に興味を持った。従僕や小馬引きにのべつ幕なしにがみがみ言うあのいらいらしたやっかいな過程を万事経なければならないとすると、旅行のいっさいの魅力が破壊される。そんなことはせず、さっさと進んでいくので、出発がおくれないように、早朝、召使いが私を起こし、また夕方になって、心のさそわれる場所で停止する代わりに、三～五キロ余計に進む。私のことをたえず気にかけてくれるのはわかりきったことだから、私は安心しきっていられるのである。私は無感覚なでくの棒になって、自分自身を無限にたのしんだのだった。朝食が用意されているあいだ、寝床へのうのうと横たわっていられるのは、まったくちがったあたらしい気分だった。朝食が終われば、万事出発の準備がととのっているし、私をたえず促して、さらに遠くへ、さらに速く進みつづける熱中した精力的な従僕が、全行程を通じてずっと私のところにいたのだった。

その《召使い》は、私から受けとった前金で二輪馬車一台と動物四頭（ラバ二頭、小馬二頭）を買い、一行の荷物と食糧を全部はこび、私は小馬に乗った。二輪馬車は、トルキスタンでは一般にアルバとして知られている種類で、非常に大きな両輪があるだけのものだが、幌つきで大型車だった。動物は一頭を長柄にむすびつけ、その先に、三頭が一列につながってならんだ。車にのせた荷物、食糧その他（動物の飼料としての穀類の量をある程度ふくめて）の目方が、一五〇〇キャティ（九〇〇キロ）だった。

ハミからの出発は、夕方の八時だった。三〇分ばかり耕作地を通ってから、ふたたびまったくの砂漠にはいった。右手には遠く天山山脈があったが、草木一つないむきだしの外観で、雪をまとった峰頂は見られなかった。左手はまったくの砂漠だった。三〇キロばかりいったところで、タ・プ・マという、二、三の兵営の廃墟のある小村を通過し、翌朝四時二〇分、ユール・プで停止した。果樹園にとりまかれたきれいな小村で、木にはリンゴがいっぱいになっていた。


廃屋が多く、どのくらい世帯数があったのか、ちょっと言いにくい――たぶん二〇戸ぐらいだろう。住民はシナ人とカルムイク人と両方だった。宿屋はすこぶる貧相で、部屋は天井が低くほこりっぽく、窓も戸もなく、あけっぱなしの入口が一つあるだけだった。カン（炕）もひどくほこりだらけで、泥土づくりだったし、上には敷物一つなかった。屋根は梁をわたした草ぶきで、雨も太陽も自在に通りぬけた。

七日から八日にかけての夜間はくもり、わずかに雨。寒暖計は――最高三二・二度C、最低一八・八度C。

七月九日――二時三〇分に出発。大雷雨のため、三〇分ばかりおくれた。ユール・プをあとにすると、ほとんどすぐにまた砂漠がはじまったが、ゴビ砂漠ほどひどいものではない。かなりな程度、草も灌木もあったが、農耕には適していなかった。山々に近づくにつれて、いくつか村が現われてくるはずだった。三〜五キロ進むと、左手に小さな緑の平原が見え、かなり大きな村と、村の方へ走り下っている幾筋かの流れがあった。

二四キロいったところで、サン・プの村を通りすぎた。荒廃した兵営のあとがあり、西側には戦死したシナの軍人の墓が二つあった。小ぎれいな墓ではなかったが、高さ一・五メートルから一・八メートルもあって、非常に目立った。れんがづくりで、そこなわれずによく保たれている。その他の建物は全部泥土づくりだった。その日ののこりの行程では、砂漠を越え、時おり、窪地の小さな流れか泉のそばにある一軒家の近くを通りすぎた。この地方へくると、一種のなかば死滅した空気があたりにあった。人の住んでいる家一軒に対して、少なくとも二軒は廃屋が見られるからである。村を通りぬけていくと、ほとんど住民にはぶつからないし、畑ではたらいている人は一人もいないように思われる。ゴビ砂漠以外の土地からやってきたら、おそらく私はまったく気が滅入ってしまったろう。村々は遠くから見ると、実際には木々や緑の畑にとりまかれ、隣接する砂漠と対照的なため、非常にきれいなようすをしている。が、近づいてみると、廃屋や、以前は耕作していたがいまは休耕地として放置されたままの区劃畑が村には多く見られ、魅力は消え失せる。われわれは一一時三〇分、サン・ト・リン・ツで停止した。宿屋が四軒ある小村である。部屋にはノミがとてもいると召使いが言うので、私は車の中で眠った。かなりに冷えた。

日中は一般に晴れ、正午に大雷雨あり。寒暖計——最高三六・六度C、最低一九度C。

七月一〇日——午後二時三〇分に出発し、山々へ向かって徐々に上っている石の多い平原を通過した。斜面には、小山から走り下りる涸れた水路がいくつか溝を切っている。二〇・八キロ進み、小さなオアシスを形づくっている耕作地をめぐらした一軒家のそばを通りすぎた。こんな砂漠では、耕作のできる土地はすべて日常必需品を生産するのに欠かせないものと人は考えるだろうが、実際にはケシの生えている比較的大きな区劃畑があった。その直後、商品を積んでハミに向かう一二頭のロバとすれちがった。道路はいささか交通量があって、それにぶつかったのである。

午後一〇時三〇分、ライン・トゥンで停止、何軒か宿屋のある小さな場所で、農耕はしていない。天山山脈から、石炭が若干採掘される。召使いの話ではハミでも石炭が採れるということだが、私自身は一つも見なかった。行程は五四キロ。

くもり、周囲の小山に大雷雨あり。寒暖計——最高三〇度C、最低二〇度C。
七月一一日——ライン・トゥンには、動物に飼料をやるのでとどまったのにすぎず、午前二時二〇分、ふたたび出発した。われわれは横断の方向をとって、おもむろに山腹を上った。斜面は涸れた水路にひどく切りこまれていた。いちめんに石だらけで、二輪馬車の進行が遅々とした。
午前九時、イー・ワン・チェンで停止した。はげ山のあいだに、人家と宿屋がそれぞれ一軒あるだけだった。農耕も牧畜もやっていなかった。多数の兵士を従えたウルムチの武官が宿屋を占め、われわれ一行の泊まる余地がなかった。宿屋をややすぎたあたりに馬車をとめ、召使いが食事をつくり、車の中で私は食べた。大型車は非常に居心地がよい。私は夜は車の中で眠り、進行中は召使いが車に乗りこむ。
七月一一日——午後二時五五分、ふたたび出発して、山地帯を通過した。草木がなく、いつものように砂礫におおわれている。《オヴィス・アルガリ》の角を二つ見つけたが、小さなものだった。七時一五分、チェ・ク・ル・チェン（三〇キロ）で停止。——そこまで一キロ半以上も上ってきた峡谷の中には、人家と宿屋が一軒ずつ。あいかわらず耕作地はなく、何もかも茶褐色そのもの、不毛の地である。茶を飲み、いつものように車の中で眠った。召使いは宿屋の部屋で眠りたがらなかった。前日進んだ区間から、兵士たちはここへ戻ってくるはずだったからである。兵士たちは彼を追いだし、所持品を盗むと言うのである。兵士たちはどうやら悪玉らしい。それでも私にはいたっていねいだった。私をロシヤ人とまちがえたが、私が英国人だと言うと、「おお！ 大英国のお方ですね」と彼らは言った。ここではだれもが、大英国の話をしている。ロシヤ人、フランス人、英国人が彼らの知っているヨーロッパの国民で、あとは知らない。どんよりした日で雨は降らない。涼しい。
七月一二日——午前四時四〇分に出発し、六キロ半ほど峡谷を下った。峡谷は幅が五〇メートルから一〇〇メートル、山々が三〇メートルから四五メートルの高さにそば立っている。谷底はこまかな砂礫で、山々は岩石質である。この峡谷をぬけだし、あいかわらず連山の砂礫の山腹を下りつづけた。一四キロ半ばかり進み、軽い粘土におおわれた平原を横切った。灌木や木立が豊富にあったが、草は一つもない。平原は四方をぐるりと山々にとりまかれ、この地方にもっとたくさんの降雨があれば湖になるだろうが、水の気配はどこにもなかった。一・六キロ進んだところで道路が二つに分かれ、右がウルムチにいく。われわれは一二時一〇分に、トゥアン・イェン・コウ（六六キロ）で停止した。平原の西の境界になっている連山の麓で、人家と宿屋が一軒ずつあった。ここの水はとりわけわるく、おそろしくいやな臭いがした。この地帯としてはなかなかいい宿屋で、三部屋のうち一部屋には戸がついていた。――それでも窓がなく、大雷雨のあいだ、雨が茶こしを通すように屋根から降りおちた。五時二〇分に出発し、南西の方向に転じ、あいかわらず平原を越え、六キロ半ばかり進んだところで、周囲をとりまく石の多い山の斜面を上った。急ではなかったが、どこまでもつづき、一四キロ半ばかりの道のりは、馬車をひくのにはかなりこたえる。トルファン地区のブドウをつんでハミに向かう三〇頭のロバとすれちがった。この地方はロバが多く、積み荷用として使われる唯一の動物らしい。小馬に乗っている東トルキスタン人はめったに見かけず、彼らの乗っているのはいつもロバである。午後一〇時、斜面の最上端につき、山々の中へはいり、いくぶん西南の方向へ少しずつ峡谷を下りた。峡谷の入口に二、三軒人家があったが、宿屋はなかった。いつものように山々にはまったく草木がなかった。午前三時二〇分（一三日）に、シ・ヤン・チェで停止した。一二日の午前四時四〇分から一三日の午前三時二〇分まで、一三八キロ進み、一七時間二〇分かかり、その間に五時間一〇分休んだ。二頭の二輪馬車のラバは元気だったものの、小馬はそんなに元気というわけにいかなかった。このラバは二輪馬車用の仕事にはたしかによく役立つ。曇天、午後に大雷雨、夜は涼しい。

七月一三日――午後一二時四〇分に出発し、最初せまい絶壁状の峡谷を下った。左右の山が二〇〇メートルの絶壁になってそば立った。四キロののち、この山をあとにして、砂礫の多い不毛の斜面を下った。午後一〇時にだれもいない宿屋のそばを通りすぎ、そこで道路が分かれ、御者はどっちへいっていいか、よくわからなかった。何時間かあちこち平原をさまよい、そこで、夜明けになったら停止するように私は命じた。私はすっかり気分をこわした。水は一滴もないし、水がないと、ラバも小馬も、ラクダと同じで、進めないのである。昼ま、明るいうちに、目に見えたかぎりでは砂漠は四方にのびひろがっていた。夜明けがはじまると、遠くに木立がいくらか見え、御者は現在地がのみこめた。それでもわれわれの不運はまだすっかり終わらなかった。村のすぐそばまでくると、二輪馬車が穴にめりこみ、ひっぱり上げるのに二時間近くかかった。午前七時二〇分（一四日）、ついにシ・コ・タイに着いた。ここには小丘の上に小さな堡塁があって、一〇〇人ばかりのシナ兵が駐屯していた。堡塁は高さ六メートルばかりの泥土の壁で、銃眼があるが、命令は二七〇メートルはなれた南の山から出される。村の戸数はざっと三〇戸、シナ人と東トルキスタン人が半々に住んでいる。村の周辺ではやや農耕が行なわれ、いくらか牧畜をやっている。午前は晴れ、午後になって付近に大雷雨があった。

七月一四日――午後三時二五分出発、六キロ半か八キロおきに、ちょいちょいオアシスのある砂漠を横断した。南のほうには、道路に平行して、高さ一五メートルから四五メートルまでの草木一つない連山がある。ピ・チャンの手前三キロの地点で砂漠が終わり、地方一帯に木立と耕地と小さな村落があった。道路の両側には、きまってあちこち並木があった。われわれはふたたび踏みあとを見失い、その地方をあちこち回り歩き、午前一時三〇分、やっと町の入口にたどりついた。門がしまっていた。が、われわれのために門をあけてくれ、なかなかいい宿屋に泊まった。――カシュガルで宿屋として通るものでは、なかなかよかったのである。満州では、どんな小さな村でも、そんな場所を宿屋と呼ばないだろう。そんな場所へは牛をとめる。日中は非常に暑く、午後天山山脈に、いつものように大雷雨。夜、ほんのわずか降雨があった。

七月一五日――ピ・チャンは、各々が長さ約三五〇メートルの城壁にきちんと四角に取りまかれている。人口は約二〇〇〇。たった一本の本通りには、小さいが小ぎれいな店が二、三軒あり、衣類や日用品など普通の品物を売っている。シナ人のやっているものもあり、東トルキスタン人のやっているのもある。ここの東トルキスタン人はハミより裕福らしく思われる。服装もいいし、家も大きく、いっそう小ぎれいである。女は普通赤い長衣を着てズボンをはいている。頭にあざやかな色布をまきつけて結わえているが、ハミでかぶっていた地球型の大きな帽子は一つも見かけなかった。午後一時四〇分に出発し、北門を通って、ピ・チャンをあとにした。四キロばかり、よく耕された、非常にきれいな地方を通過した。魅力を覚える小さな流れが走り、流れの堤には、美しい品のいいポプラとポプラの並木があった。小さな灌漑水路が畑を通り、道路をまっすぐ横切ってたくさん引かれていたが、いささか交通の障害になった。が、水をはね返して二輪馬車が進んでいくのを耳にするのは、いまは文句なしにたのしかった。平原一帯に小さな村が多数点在し、回教寺院も数多くあったが、この地方の他のものと同じく、全部泥土づくりだった。軒庇の上に、《オヴィス・アルガリ》や野生ヤギの角を積み上げているのが多かった。私がゴビ砂漠で手に入れたような美しい《オヴィス・アルガリ》は見られなかった。ピ・チャンから四キロで、たのしい地帯はとつぜん終わり、ふたたび前と同じくものわびしい砂礫の砂漠に出た。ある小高い丘から、われわれが通過してきた地方がよく見わたせた。きわめて美しかった。東西約一〇キロ、南北が五、六キロ、平原はすっかり木立にかこまれ、木立のかげには小さな東トルキスタン人の村落がひっそり横たわった。ピ・チャンの南一・六キロぐらいのところには、私がゴビ砂漠で見た一連の砂丘があったが、色がいっそう黒ずみ、そんなに高くなかった。砂礫の砂漠では、午後がおそろしくあつく、そこを二六キロ越えていくと、またちがったオアシスにぶつかり、やれやれと思い、うれしかった。八時一五分、リャン・ミン・チャン（四二キロ）で停止した。小さな流れの急な堤の上に立っているきれいな村だった。騒々しい宿屋の主人がいて、われわれを出迎え、このへんの宿屋の主人の無愛想ないつもの態度とちがい、満州の宿屋の主人なみにわれわれに気をくばってくれた。

馬車の中でさえあつく、私は宿屋の中庭で地面にじかに寝た。この地方では、特記すべきいい点がある。——蚊もハエもわずらわしいと思われるほどに多くはいないことだ。いたとすると、こんな暑熱の旅行はほとんど耐えられないだろう。雪をいただいた天山山脈中へわれとわが身をはこんでいきたい気がおおいにすることだろう。山脈はその下でたらたら汗をながしているわれわれ人間に向かって、いかにもじらすように涼しくさわやかに峰頂を現わし、行程ごとに次々とわれわれについてくるのである。

七月一六日——午前一時四五分出発、リャン・ミン・チャンから一・六キロで、ふたたび砂漠にはいった。道路は砂のために進みにくく、つらかった。穴が数列も地面に掘ってあるそばを通りすぎた。穴はそれぞれ約二〇メートルはなれ、大きさが一・八メートルから二・四メートル、長く一列にならんでいた。穴のまわりには土が盛り上げられ、だいぶ前に掘ったものだが、大半は埋まっていた。が、井戸をつくるので、内側を木材で全部かためているのもあった。軍隊がここで屯営して、水がいるので、穴掘り仕事にとりかかったと思われるものだった。

リャン・ミン・チャンから一一・二キロで、いくつかの低い山々を越えると、よく耕作された、一帯に小さな村のある広大な平原にはいった。この平原は一一キロつづき、やがてせまい渓谷を下った。左右の山々は粘土質で、まったくの不毛であり、ひどく急峻な絶壁状のところがあった。谷底を小さな流れが走ったが、堤は急で、耕作はできなかった。絶壁によりかかって立っている人家や回教寺院の廃墟をかなり多く通りすぎた。明らかに地すべりのためにやられたのだった。

午前七時五五分、サン・チン・コウで、東トルキスタン人がやっている宿屋で休止した。これは私がはじめて訪れた東トルキスタン人の宿屋だった。カン（炕）には、いくぶん古いものだったが、非常にきれいなじゅうたんが敷いてあった。

二時にふたたび出発した。峡谷をぬけだし、からっとひらけた砂漠をまた越えて進んだ。峡谷からは流れが南の方向に走り、堤には村が一列にならんでいた。南の方一六キロばかりのところに、見たところ東からやや西の方向に連山が走り、連山の片側には、トルファンまで走る耕地帯があった。ラン・チン・コウから一一、二キロのところには、砂漠一帯に何百という井戸があって、シナの兵士が掘ったのだということだった。一八メートルの間隔で掘ってある井戸が三キロあまりも横に一列にならび、その行列を次々に通りすぎた。この井戸はまるくはなく矩形で、横が約七五センチから九〇センチ、縦が二一〇センチから二四〇センチ、底は見えなかったが、その井戸を一つ使っている家で休止した。井戸の深さは三三メートルだった。

　この井戸の起源を説明するのはむずかしい。トルファンを包囲したシナの軍隊が掘ったのだと私の召使いが語った。この軍隊はほかに水が得られずに、こんな井戸を掘ったのだ。が、この話の真相についてはあやしいものだと私は思いたい気がする。むしろ、ペルシアやアフガニスタンで一般に《カレーズ》として知られているものだといいたい。地下水が得られると、それを一つの井戸から次の井戸へと地面の下を、斜面に沿って下へみちびき、それをつづけていくうちに、水は灌漑すべき土地と同じ高さに達する仕組みだった。そして水が地表に現われるのである。

　トルファンに夜になってはいりこむのはぐあいが悪く、われわれは午後八時一五分（三六キロ）、ある東トルキスタン人の家へ泊まった。井戸水が気持のいいくらいに冷たく、家が小ぎれいで涼しかった。中庭の半分に敷物が敷きつめられ、この敷いてある部分がひくい台で、家に住んでいる連中が上に坐って食卓についた。私は中庭の地面にマットをひろげ、できるだけ早く寝た。夜は蚊のおそれがなく、戸外で眠れるのが大きな利点だった。天候は靄が多く、たいへん暑い。

　七月一七日——午前三時一五分に出発し、六キロ半ばかり、あいかわらず砂漠を越えて進んだ。やがて小さな流れをわたり、空家や墓地のある地域を通りぬけた。あちこちに人家や、いくらか耕地があった。その地方の左手は一帯に木立と小村と耕地だった。トルファンの手前約五キロのあたりで、奇妙な塔のある回教寺院を通りすぎた。塔は、ひどくずんぐりした工場の煙突に非常によく似ていた。泥土のれんがづくりで、れんがをたがいちがいに積み、それが図柄の模様をつくり、塔の装飾になっていた。塔は寺院の中庭の南隅と東隅に立っていた。入口は普通のインドふうの形式のものだった。

　一軒の家の前を小馬に乗ったまま通りすぎると、東トルキスタン人の老人が私を家の中へ招いてくれたが、二輪馬車を遅らせるわけにいかなかった。われわれは午前六時にトルファンに着き、ちょうどシナ人町の南地区へはいったところで、宿屋に泊まった。町の通りを進んでいくと、「オルース」、「オルース」というつぶやき声がした。宿屋の前庭には、私を見ようと、東トルキスタン人やシナ人の小群集が寄り合っていた。トルコ人町にはロシヤ人の商店があると私の召使いに教えられ、宿屋の男に案内させて、そっちの方へいってみた。二人はある店のところで小馬から下り、私はりっぱな風采の人に迎えられた。彼は私と握手し、ロシヤ語で話しかけた。私は英国人だと言った。すると彼は私を伴って中庭をぬけ、むしろを屋根にしたもう一つの中庭へいった。地面には何枚かきれいなじゅうたんが敷かれ、トルコ服を着たきれいな風采の男たちが何人か坐っていた。だれもロシヤ人という風体ではなかった。私の知らない言葉をしゃべり事態はいささか立ち往生となったが、そのとき「ヒンドゥスターニ」という言葉を耳にした。私はすぐ、「ヒンドゥスターニ・ザーバン・ボル・サクタ（ヒンズー語ならしゃべれる）」と言った。彼らは一人の男を呼びにやった。その男が現われると、私はその男と長話をした。彼はアフガニスタンの商人といい、この家にいる連中はアンディジャーン人の商人だった。彼はインドをあらかた旅行しており、ボンベー、カルカッタ、デリー、ラホール、さらにパンジャーブ地方のすべての都市を知っていた。

　北京はカルカッタぐらい大きい町かと彼は私にきいた。「いや、そんなに大きくない」と私は言った。彼はけげんなおももちで、アンディジャーン人たちとその話をした。すると、彼はバ・ジン（北京）でカタイ・バドシャ（シナ皇帝）に会ったことがあるかときいた。「ない」と私は言った。するとまた北京には英国人が何人いるのか、みんな商人なのかときいた。ロシヤ人、フランス人、その他のヨーロッパの国民と同じく、そこには英国の《エルチ》（使節）がいるのだと私は言った。北京は遠方だし、この中央アジアの商人たちは訪れてはいない。おそらく北京についてきいている話は、ただシナ人からのものだろう。シナ人は、シナの首都やシナ皇帝の偉大なのをおかまいなしに誇張するのである。私は商人たちにその土地の商売のことをきいた。このアンディジャーン人の商人たちは、繭《まゆ》から絹糸を紡《つむ》ぎ、シナ人が織物に加工する。しばらくすると、われわれのところに茶が出た。インドの茶か、それともシナ茶かと私はきいた。シナ茶だと彼らは言ったが、町ではインド茶も買えるはずだった。

　アンディジャーン人たちは背がたかく、小ぎれいなようすの男たちで、木綿のプリント地の長衣を着て、かかとの高い、黒皮の長靴をはいていた。――コサック騎兵のはいているのとそっくり同じものだったが、底が上の部分にぴったりついていなかった。底はスリッパで、じゅうたんに上がる前に、ポンと蹴ってはずし、あとには長靴の上部がのこる。むろん底にくらべると柔軟でどうにでもうごく足がある。

茶を飲んでから、私は店をながめにまたトルコ人町へいった。そこでの主な――実際には、唯一のといってもいい――商品は、綿織物、主に更紗《さらさ》である。なかには花模様のついた目立って美しいのがある。その他、模様をすこぶる上品に組み合わせた多色のハンカチーフである。

多種多様な色彩のアンディジャーン絹もずいぶん多かった。当地の絹は白一色で、色ものは一つも見出せなかった。私は三七・五センチ幅のを九〇センチ、六〇両《テール》（約三シリング）で買った。ひどく手ざわりがあらかった。店は通りに面してあいているが、境にカウンターがあり、背後に店員が突っ立ち、床から屋根にまでとどく棚にぐるりとかこまれている。綿織物や絹織物がぐるぐる巻きになって棚にのっていた。こんな店は三メートルか三・五メートル平方で、インドの町に普通ある市場に手を加えたようなものだが、シナ人の店ほどりっぱではない。

店をながめながら歩いていると、トルコ人とはちがった顔つきの男を見かけた――ヒンズー人の容貌に近かった。そこで私はヒンズー語で話しかけると、うれしいことに、彼が返事をしてくれたのだった。彼はメッカからきたハジ・アラビア人（メッカ参拝を終えた回教徒のアラビア人）だと言った。われわれが立ち話をしているのを見て、トルコ人が何人かひどくていねいに店へやってくるようにと言った。店内には椅子があったので、われわれはすっかり話しこんだ。そのハジ・アラビア人は、インド、アフガニスタン、ペルシア、エジプト、ブハラを旅行していた。こんどはどこへいくのかと私はきいた。運命のみちびくところへと彼は言った。一年前（一八八六年）、彼はヘラト（アフガニスタン北西部の都市）にいた。両手の人差指をたがいにつき立て、それをすれすれにまで近寄せると、それがロシヤ人と英国人の以前の状態だと言った。やがて、人差指を両方ともうごかし、平行線をたどらせながら、それが現在のロシヤと英国の状態だと言った。次に、人差指をたがいに組み合わせ、それが英国とアフガニスタン領主の状態だと言った。そしてここは貧しい国だと言った――まったくの密林で、水もないしパンもない。反対にインドには二つとも豊富にあった。この地域の種族のことを私はきいた。種族はトルコ人（という以外はっきりした名前が得られなかった）だと言った。カラシャールにはカルムイク人がいる。山地帯にもいる。カルムイク人は仏教徒だ。私の召使いはトゥンガン人かときいた。トゥンガン人はいい人間だが、ほかのシナ人はとてもわるいと言った（彼はトゥンガン人が回教徒なので、むろんこう言ったのだ）。彼の影響力はひどくつよいように思われた。われわれの回りにはトルコ人の大群集がとりまいていたのだが、彼は二言《こと》三言いって、私のそばからすっかり追い払い、トルコ人たちはだまってながめつづけた。彼は時おり群集に言葉をかけ、英国人はどんな人間かを説明した。われわれについては好ましい意見を持っているらしかったので、私はその説明をよろこんだ。そこにはシナ人（回教徒だったのだろう）が数人いたらしいが、あけすけにシナ人の悪口を言っているのが私の耳にはいった。こんな人間はいいことをたくさんやるかもしれないが、害になることもたくさんやるかもしれない。この地方の回教徒がどんなに大きな影響力を持ち、時によってはその影響力がどんなに危険なものかを、以前にもまして私ははっきり見たのだった。マーディ（回教の救世主）は実にこのハジ・アラビア人のような人間だったのだろう。

われわれがはいりこんでいた店の持主が茶を少し出してくれたが、アラビア人がぜんぜん茶を飲まないのに気がついた。アラビア人にはインドでのように四階級制度《カースト》があって、異教徒といっしょには飲まないのかどうか、私は知らない。彼もアフガニスタン人も、インドからペシャワール、カブール、ブハラを経てここへやってきた。アラビア人はタシュケントへいったことがあり、ボンベーに負けないりっぱな町だと言った。こんな連中と会話をやって、私はすっかり陽気になった。こんなに相手かまわずしゃべれたのは、ここ何か月ぶりのことだった。トルキスタンで、アラビア人とアフガニスタン人に出会い、ヒンズー語でしゃべった英国人を想像してもらいたい！

夕方、人品のいやしくない男が二人、宿屋の中庭に立っているのが見えた。明らかに私に会いたいのだが、シナ人みたいに私のところへ押しかけてやってきたがらなかった。そこで、私は出かけていって、二人に言葉をかけた。彼らは東トルキスタン語しかしゃべらなかったが、コーカンド（もとハン〈汗〉の国都 ウズベク共和国の都市）人なのが私には見分けられた。彼らの国はいまロシヤ領になっていると言い、国名を「フェルガンスキー」と呼んだ。私は「アングレッツだ」と言うと、彼らはすぐ「イングリーシュ」と言った。二、三の東トルキスタン語を二人からきき、やがて握手して二人は去った。

　トルファンは非常に暑く、人々は地下の穴居暮らしをしていると、ある書物で読んだことがあった。私はぜんぜん信じなかったが、今日それがまぎれのない事実なのを発見した。この宿屋の中庭には地下に通じるせまい一つづきの階段がある。私は階段を下りていった。そこにはカン（炕）のある部屋があって、シナ人がアヘンを吸いながら横になっていた。地下のそこは完全に涼しく、かびくさくもなかった。土が極端に乾いているからだ。屋根に通じる穴があって、部屋がうまく換気されていた。

　トルファンは、二つのはっきり分かれた町から成り立ち、ともに城壁にとりまかれていた——シナ人町とトルコ人町で、後者は西へ一・六キロばかり、前者から離れたところに位置していた。トルコ人町はすこぶる人口が多く、おそらく住民の数は一万二〇〇〇人から一万五〇〇〇人だろう。一方、シナ人町は外側にあって五〇〇〇人を出ない。

　町は約七〇〇メートル平方である。どこにもあるように四つの城門——東西南北に入口がある。城門はがっしりしたれんがづくりで、鉄板張りの分厚い木の門がついている。城門の上には、半円形に突きでた稜堡がある。城壁はよく補修されている。泥土づくりで、高さ約一〇・五メートル、幅が六メートルから九メートル、上部に銃眼がある。この城壁の外側は幅四五メートルの平坦な空地で、さらに高さ二・四メートルの小銃射撃用の壁がとりまき、壁のすぐ前には深さ三メートル半、幅六メートルの壕がある。城門の上には、太鼓型の望楼がある。四隅には小さな四角い望楼があり、四隅と城門のあいだには、小さな四角な稜堡がある。正面から見て、それぞれ二つずつである。

　シナ人町には、二、三の商店があるが、りっぱではない。トルファンは《沈下》した町である。町も周辺も、いたって低地にある。ここで、私のバロメーターは二九・四八を示した。寒暖計がこわれ、気温を記録することができないが、三二度と三八度Cのあいだと考えられよう。――たとえば、三五度Cである。トルファンは、海面下六〇メートルと九〇メートルの中間ぐらいにちがいない。* そんな沈下が大陸の心臓部のこんな内陸におこるとは、まったく注目すべきことである。

*〔原注〕 この沈下は、私が訪れる前にベル大佐も気がついていた。以来、沈下地帯がロシヤの旅行家によって確認されている。

七月一八日――午後五時一〇分に出発し、シナ人町を通って西門をぬけ、さらにトルコ人町を通りすぎてから西に方向を変えた。綿がたくさん植えてある平原を越えていった。小麦はもうほとんど刈りとられていた。ケシの収穫も終わっている。八キロのところで、天山山脈から走ってくる低い支脈の末端を回り、一帯に灌木におおわれた未耕作の平坦な平原を越えた。烈風が吹きすさび、進行は遅々としてはかどらず、トルファンから三六キロ、午後一一時に、たった一軒しかない宿屋で休止した。

七月一九日――午前三時に出発、あいかわらず平原を越え、左手の耕作地の線へ徐々に接近した。午前八時三〇分、トクスンで停止。ここは小さな町、というより二つの小さな町で、八〇〇メートルへだててそれぞれ城壁にかこまれ、約四〇〇メートル平方である。ここには小守備隊が駐屯し、兵力は四〇〇か五〇〇だったろう。商店は小さい。ここでも、トルファンでも、ブドウとメロンが実に豊富である。トルファンのブドウはなかなか良質で、英国の温室づくりのものに匹敵するといっていい。大粒で、果肉に富み、とてもいい匂いがする。ある種類はとりわけ長大で、一粒が三・八センチから四・五センチぐらい大きいのがあった。

午後三時四〇分にふたたび出発し、南に方向をとった。耕地が一キロ半つづき、やがてそれが灌木へと場所をゆずり、灌木は五キロ先へいって消えた。南の連山の草木一つない砂礫の斜面を上った。砂礫には砂が多く混じり、足場がくずれ、進行にひどく苦労し、われわれはゆっくり進んだ。これまでの道路沿いの難所でもそうだったが、ここにも馬の骸骨がたくさんあった。二つばかり人間の骸骨のそばを通りすぎた。トクスンから二五・六キロで山の中へはいり、山々はいつものように草も木もまったくなかった。さらに六・四キロ進み、小さな流れのそばの宿屋へ泊まった。

今日の天候はさらに涼しい。非常につよい西風。

七月二〇日——午前五時三〇分に出発、小砂利におおわれた足場のわるい川床を上った。ひどく長く、つらい一日の仕事だった。つづけざまに二輪馬車を走らせた。——片側に御者、反対側に召使いがいて、短時間動物をけしかけて走らせ、それから停止し、次にまた猛烈に走らせる、そんなことをつづけた。こんな思いつきは満州ではすべきではなかったろうが、ここではラバのひっぱる荷がおおいに少なかった。流れは、この山中のほかの流れと同じように、特別な水路をつくっている。峡谷の最初では流れが目にはいらなかった。上るにつれて細い流れが現われ、だんだん幅を広げた小さな流れになり、それがとつぜん砂礫の下へまた消え失せた。その流れが最後に消え失せるところで、二時間停止した。宿屋から一九・二キロの地点で動物に飼料をやった。午後は峡谷を上り、いつもと同じく二輪馬車をひいていくのはつらい。左右は草木のない絶壁状の山で、高さは五五〇メートルか六〇〇メートルはあった。

午後六時に、絶壁の下のきれいな冷たい水のでる泉のところで、停止した。そのあとどしゃ降りの雨がやってきたが、私は車の中でいい気分だった。召使いは車の下で眠り、御者は絶壁の洞窟にはいりこんでいた。車中は荷物の上にマットをひろげ、前面に防水布をたらしておくので、だれでもすこぶる居心地よくいい気分になれる。

今日の天候は涼しい。夕方は雨。

七月二一日——こんどは実にいやなところを越えなければならなかった。流れを横切って地すべりがまともにおちこみ、流れが巨大な丸石のために堰きとめられていた。二輪馬車の荷を下ろし、ラバの背にのせ、流れをわたって対岸にはこんだ。二、三回往復してはこび、次に空っぽの車へ戻った。この車を、ラバ二頭、小馬二頭、男二人でさんざん苦労し、丸石を越え、なんとかうまくひっぱれた。車にまた荷物を積み、ふたたび出発して、小砂利の上を苦労しながら進んだ。それもそんなに長くつづかなかった。また地すべりが行手をふさぎ、もう一度車の荷を下ろさなければならなかったからである。とうとう一軒の宿屋へ着いた。前の晩の野営地からたった二四〇メートル、七時間半かかった。宿屋には、そこでペル大佐に出会った粛州の商人がいた。この宿屋の名前は、ウ・ハウ・プ・ラだった。

午後五時二五分、ふたたび出発。小砂利はまもなく前よりもしっかりした足場になった。山々の絶壁も減り、さらにひらけてきた。ウ・ハウ・プ・ラから一四キロ半で、連山の頂上に着いた。下降はいっそうらくだった。三六キロで宿屋を通りすぎ、夜通しずっと進んだ。山々をぬけ、砂礫の斜面をクメシャへと下りていった。約二〇戸の小村で、兵舎があり、分屯隊の兵士が駐留していた。小さな泉と流れから水が得られた。天候が涼しく、夜は寒いくらいである。峠の頂上で、野生のヤギの角を見たが、計ると八〇センチあった。

七月二二日——午後三時に出発し、平行した二連山のあいだの平原を横断した。南の連山までの距離は一キロ半から三キロ、北の方までは一六キロから一九キロ。平原は一帯に灌木におおわれていた。クメシャから二五、六キロのところで、峡谷から南の連山にはいった。峡谷には流れが走っているが、いまは水が涸れている。進行はつらかった。九時三五分、ユ・フ・コウで停止した。宿屋と小さな税関がある(行程三六キロ)。

天候は涼しい。北寄りの風。

七月二三日——午前四時三〇分に出発、四キロ川床を上ると、山々が徐々にひらけた。やがて道路が平原に出、平原は南に向かってゆっくりと下り、一六キロばかりかなたには、ひくい連山が境界をつくっている。この平原は、西からやや南の方向に横断できる。二四キロのところで、小さな小屋と井戸のそばを通りすぎた。二時三〇分、ウシュ・タ・レ(シナ語の発音)で停止。ロシヤの地図にはウシャク・テとある。それまで下ってきたゆるい傾斜の平原の下で平坦地に位置している村である。ここは大きな村ときいていたのだが、いくら自慢してみても五〇戸以上はなかった。しかし、ここではパンが買え、五両《テール》(三ペンス)で鶏卵が一三もあった。(クメシャではたった五つ)村の西に、小堡塁ふうの兵舎がある。

午後八時一五分、ふたたび出発し、やぶといくらか木立にとりまかれている平原を越えていった。三キロのところで、小さな川をわたった。川幅はあったが浅く、水が小石の多い川床をながれ下った。大きさは別として、これはほぼ三六〇〇キロのあいだで、はじめてわたった流れだった。さらに一六キロ進み、またもう一つ小さな川をわたった。七、八キロ離れた北方の山地からながれ出て、ひとりでに南の湖水へ注ぎこんでいた。ウシュ・タ・レから三六キロで、木立の繁茂している地方へはいった。芝生のようになった雑草地が長くのび、小さな流れが多く、公園のようだった。ここはずっと東にくらべ、降雨がかなりあるのにちがいない。土壌は砂地で、小さな村を通りすぎただけだから、どうやら農耕には適さないようである。チン・シウ・コウから一〇・四キロ、午前四時四〇分、この村で停止した（行程五四キロ）。

ここは、幅約二〇メートル、深さ一五センチの流れのほとりに位置している村である。この村の手前二・四キロのところで流れをわたったが、水深一二〇センチ、ほとんどラバがもぐりそうで、馬車の床が水浸しになった。

天候は晴れ、夕方は涼しい。

七月二四日——午前七時四五分に出発、村を出はずれると、すぐ小堡塁ふうの兵舎を通りすぎた。兵舎の東の壁が雨ですっかりくずれ、あいだをそだ束を重ねてふさいでいた。出発すると雨が降りだし、カラシャールまで雨中を進み、ニレによく似た木立を何本か交じえたやぶがいちめんにとりまいている沼沢地をわたった。チン・シウ・コウから一六キロで、土手伝いに泥沼を越えた。この地方は水は豊富だが、ほとんど無人だった。カラシャールの手前三キロまでいかないうち、小さな村を通りすぎた。午後二時三〇分、カラシャール（チン・シウ・コウから五四キロ）には東門からはいり、南門へぬけ、すぐ近くの宿屋に泊まった。

カラシャールの町は、このへんのすべての町のように、泥土づくりの城壁にかこまれ、城門の上には、普通のパゴダふうの望楼がのっている。城壁の外側をぐるりと小銃射撃用の壁がとりまいているものの、いまは廃墟になっている。城壁の中にはいくつかヤーメンがあるが、人家は二、三軒しかない。城外の南に、二、三の商店と宿屋がある。

トゥンガン人が何人か会いにきたので、彼らと話し合った。土地の住民は全部トゥンガン人とトルコ人といってもいいということだった。周囲の山地にはカルムック人とキルギス人がいた。このトゥンガン人たち（どこの人間かときかないのに、自分のことをトゥンガン人と呼んだ）は、普通のシナ人と顔立ちは目立って変わってはいないのが、ここシナ人よりは清潔で、風采がりっぱなように思われる。ここのシナ人は、シナ本土中央部諸州のうちでは最下等の人間らしいようすをしている。

七月二五日——土曜日の夜、川をわたったときにぬれたものを乾かすので、一日滞在しなければならなかった。私は町の回りをぶらぶら歩いた。城外には川の方へ走っている二つの通りがあり、川は城壁から八〇〇メートル以上あった。商店の大半が北側の通りにあるが、貧相である。川の近くに、カルムック人の屯営地がいくつかあった。彼らはユルトに住み、蒙古人のような服装をしている。正規の蒙古人なのである。弁髪で、房のあるまるい、色ものの帽子をかぶり、長衣である。シナ人やトルコ人とは容易に見分けられる。トルキスタンのこの地方の異民族について、私は五、六人の人にたずねた。三民族がいるということだった。——キタイ人（シナ人）、トゥンガン人、トルコ人で、このカラシャールには少数のカルムック人がいた。トルコ人はいくつかの種族に分かれているように見えないが、町では分かれているものと考えられている。シナ人は彼らをチャン・テウ（ターバンをまいた人）と呼んでいる。私が話をしようと思った一人のトルコ人が私を商店に伴った。そこにはメッカ巡礼に出かけて、ラホール、ボンベー、スエズ、コンスタンティノープルを見てきた男がいた。残念ながら、彼はペルシア語しかしゃべらなかった。その巡礼の旅はおどろくべき距離である。カラシャールでは、ヒンズー語をしゃべる人間は見当たらなかった。

私は宿屋の主人に、いい小馬を一頭さがすようにいいつけておいた。ためしに二頭ひっぱってきた。私は一頭を二〇両《テール》（五ポンド）で買った。重いものをはこぶのにいい馬である。背中と脚がみじかく、尻尾から後脚にかけてやたらに太っている。そんな外見からすると、愉快な歩度が保証できないのだが、どうして、そんなことはなかった。その小馬ならとうぜんインドまで私を乗せていけると思った。

われわれは午後四時一〇分に出発し、町はずれの川を渡し船で越えなければならなかった。川幅が約一三五メートル、水深が一〇メートル前後、平坦な地方を貫流し、川があと六〇センチばかり増水すると一帯が洪水になるだろう。二輪馬車と二頭の小馬をのせるのがやっとの渡し船で、三人のカルムック人が竿で押しすすめた。対岸にはロバに乗ったカルムック人の一行がいた。渡し船にのってわたるので、待っていたのである。彼らは頭首の一人の妻である蒙古人の夫人を護衛していた。彼女は夫のもとへ帰るのである。なにかの襲撃をうけて捕えられ、いま帰る途中だった。彼女は非常につよく、がんじょうなようすをしていた。一行の全員をあごで使い、左右の人々をののしっていた。その川の支流をわたったときにぐっしょりぬれてしまったからだ。自分のロバの鞍をはずして、草を食うように放ち、ほかのロバもあちこち、どこへでも放つように命じ、彼女はさわぎ立てていた。

渡し船で下り、九〇メートルのところで、その支流を徒渉しなければならなかった。川幅が約三〇メートル、車の中がまた水浸しになるくらい深いところがあった。そこをすぎると、沼沢地を越え、三度ばかり二輪馬車がはまりこんだ。一度は泥土からひっぱり上げるのに三時間かかった。車の中から一切合財《いっさいがっさい》みんな下ろし、トルコ人を何人かやとい、力をかりて後押ししたりひっぱったり、やっとうまくひっぱり上げることができた。それから三キロばかりは、異常なく進んだ。するとまたはまりこみ、もう一度一切合財、みんな荷物を下ろさなければならなかった。やがて沼沢地をすっかりぬけだしたのだが、三番目には深いわだちにはまりこんだ! 動物はまったくくたびれ、もう一時だったので、その夜はそれ以上進めず、召使いを車の中にのこし、われわれは手伝ってくれたトルコ人の一人の家へ、道からはずれていった。トルコ人はひどく居心地のいい部屋へ案内した。部屋は泥土づくりだったが、それでも小ざっぱりしたようすだった。一種の腰羽目のように、更紗《さらさ》がまわりの壁にとりつけられ、その場所を晴れやかにしていた。カン(炕)の上には、フェルトと寝具がぐるぐる巻きになって、つみかさなっていた。部屋には炉が二つあったが、煙突がなく、煙は屋根の小穴からぬけていくのだった。器具や器物のいっさいの種類が壁の回りにかけてある。羊肉が少しと、薬草がたるきにかかっている。すべてが清潔で、きちんと整頓され、部屋には臭気がなかった。インドの村の、同じ階級の人々が住んでいる家の部屋にくらべると、ずっとましだった。この家の主人は、私になにか寝具を用意するので、あちこちいそがしくうごき、少しばかり茶をもってきた。茶を飲んでから、ひどくつかれていたので、ぐっすり寝こんだ。

七月二六日——早朝、二輪馬車をわだちからひっぱりだした。手伝ってくれた五人には一人につき二五両銅貨をやり、家の主人には、茶と砂糖とろうそくとマッチをいくらか進呈した。彼はよろこび、惜しみなく額手礼をした。品物を家の中へ持ち返ると、一家の老夫人がうやうやしく私に叩頭した。二人は茶を少し飲んでいくようにとしきりに勧め、夫人は茶を少しとパンと花をのせた盆をもってきた。そのトルコ人は、少し前に英国人がもう一人この家に泊まっていったと語った。家をあとにしてからは道路は良く、小さなやぶにおおわれた砂地の平原を進んだ。四・八キロで、兵舎の廃墟のあとのある村を通りすぎた。

トルコ人の家から二四キロ、ショ・ショクで停止した。東トルキスタン人の家と宿屋が一軒ずつあるばかりで、宿屋は政府が管理しているのだが世話を見る者はだれもなく、ほとんど荒れ果てていた。われわれはここで持ち物を乾かした。衣類袋には水がいっぱいはいっていた。日没になると、蚊の大群がはいりこみ、焚火を四つばかりしていぶり出そうとしたが、いっこう効きめがなかった。午前一時に出立する予定で、私は焚火のあいだに横になったが一睡もできなかった。——前夜は一時までおきていたので、いささかひどい目に会った。

七月二七日——午前一時二五分に出発。いっしょにつれてきたトルコ人が指差して教えたのに、御者はまたへんな手がらを立て、二輪馬車を深いわだちにはまりこませた。彼はアジア一のまずい御者である。そこでトルコ人は御者には不名誉ながら二輪馬車を出てもらい、あとを自分の手で引きうけた。一連の動物を御すのには、大いにこつが必要である。目の前には二頭のラバと一頭の小馬がつらなり、さらに一頭、長柄には小馬がつけてある。難点は全部をいっせいにうごきださせることだ。鞭打ちはききめがない。唯一の方法は大声をあげてどなり立てることだ。うまい御者はひとりでに熱中し、とくべつなかけ声をかけ、そのかけ声でラバをみんなうごかせる。その点、ここの連中はうまくない。が、満州では、道路がひどくわるいのだが、彼らは一級である。九頭立ての動物を一頭と同じようにうごかすのである。

一帯がいくつかの小山に分立しているところを道路が

通りぬけ、ショ・ショクから一七・六キロ、南北の方向に走る連山の中へはいり、山間部をくぐりぬける川の堤に沿った。五・六キロさらに進み、税関と堡塁の廃墟を通りすぎる。片側は川、片側は絶壁状の山のあいだのせまい場所を占めている。谷底は一八〇メートルから四〇〇メートルまで幅がいろいろに変わる。川は流れが速く、かなり長かった。川幅が二七メートルから三六メートル、小石の川床を流れ下った。通路が山すそにつくられ、そのため大きな石や丸石の集積が取りのけられてあった。

税関から四キロ、活気のあるコルガという小村を通りぬけた。川の対岸にあった。ぐっとつきでた支脈を越えるので、ここで二七〇メートル急な上りがあった。反対側の下降はらくだった。さらに二・四キロ進み、もう一つ突出した支脈を越えたが、そんなに急ではなく、やがて少しずつ下りてコルラに向かった。山からのコルラのながめは、非常に美しかった。川堤に沿う平原全体が木立と耕地で、そのあいだにコルラの城壁が見えた。それまで通ってきたどの町にもないくらい広範囲にわたる耕地があった。午前九時二五分にコルラに着き、町の南門外の宿屋に泊まった。コルラには、シナ人町とトルコ人町と、二つの町がある。シナ人町はざっと三六〇メートル平方にすぎず、高さ一〇・五メートルの泥土の城壁と壕にかこまれている。城壁の四隅に半円型の稜堡があるが、城門の上には稜堡はない。入口は南側にたった一つである。南一・六キロのところにトルコ人町があり、北側が川水に洗われ、木橋がかかっている。トルコ人町の城壁は荒れ果ててくずれている。町には一本、本通りが南北に走り、長さほぼ六三〇メートルである。商店はカラシャールよりいくぶんましだが、トルファンほどりっぱではない。ここの人々は裕福らしく、周囲一帯がよく耕作されている。小麦の刈り入れがちょうど終わったところで、トウモロコシがおびただしくのびそだち、米もつくられていた。

ここで二輪馬車をひく小馬を一頭変え、出発直前に、カシュガルまで同行するトルコ人を一人やとった。午後七時二五分にふたたび出発し、最初北の方向をとると、しまいに砂漠に達し、砂漠を伝って西の方向に進み、耕地を迂回した。耕地の終わるところで、午後一一時一〇分、宿屋に泊まった（行程二四キロ）。

七月二八日――朝になってみると、トルコ人の姿が見えなかった。御者は大きな顔ができると思った相手がいるのをよろこんで、悪口を言ったり、命令をだして仕事をさせたりしたので、彼は賢明に夜のあいだにずらかってしまったのだ。

午前四時四五分に出発し、灌木におおわれた砂漠を横断した。川堤に沿い、耕地が南西の方向にのびひろがっているのが見えた。二九キロのところで、荒れ果てた宿屋のあとを通り、さらに一三キロ進んで、いちめんに木立が生えているが、下生えのあまりない地方へはいった。午後二時四〇分、チャルチで停止。流れの堤にある小さな村である。ここには兵舎の廃墟がある(九六キロ)。クチャへいく二輪馬車といっしょに、午後六時、ふたたび出発した。一帯は木立がよく生いのび、午前中通ってきた地方に似ていた。三二キロのところで、水に近い廃屋を通りすぎた。午前三時に、イェルム・コウ(五四キロ)で停止した。流れのほとりの小さな村である。

七月二九日――ここで一行の全員を再編成した。われわれについてきた二輪馬車の御者は、月六両《テール》でインドまでいくのに同意した。彼は若くてつよく、小馬の扱いをよく知っているので、役に立つようになればいいがと思うのである。

ハミからの御者は解雇し、カシュガルに帰るつもりのシナ人をやとった。私の召使いは、一二五両《テール》(二五ポンド)だして、二輪馬車と一連の動物を買ったのだと私に話した。

召使いはその二輪馬車と一連の動物を八二両《テール》で、こんどの御者に売り、あと二〇日でカシュガルに着けば二〇両《テール》やる約束をした。

午後三時二五分に出発し、砂漠を越え、ついにヤン・サルの耕地帯に達した。ある程度広範囲にわたっており、南北約一三キロ、幅八キロばかりである。

ヤン・サルの村は大きくはないが、地方全体に人家が散在した。畑地を灌漑している流れにはりっぱな木橋がかかり、道路には並木がある。

七月三〇日――午後四時一五分出発、三キロ後に耕地が終わり、道路がわるくなった。ブ・ユルに着くまでに、五つ六つ、ひどく始末のわるい泥沼を越えなければならなかった。そこへは午後一二時一〇分に着いた(五四キロ)。

ここはヤン・サルよりはいくぶん大きなオアシスである。ブ・ユルの村には商店のある通りが二つある。兵舎もあり、約三〇〇人の兵士がいる。

七月三一日――午後二時三〇分に出発、耕地帯を一六キロ進んで通りすぎた。小さな流れを二つわたり、流れの堤には美しい牧場地がならんだ。こんどは砂漠を横切り、午後一一時三〇分停止した。

八月一日――午前六時出発。耕地がすぐ終わって、砂礫の砂漠を越えた。ところどころ砂土である。進行はつらかった。きまって長方形につまれた石を見かけ、いちばん上にはメッカの方に向いている大きいのがのっかっている。これは砂漠での暫定的な礼拝所なのだ。

午前一一時三〇分、ひどく小さなオアシスで、持主のいない宿屋に停止した。人家が一軒あるだけ。

一人のトルコ人と話してみると、このへんの人々はトルコ人の分派、主にドゥーラン人とわかった。この人々はトルファンまでひろがっているが、ウルムチにはおよんでいない。彼らとほかのトルコ人のちがいが、いまのところ私にはわからない。私に教えてくれた男は、ウルムチにはトルコ人がいるが、ドゥーラン人はいないと言った。

午後一時四五分、ふたたび出発、砂漠を越えて進んだ。午後七時停止。一軒の宿屋が帰郷する兵士で満員である。私の召使いも、それから事実だれも彼も、兵士をおそれている。手にふれるものはなんでも盗むという評判があるからだ。私の部屋や二輪馬車の回りに群集が寄り合い、中に兵士がいるときくと、劉三は大声をあげ、英語で私に言うのである。「旦那さん！　気をつけて！　兵隊、たくさん盗む！」

オアシスは南北が約一一、二キロ、横が三、四キロ、山地から走り下りる流れが灌漑している。

天候は晴れ、あつい。

八月二日――二時一〇分に出発、ふたたび砂漠を横切る。山腹を走り下りる三つの流れが、たがいにあいだをおいて砂漠に水分を与える。八時三〇分、クチャのオアシスに着いた。五キロばかりのあいだ、いちめんに木立と人家のある地方を通過したのだった。道路には並木がつづき、実際に町につくまで、かなり多くの人家があった。木立の数がひどく目についた。路傍の家が木立によりかかって立っている。

われわれは宿屋の中庭に乗り入れたのだが、部屋が一つもなかった。兵士の一隊が通過するので、宿屋がみんな戸をしめているのだと教えられた。勇しい国家の防衛者が、同胞から大して尊敬されていないのである。車の中で三分ばかり待っていると、宿の主人が私の部屋を一つととのえてくれた。

こんどは、ヒンズー語をしゃべるトルコ人が現われた。彼はハジ・トルコ人で、博労《ばくろう》をしながらインドに一〇年間いたことがあった。大いに親愛感を寄せ、なにかお役に立つことでもあればときいた。インドまでいってくれるトルコ人の従僕が一人欲しいと私は言った。いい小馬も一頭欲しいと言った。従僕も小馬もたくさんいると言いながら彼は出かけていき、まもなく宿屋の中庭が小馬でいっぱいになった。彼はインドの正規の博労で、いつものように「サヒビ・ハム・ジュス・ネ・ボレンゲ(うそはつきませんよ)」とか、「ダム・アシ・ルピイエ（正価八〇ルピー）」とか言いはじめ、私は笑った。私もそをついたことがないと言い、私に出せるのは二〇両《テール》だった(彼は八〇ルピーを三〇両《テール》と計算した)。あらゆる種類の小馬が現われ、私は本通りをいったり来たりして、二〇頭から三〇頭ぐらい乗り回した。試乗に手頃な場所がそこしかなかったのだ。このへんの小馬相場の三倍ぐらい欲しがっていたので、私は一頭だけえらび、二五両《テール》（五ポンド）で買った。彼らが連れてきた中ではいちばん安い小馬といってよかった。が、彼らは私とはちがった標準で値ぶみしようとしていたのである。大きさと荷物をはこぶ能力が値打ちのあるものなのだ。背腹いちめんに黒点のある二歳の小馬を買うようにと、ハジ・トルコ人はひどく熱心だった。私は若すぎると言った。「とんでもない」と彼は言った、「あなたがインドに着くまでには、三歳か四歳になりますよ。」こんなことを彼が言ってから、二か月後に私はインドに着くことができたのである！　当地に二〇年住んでいるアフガニスタン人が二人訪ねてきた。ヤクブ・ベクの治世のときにもここにいたのかと私はきいた。「ええ、むかしはなかなかよかったんですがね」と彼らが言った。シナ人の行為が大いに「ザバルダスト（抑圧的）」だとアフガニスタン人が語り、トルコ人はそれに屈伏している羊みたいだと言った。アフガニスタン人の一人は、サー・ダグラス・フォーサイス（探検家、一八二七―八六）を知っていたし、彼が亡くなった噂も耳にしていた。
トルコ人のコトワルは、私の身もとや行動をシナ人に報告するため、私に面会にきた。彼はいたって人のいい人物で、シナ人の好奇心を満足させるもっとも不要な仕事であるかのように私の答えを書きとめた。私は住地インドへ帰るところなのだと言った。クチャの町は同地区をふくめて人口はたぶん六〇〇〇人ぐらいだろう。ハジ・トルコ人は、炎暑の候になると、その間は多数の人々が山の方へいくと語った。シナ人町はざっと六三〇メートル平方で、高さ七・五メートルの城壁があった。稜堡はない。また城門に衛兵もいないが、深さ約六メートルの壕がある。城内には民家がぎっしりだが、あまりよくない商店が二、三ある。トルコ人町の民家が壕のすぐそばまでのびてきていた。シナ人町の北約七二〇メートルのところに、五〇〇人収容する兵営がある。守備隊の全員は一五〇〇人と私は推定している。装備は、塔印のついた旧式なエンフィールド銃（先込め銃）である。シナ人町の南東には、古いトルコ人町の城壁の名残りがあるが、おびただしい数の民家と商店の全部が城外にある。商店はインドと同じく、小さく、羊皮をのぞくと他に土地の商品は一つも売っていない。羊皮は非常に安い。私の召使いは両親に二つ買い、各七両《テール》だった。北京では一二両《テール》か一五両《テール》すると彼は言う。私は一つ買った。絹と綿製品が、アンディジャーン、ロシヤ、シナからくる。
八月二日――午後七時三〇分に出発、シナ人町を通りぬけてから、五キロばかり、よく耕作された地方を通過し、ふたたび砂漠がはじまった。われわれは連山に向かって、川床を徐々に上った。進行はひどくつらい。午前三時、小さな泉のそばの宿屋で、停止した。宿屋には、管理人がいない。トルコ人の家が一軒、すぐそばにあった。
八月三日――午前六時一〇分に出発し、あいかわらず峡谷を上った。流れが連山の一つをえぐり、その連山の北側はでこぼこのひどい小山の海といってよく、それが二番目の連山におよんでいる。二番目の連山の上りは、四〇〇メートルばかりひどく急で、一時間半かかった。いちめん小石におおわれている。頂上に小さな家があって、水を売っていた。下降はらくだったが、キジルまでつづき、そこへは三時一〇分に着いた。道路の途中には、六キロ間隔で、ヤクブ・ベクのつくった柱が立っていた。キジルの土地を肥沃にしている川の左堤の宿屋に泊まったが、村の主要な部分は対岸にあった。

天候はくもり、山地に大雷雨。

八月四日――午前五時一〇分出発、宿屋のすぐそばの川をわたらなければならなかった。降雨で川水がふえ、水脈が四つも分流し、二つは腰ぐらいまできた。幅が二七〇メートル、急流をなして流れている。増水のため、ときどき二輪馬車がごっそり流されるので、二人が先に立ち、馬車をうまくみちびいてわたらなければならなかった。対岸は目のとどくかぎり、村の下の川堤沿いに一・六キロばかり、土地が耕作されていた。

八時五〇分、サラムの村を通過した。城壁にかこまれ、約一八〇メートル平方だが、いまは廃墟だった。村の外には兵舎の跡があったが、一人もいない。この場所からバイまで、途中の大部分の土地が耕作されていた。平坦で、山地から走ってくる無数の流れが灌漑していた。道路は全行程にわたって並木で、雪の山々を背景にして、一帯は非常に美しく見えた。小麦、カラス麦、トウモロコシが主な農産物だった。刈り入れがちょうどいまはじまっていた。この地方で注目すべきことは、田舎に二輪馬車がないことだった。農業の目的にも、田舎の荷物を町へはこぶ目的にも、ぜんぜん二輪馬車を使っていない。ロバだけがこの目的に使われ、長途の旅行用として、二、三の旅行用二輪馬車が使われているのを見かけるのみである。バイには午後四時五〇分に到着（七二キロ）。小さな川の右岸にできた貧相な場所である。住民はたぶん三〇〇〇人ぐらいいるだろう。が、周辺の地区は人口が多く、耕地が北に八・一六キロ、南に八、九キロのびひろがっている。川堤から一二〇メートル、町からはなれたところに、真四角な堡塁のように見える場所が二つある。官吏の住宅地で、兵営ではないと教えられた。町の西側のすぐ外に大きなヤーメンがある。壁にはかこまれていない。

天候は日中晴れ。が、午後七時に、ものすごい大雷雨がおそった。

八月七日、われわれはアクスゥに到着した。これまで見たうちでは最大の町である。兵力二〇〇〇人の守備隊がいたし、周辺地区の住民を除いた土地の人口が、約二〇〇〇〇人だった。大きな市場があり、数軒の宿屋があった。――旅人宿と、そのほかに、商品を売るので長逗留をする商人の宿があった。どこか遠方から商品をもってやって来て、この宿屋（セライと呼ぶ）の一室を予約し、商品を売り払うまでは何か月か、あるいは一、二年もそこに滞在する。それからあたらしく商品を買い集めて、次のもう一つの町へいく。こんな《セライ》では、中央アジアの典型的な行商人にぶつかる。辛苦と旅行と、その旅行に風趣をそえる見知らぬ国での危難、そんなものをたっぷり交じえた自由で自主的な放浪生活を、私はしばしばねたましく思った。話してみると、彼らはいつもおもしろい。理知的でするどく、情報をいっぱい持っている。われわれ英国人は貿易を促進させているので、自然彼らは英国人のことをまんざらではなく思っているが、彼らはコスモポリタンそのもので、そのときに住んでいる国以外には、実際どの国にも属していない。非常に多くのさまざまな国の人々とふれ合い、もまれるという習性のため、均衡のとれた落着いた気質や幅広い考えが生まれ、大いに魅力のある仲間になるのである。

　この仲間の一人を、ウチ・トルファン経由でカシュガルまで同行するように、私はやとった。一方、私の二輪馬車はマラルバシを経由する。彼はバジャウルのパターン州生まれの男で、ラマト・ウラ・ハンという名前だった。彼は同じ階級者中の好見本で、冒険的な計画に富んでいた。彼の大野望は英国を訪れることであるが、海路がこわく、陸路をいきたがった。そこで、どうしたらはたらきながら英国へいけるだろうかを知りたかった。彼はしばしば白いラクダをつかまえるのを考えたと言った。それは砂漠の果てのどこかでつかまえられると、もう一人の商人が話したのだった。このラクダのことを私がきいてみると、実際に白いという確信はないが、ひどく明るい色をしているし、特種な動物なのだと彼は言った。だから、動物園*では大評判になるだろう。が、彼はどうすれば英国までの旅行が引き合うようになれるか、なにかうまい意見はないだろうかと私にきいた。この地方の古い廃墟の都市、砂土に埋もれた都市のなかをさがし回って、古い装飾品や書物を見つければ、英国では巨額の金を払うだろうと教えた。彼が私のもとを去る前に、私は彼のために、大英博物館、ボンベーとカルカッタの博物館、それぞれの管理者にあてて手紙を書いた。

＊〔原注〕　彼はカルカッタで《動物園》を見たことがあった。

私はこの男の案内で、八月一〇日にアクスゥを出立し

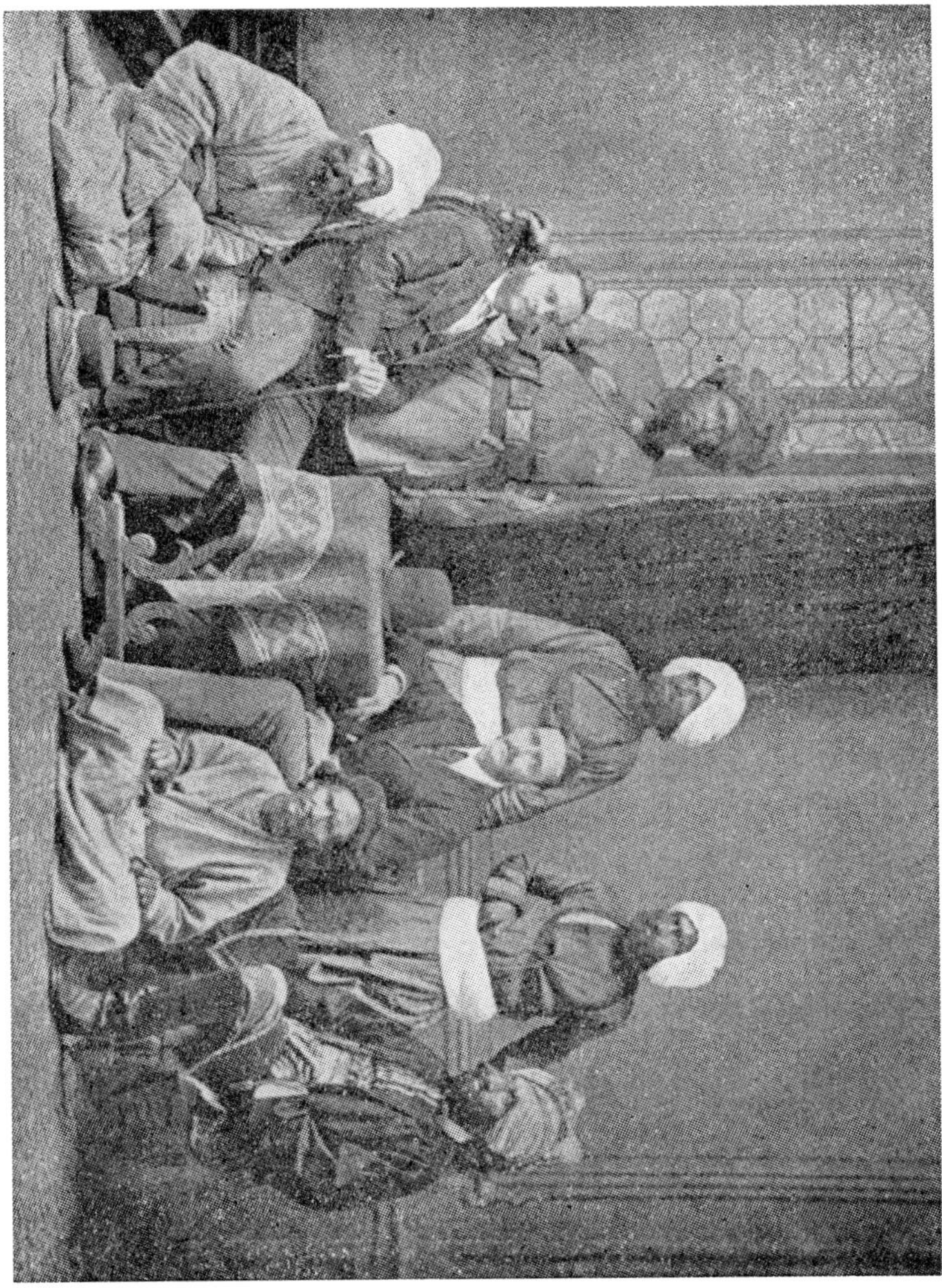

ロバート・ショーと従者・一八七四年、カシュガルへ向かう前

た。私は小馬に乗り、もう一頭には東トルキスタン人の従僕が乗った。三頭目には持っていく荷物を全部のせ、その男が先に立った。こんなふうに旅をいそぐことができ、また長い行程を進んでいった。インドからやってきた数人の商人が、その日の行程の前半われわれに同行し、庭園の果樹の木かげで昼食を出してくれた。そこは非常に涼しく、気持がよかった。商人たちもひどく陽気で、つき合いがうまかった。アクスゥからの数キロの地方はよく耕作され、道路もよかった。支流をたくさん出しているアクスゥ川をわたった。全体の川幅は一・六キロ、深い水脈は水が腰ぐらいあった。さらに進んで、小さなアラルという村をすぎ、翌日、ウチ・トルファンに着いた。

ここはぎざぎざの山の麓にある絵のように美しい町である。山の頂上に堡塁がある。ここにはなかなかいい市場があって、かつてヤクブ・ベクの重臣の一人だったが、いまはひどく貧しい境遇にある老人に、その市場で出会った。彼は口の中でもぐもぐ言い、いささか聞きとりにくかったが、私に会ったときに、「ショー」という言葉を口にだした。私はすぐそこにいる人々にきいてもらい、私の叔父とは大いに関係があり、また叔父には非常に関心を持っているのがわかった。私はいまや実際にショーやフォーサイス探検隊の隊員を知っている人々にたえずぶつかる国へ、はいりこもうとしていた。旅行の興味が盛り上がった。中央アジアでは、《個人》の変転があざやかで激しい。ある年には、ヤクブ・ベクはぜんぜん人に知られない。次の年には、広大な国を支配し、その国の廷臣や官吏にとりまかれる。彼らはしばらく権力の座にとどまり、やがてきれいに一掃され、代わってシナ人が支配する。サー・ダグラス・フォーサイスの探検、同じ国へのショーの最後の旅行、それは私が訪れるわずか一一年前の時代だ。そのとき全権力をにぎっていた人々のうち、実にごくわずかな人々がのこっているにすぎず、しかも貧窮の境遇にいる。が、彼らに出会い、よりよき時代や、彼らの知っている国家やその壮大さについての話をさせるのは興味があった。

ウチ・トルファンをあとにすると、はじめはよく耕作された地方を通過したが、その後は、その地区特有の不毛の状態へと後退した。が、われわれが上ろうとしている渓谷をかこむ山腹は、それまでに通過してきたところにくらべ、極端に不毛ではなかった。山腹には灌木がおびただしくあったし、小さなやぶもあり、上るにつれて、ところどころ美しい草の斜面もあった。その行程の終わりで、二三のテントのあるキルギス人の屯営地に着いた。ここにははじめて出会うキルギス人がいた。が、大半の男たちは羊や家畜の群れといっしょに山腹の高いところへいき、年寄り連中やごく若い者だけが、屯営の重装備といえるものを持って、山の下にのこっていた。私自身テントがなく、一般用の宿屋もないので、同地方の住民がやるようなことをやって、テントの住人の歓待にあずからないわけにはいかなかった。これはいつものように受け入れられた。われわれは一つのテントのところへ乗っていき、ラマト・ウラ・ハンが中へはいり、カシュガルまで旅行する途中なのだと言い、一夜の宿を求めた。こんなぐあいで、私は四人の非常に年とった婦人たちといっしょのテントに落着いた。婦人の一人は大祖母、いちばん若いのが祖母だった。いたってねんごろな老婦人で、おたがいに興味を持ち合った。テントの構造は蒙古人のユルトに似ていたが、このキルギス人は、私の出会った蒙古人、あとでパミール高原で見たキルギス人にくらべ、ずっとましな暮らしをしているらしかった。婦人たちはロシヤ製品の丈夫な綿布――一般に縞模様――づくりのゆったりした長衣を着て、なかなかいい身なりだった。テントの中には周りに冬着や冬の寝具が山積みされてあった。――じょうぶで良質のフェルト、暖かい掛けぶとんもあり、調度品や貴重品をおさめた箱がいくつかずらりとならんでいた。テントには小さな場所がいくつも仕切られ、キルギス人の主食になっているミルク、クリーム、凝固牛乳などすべて食糧を保存した。全体にテントは非常に清潔で居心地がよく、このキルギス人と《家族的に《アン・ファミーユ》》暮らしてみて、そうしなければわからなかった習慣や習性が大いに見られた。

私がテント内を見回している一方では、女主人たちは私の雑嚢をじろじろながめ、大いに興味を寄せた。私は長靴や短靴下を取りださなければならず、たまたま靴下に穴があいていた。これが女性本能にすぐさま訴え、老婦人の一人が靴下をすばやく持っていくと、注意ぶかく繕いにかかった。親切なお年寄りよ、こんなふうに世話をしてもらうと、家庭的な時間のことが思いだされてやりきれなかった！　靴下を繕うと、婦人はお祈りを言い、それからずっと私がいっしょにいたあいだにも、一人か二人、いつもお祈りをしているふうに見えた。

夕方になると、屯営地にのこっていた牛と羊とヤギ——たいがい子供たちがいっしょにいた——が全部集められ、乳をしぼった。一匹か二匹、まだ小さい子ヤギの世話をしなければならないので、テントの中へつれてきた。ミルクはクリームが豊富で、飲むと甘い。キルギス人はたいがい乳漿（チーズを取るとき凝結した牛乳を取り去り、のこった水分）を飲み、ほぼ凝結して固体化した牛乳を、人間の拳大ぐらいの球にまるめ、その球を日に乾かし、冬期用か旅行用に保存する方法をとっている。こんな凝結した牛乳の球はそんなにうまそうでもないが、キルギス人はよろこんで食べてしまう。牛乳をあつめる容器は全部木製だが、あまりきれいではなく、見たい気がおこらない。実際、すっかりきれいになっているときがあるのかしらといぶかしい。その日の牛乳を注いでしまうと、次の日それに牛乳を入れる。それを次々、毎月毎月くり返してつづける。それでも、牛乳は新鮮で良質に思われ、キルギス人のあいだを旅行すると、その報いのあるぜいたく品の一つだ。

私のはいっているテントの女主人たちは、凝結した牛乳とミルクと小さなパンの夕食を食べ、やがて暗くなってくると、眠る時間だと言った。彼女たちはまずお祈りを言い、寝具をつんだ中から一組取って（寝台はどこにあるのか、むろんわからない）、掛けぶとんとフェルトで寝床をつくるようにとしきりに私に言った。やがて、彼女たちも自分のをつくり、夜中に雨が降るといけないから、天井の換気穴にフェルトをひっぱってかぶせ、寝床にはいった。われわれは朝まで気持よく眠った。

翌朝、われわれは渓谷を上りつづけ、三〜五キロごとにキルギス人の小さな屯営地を通りすぎた。事実、われわれはきまりきったようにキルギス人の保護地にはいりこんでいたのだった。遊牧民は概して農耕者ではないが、二、三の区画畑を通りすぎ、非常に目立ったのは、この耕作地は実にしばしば——一般にこの渓谷では——ケシだったことである。きいてみると、キルギス人自身はアヘンを吸わないが、ケシは育成するのにいちばん採算のとれる農産物と考え、売れば他の農産物よりもたくさんもうかるのだということがわかった。

八月一四日、ソンタシュと呼ばれる屯営地を通過し、同夜はアク・チャクという名前のまたべつの屯営地に泊まった。翌日カラ・カラ峠を越え、西の方にゆるい傾斜をつくっているいささか不毛の平原にはいり、はじめの峠から二四キロばかりで二番目の峠を越えた。われわれはいまシルト地方として知られるところへはいったのである。とくに道路がなく、さまざまな方向につづく動物の踏みあとがあった。道案内のキルギス人を一人つれてきたのだが、彼はもう案内するのをいやがって、とうとうわれわれを置き去りにしてしまい、草木一つない、低い一連の山々と不毛の平原の真只中で、二進も三進もいかないありさまだった。どうやら水も、住民も、とくに道路らしい道路もない。われわれの出会う人々にしても評判は悪く、時おり旅人から物を盗み、旅人を殺害すると言われているのを知っていた。愉快ではなかった。しかし、おおまかにカシュガルの方向へどんどん進み、夕方近くなって、ひどくつらい進行ののち、六つのテントのある屯営地に達した。宿泊を頼んだテントの持主はいたって意地がわるかったが、とうとう一晩宿泊の便を与えるのに同意した。入口のすぐ近くで、足を縛られたおそろしいかっこうの巨大なワシを見て、びっくりした。そんな外見からすると、人間にとびつかせるのには、ほんのちょっとけしかければいいだろう。安全にそばを通りすぎ、私はほっと救われた。この地方の人々がタカ狩りの目的で飼っているワシの一羽だった。このワシで小ジカさえもとらえる。このタカ狩りをやっているところを私は見たことはないが、何年かあとパミール高原で、この目的のワシをつかまえるために、馬に乗って追いかけていく男を見たのを私は思いおこすのである。はじめその男がワシの方へ馬を早駆けさしてとびだしていったのを見たときには、頭がへんになったのにちがいないと思った。われわれは遠くの地面に、二羽のワシがいるのを見たのだった。キルギス人はそれを見かけるやいなや、ワシを追って猛烈にとびだしていったのである。ワシはむろん彼を見てとび立った。が、彼は一羽のあとを追い、渓谷を下って疾走すると、あげくに鳥はおもむろに地面にまい下りた。実際にはそれまで食っていた死肉が胃袋にいっぱいたまっていて、それ以上とべなかったのである。キルギス人は馬を下り、鳥をしっかりととらえ、腰ひもで胴体も翼もぐるぐる巻きにゆわえ、そうしてきちんとした小包につくり上げ、やがて脇の下にかかえて、馬に乗って私のところへ戻ってきた。タカ狩り用にもってこいのものとわかれば、それで二〇〇ルピーになると彼は言った。われわれがいま泊まっているテントのワシの持主に、こんなワシの訓練のことをきいたが、意地わるく、満足な返事は何もしなかった。翌朝、彼には大して恩になった気持もせず、そのキャンプを立ち去った。

終日、懸命に進んだ。大部分が草木のない山々と砂礫の平原から成り立っているが、渓谷には時おり木立が群れていた。そんな地方を越え、七三・六キロの行程の終わりで、軽い粘土質の広大な平原に達した。平原の中央で、テント一〇〇個はある非常に大きな屯営地を見つけた。が、そこの住民は親愛感にはおよそ縁遠く、すすんでわれわれを泊めてくれる男をやっと見つけるのにかなり苦労した。ラマト・ウラ・ハンはすこぶる如才なく口もうまかったが、彼は住民たちはわれわれにひどく悪感情をいだいているとその夜私に言い、用心するように助言した。

翌朝、事態が悪化した。私が小馬に乗って出立しようとすると、あらっぽいキルギス人の群集が私を取り巻き、激昂した身振り手振りをやった。ラマト・ウラ・ハンにどうしたのかときくと、彼らは自分の国を私に通過させない取り決めをしたのだと言った。それまでにヨーロッパ人が通過したことがなく（実際にはそんなことはなかった。サー・ダグラス・フォーサイス探検隊の英国将校一行がベロウ・ティ峠まで彼らの国にはいりこんでいた）、私に許可を与える理由がないと彼らは結論を下したのだった。さらに興奮した若干の連中が、暴力に訴えるのに賛成した。その間じゅう一言《こと》も言わずに微笑さえしていたラマト・ウラ・ハンは口をひらいて話しかけ、訳を説いてきかせた。このパターン人だけで事をうまく処理できるのがよくわかっていたので、私は小馬に乗ったままながめていた。

彼の議論が徐々に効きめを現わしその冷静な話の進め方を見守っているのは、いっぷう変わってめずらしかった。彼はまず連中をさそって言わせるだけ言わせ、連中の持っているよけいな怒号のエネルギーをすっかり消費させてしまうと、やがて私を足止めさせてどんな利益が得られるかとたずねた。私は北京から直接やってきたのである。シナ皇帝からの旅券を所持しているのだと彼は言った。旅券はいつでも出してみせられる。その旅券を所持しているからには、私の身分、私の所在地はちゃんとわかっているのだ。だから私の身になにかが起これば、シナの兵士が大挙してこの国に押し寄せ、あらゆる危害を加えるだろうと言った。彼はさらにつづけ、私を通そうが通すまいが、自分に関するかぎりどっちでもいいことだと言った。が、局外者の立場から問題をながめると、彼らとしてはだまって私を通し、次の場所へいかせて事を決着させる方がより賢明なことだと、たしかに思われる。そうすれば、もうこれだけのことで、今後私の消息を耳にしなくていいし、私に危害を加えれば、その結果はとんでもないことになりかねない。結果は、けっきょく、彼らが説得されるままになって、ひきつづき私が進んでいってもよろしいということに同意した。ひょっとしたら収拾のつかない状態になったかもしれない。ラマト・ウラ・ハンがうまく私をひきだしてくれたのだった。

この種の仕事には、彼は私の見つけることのできた人間では、いちばんうってつけの一人だった。いつも人々に交じってよくしゃべったし、難局には冷静だった。彼はまたなかなかいい仲間だった。長い行程のときとか、行程のあとのテントの中で、旅行話を私にきかせた。旅行の途中、彼はエジプトにいたことがあったし、ロシヤが戦争をしていたときには、コンスタンティノープルにいたことがあった。ロシヤ人についていちばんつよく心にのこっているのは、ロシヤの兵士が《プカ》すなわち《頑強》なことだった。衣食についてはわれわれほどの待遇をうけていなかったが、彼らは「プカだ」とくり返して言いつづけた。どんな困苦もいやがらずに耐えぬいた。好感の持てなかったロシヤ人の特性は、旅券に非常にこだわることだった。旅券ではいつもやかましくとりつかれ、そんなことから、あちこちうごくのにある程度の困難と支障がいつもあって、本来の放浪性が妨げられた。彼は厳格な回教徒で、一日五回、正規のお祈りをするだけだと確言したものの、いつもお祈りをしているように思われた。われわれについて言うなら、われわれには宗教がないと彼は考えていた。われわれが日曜日に教会にいくのを見たことがあるが、それも週にたった一回である。のこりの六日間、何をやっているのか彼にはわからなかった。この男は頼りになった。それがわかっていたので、キルギス人とのさっきの議論もすっかり彼の責任にまかしておいたのだった。議論の決着がついたとき、われわれはその屯営地をあとにした。

これは私がぶつかったいちばん大きな屯営地で、キルギス人は羊や家畜の群れを飼っているほか、かなりの土地を耕していた。平原にいくらか人家が散在しているのに気がつき、だれが住んでいるのかときくと、それは倉庫だけだと教えられた。穀物類を貯蔵するのは家で十分まに合うが、家が倒れはしまいかと思い、住もうとしないのだとキルギス人が言った。

キルギス人の住んでいる地方をぬけだしてふたたび平原にはいりこむまで、ここからは懸命に進んでいく決心をした。その日のうちにうまく進めた。流れについて下り、やがて小さなシナの要塞を通りすぎ、アルティシュの近くで、ふたたびトルキスタンの中央大平原に出た。ここで、私は、まず人間をほとんど唖然とさせるような光景の一つを見たのだった。――一見空中にかかっているような雪峰のずらりとならんだ行列である。それはパミール山脈だったが、非常に遠く、低い大気にはほこりが混じっているので山すそがかくれ、ただ雪をかぶった頂上だけが見えていた。ある頂上は高度七五〇〇メートルを越え、ある頂上は六六〇〇メートルである。一方、私の立っている地点は一二〇〇メートルにすぎなかった。そこで、地上から隔絶しているこのおどろくべき景観のために高度がすばらしく、それだけ偉大に見えた。

ここには、実際、進行のための陸標があった。ここから一六〇〇キロ以上もの背後で、私ははじめて砂漠から天山山脈の末端を見たのだった。その山脈の最後の支脈をのり越え、山裾に沿って毎週毎週進み、いつも峰頂が右手に現われていた。ところが、ついに私の前面には障壁がそば立った。それは私が左手にそれ、インドへ向かって南進する地点を示した。満州の国境から控壁状のパミール高原の山脈まで、延々とのびひろがる、その大部分が砂漠である広漠とした平原にはふさわしい終末の障壁だった。

その多方、アルティシュに着いた。ここではすべてが繁栄し、繁昌しているように見えた。果物の季節のさかりだった。道路沿いに、どんな小さな農園でも、非常にうまいブドウとメロンが手にはいった。住民とはもう何も面倒なことはなく、いつもよろこんで農園の中でしばらく休ましてくれ、一晩泊めてもくれた。おそろしく大きな運河があるのに気がついた。この地方の住民が企てた異様なすばらしい仕事なのだと、ふとそんな気がしたが、ヤクブ・ベクがつくったものだと教えられた。彼の意図は、かなたの広大な砂漠地帯に灌漑することだったのだが、仕事を完成するまで生きていなかった。ただ比較的小範囲な地方が、現在灌漑をうけているのにすぎない。が、それはこの地方の改良についてのすばらしい着想を不断に示しているものだし、シナ人がその計画にまるで無関心を装っているのを、住民たちは残念がって話した。

翌日、われわれはカシュガルに着き、大旅行の第二の段階を全部終了することになるのである。アルティシュから行程のなかばをいったところで、それまでに見たことのない注目すべき隘路《あいろ》の一つを通過した。隘路は、高さ六〇〜九〇メートルの低い連山のあいだを通りぬけ、流れの水路に沿って上っていた。流れは切り立ったせまい岩場に通路をつくっているので、荷物をつんだラバがやっと通れるくらいの余地しかなく、隘路の間隙は下部にくらべ、上部がほんのわずか広かった。

ここを通りぬけてカシュガルの平原へ出、木立と果樹園がいたるところにある人口稠密な、よく耕された地区を通過し、ついにカシュガルの町へはいった。私が北京を出発しようとしたときには、この町までの距離が実に膨大なものに思えた。ついに私はその町へきたのだ。そして私の旅行の極点へ到着できたのだった。まだあとのこりの行程が、いわば帰途として私の責任になっている。カシュガルはまたインド側からもよく知られ、そこにはロシア領事が赴任していた。そこでこの土地に着いたときには、私はふたたび文明の周辺に到達したように思われた。

土民の町を通りぬけ、南側の宿屋に泊まった。私は名刺と旅券をヤーメンに持たしてやった。すると、いくらも経たないうちに、アフガニスタン人のアクサカル（長老）と大勢のインドの貿易商人が会いにやってきた。このアクサカルは各国貿易商人のあいだの代表者として、シナ人がえらんだ連中なのだ。彼らは新規の到着をいちいち通報する責任があり、また同国人の処理についても、すべて彼らを通じてシナ人が遂行しているのである。ある程度まで領事に通じるものがあり、領事の機能の若干を遂行する。このアフガニスタン人のアクサカルは、のちにダルグレーシュ氏（この人についてはまもなく述べる）殺害犯人をかくまっていた容疑でカシュガルを退去しなければならなかったが、私にはおおいに有益にふるまってくれ、感銘がふかかった。彼は生まれながらの兵士だと思った。つよい意志を持ち、有能で他を指揮する才能がある。私が二、三日カシュガルに滞在していたあいだ、彼とか土地の大勢の貿易商人――アフガニスタン人、ペシャワール人、バダクシャン人その他――とかが、ほとんど終日私といっしょにいた。茶や果物をいつも用意して円座をつくって話し合ったものである。このアフガニスタン人の会話はたいがい戦闘のこと、ライフル銃や拳銃のことだった。あらゆる種類の火器を知っているらしく、性能についても自分の意見を持っているように思われた。英国製のマルティニ銃よりもロシヤ製のベルダン銃の方が好きらしく、また英国人よりもアメリカ人の方がすぐれた拳銃をつくると彼は考えていた。シナ人がカシュガルを再び占領した当時、彼は町にいた。実際には戦闘はなかったと言った。ヤクブ・ベクは何週間かまえ西の方へのがれ、死んでいた。つまり毒殺されていた。彼が死去したので、防衛の指揮者がなく、同国の住民はいっこうに無関心だった。シナ人が町に迫っていると聞くと、兵士はことごとく、軍服とか、兵士としての変装をいそいでかなぐりすて、農耕者の衣類をつけて、小羊のように無心なようすで畑のあたりを歩き回った。シナ人が町にはいり、万事が何事もなかったかのように進行していった。――商店主は商品を売り、田舎の人間は畑を耕し、カシュガルの権力の座にだれが坐ろうと、だれが坐るまいとぜんぜん無頓着だった。ただ支配階級だけが影響をうけ、大半が逃亡していた。

アフガニスタンの商人たちは、しばしば前回の英国との戦争話をやったものである。なかにはわれわれとたたかったものもいた。ある日、彼らは《ロバート》はいまどこにいるのかときいた。はじめそれがだれなのか、どういう意味なのかさっぱりわからなかったが、彼（どうやらある人物らしかった）は戦闘の第一人者だと彼らが説明し、ロバーツ将軍のことなのにひょいと私は気がついた。彼らは大いに将軍を賞賛した。なかの一人はカンダハルからカブールに向かって出発し、途中ロバーツ将軍に《出くわし》、引き返したと言った。彼は英国人とは三度たたかったとあとで話したが、自国をはなれているここでは、英国人といかにも親しく交じわった。アフガニスタン人に負けず劣らずたたかえるというので、彼はわれわれを賞賛しているのだと言った！　このアフガニスタン人は、時によると圧倒的な誇りを誇示するが、全体として男性的な点が好ましい。ともかく彼らは《男》である。しかも、カシュガルの《セライ》（旅人宿）で出会い、話し合えたように、会って話をするには非常にいい人間である。仲間のことも、現に話し合っている英国人のことも、ともに尊重するのを忘れずに完全に自由にあけっぴろげに話し合えたのは、また注目すべきことだった。私は彼らとの話し合いをだいたいにおいて大いにたのしんだ。

到着した翌日、私はいささか元気がなかったが、その次の日、ロシヤ領事を訪問した。ロシヤ人と英国人はおたがいに犬と猫のような関係にあり、出会えばけんかをしないではすまないという考えを、アフガニスタンのアクサカルは抱いていた。そこで、出かけるのでちょうど小馬に乗ろうとしていると、彼は私の腕をとらえ、そっとささやいた、「いいですか、旦那《サーヒブ》、できるだけ品よくやって下さいよ、あのロシヤ人とけんかなんかしないようにして下さいよ。」ロシヤ領事ペトロフスキー氏は普通の民家に住んでいるのがわかった。民家を改良して非常に住みよくしていた。領事と書記官のルッチ氏が心から私を迎え近くに住んでいる宣教師のヘンドリックス氏を迎えにやった。私に会って北京からの旅行話を聞くためだった。話がインドのことに移り、インドについてペトロフスキー氏が実によく通じているのに私はびっくりした。インド問題について英国の第一級の著者の書いた多数の書物や、英国についてのごく最近の国会声書を誇らしく取りだして見せた。《インドの物質的精神的発展》についての国会年次報告書を彼は定期予約購入して、おおいに賞賛しているのだった。現在のアフガニスタン領主アブドゥル・ラーマンは、サマルカンドに亡命していた当時から知っていたし、カシミールの大半の要人の名前やそのあらかたの来歴も知っていた。中央アジアの問題についてはすこぶるあけっぴろげに話し、われわれ英国人がロシヤの対インド政策を疑っているが、現実にはこれ以上ロシヤ人の考えから何も出るわけがないと言った。

インドと中央アジア関係の事項について、ペトロフスキー氏の知識は広く全般にわたってはいるものの、それはその土地の魅力からだけのものではない。実際は、彼の心は科学的な追求にあるのだと私は考えたい気がする。図書室には多数の科学書があったし、彼の部屋にはさまざまな種類の器具がいっぱいあった。——天体望遠鏡、バロメーター、あらゆる種類の寒暖計、地震の振幅を計算する装置、その他さまざまな器具である。彼は明らかにかなり博識の人であった。カシュガルに領事館がおかれたのが七年ばかり前で、ペトロフスキー氏もルッチ氏も創設以来そこにいた。二人とも英語がわかり、英語の書物が読めるのだが、しゃべる練習をほとんどしていなかった。二人によると、シナ人のことはけっしてよく言わなかった。シナ人は怠惰で腐敗し、国の行政もいたってわるかった。

ヘンドリックス氏はカシュガルに来てから二、三年になっていた。以前、蒙古国境の伝道所に属していたのである。多芸な人で、大いに旅行し、ロシヤ語からチベット語までたいがいの言葉をしゃべり、本もよめた。いままでのところでは、カシュガルの住氏を実際に改宗させることには、ほとんど成功していなかった。彼らはいたって無関心で、宗教のことはどんな宗教にせよ大して重要視するふうがなかったし、まして彼らがはぐくんできた宗教をわざわざ改めようとする気はほとんどなかった。が、ヘンドリックス氏は宣教師で同時になかなかいい医者でもあり、しばしば自分の時間をつぶして患者を訪ね、投薬し、そうやって実際の慈善をやっていた。

領事を訪問して《セライ》に帰ると、アフガニスタンのアクサカルは、ロシヤ人と取っ組み合いのけんかをした痕跡はなにかないかとたしかめるように、私をまじまじながめた。ペトロフスキー氏が私の訪問の答礼に明日の朝やってくることになっていると語ると、彼はほっとしたらしかった。領事を迎えるから私のいる部屋をていさいよくしたいと言うと、万事ととのえると言って、いつものせっかちなようすでとびだしていった。まもなく、上等のじゅうたん、椅子、テーブル、茶瓶、茶碗、深皿、平皿などがどっと運ばれてきて、部屋は見るまに文化的な住いに変わった。

翌朝、領事は一六騎のコサック兵とロシヤ国旗に護衛されて、《セライ》に乗りつけた。おたがいにまた長時間話し合った。何か月も旅行したあとだったので、ヨーロッパ人とふたたび話をするのが大へんうれしかった。

ペトロフスキー氏は話し合うのにたいへん面白い人だったが、もっと会えるほど長滞在できないのが残念だった。

が、劉三が二輪馬車といっしょにすでに到着し、私はふたたびヤルカンドに向かって出立しなければならなかった。劉三は契約をそのまま履行し、契約どおりの時間で何もかもそっくりカシュガルに到着させていた。――ハミから四〇日だ――なかなかいい手ぎわで、私は大いによろこんだ。カシュガルとヤルカンドのあいだは、興味のあるものもあったが、それまでの旅行者のだれもが注意しているようなものだ。われわれはすでに南に転じ、こんどはパミール山脈を真正面にする代わりに、右手に見て通過した。

八月二九日にヤルカンドに着き、町の手前で、カシミールのアクサカルと大勢のインドの貿易商人に出会った。彼らは英国の将校がヤルカンドにやってくるときいて、会いにきたのだった。英国人はいつも外国でインド土民のあたたかい歓迎をうける。それがまったくの利己心からで、英国人から何かを得たいと思っているのでただそうするのだと、私は教えられていた。おそらくそれはそうだろうが、そこにはまたあたたかい心もあると考えたい。統治者に対する血縁感もあり、そのため外国で英国人に心をひかれるのである。とにかくヤルカンドで出迎えを受けたことから、そんな印象が生まれた。それとなく参考になった、より冷静な推論に耳をかたむけるよりも、むしろ印象の方を大事にとどめておきたい。

この土地最高級のシナ宿屋のいちばんいい部屋を、カシミールのアクサカルが用意していた。じゅうたん、椅子、テーブルを彼は自宅からはこび、果実を山盛りにした大皿と籠――商人たちからの贈り物――がどっとやってきた。私を居心地よくしようとするのに腐心し、私は目的地に近づきつつある感をいよいよふかくした。

# 7　ヒマラヤの心臓部へ

ヤルカンドは私が訪れた新疆省の最後の町だった。私はこの地方を完全に踏破したので、この地方についてごくみじかい一般的なことを述べてみるのも、あながち興味のないことではなかろう。現象面から見た特色のうち、その主要な特徴は、うたがいもなく、同地方を占めているおびただしい砂漠である。地方全体が、実際に砂漠だらけで、山地から走ってくる流れに沿う畑地が、セピア色の絵画の緑のしみのように、くっきりとあざやかに浮きだしている。この砂漠の三方がちょうどUの字のように雪の連山にとざされ、のこりの一方がほぼ三二〇〇キロにわたり、さえぎるものもなくのびひろがっている。山腹にも、平原と同じく、まったく草木がなく、これでオアシスがなかったら、これ以上荒涼とした地方を想像することができないだろう。オアシスは荒涼とした地方を救うものだ。ひとたび周囲をとりまく砂漠からぬけだすと、旅行者はもはや離れられない環境の中にいることになる——水の流れている涼しく蔭の多い小路がある。水路は道路に沿い、道路を横切り、道路の下をくぐり、四方八方に走っている。それまではすべてが死滅し、草木一つなく、かっかと燃えているような場所だったのに、そこのあらゆるものに生命を与える。左右には目のとどくかぎり、実りゆたかな農作物の畑また畑が横たわり、その間にただ果樹園や蔭の多い小さな村が介在するのにすぎない。すべてが豊かに思われる。果実はすばらしく大きな盆にいっぱいはこばれてくるし、小麦はインドでさえもおよばないくらいに安い。

こんなふうに、そこは極端な土地である。片方の側にはなんにもない——なにかがあるという可能性がないのだ。ところがもう一方の側には——たくさんある。現象面に関するかぎり、気候もまた非常に極端である。耕作地や木蔭のある小さな地域のほかは、夏はどこへいっても焦げつくようにあつく、冬になると、寒暖計はマイナス一七・七度Cにも下がる。もっとも広大な大陸の実に心臓部に位置する地方としては、これは自然の結果だろう。気温をやわらげる海の影響が、そこまで及ぶとは考えられないからだ。

ところが、住民は自然のこの極端に走る特徴を備えていない。彼らはおっとりすました中庸の存在そのものである。彼らは生活の必需品を豊富に生みだせる土地——なんでも育つ場所——に住んでいる。山々の障壁が外界のきびしい競争から彼らを守り、不用意で安易で、他のことにはいっさい無関心な生存をつづける。彼らを妨げるものはなにもない。革命もおこったが、それはたいがい外国人がやったことなのである。ある一組の統治者がとつぜんべつの一組の連中に取って代わられたが、いずれにせよ、統治者の十中八九が外国人だった。ヤクブ・ベクも外国人だったし、その下の役人の大半も外国人だった。そんなわけで、そのあとを継いだ統治者——シナ人——がしばらく駆逐されていたときでも、新疆省の住民は自分の手で自分を統治することをしなかった。反対に、そんな変革のおりにも、無感覚にすべてを眺めつづけていたように見える。おのずから推測できようが、そんな人間は、戦闘的な人種ではない。彼らは農耕と小商店主の人種であり、それ以上のものではなく、また彼らをそれ以上にさせるものを持っていない。他の世界からしめだされ、鈍感で無気力で、だが安易で、おそらく幸福な生活をここで送るのだろう、それが彼らの宿命であり、どんなものにも彼らの生活を妨げさせない。

われわれが満州で見かけたことと、すべてがなんとちがっていることだろう！　そこには一生懸命、根《こん》かぎりはたらく、抜け目ない勤勉なシナ人がいた。——ただ単に生きていくのではなく、土地からはありったけなんでも手に入れようとして、朝から晩まではたらき通しにはたらき、財を蓄積し、土地の慣習を求め、自分の地位を改めるのに極力努めている。そこでは、トルキスタンの廃墟や荒れ果てた町は実際に考えられず、またトルキスタンでのように、無頓着に田舎に散在したり、自作の畑のあいだに位置する農家の代わりに、大きな集落がある。略奪という苛酷な習慣もここまではおよばず、それにはまるで無縁な人々がいるのを物語っていた。この二つの人種のうち、シナ人は明らかに生まれながら優位に立っているものの、彼らはのんきな東トルキスタン人ほどに生活を完全にたのしんでいるかどうか、それはうたがわしい問題である。

ヤルカンドは、前述したように、私がとうぜん通過すべきトルキスタンの最後の町で、私はここでヒマラヤ越えの旅行の準備をしなければならなかった。町にはいると、すぐベル大佐の手紙を受けとった。カラコルム峠のことが書いてあった。私が新疆省にいるのをたったいま聞いたばかりだという書きだしで、自分のあとを追って、レーからインドにいたる有名ではあるが不毛で興味のないルートをたどる代わりに、バルティスタンとカシミールのあいだのムスター峠を越える未踏の直通路をとるように教えてくれた。私はこの提案をよろこんだ。まったくあたらしいものだったし、ほんとうに実行するのにふさわしい困難もありそうである。そこで、意志力をはたらかし、その準備にとりかかった。

何はともあれ、まず道案内をさがすことだった。幸運にも、多数のバルティスタン人——約二〇〇〇人——がヤルカンド地区に定住していた。カシミールのアクサカルは、人を求めるのはなんでもないと言った。次に小馬を集めなければならなかった。この点もむずかしくはなかった。ヤルカンドには小馬がたくさんいる。私は一日に三〇頭も四〇頭もしらべたものだった。道案内たちの羊皮外套、道中の食糧、小馬の蹄鉄その他も、みんな容易に手にはいるものだった。そこで、一人か二人の商人にその準備にとりかからせておいて、私はヤルカンドを見て回った。

私が訪れた最初の場所は、かわいそうなダルグレーシュの家だった。彼は貿易商人として、一〇年から一二年ぐらいのあいだ、ヤルカンドに定住していた——通商の真の開拓者である——。中央アジアで行なわれたもっとも大胆で冒険的な旅行の一つ、新疆省を一周し、チベットの実に心臓部にいたった旅行では、最後の二年間（一八八五—一八八六）はインド民間情報部勤務のケアリー氏といっしょだった。ところで、彼はインドにいて、ヤルカンドに帰る仕度をしていたのだが、ついにヤルカンドには帰着しない運命にあった。帰途、カラコラム峠の頂上付近でアフガニスタン人に裏切られ、殺害された。この僻地で、われわれの名声のためにつくすことの多かった一人の人間の生涯がこうして終わった。彼の名前を口にする人は、だれもが親愛感と尊敬の念をいだいて彼のことをしゃべった。スコットランド人との商談は例外なくまとまりにくく、彼の場合にもその点むずかしかったと貿易商人は言っていたが、この商取引きの能力のあらわれを商人たちはよく心得、彼があけっぴろげで公正で、うそを言わないのに好感をいだいた。できるときにはいつでも商人たちに援助の手をさしのべ、きまって彼らと行動をともにし、あらゆる意味で、仲間の一人としていっしょの生活をしていた。こんなぐあいに、彼は異常なくらいに彼らの親愛感を得ていたのだった。——その後、カシュガルのロシヤ領事の話によると、彼が殺されてから従僕の一人が領事のところへやって来た。そして、明らかに心の底から悲しがって、声を上げて泣きださないわけにはいかなかったということだ。事実はそれほどにまでおよんでいたのだった。アジア人がヨーロッパ人にそんなに献身的になれるのを、実はそれまで信じることができなかったとペトロフスキー氏が言った。こういう人々は、日常生活面でぶつかると、いかにも目立たなく見えるのだが、われわれの文明の最良のものすべてを伝える真の宣教師である。死の距離を置いてわれわれと隔絶するときに、はじめて真の偉大さが表面に現われる——ごく近くでながめると、あらっぽくごわごわしているが、遠くでながめると、ふかい感情がみなぎりあふれている絵に似ている。先頭に進み、後進者への道をひらく人々である。ダルグレーシュ以後、ヤルカンド領域を訪れるあらゆる英国人、あらゆるヨーロッパ人は、彼がわれわれに代わって確立した好感情の第一印象に感謝する義務がある。

さらに、私の縁者で、身びいきと考えられようが、この土地では、叔父のロバート・ショーを省略してはならないと思う。彼はヘイワードといっしょにヤルカンドを訪れた最初の英国人であり、ヤクブ・ベクの時代に、領主つきの英国駐在官としてインド政府からえらばれた将校だった。ショーとヘイワード以前、インドから新疆省へ大胆にはいりこんだ唯一のヨーロッパ人シュラギントワイトは殺害された。この地方については何も知られていなかった。ヒマラヤのかなた、はるかに遠く神秘の中にかくれていたのだった。ショーは未知の無気味なものの中へはいりこむため、単身商人の資格で、キャラバンといっしょに出立した。国境で、ヘイワードがあとから追いついた。——ショー自身に劣らない大胆な探検家だったが、のちにヒンドゥークシュの渓谷ヤシンで殺害された。二人はいっしょだったけれども、はなればなれに護衛されてヤルカンドにいたった。いつもいっしょにいたためしがなく、二人のあいだで通信も禁じられた。多くの試練や危険ののち、二人はこの地方についての有効適切な報告を持って無事インドに帰着した。一、二年後、インド政庁はサー・ダグラス・フォーサイスの率いる堂々とした探検隊を同地に派遣し、その後ショーがふたたび駐在官として、再度訪れた。そのとき彼は同地に一年以上滞在した。この国の言語についての貴重な文法や語彙、さらにこの国の歴史を書き、現在それが原稿のまま親類のところにある。この期間、彼は本能的に住民に愛着を覚えた。彼がさそいだした献身の情について、その永続的な影響を裏書きする一つの話を述べよう。二年前、ある英国将校の従僕がたった一人、国境を旅行中、図らずもはなはだ厄介なことをしでかし、地方の役人の手をわずらわすはめになった。この役人は従僕を投獄して前科者にすることはできたのだが、英国人にやとわれているのを知って、言った。「自分もかつて英国人の従僕だったことがある。ショー旦那《サーヒブ》にやとわれていたのだ。あの方には感謝しているから、お前は釈放することにする。」

ショーが主として住んでいたと教えられた家は、シナ人がすっかり取りこわし、代わりに官衙の建物が立っていた。ダルグレーシュの住居は、旧市内の居心地のいい小さな民家で、彼自身そこで商品を売っていたのだった。この家へいくと、いつものようにお盆に果物を盛って出され、大勢の訪問者と話し合い、午前中をすごして宿屋へ戻り、午後ヤルカンドのシナ総督を訪問する予定だったので、その仕度をした。これまで、北京を立ってから、私はシナの官吏を訪問するのをわざとひかえていた。なかばは適当な通訳がいなかったからだし、半ばは私が、シナの官吏が訪問の答礼に来たがらないようなむさくるしい旅人宿に泊まり、目立たない旅行をしていたからだ。シナの官吏が公式にやってくるときには、おそろしく豪奢なものに取りまかれる。英国の町長が、田舎の旅人宿に投宿している風来坊のシナ人を訪ねるのに、ちゃんと正服を着こみ、おまけに市民としての儀式を全部それに付随させなければならないことになっていたら、なんとも気にくわないだろう。まったく同じことで、《セライ》にいるあてもない外国人を訪ねるのは、彼らの性に合わないように思われる。だから、私はたいがい旅券と名刺を役人頭のところへ持たしてやるだけにして、たったいま到着したばかりで、翌日はいつ出立するかわからないから、残念ながらお訪ねすることができないと言った。が、このヤルカンドの総督はとくべつ丁重に数回親書をよこした。そこで、到着した翌日の午後、私は彼を訪ねた。

シナの役人に通例のいつもの上品な態度で彼は迎えた。きわめてねんごろだった。シナ帝国の辺境ヤルカンドにある彼の邸宅は、北京で見るのとまったく同じ様式と性格のものだった。総督の服装も、このシナの心臓部にいるほかの役人のと変わりがなく、よく似ていた。シナ帝国のどの地方へいっても、役人を訪ねると、邸宅も官服もまったく同じなのにいつも気がつく。ゆるやかな絹の青衣、下袴《ペティコート》、夏はキノコ型にひしゃげた帽子、冬は角張ったフェルト型の帽子である。内政軍事いずれの役所にせよ、変わったところや違ったところがない。長衣の中央に四角な記章があって、他より高い階級を示すために金の量がややふえ、身分の違いがわかる。また帽子の上についているボタンの色でもわかる。

ヤルカンドの総督は私室の一つに私を迎え、お互いに長時間しゃべり合った。彼は北京にいったことがなく、北京や、私がたどってきた道についていたくさん質問をした。シナの役人でその道を利用するのを思いついたものは一人もいないと言った。私がふたたび宿屋に着き、一時間もすると、訪問の答礼にやってきた。あらゆる意味で友好的な感情を示したのである。このアンバン（行政長官）はヤルカンドとしては最良の総督の一人で、一般シナ役人の風習に反し、農耕発展のためかなり骨を折って運河を掘り、市内にあたらしい市場をつくった。

ヤルカンドは、トルキスタンで見た最大の町である。この地方の各地と同じように、土民とシナ人と二つの町があるが、ヤルカンドでは、二、三〇〇〇メートルもの長い市場が二つの町を結びつけている。シナ人町はぜんぜんあたらしいといってよく、土民町は古くて荒れはてている。家屋はいつものように泥土づくりで、興味をひくようなひどく目立つ建物はない。町の通りはどの通りもほこりっぽくよごれ、手入れ一つしていないという外観を呈しているのは、中央アジアの町の特徴である。市場の外はほとんど活気がない。が、ヤルカンドはかなりな貿易の中心で、秋になると、大キャラバンがひんぱんにインドに向かって出発するし、またインドからもやってくる。そのときには市場が混雑する。

この貿易に従事している大勢の商人が、ある日、ヤルカンドからやや離れた果樹園でぜいたくなふるまいをしてくれた。この商人たちほど生活をたのしみ、ひとりで愉快になれる方法を知っている者も少ない。まず木蔭に腰を下ろすと、ブドウの房と甘いメロンと桃がもぎたてのまま運ばれてきて、それを食べる。やがて食事の知らせがあり、手を洗う水がぐるっと回されたあと、どれもすばらしい調理の《ピラオ》とシチューの料理を次々食べはじめる。最後が卵を泡立てたものに砂糖や何かの材料を入れたプディングである。これほどうまいものもそんなにざらにはないだろう。そのあいだ商人たちはたがいに冗談を言い合い、フランス人のように《はで》でおしゃべりだった。これ以上にすぐれた仲間と愛想のいい主人役を望むのは、無理というものだろう。帰途、商人たちはそれぞれ自分の馬がすぐれているのを証明しようとして、競争をやった。この人々は東洋的な重々しさと上品さ、少年のような元気とふざけ好きの奇妙な混合体である。こちらを訪ねてやってくると、すこぶるおごそかに、おまけにうやうやしく話し終える。翌日、急にたのしみにして外で会うと、重々しい印象はなにもなく、そんなものはみんな投げすて、子供と同じく気ままで自然で元気いっぱいである。

彼らのうち二、三人の人々がつくっている委員会の援助をうけ、ムスター峠攻撃の準備はいたって好意的に進んだ。いちばんすぐれた道案内も確実にやとえた。彼の名前はワリ、峠のバルティスタン側でのいちばん近い村アスコリの土民だった。何年か前に、そのルートを通ってヤルカンドにやって来たのである。まだ忘れていないし、そのルートはだいじょうぶ案内できると断言した。万一小馬をひっぱって峠が越えられない場合は、荷物をかつぐので、彼以外に三人、バルティスタン人をやとうことにした。一三頭の小馬を買い、四人のラダク人がその世話を見る契約をした。このラダク人の中にモハメッド・イサ（前名ドログパ）という名前の男がいて、ケアリー、ダルグレーシュ両氏にしたがい、チベットにいったことがあり、ベル大佐が私の手伝いとして送り返してくれたのだった。彼をキャラバン係にして、キャラバンを統率する責任者にした。小馬一頭につき蹄鉄を完全に三組用意し、あたらしい荷鞍や毛布も購入した。重い羊皮外套、毛の帽子、新品の靴など、全員がぬかりなく装備をととのえた。ヤルカンド側の最後の大きな村クジャルにどんどん命令を出して、人間と小馬三週間分の糧秣を同地で用意させた。全員の食糧としては、米、ギー(粗製バター)、茶、砂糖、それに何頭かの羊である。羊をいっしょに追っていけば、人々も元気づき、よろこんで進んでいくだろう。けっきょく、計画の成功は連中に依ることとで、私にかかっているわけではないのだ。私にできることは、せいぜい先を見通しての準備が、出発前に全部終了しているかどうか、たしかめることだった。最後に、氷や悪場を越えるときの補助として、いくつかのつよい良質のロープ、一、二本のピッケルを持参した。

以上の準備がすべて完了したので、われわれは九月八日、ヤルカンドを出立した。翌日、にぎやかなカルガリクの小さな町に着いた。それは市の日で、農産物を売って一週間分の必要品をなにか買うため、近郷近在からやってくる人々が道路にごった返していた。私はこれまで市の日のことを述べなかったが、トルキスタンでは定期的に行なわれる制度である。町も村も一週間の一日をそれぞれ市の日にきめ、その日に田舎の人々がすべて商売をする。小さな場所では、一週間のうち市のない日は市場はまったくからっぽで、店はあるにはあるが、戸はしまっている。やがて市の日になると、あらゆるものがとつぜん活気づき、周辺の田舎からやってくる何百という男女が、みんな晴れ着をきて、ぞろぞろはいりこむ。

その日は、たのしい果樹園に宿営した。私の寝床はブドウ棚の下に設けられ、ブドウの巨大な房がたれ下がり、いまにも口の中へおちてきそうだった。二日後、クジャルに着いた。広大な村で、山地への突入に備え、食糧をすべて集めた。われわれはいまインド平原とトルキスタン平原を分かつ偉大な障壁の前衛支脈にはいりこんでいるのだった。この障壁のうち、いちばん近い山脈がコンロンと呼ばれ、中央がムスター山脈、あるいはカラコルム山脈、いちばん遠いのがヒマラヤ山脈である。

クジャルをあとにしてから、直接その山脈に向かった。最初の三日行程はすでにフォーサイス探検隊によって踏破されていたけれども、われわれはわれわれとしての探検行にとりかかっていたのである。トゥパ・ダワンというらくな峠を越え、やがて、パクプと呼ぶ種族が持っている二、三の小屋といくつかのフェルトのテントのある渓谷を上った。フォーサイス探検隊に加わった練達の民族学者ベルウ博士は、この種族を純アーリアン系と考えている。ひどくきれいで、顔だちもりっぱにととのっている。

この渓谷をあとにして、コンロン山脈の主山稜上にあるチラグサルディ峠を越えた。持参したアネロイド気圧計が、運わるく、こんな高い峠の高度を記録するようにできていなかったので、私は高度を約四八〇〇メートルと算定した。われわれはいまわれわれの果たすべき仕事の核心部へはいりこもうとしていた。峠の頂上から、雪の峰頂の行列を次々にもたげていく、道一つない、迷宮のような山々をながめると、われわれの目の前にはまったくきびしい仕事があったし、その課せられた仕事を完成したいと思うなら、小パーティの一人一人が勇気をふるい起こし、最善をつくさなければならないだろうという気がした。もはや路とてなく、住民は一人もいなかった。山々の中にいるのはわれわれだけである。おまけに、われわれが戦わなければならないのは、山々が示しているさまざまな困難ばかりではなかった。カンジュート人の盗賊の攻撃をたえず見張っていなければならなかったのである。盗賊はフンザの城砦からとびだしてきては、ヤルカンドとレーのあいだで、カラコラムのルートを通って貿易するキャラバンをおそい、クジャル地区の村からは貢物をせしめ、何年となくこの地帯にばっこしていた。私の一行中の三名も、現にその盗賊にとらえられ、のち奴隷に売られた。あらゆる警戒をする必要があった。彼らは夜間おそい、不用意にテントを使っていると、綱を切って頭の上へテントを落とすのがいつもの手である。だから、氷河の上でさえも、テントなしで野宿しなければならなかったし、どんなに寒くても、都合のいい岩が見つかれば岩かげに身を寄せ、日中は表面そこへ野営するように見せかけ、暗くなってからその位置を変更してすごさなければならなかった。そうすれば、カンジュート人のだれかが日中われわれの見張りをつづけていたにしても、夜のかくれ蓑にかくれて発見される危険が少なくなるかもしれない。

チラグサルディ峠を下り、小石の多い川床を伝っていった。が、すぐ流れが石の下に消え、草も、燃料にす

るやぶも見つからなかった。たそがれが迫るのと同時に、吹雪がおそった。そんな状態では野営することもできなかったので、あいかわらずとぼとぼと進んだ。重い丸石の上を歩き、つまずきながらいくと、やっといくらかのやぶにぶつかった。やや進むと、流れがふたたび現われ、流れのふちに草が見つかり、そこで野営のキャンプをした。

翌日、ヤルカンド川のチラグサルディ野営地に達した。――ほぼ二〇年前、その川に沿って下ったヘイワードが到達した最終点である。川は一年のうちのこの時期には徒渉でき、平坦な小石の川床の上を流れている。渓谷の底は幅が三〇〇か四〇〇メートルだった。渓谷の底に沿って、ところどころ密林地帯があり、あちこちに草地がひろがっているが、山側はまったく草も木もなかった。

次の日、さらにヤルカンド川を下っていくと、カラシュ・タリムと呼ばれる平原上で、六つばかりの小屋跡と熔鉱炉の荒れ果てた跡に達した。畝のあとらしいものがあり、以前は耕地だったのだろう。比較的近年、八〇年前までは、たしかにこのヤルカンド渓谷には人が住み、〇・六平方キロメートルばかりの耕地をふくむこんな土地があちこち耕作されていたのだ。この地区はラスカムとして知られる。ラスト・カン（真の鉱山）がなまって呼ばれているのだと教えられた。そこに鉱脈があるのでつけられた名前だろう。この旅行と、一八八九年にこの渓谷を下った二回目の旅行のときと二度にわたって、古い熔鉱炉の跡を数か所見つけた。鉱石から銅が採れると知らされた。ヤルカンド川の右岸、バザルダラ渓谷には金があるらしいと言われている。カンジュート人の襲撃がこの地方の人口減少の原因で、現在英国政府が襲撃を阻止して効果をあげているから、将来はラスカムがふたたび活気づくものと期待していいだろう。

カラシュ・タリムから一日行程で、渓谷はかなりせばまり、高い絶壁がたえず川に接近するので、しばしばあちこち渡る必要があった。ついに峡谷へとじこめられた。ホージャ・モハメッド峡谷といわれ、おそろしく高い、ほとんど垂直といっていい絶壁のあいだへ閉じこめられたのだった。川はすさまじい勢いでこの峡谷をながれ、ぜんぜん徒渉できず、立ち往生しないわけにいかなかった。われわれは小馬の積み荷を下ろした。岩や丸石を川の中へ投げこみ、道をつくりながら、一人一人、絶壁のすそを回って進む仕事にとりかかった。次の朝までに絶壁を回りこむせまい通路をうまくつくることができた。荷物をかついで、まずここを乗り越え、次に小馬を用心してひっぱった。そして最後に、一行全員がこのおそろしい障害物をのり越えて反対側に無事移った。

ヤルカンド川の左岸をそんなに下らないうち、スラクワト川という支流にぶつかった。ムスター峠へのルートはこの支流を上っているので、ここでヤルカンド川をはなれた。合流点から上流二、三〇〇メートルのあいだは、スラクワト川はひどくせまい峡谷をくぐってながれ、流れが峡谷の幅いっぱいである。一八八九年には、ずっとましな道路が峡谷の上を通っているのを私は発見したのだが、道案内はいま先に立ってこの峡谷をくぐりぬけていった。丸石の上を奔流が勢いよくながれ、丸石は氷におおわれ、小馬をひっぱって上っていくのは残酷な仕事だった。小馬はいつもすべってひっくり返り、くるぶしやひざのあたりに無数に切り傷をつくっていた。が、事故もなく、小馬をひっぱってくぐりぬけ、広い平原に出た。明らかに湖底だったところである。われわれがくぐりぬけてきた岩石の障害物のために湖ができていたのにちがいなく、その後、流れでる水が岩石を現在の高さにまでけずってしまい、せきとめた水の排水口になったのだった。

矮小なカバの木、柳、ポプラの密林にとりまかれたこの平原は、三・二キロにわたってひろがっている。峡谷から三・二キロ、さらに一四・四キロの二地点で、スラクワト川の右岸からかなりな流れが注ぎ、その二番目の流れから一・六キロの地点で、さらにせまい二つの峡谷を通過した。ここでも、一八八九年の私の旅行では、峡谷をうまくさけて進めた。人間にも小馬にもまったくひどい一日の行程だったが、夕方近くなって、渓谷がやっと広い平原に向かってひろがり、平原には灌木がたくさんあった。ここでわれわれはキャンプをした。目の前には雪をまとった山々の大岩壁がそば立ち、翌日その山を越えなければならないと道案内は言ったが、峠らしいもののある様子はどこにもなかった。いまわれわれの進路を阻止しているこの障壁をながめ、私は若干の危惧を覚えた。道案内が実は山越えする通路を失念したと打ち明けたからだ。むろん、たどっていける路は一つもなかった。が、山へ近づけば、どっちへ回りこんでいかなければならないかを思いだすかもしれない、と彼は言った。その夜はその程度の気休めでがまんして、そこへ落ち着かなければならなかった。

さて、われわれはほんとうの寒気をはじめて味わった。海抜四五〇〇メートルばかりの地点にいて、太陽が沈むやいなや、寒気が山々に忍びよってひろがるのが見えたといってよかった。寒々とした灰色が山々の上をはってひろがり、走り下る流れが氷結するようになるのである。われわれは食事を終え——料理の手間と時間を省くのでみんないっしょに食べた——すっかり暗くなると、そのへんをうろついているカンジュート人の目をごまかすため、見せかけに出しておいた寝具をその場所から取り上げ、山から吹き下ろす氷のような風を防ぐ岩かげへいそいではこんだ。奇妙な事実だが、身辺に真の困難が迫ってくるように思われると、人間の意気は上がる。健康——それは求めなければならないかんじんな点で、また山地旅行では容易に得られる——で、食べものをたくさん食べていると困難なこともだんだん愉快になってくるように思われる。意気消沈するどころか、困難なことがかえって役立ち、すべての機能が最高度に鼓舞される。その夜、私は横になりながら、これからさき、二、三週間はしだいしだいにむずかしい仕事をしなければならないだろうという気がした。生まれてからもっとも痛切な気分で過ごした一夜として、私はその夜のことを回想する。

翌朝、夜が白みかけると、われわれはもう寝床からぬけだした。小さな流れはかたく凍り、大気はかみつくように寒気がきびしかった。そこでいそいで荷物を積みにかかり、腹いっぱい朝食を食べ、太陽が上ると、まっすぐ山の障壁めがけて出発した。——雪をかぶった岩峰との正規のたたかいである。雪は岩峰に積もるはずなのだが、大半が急峻で積もる余地がなかった。五、六キロ進むと、渓谷がとつぜん左手にひらけた。道案内はすぐ思いだして、そこを上っていくと山の障壁を完全に迂回するらくな峠があると言った。進行は調子がよかった。私は小馬をはなれ、先の方を足早に熱心にいそいだ。峠の頂上と、峠の《向こう側》をしきりに見ようとしていたのだ。——その《向こう側》は探検家の心をたえず惹きつけ、けっして満足を与えない惑わしの鬼火に似ている。峠の高さがものをいいはじめた。接近すればするほど峠は後退するように思われた。こんどこそ頂上だろうと思いながら、一つまた一つと私は隆起を越えたが、いつも次のがさらに彼方にあった。渓谷はひらけて広く、ときどき大きな丸石の上をわたり、しばしばもろい土の上を進んだが、進行はいたってらくだった。ついに長さ四〇〇メートルばかりの小さな湖に達し、湖の反対側の末端にそば立つ小隆起が峠の頂上だった。私は勢いよく上っていった。そしてついに目の前に《向こう側》が横たわった。たしかに、かつて人間が見たどんな眺望もそれにまさるものはないはずである。その風景を言葉では述べられない。述べられる言葉もなく、われわれの自由になる言葉でこころみようとするなら、その単純な巨大さや雄大さを汚すことになろう。

目の前には、世界の最高峰に数えられる堂々とした山の行列が次々にそば立った——純白の雪峰である。峰頂は海抜七五〇〇、さらに七八〇〇メートルに達し、最高のものとしては八四〇〇メートルにおよんだ。岩にかこまれた深い渓谷をへだてて、眼前にはこの威風堂々とした山岳のふしぎな陣容がならんだ。しかもはるかに遠く、この陣容のてっぺんを埋めつくす膨大な氷河が見えた。それはそれを生んだ山塊の溢れる感情の流出物である。その風景をながめ、荒涼そのもののようなこの陣容を突破し、克服しなければならないとわかると、その風景は実に私の魂に鉄片を投げこむらしく、眼前にある仕事へのエネルギーをすべて硬直させるように思われた。

そんな風景から生まれてくるしきりに動揺する感情に埋没して、一時間以上も私は腰を下ろしていた。やっとキャラバンが着き、やがて峠から足下の渓谷の底へとゆっくり下りた。下降路は荒れて急だったが、重大な困難もなく、川堤についた。ところがここまできて立ち往生しないわけにいかなかった。左右の川岸に沿って六〇メートルもある絶壁がはるか遠くまでつづいていた。はじめこれが容易ならぬ障害に思われたのだが、そこまで下りてくる途中、キャン（チベット馬）の踏みあとがいくつかあるのに私は気がついていた。絶壁の上には水がないから、この動物は水を飲みになんとかうまく川へ下りてくるのにちがいないし、動物が通れるところならわれわれだって通れるのを私は知っていた。私はそこでその踏みあとのところへ戻り、踏みあとについて用心ぶかく上り、踏みあとが絶壁面の歩いてわたれる《斜溝》を下っているのを見つけてほっとした。非常に急峻な岩場だったが、小馬の荷を下ろし、一人が先に立ってひっぱり、二人が背後で尻尾をつかまえ、小馬を一頭ずつ、なんとかうまく下ろすことができた。それから、われわれ自身が、寝袋や荷物ともども、大いに骨をおって川岸に着いたのだった。いくつかの点から考えて、その川はヤルカンド川の主要な支流と考えられよう。

一行中のバルティスタン人はこの支流をシャクスガムと呼んだ。キルギス人にはオプラン川として知られているらしいが、それまではまったく未知だった。分水嶺の氷河に源を発している。二年後、私はこの支流について、この支流とヤルカンド川の他の支流との合流点まで下った。

私がこんど発見した地理的にもう一つ重要な点は、コンロン山脈と主分水嶺のあいだに支脈が一つ横たわっていることだった。この分水嶺は、トルキスタンの諸河川とインドに向かって流れる諸河川を分かち、時にはムスター山脈、時にはカラコルム山脈と呼ばれる。また支脈を越えて通じているのがアギル峠であり、たったいま私が越えてきたのだった。ヘイワードとフォーサイス探検隊の隊員がヤルカンド川の水路の地図を作成する際、南側の支流をこのムスター山脈、すなわちカラコラム山脈から直接ながれてくるようにした。が、これは誤りである。彼らがぶつかった支流は中間の支脈からながれ、またこの支脈とオプラン川は、彼らが探検した現在の地点からは北に当たるこのヤルカンド川の支流とムスター山脈のあいだにあるわけである。

トルキスタンとインドのあいだにある偉大な分水嶺の適正な名前について一言する。どうしてカラコラムと呼ぶのか。カラコラムは《黒い砂礫》の意味で、世界最高の雪峰を持つ山脈にとって、こんなにふさわしくない名前を想像することはできない。東の方にある黒い砂礫の峠、あるいは峠状のところがそう呼ばれているので、カラコラムという名前がつけられたらしかった。が、その山脈を越えるムスターと呼ばれる峠もある。ムスターは《氷の山》を意味し、アジアの分水嶺を形成するこの堂堂とした氷の峰々の山脈には、この方がたしかにずっとふさわしい名前である。

話の本筋へ戻る。われわれはいまオプラン川の岸辺に達したのだった。この川に沿って二、三キロ下ると、シャクスガムと呼ばれる密林地帯に達した。この谷底は足場のわるい小石で、幅が四〇〇メートルから八〇〇メートルある。川は五つ六つの支流を出して小石の上をながれ、だいたい徒渉は不可能だった。左右の川堤の山々がきわめて急峻に渓谷からそば立ち、ヤマヨモギが、がんこにわずかにのびているのを除くと、まったくの不毛だった。木が一本もなく、川床に沿って、灌木ややぶの小地帯が見られるだけだった。

翌日、オプラン（シャクスガム）川の渓谷をつづいて下り、しまいにもう一つの川にぶつかった。一行中のバルティスタン人はサルポ・ラッゴと呼んだ。主山脈からながれてきて、左岸から注ぎこんでいる。この支流を上りつめ、スゲト・ジャンガルと呼ぶ密林地帯に達した。そこへ着く前に、とつぜんのことだったが、偶然私は顔を上げ、私の目にぶつかった光景にはまともにたじたじとさせられた。ちょうどある角をまがったところで、左手におどろくべき高さの峰頂が視野にはいった。それはエヴェレスト峰に次ぐ高度八六一一メートルのK２峰以外のものではありえなかった。この方面からながめると、ほとんど完全といっていいくらいの円錐型を呈してそば立つ山容で、考えられないほどの高さだった。われわれはその下のごく近いところにいた——おそらく頂上から二〇キロとはなれてはいなかったろう——、文字どおり氷河につつまれたこの峰の北側には、四二〇〇メートルから四八〇〇メートルの堅氷があったにちがいない。人間の心にいつまでもつよい感銘を与え、またその心にいつまでも影響を及ぼす光景の一つだった。——それは自然の作品の永遠の偉大感と壮大感であり——人間はそれを失うことも忘れることもできない。

このおどろくべき光景の瞑想にしばらくふけって、私はひとり立っていたが、やがて、スゲト・ジャンガルを通過し、さらに進んで、ムスター峠からながれてくる大きな氷河のすそに達した。ここで野営をした。これらの山の巨人たちとのたたかいが、いまやクライマックスに達しようとしていた。その後の冒険については、章をあらためて述べることにする。

## 8　ムスター峠

自然の王宮、その膨大な壁が
雪の頂を雲間に高くかかげ、
冷ややかで崇高な氷の広間の玉座に
《永遠》が坐る。その広間には
なだれが生まれて落ちる——雪の落雷だ！
人間の精神をひろげ、しかもおびえさすものが
すべて王宮の頂の周囲に集まり、
地は天に達しながら、人間を空しく地上にとどめ
　なければならない事情を示すかのようだ

ムスター峠越えの記述は、反対側のカシミール領地に到着して、父あてに書いた手紙の中の話を引用することからはじめよう。

「ムスター峠に向かって上っていくと、たちまちほんとうの困難がはじまりました。前に私の道案内が越えてから、膨大な氷河が前進し、氷やおびただしい丸石のために渓谷がすっかり埋まっていました。三日間、私は小馬をひっぱり上げてきたのです。二度ばかり私は断念し、小馬をラダク経由で迂回するように命じる一方、二、三人の従者を伴ってひきつづき上り、二度ばかり苦闘をつづけ、ついに高所の平坦な雪のところまで連中をたどり着かせました。おそろしくつらい仕事でした。夜明けから日没まで歩き通しに歩き、まず前方の地形をさぐり、それから戻って一行を連れていくのです。非常な高度では、はなはだしく疲労を覚えます。夜には羊皮の寝袋にあたたかくくるまり、野外の地面に横になりました。

ほんものの上りにかかった三日目、私は二人の男を先にやって、峠の報告をさせました。二人は夜になって帰ってきて、前には小馬が通れたものだったのに、いまは氷が峠に張りつめてとても越せないし、唯一の方法は、もう一つの峠（峠が二つべつべつにあります。ほんとうのムスター峠と、西方一六キロにある峠で、この峠をかつて小馬が越えたことがありました）を経由し、小馬の

通路をつくるため、スカルドゥ地区の渓谷の奥から大勢人を連れてくることだと言うのです。

峠はヒマラヤの主脈を越え、シナの領地と英国の属領を分かつものです。インド洋に注ぐ河川とトルキスタン方面に流れる川の分水嶺上にあります。ですから、なにか峠らしい峠を期待するでしょう。事実、ヒマラヤでは、もっとも高い、もっとも困難な峠の一つです。

上りは平坦な雪を越えていくのでいたってらくでしたが、呼吸が苦しく、ゆっくりゆっくり上りました。頂上に達し、すぐ下降路を求めようと見回しましたが、急峻な絶壁と、まったく通過不可能にくずれたりころがったりしている氷塊以外、何一つありませんでした。

正直白状しますと、私一人ではとても下りてみようとする気がおこらなかったでしょう。私——英国人——が先頭に立つのがおそろしかったのです。さいわい道案内たちは私自身よりずっと勇敢で、先頭の男の腰にロープをまきつけて結わえ、のこりの連中がロープをにぎり、先頭が絶壁の方へ下っている氷の斜面へ足場を切ってわたりました。

われわれは、一足一足、斜面を横切って進み、始終絶壁に面し、スリップしたら（氷はつるつるでした）、われわれは氷の斜面をころがり、絶壁を越えて永遠へとびこむのにきまっていました。半分ばかりわたると、ヒマラヤ旅行にはすっかりなじんでいる男としてベル大佐がよこしてくれたラダクの従僕がふり返り、体がぶるぶるふるえて、まともに絶壁をながめられないと言いました。生まれながらの山男がこんな臆病風に見舞われるのを見て、私はいささか動揺したのですが、いっこう気にかけないふうを装い、他の連中を鼓舞するために笑いとばしました。事は果たさなければならないのです。

しばらくは実になんともいやな時間でしたが、やがて突きでた大きな岩棚状の《しっかりした場所》に達し、そこから絶壁の下降をはじめました。この絶壁にくらべると、氷の斜面はまったく冗談みたいなものでした。ほんのちょっとした岩棚、あるいは突きでた岩片があれば、そこから一人ずつ、そろりそろりとわが身を下ろしていくのでした。半分ばかり下りたところで、ラダクの従僕が頭上から私に訴えかけてくる声が聞こえました。彼は勇気をふるって氷の斜面をわたり、絶壁を二、三歩下りていたのですが、こんどは岩の上へしゃがみ、私に向かって両手でやたらに額手礼をやったのです。もう一歩も進む気になれず、引き返して、ラダクを迂回し、小馬をつれていくと言うのです。そこで彼を引き返させました。

六時間かかって、半ば岩石、半ば氷の斜面の絶壁を下降しました。絶壁の下に達して、ふり返ってながめたとき、そんな場所を下りられたのが、まったく不可能なことのように思われました。

それから数時間、雪の上を通り、月光を浴びてとぼとぼ歩きました。五〇メートルおきぐらいにクレヴァス（割れ目）がありました。しばしばおちこんだのですが、事故はありませんでした。ついに夜おそく、雪のない乾いた地点に着き、私は岩かげに敷物をひろげ、男たちの一人がいくらかの草と折れた二本の登山杖で小さな火をおこし、お茶をわかしました。お茶を飲んで少しビスケットを食べてから、羊皮にくるまって、いままでになくぐっすり眠りました。」

この大ざっぱな記述には、若干の補足や説明が要るが、事実はそのまま書いてある。峠を越えてからほんの二、三日後、おまけに峠の記憶が生々しくのこっているうちに、書いたからだ。サルポ・ラッゴ渓谷をムスター峠に向かって上っていったとき、くずれた石や岩石の破片が一見山のように堆積し、渓谷がすっかり埋まっているような地点にやってきた。この岩石の山は高さが六〇から九〇メートルもあり、渓谷を横切ってはいる隙間もなくひろがっていた。私はみずから先頭に立っていた。この小山のような岩屑《デブリ》を見たときには、こんなあらっぽい障害物を越えて小馬をわたすのはやっかいだろうと考えた。が、小山へ上ってみると、それはかたい氷の塊で、表面にこの岩屑がうすくかさなっているのにすぎず、それが下の氷をかくすのに役立っているのだとわかり、私はたじたじとした。さらにいちばん高い小山に上ってみると、小山は何キロとなく渓谷の奥へのびひろがり、さえぎるものもなく、峠の麓の雪に達し、いちばん高い小山はその一連のものの末端にすぎないのがわかった。そのときの私の困惑感は想像できよう。われわれは、事実、膨大な氷河のすそにいたのだった。私が現実に氷河に足をふみ入れたのはこれがはじめてで、それまでそれがどんなに巨大な一連の氷塊なのか、ぜんぜんわからずにいた。その岩石の小山の間隙から、あちこち絶壁が見え、私はそれを黒い岩だと考えていたのだが、近づいてみると、かたい暗緑色の氷壁だったのである。混ぜもの一つない、きれいに澄んだ氷壁の洞窟をいくつか発見したが、巨大なつららが天井から房のようにたれていた。それはおどろくべき不可思議な光景だった。が、私がこれからはいろうとしている氷の領域では、それどころかもっとびっくりするような情景を目にするめぐり合わせになっていたのだった。

小馬のキャラバンをつれて、こんな氷河を上っていくのは、私にはとうてい不可能に思われた。道案内もそう考え、小馬はカラコラム峠を経由してレーに向かわせ、私だけは二人の男とムスター峠を越えていくことに決めた。これは危険な処置だった。峠越えの道が見つからない場合、ふたたび人家のあるところまで戻れるとして、それまでわれわれの生命を維持するにたる食糧を持っていなかったからだ。食糧の貯えもそろそろ不足してきた。峠に達するのに時間がかかればかかるほどつらい思いをしなければならないことになろうし、峠越えがうまくいかなければなおさらである。が、私が小馬を戻してしまう決心をしていると、キャラバンの連中が勇敢に小馬をつれて氷河を上りにかかっていた。私はその仲間に加わり、みんなでできるだけ手を貸し、小馬を進ませた。前からひっぱり、後から押し、ときには荷物を下ろし、岩石におおわれた氷の小山を、われわれ自身、荷物をかついで上った。が、動物にはおそろしくつらいひどい仕事だった。適当な足場が得られず、小山の片側を上りつづけながら、表面のうすい岩石層をかき落とし、すぐその下の純粋な氷にふれるものだからスリップして転落し、私の胸がいたむばかりに、膝や尻から後脚にかけてのあたりに裂傷をつくった。こんなことをやっていたらどうなってしまうものやらわからなかった。まだ二、三〇〇メートル進んだのにすぎず、前方には二四キロから三二キロの氷河があった。そこで私はその日は小馬を停止させ、二人の男と偵察にでかけた。さいわい氷河と山腹のあいだに、ぜんぜん上れないこともないせまい細長い地面を見つけた。そこなら小馬をひっぱっていけるだろう。そのつもりになって、日がくれてから野営の場所へ戻った。

その夜、われわれはいつものように野天ですごしたが、一日じゅうつらい仕事をしたので、完全にくたくただった。すでに達していた高度では、空気の稀薄化のせいで、すぐに疲労を覚え、おまけに小馬をたすけ、つるつるした氷河をわたるので、ひっきりなしにつまずき、よろよろした。難儀なことがふえるばかりだった。

翌朝、夜が明けるとふたたび出発して、小馬をひっぱり、前日目をつけていたルートを上った。が、前日探査を終わりにした地点から一・六キロばかりで、左手からながれてくるもう一つの大きな氷河に直面した。さて、片方は氷河、反対側は山、前方を二番目の氷河がまともに横切った。そのとき、私の最後の長靴がすっかりすりきれ、足は氷河でうけた打撲傷のためひりひり痛み、ほとんど足を地面に下ろすことができなかった。そこで、私は小馬とともにそこへのこる一方、前方の障害物を通りぬける道を見つけるので、二人の男が先へいった。しばらくすると、二人の男が戻り、小馬の通れる道は見つからないと言った。が、私なら運よく見つかるかもしれないと言い、じきじき見てもらいたいとたのむのだった。

そこで私は二人の男といっしょに、氷河の主流の縁《へり》に沿って、しばらくもときた踏みあとを引き返し、やっとある地点から小馬を氷河の方へ進ませ、氷河の中心へつれていけた。そこで氷河の小高い地点へ上ると、周囲がよく見わたせた。われわれは氷の海の中にいた。ごくわずか堆石《モレーン》のようなものがあって、氷河の氷の下部側面をいちめんにおおっている。純白の氷の膨大な流れを見わたすと、それが分裂して何万という針のようにするどくとがったものになっている。頭上には左右に雪の峰々がそば立ち、山腹をやや小さな氷河が流れ落ちた。クリーム入りの瓶口からかたまったクリームが溢れでているようである。頭上にはまた越えなければならない寒々とした氷の山脈が、越えるのを拒むようにそば立っていた。

小馬のキャラバンをひきつれて通りぬけていく国ではない、といっていい。が、氷河のその主流をまっすぐ上っている堆石《モレーン》の行列に、私は目をとめた。われわれはこの行列のところまでいき、しばらくそこを伝って上れば、氷河の頭の平坦な万年雪《ネヴェ》まで小馬をきっとつれていけると思い、ひどくほっとしたのである。ぜんぜん疑念をいだかず、そう確信して、午後おそく、小馬をのこしてきた地点へ戻った。着かないうちに暗やみに追いつかれ、しばらく氷河をあちこちさまよい、あやうく迷うところだった。が、とうとうくたくたになりながら、われ

氷河上のキャンプ，ムスター峠

われの小キャラバンへふたたびたどりついた。

その夜、二つあるムスター峠のどっちを攻撃すべきかの戦闘会議をひらいた。ムスター峠として知られる二つの峠があって、山脈を越えている。われわれが氷河を上っていたとき、東の方の左手にあるのが旧ムスター峠として知られ、昔は利用されていたが、結局氷が押し出してきたので非常な難所になって、あたらしい峠を求め、山脈に沿って西の方へ約一六キロ、新ムスター峠として知られるものが発見されたのだった。この新ムスター峠を越えて、道案内たちは一行をみちびいていきたがった。小馬でも、ロープを使ったり、クレヴァスにかかっている粗末な雪橋をわたったりすれば、峠を越えてつれていくことができるのだと言った。ヨーロッパ人はまだどっちの峠も越えたことがないが、一八六二年、ゴッドウィン・オースティン大佐がバルティスタン測量の途次、この新峠の南麓に達した。二つのうちでは新ムスター峠が有望なものに思われ、そこで峠を偵察し、越えられるかどうか、実行可能について報告するように、翌朝二人の男を送りだすことに私は決めた。

夜明けの最初の光がさし、偵察者が出立した。そのあと、のこったわれわれは、前日探査したルートを伝い、小馬といっしょに進んだ。小馬は大してむずかしいこともなく氷河へひっぱり上げ、夕方になって氷河の頭のすぐ近くで停止した。日が暮れかかるころ、新峠の偵察に送りだした二人の男が戻ってきて、峠には氷がひどく堆積し、いまでは小馬をつれて越えるのはぜんぜん不可能だし、人間だって越えられそうもないと言った。ところで彼らの提案した計画は、小馬をあとにのこし、旧ムスター峠を経由して山脈を越え、山脈の南側の村アスコリまで強行し、そこから男たちは、小馬といっしょにキャラバンをつくり、ヤルカンドとカシミールのあいだの一般貿易路上にあるシャヒドゥラまで達するのに十分な食糧を持って引き返してもらうことだった。明らかにこれが精いっぱいわれわれにできることだった。これ以上小馬をつれていくことも、また現状のまま小馬を送り返すこともできなかった。ほとんど食糧がなくなっていたし、あらたに食糧の得られるいちばん近い地点シャヒドゥラまでは二八八キロあった。ところで、すべてはわれわれの峠越えの可能性にかかっていた。越えられないと、われわれを支えるわずか三日か四日分の食糧で山々のあいだを通りぬけ、二八八キロ戻っていかなければならない。そうなると、われわれはひょっとして小馬を食べたかもしれなかった。食べれば現実に餓死はしないが、それでもそれまでにはつらい苦闘があるだろうし、またちがった地点で越えなければならない山脈もあるのだった。

そんなわけで、事態はひどく危険な局面に近づこうとしていた。私には不安な夜だった。私はしばしばその夜を思いだし、われわれが征服しなければならなかった山脈の麓のこの雪の上での小さな野営を、ひょいと考えるのである。太陽が氷の山々の背後にかくれ、きらきらしたかがやきが山々から消え失せ、灰色の寒気がゆらめきながら山々へ下りて落ち着く間に、山々が鋼鉄のようにかたくなった。まわりはすべてが純白の雪と氷で、われわれに寒気を吹きつけてきた。小さな水たまりや、日中の太陽熱のために氷河から溢れでた小さな流れが、こんどは霜にとらえられ、霜はわれわれの周囲にはいまわり、われわれはたがいに寄り合ってかたまった。峰頂から下りてくる嚙むような空気の流れをさけるために、身をかくすテントもなく、まわりに横になっていられるような火をもやすだけの燃料もなかった。実際、料理の火を消さないようにするだけのやぶの木一つなかったといっていい。が、シナ人の従僕は、全員に米と羊肉のささやかな食事をつくった。われわれは火のまわりに集まり、あついうちに鉢の食事をすませ、やがて羊皮にくるまって眠ったが、頭上では星がきらきらあざやかにきらめき、霜がしだいしだいに近寄ってきてわれわれをしっかととらえた。

翌朝、まだくらいうちに、道案内のワリがわれわれを起こした。めいめい茶を飲み、パンを少し食べ、やがて峠を攻撃するために出発した。小馬は大半の荷物といっしょにあとにのこり、シナ人の劉三と年輩の二、三の男たちが世話をひきうけた。われわれが持参したのは、私自身の寝具一巻き、各自羊皮の外套、土民のつくったビスケット若干、茶、大きなやかん、ブランデー一瓶、それだけだった。峠の上りはらくだったが、苦労した。いまや海抜五七〇〇メートルをそんなに下らないところにいた。そんな高所でふかい雪の中を歩いて上ると、急速につかれがでてきた。一度に一二歩か二〇歩ぐらいしか進めず、やがて杖によりかかり、山を懸命に走って上ってきたようにあえいだ。見たところ峠がいかにも近いので、じりじりさせられた。ここでは何もかも巨大なスケールを帯び、キャンプから歩いて一時間とはかからないように思われたのが、実際には六時間もかかる上りだった。峠の頂上に着いたのが正午ごろで、そこで目にしたことはすでに前述の手紙の中で詳述した。急峻な絶壁のほかは何もなく、ムスター峠の頂上での最初の一瞬また一瞬が、私を強烈な不安の念で満たした。そこを越えさえすれば、私の探検は最高の成功を収めることができよう。が、私には明らかに不可能事に見えた。私にはアルプス登山の経験がなかったし、ピッケルその他の登山用具を持っていなかった。また適当な長靴さえはいていなかった。はきものとして持参しているのは、鋲もかかともない土民用のやわらかい皮靴数足にすぎず——実際には単なる皮の長靴下だ——、氷面にはどうしてもひっかからない。そうとするなら、いま目の前に見る氷の斜面と岩の絶壁を、どうやって下降できるのだろう、私には考えられなかった。私ひとりだけ見込みがあっても、全員が越えていける公算はまったくなかった。

ところが、われわれの一行を救ったのは、私が口を閉じたままだまっていたことだったのである。私は峠ごしにながめてまったく沈黙を守り、男たちがどんなことを言わなければならないのか、それを聞くために待っていたのである。その間、彼らは私をながめていた。英国人はいったんとりかかった計画からはけっして後退しないものだと想像し、私が引き返す命令を下さないので、ひきつづき前進するものと思い、それをごくあたりまえに受けとったのだった。そこで、彼らは下降の準備にとりかかった。われわれは普通のつるはしを一本持っていた。ワリはこのつるはしを手にして先頭を進み、のこりの連中は、ワリの腰にまきつけてくったロープを一人一人にぎりしめ、次々にあとにつづいた。ロープは、氷の斜面を横切り、足場を切りながらスリップした場合、彼を支えるものなのである。斜面はかたい氷で、非常に急峻だった。われわれがたどる下降線の下方三〇メートルそこそこは氷瀑に終わり、その氷瀑は峠の麓、はるか下方の氷河の頭にまで達して終わっている。下方の氷河へ下りるのにはどうしても通らなければならない岩の絶壁に達するため、ワリはつるはしで一歩一歩足場を切り、氷の斜面を横切った。われわれは彼のあとからじりりっじりっとおもむろに斜面を横切ったのだが、同じ調子に、冷静を保つのがむずかしかった。われわれの立っているところからは、斜面の末端を越えて、足下数百メートルのところにある氷河のほか何も見えなかった。なかにはいささか元気のいい男がいて、ワリが切りだした氷の破片をけとばして斜面から落とし、それがとびはねておち、最後に一度とびはね、すっかり見えなくなるのをながめ、声を立てて笑った。が、私は見守りながら、胸のわるくなるような気分におそわれたといってよかった。家の屋根よりもひどい急峻な斜面に立っていたからだ。われわれは自らを確保し支えるピッケル一つ持っていなかった。つるつるした氷に少しでも食いこむため、なめらかな土民用の長靴の甲に、私はハンカチーフ、男たちは皮や布の切れ端をまきつけて進んだが、一人でも足場をふみはずそうものなら、のこりの連中はロープで支えきれず、下方の深淵めがけて全員がとびこんでしまうだろう、そんな感じをいだかないわけにはいかなかった。表面私はできるだけ冷静に愉快なようすを保ちつづけたが、一歩一歩あたらしくふみしめるたびに、心中ひそかに身ぶるいを感じた。太陽が氷面にさんさんと照りつけていた。足場を切ると、表面がすぐとけ、ワリのあとから二、三歩おくれてついていく連中がその足場に達するころには、氷の表面が水だらけになっていた。やわらかい皮靴ではますますつるつるしてすべりやすかった。皮靴の表面ももうほとんどぬるぬるしていた。そんな状況の下で、ラダクの従僕ドログパがまいってしまった。彼はことさらふるえ、からだ全体がゆれて安定感がなく、いつスリップするかもしれず、スリップしたらわれわれ全員のこらずひっぱられていくだろうと思った。われわれは試練のほんの序の口にいた。まだ現実に下降をはじめていたのではなく、下降しなければならない地点へと単にわたっていったのである。そんな人間がいっしょにいるのは危険だったから、小馬のところへ戻り、小馬についてゆ回していくようにいいつけた。

ついにわれわれは斜面の反対側に達し、氷のあいだから突きでた棚状の岩の上に出た。ここで一休みできたけれども、前途はさらに多難という見通ししかつかなかった。われわれは岩の絶壁の頂上にいた。峠の麓の氷河までのびひろがる氷の斜面に達するのには、その岩壁を下降しなければならない。いま達している高所は、雪と氷がときどき数百メートルの厚さに横たわり、裸岩がつきでているところは非常に急峻な場所にかぎっている。ところで、いま下降しなければならない絶壁は、ほとんど切り立った断崖だった。わずかに救いになる特色は、表面があらっぽくぎざぎざで、小さな手がかりや足場がいくらか見つかることだった。といっても、手が全部、足がそっくりかかる足場はほとんど得られなかった。全体として見つかるのは、せいぜい小さな棚にすぎず、指先か足の片側がひっかかるだけのことだった。連中は非常に親切で、できるときにはいつでも私の足の指示をして安定した足場へ持っていくようにしたし、しばしば手で足を支えてくれた。が、そんなときでも、自分を支えなければならないごくわずかな割れ目まで体をずらし、下降するのに足るだけの勇気をふるいおこすのが、私にはやっとだった。私の体重がのって、破片のような岩棚がくずれ落ちはしまいかというおそれがたえずあった。一般にきびしい霜にさらされると岩がもろくなるように、この岩もひどくぼろぼろだった。一度頭上で大きな叫びがあがった。巨大な岩石がころがり落ち、私のそばにぶち当たって通りすぎると、すでに半分ばかり下っていた二人にあやうくぶつかるところだった。

事故もなく絶壁の下に達し、下方の氷河に向かってのびひろがる長い氷の斜面の頂上にいた。氷のあいだから岩が三つ突きだしており、中継の休息場所として役立つと思ったので岩伝いの下降線をとることに決心した。小馬の予備の馬具になるような短いロープを全部持参し、これに男たちのターバンや腰布などをみんなつなぎ合わして長いロープをつくり、このロープで、最初の突きでている岩まで、斜面を一人下ろしてやった。彼は下りながら足場を切り、岩に達したときに、われわれはロープの末端を頭上の岩にしっかりくくりつけ、それから一人一人がロープにつかまって、切ってある足場を利用し、斜面を下りた。そんなわけで、ここは比較的やさしい下降の部分になったのだが、一人の男があやうく命を落とすところだった。足をすべらして仰向けにひっくり返り、おそろしい速度で斜面を転落した。それでも、転落しながら、幸い片手でうまくロープをつかみ、斜面の一つの側から氷瀑を越えてとびこまずにすんだ。が、岩にたどりついたときには、片手の皮がほとんどはがれ、彼はおびえてぶるぶるふるえていた。ところが、ワリは彼が不注意だというのでさんざん叱りつけ、次の段階にいくと、いちばんつらい仕事をみんな彼にやらせた。

ほかの連中には災難もなく、斜面を下りたが、やがて最後の一人がやってきた。彼はむろんロープの恩恵をうけられず、ロープにつかまることができなかった。ロープを岩からはずして持ってこなければならないからだ。われわれが峠の頂上の氷の斜面にいたとき、氷片を絶壁ごしにけとばし、私をとりわけなやました男を、下降全体としてもっとも危険なこの仕事に、ワリがえらんだ。その男は私がヤルカンドで自由にしてやった奴隷の一人だった。ひっきりなしにぶつぶついう不平家で、ひどくあらっぽかったが、真に困難な仕事には、ワリに次いで、もっとも適したすぐれた人間だった。彼はロープの一端を腰にむすびつけ、斜面に切ってある足場をゆっくり注意ぶかく下った。ロープの逆の端にいるわれわれは、足場を一つ一つふむたびにロープをたぐった。そうすれば、彼がスリップして、われわれを通りこして墜落した場合、ロープをぴんと張って、氷瀑におちこむのを多分救えるかもしれないのである。彼は無事に避難岩につき、われわれは次に同じ方法で、氷の斜面の段階をさらに二つ下降し、それほど急峻でない斜面の部分にやっとついたのだった。あとは全然足場を切らずに、つづいて下りられた。

ちょうど太陽が沈むころ、ついに峠の麓の氷河に達した。ふたたび安全地帯にきたのだった。緊張は終わり、私の旅行中最後の最大の障害をのり越えたのである。峠の麓に立ったその瞬間は、私の記憶に長くのこるものだった。——言いようもなく救われた感じと、私に与えられた成功に対する感謝の念の瞬間だった。そんな私の気持を、いま言葉では言い現わせない。が、ある偉大な目的に心を向け、それを達成した人なら、だれだってわかっていることだ。いままでヨーロッパ人が誰も見なかった、またそれ以来誰も見ていない峠を、私は最後にながめ、やがて、どこか氷雪のない地点を見つけ、敷物の上に横たわって休息するため、氷河を下って出立した。

太陽はすでに沈んだけれど、幸運なことに、明りがふんだんにあった。夜がおどろくばかり美しく、私は疲れていたけれども、その夜に大いに感銘を覚えないわけにいかなかった。月はほとんど満月に近く、空には雲一つなく、雪の峰々の円形劇場と氷河の氷塔《セラックス》のあいだには、純白以外、汚点一つ目にはいらなかった。こういう高度での空気には埃一つなく、霧のような水蒸気もなく、まったく澄んでいた。やわらかい銀色の月光がきらめく峰々に照りわたり、汚れ一つなくかがやいた。全体の効果は、魅惑的な妖精かなにかが出るような情景だった。峰々のきびしさがゆっくりやわらぎ、果てはすっかり消え失せ、もっとも純粋な形式の美だけがのこった。

こんな情景のためにわれわれの感じがにぶり、おまけに、峠をうまく越えたよろこびにも圧倒されて、周囲にかくれている危険にはいっこうに無関心になって、夢見るような不注意な歩き方で氷河をどんどん下った。氷河は美しかったが、クレヴァスをたくさん含んでいた。普通の状態なら、われわれは大いに用心して下りていったのである。ふり返ると、一人見当たらないのに気がつき、そのときはじめてなんと不注意だったかがわかった。踏みあとをたどって戻ると、あわれな男がクレヴァスにおちこんでいた。クレヴァスの表面が雪と氷にうすくおおわれていたので、自分の体重がかかってくずれた結果、おちこんだのだ。幸運にもクレヴァスは大きなものではなく、二五メートルばかりおち、おまけにかついでいた私の寝具のおかげで、左右の壁にはさまれた。そこでロープを下ろしてやって、安全にひっぱりだせた。これが一つの教訓になって、はじめから当然そうすべきだったのだが、それからあとの道中はたがいにロープをくくりつけて進み、進みながらいちいち足場をたしかめた。

私はいましんがりにいた。私の寝具をかついでいる男が、私の前にいた。ちょっと中休みをすると――二人はすぐそばにいたのだが――、寝具の包みからつよいブランデーの匂いがしてくるのを私はかぎつけた。気も狂うような思いがひょいとうかんだ。私は包みをひきさくようにしてあけてみた。すると、最後のブランデーの瓶がこわれていた！　私が北京をあとにするとき、旅行用にブランデーを差し上げるから、少なくとも二本持っていくようにとウォルシャム夫人にしきりに言われたのである。ゴビ砂漠で一本は飲んでしまった。あと一本をムスター峠を越える日まで取っておくことに決心していたのだ。が、その瓶がこわれ、男たちも私自身も、元気を取り戻すようなものが何かほんとうに必要なちょうどそのときになって、ブランデーがすっかりなくなってしまったのだ。寝具包みは、かついで下りる手間を省くために峠の上から投げ下ろし、その結果、羊皮の寝袋にくるまっていた瓶は粉々に割れてしまったのだ。

一一時ごろ、山腹の雪のない地面にやっと達し、野営するので停止した。木が一つもなく、火をもやすのにほんのわずかそのへんに雑草の根があるだけだった。そこで焚火をするために、登山杖を三本折らなければならず、どうやら二、三杯お茶を飲めるだけの湯をわかした。お茶を飲み、ビスケットを少し食べ、やがて私は羊皮の寝袋にもぐりこみ、連中は羊皮の外套にくるまり、横になって、何があってももう起きないかのように眠った。この二、三日の仕事や懸念はたいへんなものだったし、この日は一八時間もぶっ通しにうごいたのである。こうして、最悪の事態は終わり、それまではたらいてきた仕事に釣り合うだけ眠ったのだった。

が、翌日夜が明けると、われわれはふたたび立ち上がった。いちばん近い村アスコリに達するまでの途中が長く、峠にのこっている連中は食糧を待っていた。体をあたためるひまもなく出発しなければならなかった。焚火をする材料が何一つ見当たらなかった。が、一〇時ごろ、われわれの氷河が大バルトロ氷河に合流する付近の地点で、このルートが利用されていた当時にできた古い小屋を見つけ、あたりの木片ではじめて大火《おおび》をもやし、かなり腹いっぱいの食事をした。しかし、勝手にいい気になっているわけにいかなかった。食糧が大いに不足していたからだ。アスコリまでなんとかうまく切りぬけて持ちこたえられる食糧以外は、いっさい峠にいる連中のところへおいてきた。ビスケット少々、茶を少し、肉二口、これだけしか食べられなかった。これだけ食べ、一時間休み、ふたたび先をいそぎ、偉大なマシャー・ブルム峰にほぼ向かい合っているバルトロ氷河にぶつかった。この峰はちょうど氷河をわたったあたりで高度七五〇〇メートル以上にそば立っている。やがてアスコリとは反対側の左に目を転じると、さらにはるか遠い氷河の奥に、世界最大の氷河が見え、さらに高い他の峰々が遠く雪の尖塔のようにそば立っていた。バルトロ氷河の頭には七八〇〇メートルを越える四峰があり、左手にはなれて、われわれからはかくれて見えなかったが、K2峰があった。五年後、サー・ウイリアム・コンウェーの一行が氷河の全流域を探検し、六九〇〇メートルの一峰に登頂した。その崇高さと壮大さでは世界中その右に出るもののない地域の山々の巨人群、そのあいだをあてもなく歩き回るのは、魅力たっぷりなことだろう。といっても、できるだけ早く人家のある地点へ到着することしか私にはいま考えられなかった。

右手にまがり、山腹に近い堆石《モレーン》に沿って氷河を下った。この日とその次の日は、私には苦悶の日だった。私の土民靴はところどころすりきれ、しまいには足の皮膚が露出し、足のうらのふくらみに当たるすりきれた部分を、角張った石や氷河の岩屑《デブリ》にあてないように、足指やかかとで歩き、びっこをひかなければならなかった。足の力がよわくなると、私はいつもすべり、倒れ、肘に切り傷をつくり、からだを守ろうとしてごつごつした石で手を切った。

終日つかれきってとぼとぼ氷河を下り、日没ごろ、山腹のモミの木の小さな林にぶつかった。ここで思いのままの大焚火をすることができたが、余分の食べものがあったら申し分なくたのしかった。肉はもうのこっていなかったし、たべものといっては茶とビスケットだけだった。翌日、氷河のすそに達した。ここで不愉快な小さな事故がおこった。勢いよくほとばしる流れが氷河から走り出て、この流れをわたらなければならなかった。腰のふかさ以上もあり、氷河からの氷塊がいっぱいだった。私は着がえを持たず、善良な老シュカル・アリ――忠実な従僕で、のちの二度の旅行に私に同行した――がすすんで私を背負ってわたる志願をした。衣類をぬらさずにわたれるという誘惑に抗しきれなかったのだが、半分ばかりわたったところで、シュカル・アリがすべった。彼は自分がたすかるためにもがき、私を水中に押しこめてしまい、私はあやうく溺れかかり、流れの対岸についたときには、寒気のため全身がしびれた。私は寝袋にもぐりこんで一時間そこで休み、衣服をひろげて陽に干して乾かした。やがて岩だらけのせまい渓谷を下り、ふたたび先をいそいだ。夜になって洞窟の中で眠り、次の日、アスコリまでの最後の行程を進んだ。そんな地点にいたろうとは、私は一度も考えたことがなかったのだ。正午ごろ、遠くにアスコリの緑の木立と畑が見えたが、道はひどくでこぼこして石が多く、ゆっくり進むのがやっとだった。それでも、四時に、ついにそこへ着いた。村長を呼びにやって、村長に食物を少しもってくるように言いつけた。寝具を出してきたので私は横になった。やがて鶏の煮たのと、わずかの米食にありつき、生命とエネルギーがあらたにめざめた。

それにしても、そこはうすぎたない小さな村だった！　木立も畑も新鮮で緑色を呈していたが、家屋も住民も反感を覚えるくらいに汚なかったし、住民はいい感情をわれわれに持たなかった。この山地の人々は外来者にはおそろしく過敏である。北から彼らの国へはいってくる道はまったくとざされていると考えていた。ところが実際にはそうでないという証拠を歓迎しなかった。案内人のワリ自身この村の生まれだが、三〇年ばかり前に村を出ていた。もう一人の男もその村の人間だった。が、私の道案内をしたので村人が危害を加えはしまいかと思って不安だと言い、二人とも私のそばを離れず、私といっしょに村を立ち去った。その後、二人は直接ムスター峠を経由することもできただろうに、そうしないで、代わりにレーとカラコラム峠を経てヤルカンドに帰った。

食べものをいくらか食べ終えるとすぐ、峠にいる連中と小馬へ食糧を送りとどける用意をはじめた。この仕事に住民たちをひっぱりこむのが大苦労だった。しかし翌日には、一行はムスター峠を指して出発し、戻っていった。ロープや棒をたずさえ、この行動では三人がひどく負傷したけれども、峠を越え、連中に必要な食糧を補給することができた。

さて、私はよろこんで休養してもよかったのだが、そうはいかなかった。到着した翌日は出発できなかった。私は空腹のあまり、住民がもってきてくれたごたごたした油っこい料理を食べすぎ、ひどく気分がわるかった。それでも、次の日には、もう一つのムスター峠——新ムスター峠といわれるもの——を試みるので出発した。インド側の最初の村へ到達したばかりで、インドに背を向けなければならず、気が重かったが、この峠を上らずじまいにしたくなかった。そこでワリとアスコリの人々の一行を伴い、到着した二日目に峠の探検に出かけた。

アスコリの連中は山をおそれていた。最初の夜、峰頂に守護神の住居があるものと思われているその山の麓で、彼らは回教徒だったけれども、この神にいけにえの去勢牛を捧げて祈り、いけにえに額手礼をした。そのあとで去勢牛を食べたが、牛の代金は私が払ったので、このささやかな儀式はうたがいなく彼らには大いにたすかったわけである。ともかくそれから彼らはひどく陽気になったし、私は履きものを替えてきていたので、プンマ氷河をどんどん上っていけた。しかし、アスコリから三日目、スキンマンと呼ばれる野営地に面したところで、立ち往生させられた。新ムスター峠から流れてくる氷河が、この地点でプンマ氷河に合流し、この二つの氷河のあいだへ完全に《追いこまれた》のだった。峠に達するには、峠からながれてくる氷河を越えていかなければならないだろう。しかし、これはとてもできないのがわかった。明らかにこの地点で、巨大な氷が氷河へくずれたのである。大きな氷塊がごろごろしていた。氷河に足場を見つけるのが完全に不可能だった。そんなふうに一つまた一つ、氷塊が氷塊の上へのっかっていた。そこでわれわれは回れ右して、ふたたびアスコリに向かった。

私はいまあのふしぎな氷河地域や、プンマ氷河の頭の雪の円形劇場をふと考え、地表のごくまれにしか訪れない地点ではじめて目撃できる情景の、驚嘆すべきすべての美を思いだすのである。しかし、そのときには私の考えがぜんぜんインドの方へ向いていたといってよかった。山々との苦闘のために私はすっかり疲れ果て、山々から解放されて、ふたたび休息をとりたいものだとしきりに望んでいた。

アスコリに戻った次の日、旧ムスター峠を経て、小馬といっしょにいる連中のところまで送りだしてやった男たちが帰ってきた。彼らは食糧をわたした。劉三、ドログパ、その他のこりの連中が小馬をつれ、カラコラム峠を経由し、迂回してレーへいくために出発していた。そういうことだったので、私自身満足して、カシミールとパンジャーブ地方に向かう二日行程の区間に出立した。アスコリを出はずれると、ヒマラヤでよく見かける例の索橋の一つをわたらなければならなかった。索橋はカバの小枝をねじ合わせて編んだ太い三本のロープでできている。わたる場合に、一本をふみしめ、左右一本ずつの二本に支えられる。この特種な橋がせまい岩の淵にかかり、底にはバルトロ氷河からの川水が泡立ってすさまじくながれていた。わたるのにはたしかに気持のいい場所ではないが、ムスター峠ではいささかもびくつくようすもなく、たしかに少しもためらわずに越えたワリが、はじめこの橋をわたろうとしなかったのにはおどろいた。ついせんだってまでになしとげてきたことにくらべると、私には取るに足りないものに思われた。二本のロープにつかまると、少しも危険はないようだったが、ワリはぶるぶるふるえ、首をふり、二人の男に支えられてやっとわたる気分になった。ある種の危険に直面するときには少しも恐怖を覚えないが、べつのものに直面すると、まるっきり尻ごみをする男——私が出会ったもっともいちじるしい一例である。

やがてブラルド川の渓谷を伝って下ると、渓谷はずっとひらけたシガル渓谷と一つになった。ここへきてやっと私はまた小馬に乗り、つかれきってとぼとぼ歩く代わりに、いい気分で進み、周囲のすばらしい風景をたのしむことができた。人間の単純な動物的な感情が、自然の美を味わう能力にかけてはなんという相違を生むものだろう！　くたくたに疲れきっていると、私の心につよい感銘を与えるのは異様に目立つようなものでしかない。疲れきった視線をちらっと上に向け、私の進路を妨げ、旅行をそこまでにしてくれないような存在であるのを時には望みながら、驚嘆すべき壮大な峰頂のよこを通りすぎるのだった。が、いまは小馬の背にまたがり——みじめな小さな動物だったが——もはやのしかかってくる重荷のような疲労を覚えず、さんらんとかがやく山の風景をながめて、生まれるすべてのよろこびを心しずかにかみしめることができた。

シガル渓谷は三キロから五キロまでの広さである。渓谷の底は一帯に村落地で、アンズの木が何百本となく生いそだち、秋の季節になると、赤や紫や黄色のあらゆる美しい色どりの群葉をまとった。このあざやかにあたたかい木の葉の群れが渓谷の底をいっぱいに埋め、やがてその上にはむきだしのぎざぎざの山腹がそば立ち、山頂に万年雪をいただいていた。雲一つない、ふかい青い空の中では太陽がかがやきわたり、ムスター峠の氷のような突風は永久に背後に置き去られた。われわれをためすような極端な暑熱も寒気もなく、われわれは理想的な風土にいた。男たちの顔の重苦しい不安な表情は消え失せ、彼らはくぐりぬけてきたすべての困難を笑いとばし、村にやってくると、この肥沃な渓谷に非常に多い干しアンズ、ブドウ、クルミをどの村でも腹いっぱい食べ、愉快な足どりで私のよこを進んだ。

われわれがいまいる地方はバルティスタンで、その住民——バルティ人と呼ばれる——は、辛抱づよく従順で、人のいい人種である。尊敬する気にはほとんどなれないが、同情的な意味ではあわれみを寄せ、好感を持たざるをえない。あわれなバルティ人は国家の闘争でたたかい破れた種族の一つに属する。バルティ人の栄えた時代には、たたかいに強かったと言われるが、戦闘の時代はすでにすぎた。彼らはドグラ人（インド北西部の好戦的人種）の侵入に抗しきれず、現在ではまた外来の人種に支配されている。優秀な運搬夫で、自国や隣の国を通る道路がひどいので、しだいに荷物運搬の目的を遂行するためにやとわれ、ついには辛抱づよくて長時間苦しみぬくバルティ人の苦《クー》力《リー》が、この国境地帯の渓谷での名物になった。賞賛したくなるような力づよさや男らしさはほとんどバルティ人にはないのだが、気軽さや辛抱づよさにみずから満足しているので、好感をいだかせられる。私がやとったバルティ人のなかには、自分が義務と信じたことには熱烈に献身的だった者がいた。私は生まれながらの尊敬の念をいだくのである。さて、ムスター峠越えをするようになった五人の男とも別れることになった。彼らの頭《かしら》だったワリには、少数のほかの連中と同じく、尊敬の念を寄せるのである。ヤルカンドの宿屋で、私の前にはじめてつれてこられた彼を私はいま思い描くのだが――背のひくい、がっしりしたつくりの男で、灰鉄色のひげ、いささか際立ったかぎ型の鼻、あごや下唇のあたりには、危険に対する決意と誇らしい無頓着な表情があった。私の案内をしてムスター峠を越える気があるかどうかとたずねると、いきたい気はしないが、ほんとうに頼まれれば、案内してみてもいいという返事をした。ただ一つだけつけ加えたい条件は、私が地図を見てはいけないことだった。英国人は自分で自分の案内をやって、同行した男よりも地図を信用したがる傾向がいささかあると彼はきいていた。地図を見るつもりならできないわけではなかろうが、そうすると彼は同行しないのだった。反対に、彼を信じこめば、彼は私を安全に峠越えさせるのだ。こう考えて、私は彼をやとった。彼ほど忠誠に契約を履行しえた者はなかったろうし、彼がいなかったら、ムスター峠も越えられなかったろう。彼は終始自分の力を信頼してはたらきつづけ、全員に確信を与えたし、男たちは彼を仰ぎ、暗黙に服従した。彼のような人間を見れば見るほど、このバルティ人のような人間は多くの点で弱者ではあるものの、ひとたび責任を負わされ、信頼を寄せられ、救済を彼ら自身にまかせて遂行させると、おそらく彼らも他の人たちも、彼らの中にあるとは信じていなかったろうと思える多くのかくれた性格を表面に現わしてくるのだ、と確信させられた。老ワリはレーを経てヤルカンドに戻り、三年後、私がふたたびヤルカンドを訪れたとき、私を訪ねてきたが、前と少しもちがわない顔つきをしていたし、別れたときそのままの服装をしていたように思う。そしてあのような忠誠な奉仕をしてくれた人間に再会して、ほんとうにうれしかった。

　すばらしいはたらきをしたもう一人のバルティ人は、私がヤルカンドで金を払って解放してやった奴隷だった。彼は粗暴とも受け取れる性格の男だったが、私のかつて知らない熱心なはたらき手だった。彼はふたたび自由の身になって、制約もうけずに賃金をもらえたし、いまは家に帰る途中なので仕事の量はいっこう気にかけず、ヤルカンドからの全行程を通じてすばらしくふるまった。バルティスタンを通りぬけていくとき、ある日彼の生地の村を通過し、彼をそこにのこした。が、翌日、彼は男たちのごちそうにと果物や食糧の膨大な荷物をかついでわれわれに追いついた。彼は一九キロもはこんでやってきたのだった。私の手や足に接吻し、どんなに感謝しているか、自分の気持を現わさないでわれわれのもとを去るわけにはいかないと言った。このバルティ人は、ひとたびそのふかい感情に到達でき、致命的な荷物運搬をやって心がくじけてしまわなければ、あたたかい心情の持主である。私は心から残念に思いながら、これらの誠実な従者たちと別れた。

　バルティスタンの要地スカルドゥを通過してから一、二日行程ののち、ヒマラヤの南側で、最初のヨーロッパ人に出会った。彼は英国人ではなく、ドーヴェルニュ氏といって、フランス人だった。彼のテントで、何か月ぶりかに私ははじめてうまい食事をし、英語で話し合った。さらに二、三日行程いって、もう一人のヨーロッパ人に会った。この人はとにかく英国人にちがいないと思い、七か月あまりも同国人に会っていなかったので、その人に会うため、旅行者のいだく真剣な気持で私は彼のところへ歩いていった。が、こんどはこの見知らぬ人はロシヤ人とわかった！　彼自身ニコライ・ノトヴィッチと名のり、あとでわかったことだが、インドではそう好ましい評判の立っていなかった冒険家だった。どこからやってきたのかとノトヴィッチ氏にきくと、カシミールからきたと答えた。私は北京からと言った。別れぎわに、彼は芝居がかった調子で、「われら東洋の開拓者、ここに袂《たもと》を分かつ」と言ったときには、ひどくばかばかしかった。

このノトヴィッチ氏が、最近『新キリスト伝』という題名の書物を出版した。《キリスト伝》の文献を、彼は私と別れてから、ラダクの僧院で発見したと言明している。が、ノトヴィッチ氏の評判を知っているか、《キリスト伝》をいささかでも知っている人は、こんな見かけ倒しの書物には信頼をおかないだろう。

ノトヴィッチ氏のもとを去ったその日、最後の峠、高度三四二〇メートルのゾジ・ラを越えた。ぜんぜんらくな峠で、やがて南側へ下ると、山腹がすべて森林にかこまれているのがわかった。草も木もない北側の山腹とのちがいが非常に目立ち、また非常にたのしかった。それまでは、山々はヤルカンドの平原からはるかに高く離れてそば立ち、草も木もなく、森の気配すらなかった。どこかめぐみの日蔭になっている地点に、ときどきいじけた小さな木が一、二本見られるかもしれないが、一般に木立にぶつかるのは、渓谷の谷底か耕作されている土地にかぎった。ところが、とつぜんすべてが一変した。われわれはヒマラヤの前衛の山稜、その南面の山腹に達したのだ。モンスーンの雨は全部その山腹に降りそそぐけれども、あとは一滴ものこさず、反対側のからからに乾いた山腹には達しない。この結果、水路の一方にある山々はぎっしり森林にかこまれ、反対のもう一方の水路には、太陽の焼けつくむき出しの岩ばかりがある。

われわれは美しい森林のあるシンド渓谷をいそいで下った。牧草地や松林や奔流や雪をかぶった峰頂があった。ついに、ひらけたカシミールの渓谷そのものに達した。一二、三キロばかり進むと、渓谷はひらけてスリナガルに着いた。すべての町のなかでは、もっとも美しい絵のような場所にあったが、もっとも汚らしい町だ。そのときはじめて、私自身がなんと汚らしく、なんとあらっぽくなっていたかがわかった。ヤルカンドの羊皮外套、ヤルカンドの長靴、身のまわりの唯一のヨーロッパの衣料はまるい大黒ずきん型の帽子だけだった。砂漠では陽に照らされて焼け、氷河では寒気にやられて赤くなった顔、私は土地の人々にはヤルカンド人として声をかけられた。そこで私の最初の関心は、ヨーロッパ人に必要なものいっさいをととのえてくれる土地の一軒の店へいき、将校たちがカシミールで狩猟にでかけるときに着る上着と、ゴルフパンツ様の半ズボン、それに清潔なシャツを買い、散髪し、ひげをそり、大いに体を洗うことだった。文明へとびこむこんな準備に二時間あまり費してから、当時スリナガル駐在官だったラムジー大尉に会いにいった。だから、握手をしたすぐ直後に、「体をお洗いになりますか、いかがですか」とラムジー大尉に言われたときには、まったくつらかった。文明への復帰に当たって多くのショックをうけたが、これはその最初のものだった。

こんな不愉快なショックがあったのと同時に、いくらか愉快なおどろきもあった。旅行を成功裏に終えたのに対して、サー・フレデリック・ロバーツの祝電や、当時インド主計総監だったチャップマン大将の非常に親切な手紙をスリナガルで受けとったときの満足感は、いまでも覚えている。チャップマン大将自身ヤルカンドとカシュガルへいったことがあり、現地人が旅行者を大いに歓迎するのを知っていた。私の到着を待ちうけるための葉巻一箱がすでにとどいていたし、思いやりのある人である。

スリナガルでゆっくり休息するにしても、わずか一日しかそれに当てていなかった。休息すると、私は旅行の最終行程、ラワルピンディに向かって出発した。私は正確に七か月で私の仕事を達成しようと切望していた。またそれが私の仕事に必要な日数だと、私は北京で言ったのである。そこでどんどん進み、長途の旅行の終わりになって、出発した時よりもずっと《元気》な感じがした。その距離をすばやく通りすぎたのである。私は一一月二日の夕方七時にスリナガルに着き、食事をして一、二時間横になり、やがて夜中の一二時にふたたび出発して、最初の一九キロの行程を歩いた。それから土民用の二輪馬車《エッカ》に乗り、あたらしく建設された馬車道を三日行程ばかり運ばれた。その行程の終わりで、また一六キロばかり山を上ってマレーに向かい、日没ごろうすぐらいバンガローに着いた。ここで私は休み、朝の三時にふたたび出発し、徒歩で一六キロ進み、マレーにはいった。そこからトンガ(二輪馬車)をつかまえ、馬車に乗って最後の六二・五キロはいそいで山を下り、ラワルピンディにはいった。その変化はすばらしかった。くたびれる徒歩行進にくらべれば、みじめなちっぽけな小馬に乗るのもぜいたくだと考えたときがあった。しかし、土地の馬車にのって、ガラガラ揺られながらのんびりカシミールの道路を進んでいくのが、心地のいい旅行の精髄に思われた。そしていまは、山をかけ足で下りる二頭立ての小馬にひっぱられた乗りものに乗っていた。毎時間、徒歩で踏破できる距離の三、四倍も進み、おまけにそれが完全な休息に私には思われた。さらにいいことには、悪夢のような山々からひとりでに解放されつつあった。行く手をとざして私を封じこんだ、切れ目のない障壁また障壁の山脈の代わりに、目の前にはパンジャーブ地方の広大な平原がのびひろがった。反対側のトルキスタンの平原から迷路のような山々のあいだを進み、山脈また山脈を越え、それぞれとぎれることのない障害を一つ一つ通過し、ついに南側の平原に達したのだった。北京以来の私の長途の旅行は全部終わりを告げた。私の最高の希望は達せられ、北京の城門をラバに乗って出たときには、非常に遠く、近寄ることができないように思われていた目的地に私は到着したのだった。

四月四日に私は北京を出立し、一一月四日に、ラワルピンディの所属連隊の食堂に乗りつけた。二日後、私はシムラにいたり、北京で別れたままのベル大佐に会った。彼は私よりずっと早く進み、一月前にインドに帰着していた。そんなわけで、シナから陸路インドにいたった最初のヨーロッパ人の名誉は彼に属する。シナ人の従僕である気の毒な劉三は小馬をつれて、六週間おくれて到着した。小馬はムスター峠から引き返し、レーとカラコラム山脈を通って迂回させないわけにはいかなかったのである。彼は無理をし通しだったのでひどい肋膜炎にかかっていた。それで、すっかり回復してから、海路北京に帰してやった。のち彼は堅忍不抜のアメリカの旅行家ロックヒル氏にともなわれ、チベットにいたった。彼はシナ人であり、したがって動物ではけっしてなく、自分の仕事を完全に理解し、それを果たした。シナ帝国を東西にわたった横断旅行で彼ほどのすぐれた人間を見つけることはほとんどできなかった。彼は私を《走らせ》、シナの一方から他方へ、一包みの荷物のように運搬するのを自分の仕事と感じ、そう感じているかぎりでは疲れを知らずにはたらいた。旅行の成功は、全行程を通じ、おそれるふうもなく私に伴われてきたこの一人の従僕に負うところが少なくない。

# 9　カンジュート人の襲撃

山も海も山も、私と私の魂の一部ではないのか、
私がそれらの一部のように。
それらに対する愛情が、純粋な熱を帯びて私の心
　のおくにありはしないか。
それらにくらべるなら、すべての事象を蔑視しな
　くてよいものか、
おそらく赤熱する思いもなく、地上を見つめてい
　たずらに下向く眼差《まなざ》しの人々の
そのこわばった世俗の粘液質を哀れむ思いを控え
　るというより、
粘液質になやむ潮《うしお》のような苦患を、私はどうして
　堰《せ》きとめないでよいものか

バイロン

一八八九年の春、私はふたたびはげしい探検熱におそわれた。ネイ・イライアス氏に助言を求めたところ、のちにバウァー大尉が探検に成功したのとまったく同じルートを取って、チベット横断旅行をしてはどうかという提案をうけた。この旅行の詳細を熟考し、旅行計画を作成しはじめたとき、司令官から旅行不許可の厳命があって、私の希望はくだかれ、私は絶望したまま、インド駐留地でのわびしい炎暑期の月日をなんとはなしに過ごした。部下の軍服や鞍に微粒子のような塵があるのをさがしだしたり、馬に飼料や水をやって世話をしているのをながめたりして、一時間一時間を送った。が、ちょうど絶望していたときに、一筋の希望の光が射した。私は電報を受け取った。シムラの外務局からのもので、カシミールの北部国境の探検を行なうように要請してあった。長く待ち望んでいた機会が到来した。私はシムラに直行し、外務局長サー・モーティマー・デュランドに会い、私の使命についての訓令をうけた。

前二章で、私はヤルカンドからカシミールへの旅行を述べ、カシミールの北部に位置するフンザ（ヤルカンド

側では、カンジュートといつも呼ばれる）小国に巣食っている匪賊のことにふれた。高い雪の峠を越えるか、せまくて普通では通れない隘路《あいろ》をくぐりぬけるかしないと接近できない山々のあいだにふかくもぐり、その山の要塞からとびだしてきては、周囲のすべての地方をひっきりなしにおそっている人種を、その小国がそだてかくまっているのだった。ヤルカンドからインドに向かう途中、貿易商人はいつもこの粗暴な盗賊の難にあい、またヤルカンド渓谷の平和愛好の住民は彼らの攻撃に屈服して、貢物を差し出さないわけにいかなかった。パミールのひらけた渓谷一帯に散在し、防備もなくテント暮らしをするキルギス人の遊牧民たちは《貢物》代わりの献金をして、拒否するとひどい目にあわなければならなかった。ギルギットのカシミール軍隊は彼らの攻撃をおそれているし、遠くはなれて接近不可能なアスコリにいる哀れなバルティ人も、彼らをひょいと考えては身震いした。フンザの匪賊は侵入されない渓谷にいて安全だったにしても、だれも攻撃を加えることができず、彼らにしてみれば周囲のあらゆる人間をたたきのめすことができた。

一八八八年の秋――私がムスター峠を越えた翌年――この盗賊は、ヤルカンドの道路で、かつてない大胆な攻撃を大キャラバンに加え、シャヒドゥラのキルギス人を多数拉致《らち》した。キルギス人はそんな襲撃に対する保護をシナ人に訴えたが、拒否された。そこで一八八九年の春、同じような嘆願を英国当局にしてきた。この襲撃の状況を聴取して報告するためと、将来そんな襲撃を阻止する目的で、貿易ルートとフンザのあいだの地方全体を調査するため、いま私はインド政庁から派遣されることになったのだった。六名のグルカ兵の小護衛、土民の測量夫一名を伴う予定にして、レーに嘆願書を持ってきたキルギス人が同地で私の到着を待ち、いっしょにシャヒドゥラにいくはずだった。私の手助けになるようなことがあったらなんでも申し出てもらいたいと、サー・モーティマー・デュランドは親切に言葉をつづけ、計画に対する同情を示した。計画の実行について私は大いに励まされたのだ。出発の前夜、彼は言った。「この応接間にぬくぬくと腰を下ろし、貴官に出かけていってこんなことをやってもらいたいと頼むのは、いかにもやさしいことだ。が、貴官が遭遇する辛苦や困難が私にまったくわからないと思ってもらっては困る。途中の助けになるようなものは、なんなりと好きなように私に願い出てもらいたい。」
辛苦や困難は、実際に、彼にはわからなかったことだろうと思う。私にしてみれば、どこにいるよりも応接間にいるときの方が辛苦や困難がいちばんひどいように思えた。それが私の経験だったからだ。が、とにかく彼の同情心を得たという感じがした。私の体内に憩っている自信をほんとうのものにするため全力をつくすのには、彼の同情心を得るだけで十分はげましになった。準備にはたいして手間取らなかった。いまは七月だったし、これから探検しなければならない山地を旅行できるのは、夏と秋の期間にかぎられている。そこで手配はできるだけ早くしなければならなかった。七月五日に私はシムラを立ち、ラワルピンディで二、三日すごし、キャンプ用品、貯蔵食料その他を集め、私に同行するため選抜された第五グルカ中隊の六人の部下を検閲するため、アボッタバドにいった。私は連隊の事務室に通され、そこへいくと六人の部下が整列していた。各自のよこには服装と装備が小さくつまれ、うらやましそうに見つめているグルカ兵が大勢いた。ほんのちょっとさそい水をやると、とたんに大きく腹の底からおかしそうに笑いだすのは明らかなのだが、それにしてもふしぎなくらい彼らは厳粛な顔つきをしていた。特別の防寒具、防水シート、大外套その他、無料支給をうけていた。派遣には特別手当てがでるし、それからの二、三か月間は自由な野外生活をすることになる。帰隊するまでにはおそらく戦闘の機会もあろう。そんなわけで、彼らはひとりでによろこび、戦友からうらやましく思われているのもふしぎではなかった。万事異常なくととのえられ、彼ら自身も、その装備も、見たところ適切に役立つ状態なのがわかったので、荷物をまとめ、エッカに乗ってカシミールに先行させた。彼らはたいそうよろこび、愉快な丸顔ににやにや笑いをうかべ、連隊の隊列をはなれ、二輪馬車に乗って去った。

一方、私は自分の身のまわりの荷物を受け取るので、回り道してマレーにいかなければならなかった。アボッタバドまで、私は夜通し汽車とトンガの旅をつづけてきたのだったが、こんどは夕方までに、六四キロ馬に乗って、マレーにいくのだった。それは非常に美しい風景の中を行くたのしい旅だった。松の木にかこまれた山稜の頂上付近を道路が通り、片方にはパンジャーブ平原が遠く見わたせたし、反対の方には、そこここに美しいヒマラヤ杉のあいだから、雪をかぶったカシミール山脈がちらちらと見えた。はるかに遠いナンガ・パルバット――《裸の山》――海抜七八〇〇メートル以上にそば立って際立つ真の山の帝王がちらりと見えた。

マレーで一日すごし、いよいよ旅行をはじめた。翌日マレーから五日行程の、当時の馬車道の終点で、小男ぞろいの部下のグルカ兵に追いついた。一行をできるだけ早く進ませる必要があった。そこでグルカ兵を小馬に乗せ、二倍の行程をかせがせた。グルカ兵は小馬の背にいると、緊張して落ち着かない。山上りに向いてはいるが、騎馬向きにはできていない。小男の部下たちははじめ愉快になれなかったが、七月の温室のようなジェルム渓谷の大気の中では、とにかく歩いて四〇キロ進むよりはましなのがわかった。

この渓谷を上りつめてからウラル湖を舟でわたり、二年前、私が北京からやってきた途中下ったシンド渓谷の入口へ部下が向かっているあいだに、私は英国駐在官パリー・ニズベット大佐に会いにいった。他の多くの場合でもそうだったが、こんども同大佐からは、公式に予期していい援助ばかりでなく、上司が部下に対してというより父が子に与えるような思いやりのある配慮を受けたのだった。やがて、私は護衛兵といっしょになった。従卒として、また測量しなければならないときには測量夫として加わるはずだった第一一ベンガル槍騎兵の土民騎兵シャザド・ミールもわれわれに追いつき、一行の人員がすっかりそろった。これ以上すぐれた小人数の一行を望むことはできなかったろう。――なにか仕事をやり通さなければならないときには、ひどくきびしいこわい顔をするが、野営の焚火をかこんで勤務を離れると、いつまでも互いに冗談口をきき合ってげらげら笑う、愉快で陽気で、小柄だが、がっしりした六人のグルカ兵。ぜんぜん別人だが、同じように善良なシャザド・ミール。グルカ兵のように陽気ではなく、重々しくまじめなパサン人で、いま手がけている仕事に熱中すると、うまく仕上げなければ気がすまない。私は進みながら部下に話しかけ、前にその山地を通りぬけた話をしたものである。私は前途の多難を知っていた。愉快なグルカ兵が笑って言った。「いいですとも、隊長《サーヒブ》、気にしやしませんよ。」

ツンド渓谷にて

多難なときがやってくるものなら、やってきたときのことだ。そのときにはなんとかうまく切りぬけられるだろうし、それまでは大いに自分たちでたのしむつもりなのである。パサン人は眉を寄せ、戦闘でもあればすぐにでもたたかえる覚悟をしていた。自分の名前を上げる機会が欲しいだけだと私に話した。そんなとき、役に立つはたらきをすれば、たぶん私は彼を昇進させてやれるだろう。これからの話は、この部下たちがどんなに誠実につかえたかを示すものである。インド土民軍との最初の真の経験を私は愉快に思った。

　北京からやってきたときの最後の峠、ゾジ・ラを越え、森の多いカシミールの美しさ、蔭ふかい松林、あざやかな花のひらく牧草地を背後にして、不毛の山々と蔭一つない渓谷の荒涼とした地域にはいった。むき出しの岩石に太陽がじりじり照りつけ、三〇〇〇メートル以上もある高度では予期できないような暑熱を生み、こうして太陽が沈むと、頭上の雪峰から吹き下ろしてくる一陣の突風が、かえって身にしみてくるのだった。われわれはチベットの一角、ラダクにはいろうとしていた。その地方でたった一つほっとするような特色は、目立って高い岩の上にはかならずどこにでもちょこんとのっかっている、絵のような僧院だった。自然の風景について、ラダクほど荒涼とした外観をもつ地方を見つけるのもむずかしいだろう。山は高いには高いが、雄大でも峨々としているわけでもなく、一連の単純で巨大な石炭殻の山に似ている。が、仏教の僧院、パタパタとはためく祈禱文の書いてあるのぼり、チョルテン（仏塔建築の一つ）、その他インドではぜんぜんといっていいくらい目にふれない多くの宗教のしるしがその地方の魅力になって、やっと手ひどい悪口を言われずにすんでいる。この仏教生活のしるしについては、これまで何百回となく述べられてきた。そこで、ここでは、一枚岩を何百となくつみかさね、巨大な墓のように見えるものが長い行列をつくっているものにふれれば事たりる。一枚岩には一つ一つきまり文句の《オム・マニ・パドメ・フム（おお！ 宝石のようなハスの花よ！）》がきざまれている。この文句をくり返せばくり返すほど、御仏《みほとけ》の慈悲ぶかい御利益《ごりやく》があると、この宗教の帰依者が信じている魔よけの祈りの文句である。魔法のような同じきまり文句を書きしるした、微風にはためく色とりどりののぼり。一つはためくたびに、天に向かっていつもあたらしく祈りの文句を吐きだすのである。髪の毛をそり、首にじゅず玉の輪をかけた、うすぎたない黄衣の僧。つづけさまに回転さして、回転するたびに祈りの文句をうたうという祈り用の紡ぎ車を手にしている。以上のすべては仏教生活についての周知の特徴で、ついでの必要からここでふれてみたのにすぎない。私は絵のような美しさを賞賛し、その風変わりな迷信におどろいたが、チベットのはるかはなれた一隅で、仏教の持っている特殊な面を詳細に研究する余裕はなかった。

この地方をいそいで通りぬけ、七月三一日、要地レーに着いた。二〇日かかって、われわれ一行はちょうど六四〇キロ以上進み、三三〇〇メートルの峠を一つ、三九〇〇メートルの峠を三つ越えた。――どれもひどくらくだった。レーにはいると、シュカル・アリが出迎えた。ムスター峠を越えたことのある唯一のラダク人である。この地に私がまい戻ってきたのを耳にして、奉仕を申し出にやってきたのだった。私はよろこんで受けた。彼ほど愉快にすすんで仕事をする従僕を私は持ったことがなかったからである。彼は現在小馬引きから料理人に出世していた。彼には料理人の経験がなく、またこんなあらっぽい山地人は、普通なら料理人にえらびたくない人間だ。私は部下がくぐりぬけなければならないさまざまな困苦を知っていたので、インド平原の人間はつれてこない決心をしたのだった。彼らは奉仕がいちばん必要なときに、ちょうど病気になったり、がっくり参ってしまうかもしれない。《あらっぽいこと》になれている人間だけが私に同行できるだろうし、シュカル・アリほどつらい仕事に耐えられる人間もいないだろう。彼が料理人頭になっても、ひどく《こった《ルシエルシュ》》食事は期待できないかもしれないが、なにかの種類の食事はいつもまちがいなく食べられる。またシュカル・アリを一行中の一人にすれば、なにか特につらいことをしなければならないときには、そのむずかしい仕事を志願する人間がいつも一人はいることになると私は思ったのだ。

レーでは、ラムジー大尉の客分になった。彼は英国の高等駐在官で、私が北京からスリナガルに到着したとき、同地の駐在官として述べたその同じ将校である。小馬を用意することと、さらに奥地へ旅行するため、ほかに必要な手はずをととのえておいてもらうことをたのんであった。彼は万事とどこおりなく果たしてくれ、私はただ責任をうけつぐ以外ほとんどなにもすることがなかった。しかし、われわれ二人ともかなり気がかりになっていたことの一つは、さらに二五名のカシミール土民兵を護衛につけることだった。シャヒドゥラまでともなう予定だった。レーの守備隊を閲兵したが、全員で七九名を数えるのにすぎず、やせて半分飢え、みじめな老衰した年寄りの編成だった。隊列に沿って進んでいくと、さぐるように私をながめた。——各自が連れていってくれないように懇願しているように見え、私が選抜した男には一人一人恐怖の顔色がさっと現われた。アボッタバドで見たインド正規軍のグルカ兵の顔つきと精神、カシミール軍のこの悲しみに沈んだ部隊、そのあいだにある以上の大きな差異を考えることは不可能だ。前者は待遇もいいし、給料も高く、装備もいい。二、三か月間のつらい仕事も、単調な兵営生活からの歓迎すべき変化と見なした。後者は待遇も貧弱だし、装備もわるく、給料も低く、つらい仕事をおそれている。そんな仕事に体力的に耐えかねるのを知っているからだし、自分たちの犠牲が認められて報われる保証が何も考えられないからだ。これが一八八九年のカシミール軍の状態だった。現在は、英国将校の監督の下で再編成されてどんなにちがっているかは、フンザとチトラルにおける彼らの行為を見ればわかる。

そこで、さんざん苦労して、ラムジー大尉と私が一七人をえらんだ。防寒具をさらに追加して適当な装備を施し、食糧をさらにふやせば、要求どおりの仕事をうまく果たせるかもしれないと思った。シャヒドゥラに達するのには、三八四キロ進み、四つの高い峠を越えなければならないと知らされ、彼らはたがいに尻込みをしたらしかった。しかし、彼らは実際に戦士人種——ドグラ人——の出で、適切に面倒を見てもらえるのだと知るやいなや、勇気をふるいおこした。あとになると、要求されたことはやってのけて、私の足手まといにはいささかもならなかった。

カシミールの兵士のほかに、レーでは、バルティ人を二人加え、徒渉できない川をわたるのに、羊皮製の携帯筏《いかだ》を持参した。この羊皮製筏はバルティスタンでは大いに利用されている。一六枚から二〇枚以上の羊皮を大きくのばしてひろげ、木の枠にくくりつけ、竿を使うか櫂でこぐかして川をわたることができる。普通使用する筏では、木枠は固定しているが、われわれが持参するはずのものは、木枠の枠木はべつべつにし、羊皮はのばしたままはこんでいくのである。

この準備がすすんでいるあいだに、ラムジー大尉と私は作戦計画を討議した。英国当局に嘆願書を持ってきたキルギス人ムザが、まだレーにいた。前年のカンジュート人の襲撃の詳細を彼から知り、匪賊がフンザからやってくる経路についてある情報を得た。これは私が探検したいと思っている道路の一つで、ぜんぜん未知の地方を通りぬけている。そこで、そこへいく前に、入手可能な情報をできるだけ獲得する必要があった。私の主な懸念は、輸送に関していた。道路のない迷路のような山々のある地方では、利用する輸送機関としては、明らかに苦《クー》力《リー》が最良のものだろう。四足のいけないところも人間ならいけるし、苦力をやとえば、小馬やラバを使った場合にはじめから問題にならないルートでも伝っていける。が、苦力をやとうのに致命的な反対があった。期間がどれだけにしても、各自が自分の食糧を運ばなければならない。とするなら、余計な荷物を運ぶことができないのである。われわれは数週間人家のある地点からはなれる——事実、あとになって、住民を一人も見ずに五七日間進んだ——、一人一日約一キロの食糧が要る。このあらあらしい山々を越えて二七キロ以上の荷物をはこぶことはできず、兵站《へいたん》基地から三〇日間もはなれて進まなければならないとするなら、自分の食物をはこべるのがやっとで、三〇日以上進まなければならないなら、餓死する。いずれも明白なことだった。そこで、苦力は悪場を越える最良の輸送手段だとしても、やとうわけにいかなかった。

同じ反対は、ややちがった形だったが、小馬の利用にも適用された。小馬は一日に一・八キロの飼料を食べ、七二キロはこぶ。だから苦力よりもいくらか遠くまでいける。しかし、その小馬さえ、基地をはなれての遠征が一か月にもなれば、小馬自体の穀物の飼料に加え、一頭が一八キロの荷物をはこびうるのにすぎない。一か月以上になると、まったく役に立たなくなる。そこで私はロバを利用するのを思いついた。この動物はどこへいっても時機にかなった生き方ができることになっている。一頭分一日に手に一杯か二杯の穀類があればおそらく事足りるだろう。が、この動物を利用するのに非常に重大な反対は、体が小さいことだった。ひっきりなしに川をわたることになろうが、小さなロバはたちまち押しながされる。

私が荷物集積の拠点、小馬、ロバ、人夫を総合的に使う計画を作成しようとしていたとき、キルギス人のムザがラクダを提案して、私をほっとさせた。ある程度の頭数はシャヒドゥラで得られるし、フンザまでのルートの大半はつれていけると言った。それでたちまち難問題が解消した。ラクダは山腹沿いにある程度適当に草をあさって食べられるし、一日一キロの穀類を必要とする――とにかく、それだけしかやれない――だけで、一一三キロから一三五キロの荷物がはこべる。体の大きいのも、深い川をわたるのには大いに有利だろう。私は一八八七年、ヤルカンドからムスター峠に向かう途中、ラクダを使ったことがあり、そのときほんとうの難所を越えるのに山地のラクダがどんなによくはたらけるものかがわかった。そこで、すぐ集められるだけの頭数を得るように、使いをシャヒドゥラにやった。ラクダは全行程いけないにしても、渓谷の底や、やさしい峠越えにははたらけるだろう。次にもっともむずかしい峠越えには、二、三頭の小馬がいてわれわれをはこぶ。最悪の場合には二、三人の人夫がいることになる。

輸送問題が決定したので、次に注意しなければならないのが食糧だった。私は基地としてシャヒドゥラのことを言ったけれども、その言葉の普通の受け取り方では基地ではなかった。そこは海抜三六〇〇メートルを越えるところにあった。そこでは何一つ生えない。その土地には、永住的な人家は一つもない。昔の堡塁があったが、実際には、シャヒドゥラは遊牧民キルギス人の中心地にすぎず、キャラバンの便宜上の休息地だった。穀物飼料はすべて高度五一〇〇メートルの峠を越え、六日間の行程で、トルキスタンの村からはこんでこなければならなかった。これが二か月間も住民に出会わない山地帯探検の唯一の《基地》なのだった。この場合、シャヒドゥラにはわれわれ一行にとって十分な食糧がなく、問題はどうしたら得られるかだった。食糧を求めにだれかをトルキスタンの村へやっても、シナ人が承諾しないだろう。その村はシナ当局の統治下にあったし、シナ人が妨害するのは周知のところなのだ。反対に、レーから食糧をはこび上げるとすると、容易ならぬ企てになるだろう。ラダク地区でいちばん遠い村はシャヒドゥラから二八八キロ、平均高度五四〇〇メートル以上の三つの峠があいだにある。その村では、前回の旅行のとき、シナ人は非常にいんぎんだった。そこで、もう一度私はそのいんぎんを信頼した。トルキスタンの村で食糧を手に入れ、シャヒドゥラにもってくるように、私は一人の男を使いにやった。

準備万端すべてととのったので、私はラムジー大尉にさようならを言い、八月八日、ふたたび出立した。レーをあとにすると、海抜五二八〇メートルの高い峠カルドゥンを越えなければならず、レーからの上りがすこぶるだしぬけだったので、高山病にかかってふらつき、しばらくは意気上がらなかった。上りが徐々なものなら、大気の変化の条件に馴れてくるようになるのだが、五一〇〇メートルのような高度への上りが急激(こんどのように)だと、たいがいの人間が変化の影響を受けるらしく、なんともやりきれない頭痛、病気になった気持、意気消沈など、旅行者は高山病におそわれたのをすぐ知るのである。いまの場合、私はおそろしく意気消沈するようになった。はじめからこんなに調子がわるいと、真の旅行の起点シャヒドゥラに達しうるまでには、さらに高い三つの峠を越えなければならず、ふたたびカシミールに戻るとして、さらに一〇の峠を越えなければならないのに、私はどうやってやって行くのだろう。しかし、高度に馴れるようになると、幸運にも高山病がだんだん消え失せ、ふたたびそれにわずらわされることがなかった。

シャヒドゥラまでの旅行は、詳細を述べる必要はない。もうすでによく知られているのだ。アンズの果樹園と仏跡のある絵のようなヌブラ渓谷を上ってから、五三四〇メートルのササー峠を越えた。――頂上に氷河があるので非常に危険だが、この季節には危険らしい危険は何もない峠である。この付近とヌブラ渓谷の頭上にある山々はきわめて巨大で際立ち、高度六九〇〇メートルと七二〇〇メートルの峰々がそびえ、美しい氷河が山腹をころがり落ちる。が、ササー峠を越えると、地表にあるもののなかではもっとも荒涼をきわめている地方へはいった。デプサン平原は海抜五一〇〇メートル以上もある砂礫地で、ちょうど郊外の別荘にはいっていく小砂利道のように、何一つ生えていない。背後にははるかに遠く、ササーとヌブラの雪峰が、何隻かの巨船の帆のように地平線上に現われていたが、目の前には、おそろしく荒涼とした、気の滅入るような砂礫の平原と砂礫の大丘陵しかなかった。平原を越えて、目もつぶれるような雪まじりの突風が吹き、夜になると、いまは真夏なのに、かなりの霜が数度も下りた。デプサン平原を横断し、いちめんに小馬の骸骨のある浅い渓谷を上った。そこを通過する旅行者は、だれもが本能的に《死の影の谷》と名づけている。高度五六五五メートルのカラコラム峠に達した。こんな高所には、とうぜん雪がつもっているだろうと想像するのだが、峠の上にも、高度五七〇〇メートルはゆうに越えるそばの山にも、雪は少しもなかった。カラコラム（《黒い砂礫》）とは、前述したように、実にこの峠と山脈につけられた名前だが、こんなに高度で、おまけに事実上、インドとトルキスタンの分水嶺を形成する山山に雪の気配さえないのは、奇妙なことである。その説明として考えられる唯一の理由は、この山脈の背後、すなわち、山脈と雨のやってくる太洋のあいだに、湿気の大部分をさえぎるはるかに高い山々がほかにあることだ。降雪があり、氷河の形としてのこるようなふかい樋状の渓谷がなく、降雪があると山の表面に薄衣《うすぎぬ》のようにつもり、太陽の光線をうけるとすぐ溶けてしまうような浅くて広い渓谷があるだけである。だから、そうなると、モンブランのてっぺんにスノードン（英国第二の高峰、一〇八五メートル）ぐらいの高さの山をのせたくらいあるこれらの山々は、英国の低い山と同じく、夏期にはまったく雪を見ない。

カラコラム峠の北側へ下り、あわれにも前年ダルグレーシュがアフガニスタン人に殺害された地点を通過した。そこには、ドーヴェルニュ氏、カンバーランド少佐、バウァー大尉によって設置されたばかりの記念碑があった。こんなに荒涼とした地点を想像することはできない。このインドと中央アジアの境界線上で、もっとも近くにいる同国人から何百キロとはなれたこの高い山脈の実に中心部で、中央アジアに故郷をきずこうとした英国人がたった一人孤独に倒れたのだった。一つの生命がそんなふうに犠牲になった。彼がそれまで定住していた国の人々の愛情を、駆引きなしにうまく得てきたあとで、彼と同じく他郷の人間の狂った発作的な気分のために裏切られ、殺害されたのを考えるのは、かなしいことだった。

カラコラム峠からは、その南側で通過した地域に比べれば、それほど荒涼ではない地域を横切り、高度五二八〇メートルのスゲト峠を越えたのち、シャヒドゥラに向かっていそいで下りた。そこへは八月二一日に着いたのだが、最後の六日間は食糧が得られず、得られるのはごくわずかの草、燃料にするわずかの草の根といった地方を二七二キロ進み、またその六日間に、海抜四五〇〇メートルの低い峠のほか、平均海抜五二八〇メートルの峠を三つ越えた。アボッタバドの屯営を出立した時からちょうど六週間、一行は山々の心臓部に一〇二四キロはいりこんだのだった。

　シャヒドゥラでは、村長トゥルディ・コルを先頭にするキルギス人の代表者の出迎えをうけた。彼は落ち着いた、苦労やつれのした老人で、襲撃の現場に居合わせたので、話をのこらず正確に伝えることができた。前年の秋、フンザ人（カンジュート人）の一隊八七人が、あるいは火縄銃、あるいは刀剣、なかにはつるはしだけを手にして、三〇四キロはなれたシムシャル峠を越え、とつぜんシャヒドゥラ付近に現われたのである。彼らはキャラバンを襲って多量の物資をはこび去り、渓谷のあたりでは、羊群や家畜の群れの世話をしている何人かのキルギス人の遊牧民を見つけると、奴隷として拉致するために捕虜にした。そのなかの何人かを連れて、死ぬほどひどい目にあわせながら、村長トゥルディ・コルの住んでいるところへ案内させ、テントまでいって呼んでくるように命じた。出てきたらすぐつかまえられるように、カンジュート人が身をかくしていたのである。しかしトゥルディ・コルは、呼び方がおかしい、いつも輩下の連中はテントの外に立って声をかけるようなことはせず、はいってきてねがいごとをする事実から、なんとなく疑念をいだいたと語った。そこで、用心して英国製のライフル銃をしっかりにぎり、テントの垂れ幕を横におしひらいた。するとカンジュート人の連中が目にはいった。発砲して、彼らは逃走したけれども、二一人のキルギス人の男女が拉致され、あとになって、一人八〇ルピー払ってやっと釈放された。

　トゥルディ・コルとキルギス人の全部が、英国政府の代表としての私に、この残忍な襲撃を停止するための調停をなにかしてもらいたいと懇願した。シナ人は何もしてくれないし、いまは唯一の希望が英国政府にあるのだと言ったのである。インド政庁はデュランド大尉(現大佐)をフンザに派遣して、そこの頭首に会い、この襲撃についてとくに折衝を行なう予定だし、本年中は、通商路保護のため、シャヒドゥラにカシミールの土民兵をおくつもりだと私は話してやった。しかし私は襲撃の行なわれたシャヒドゥラからの通商路をさらに探検したいと思い、遂行できるための案内人をつけてもらいたいと申し入れた。トゥルディ・コルはみずから同行を志願した。前にフンザにいったことがあるし、道路を知っているから、彼の援助はどうやら大いに貴重なものになるらしかった。

このキルギス人は魅力のある連中ではなかった。臆病で、決断力がなく、ごまかすのがうまい。実際、生活様式も他からの攻撃を受けやすくしている。羊や家畜の群れによって暮らし、動物の牧場が見つかれば、渓谷のどこへでも散在しなければならないからだ。そこで、とうぜんがっちりまとまった匪賊の一隊の攻撃をうけるままになる。たしかにそうだが、匪賊にすれば、逆に険阻な山の多い地方を越え、三二〇キロ近くやってこなければならない。キルギス人に何かすぐれた点があるなら、自分の国の隘路や峠で、とうぜんカンジュート人に何か罰則を与えるか、とにかく横暴な匪賊を阻止できるような何かの報復をいささかでも行なえたはずなのである。しかしほんとうに勇気と胆力のあるトゥルディ・コルを除くと、彼らは軟弱な人間で、自衛を講じるというよりは、追従男のように、どこかの強国にしがみつき、その国からの保護を得たがっていた。私が訪れたときには、シャヒドゥラとその周辺には約四〇家族がいて、すべてのキルギス人同様《アコイ》と呼ばれる円型のフェルトづくりのテントで暮らしていた。長いゆるやかな衣服を着てターバンをまくか、丸い毛の帽子をかぶり、身なりがよかった。彼らはラダクの住民より景気のいい状態にあるらしく、ラクダやヤクや小馬を賃貸ししたり、ヤルカンドからレーにいたる隊商路の途中シャヒドゥラを通る貿易商人に羊やヤギを売ったりして、かなりもうけている。二〇人か三〇人ぐらいは旧式な火縄銃を持っていたが、ほかの連中にはぜんぜん武器がなかった。彼ら全体はまったくみじめなくらいカンジュート人をおそれ、フンザ領地にはいった男はたちまち殺されると確言した。私が呼ばれて、いっしょにいった大きな集まりでは、彼らは大声をあげてそう宣言したのだった。彼らがそう言ったとき、私はふり返り、冗談に、グルカ兵のナイク（伍長）に言った。「いいとも、お前をまっさきにいかしてやるよ。」小男の彼はすっかりよろこび、おさきばしって、満足して顔をかがやかした。こんなちょっとしたことでも、それぞれちがった人種のそれぞれにちがう特徴が、ちらっとながら露わに出てくる。アジア人は、ヨーロッパ人よりも、こんな兆候をすばやく見てとる。

六人の小柄なグルカ兵は、こうした、あるいはこれに似かよった行動で、行く先々の住民にいちじるしい印象を与えた。キルギス人は、グルカ兵と彼ら自身のちがいをすぐ発見して、われわれがはじめて到着したとき、彼らの上をおおっていた恐怖感や意気消沈の思いはまもなく消え、その代わりに、自信や安息感が生まれたのだった。

# 10　氷河に囲まれて

体じゅうがこごえわたる氷の地域に押しこめられたりする
『以尺報尺』（シェイクスピアの喜劇）

シャヒドゥラからはいそいで出発するには及ばなかった。われわれはヤルカンド川を下って、数日間進まなければならなかったが、雪どけの夏期の増水が減り、川水がやせるまで待つ必要があったからである。こんど探検することになっている地域はまったくの無人で、道路も踏みあとも橋も、その他普通の運輸の手段はまったくなかった。私はすでにムスター峠越えの旅行で、その地域の見本にはぶつかっていた。川床や、左右が絶壁状のふかい渓谷の底を苦労して進み、いかめしく呼べば峠といえるある通路から山脈をよじ上らなければならないのを知っていた。最初の一〇四キロはヘイワードが探検している。一八八七年には、さらに一四四キロを私が踏破した。が、それ以外、シャヒドゥラからパミール高原タグドゥムバシュ地区とフンザにいたる地域はぜんぜん未知だった。川や山脈の走りぐあい、カンジュート人の匪賊がフンザからとびだしてくるときに通るこのシムシャル峠の位置、すべてが推察の域を出なかった。

とくに私がやってみたいと望んでいることが二つあった。このシムシャル峠を発見し、匪賊のやってくる方法をたしかめることだった。またその途中、サルトロ峠と呼ばれる神秘的な峠の存在についての好奇心を満足させてみたいと思った。ムスター峠にいたる途中、かつて道案内ワリが遠く彼方にその峠を指摘した。これは二番目のムスター峠以外のものではありえないと私は確信した。ところが、実際にはそうではなかった。だから私はやはりその峠が見たかったのである。この峠を二つ見終わってから、パミール高原のはしをどこまでも進み、のちそこからフンザを通りぬけ、ギルギットにいたる峠を一つか二つ経由して帰途につくのが私の意図だった。デュランド大尉はすでにフンザ訪問を計画していた。だから、一方では、その訪問中に統治者と話し合って、同国内での私の指揮を安全にするための手順を決めるはずだった。

使いをやって求めさした食糧が、八月下旬、トルキスタンから到着した。食糧の発送についてはシナ人はなにも反対はせず、私が送った手紙には、実際には、懇切な返書をよこした。小馬用の穀類一四四〇キロ、全員の小麦粉六四八キロ、米七二キロ、ギー（粗製バター）二一・六キロ、その他、茶、砂糖などのこまごました食料品、羊七頭、ヤギ六頭の一群、以上が旅行中の消費量として現在あるものだった。また道づくりの道具をいくつか持参し、むろん小馬用の蹄鉄の補給は全部欠かさなかった。

この食糧と一行全部の荷物をはこぶのに、小馬一八頭とラクダ一三頭がいた。しかしこの食糧では一月半ぐらいしかもたないので、さらにトルキスタンの村からはこんでくるはずの残りの分を取りに、ラクダを途中から返す打ち合わせをしなければならなかった。シムシャル峠とサルトロ峠の探検を終えたときに、ある川の合流点（特定の二河川が合流してくれればいいと思ったのである。合流点については確実な情報の持ち合わせがなかった）で、私に出会うことにするのだった。この探検はむろん相当時間がかかるだろうし、そのあいだにラクダはシャヒドゥラまでいって、戻ってこれよう。十分な食糧を持たずに出立すれば、危険を冒すことになるのにきまっているが、こんな地域の探検はなにかの危険を冒さないと達成できないのだ。ラクダも思っていたとおりの数が得られず、したがって手にはいるものを最大限に利用し、二番目の食糧品が打ち合わせどおりに到着するのをどうしても信頼しないわけにいかなかった。

小馬も馬具もすっかり点検し、荷鞍は修繕し、荷物も適当に梱包した。九月三日、シャヒドゥラを出立し、あとに一七名のカシミール土民兵をのこした。彼らは一か月間シャヒドゥラに駐留して、通商路を保護し、それからレーに帰るはずだった。一行はグルカ兵（護衛）六名、従卒兼測量夫一名、通訳一名（レーのアルグーン人）、料理人一名（ラダク人）、筏こぎのバルティ人二名、キルギス人五名の編成だった。全体では、人員一六名に小馬一九頭（私の乗馬一頭をふくむ）、ラクダ一三頭。そのほかキルギス人が全部小馬に乗っていた。

ヤルカンド川の上流を探検したときのヘイワードのとったルートにしたがい、シャヒドゥラから西の方へ踏みだした。あちこちにきれいな放牧地のある渓谷に沿っていった。前年まで人が住んでいたのだが、カンジュート人の襲撃をうけ、いまはまったくの無人だった。この渓谷はカル・チュスクンの名前で知られる。東トルキスタン語で、カル・チュスクンは《休息地》の意味だ。カルは、何年か前に、ここで休息したといわれるブハラのある聖者の名前である。この渓谷の北部をかぎっている山々は、非常に豪壮で鋸歯状を呈し、美しくそば立つ峰峰、それに氷河があるが、ヘイワードがアクタグ山脈と呼んでいる南方山脈は、いくぶん性格が弱く、まるいおだやかな山頂があって、氷河はなかった。ソク・ブラクはらくな峠だ。頂上から東にコンロン山脈の雪の連峰が見え、西方には、三つの美しい雪峰で終わる山々の岩塊が現われた。この雪峰をヘイワードは、ムスター山脈の主脈に属しているものとまちがえたが、実際には、その主脈の山々の高度と雄大さにはとてもおよばず、オプラン川渓谷でムスター山脈から分離するアギル山脈にふくまれる。

峠の頂上では、風がおそろしくつよく吹きまくり、四五分間、温度計を煮沸して高度をたしかめようとしたのだが、できないのがわかった。ヘイワードは五一九六メートルと算定していた。峠を下り、せまい岩の峡谷を通りぬけ、夕方近く、ヤルカンド川に達し、キルギス・ジャンガルとして知られる密林中の細長くひらけた場所で停止した。渓谷の幅がこのへんで一・六キロ以上あった。谷底は大半小石で埋まり、流れがいくすじかに分かれてその上を走っている。山側は急峻で、岩の絶壁である。川床に沿う二、三の地点を除き、草も木も見られなかった。

九月五日、一七、八キロばかりの短い行程を進み、クラヌルディに着いた。かつてそこで死骸の見つかった野生ロバ《クラン》のせいでそんな名前のついている野営地である。この時の天気は実によかった。空気が非常に澄み、明るく、暑からず寒からず――旅行にはまったくもってこいだった。ルートも平坦でやさしく、ヤルカンド川の広い小石の川床を下っていった。コンロン山脈の雪峰が北方に六三〇〇メートルの高さにそば立っていたが、南方、アギル山脈の真の頂上は、時おり、せまい深い峡谷の奥にちらりちらり見えるにすぎなかった。ヤルカンド川の渓谷の下方はるか遠くに、ひどく際立った山塊が見え、ヘイワードの測定では、高度が六九〇〇メートルに近かった。

翌日は、前日の短い行程の埋め合わせをするので、早朝出立して四二キロ進み、途中チラグサルディの野営地を通った。一八八七年に私のたどったヤルカンドからのルートが交じわるところで、ヘイワードの到達した最終点である。この地点からの渓谷はかなりせまく、場所によっては流れがすばらしく高い絶壁のあいだを走っているので、たえずあちこち川をわたる必要があった。左右からはいってくる流れが水量をまし、川はしだいに深く、荷物をつんだ小馬がついに徒渉できないくらいになる。二年前、さんざん手間をくった同じ峡谷で、立ち往生するにいたった。川はこの地点で小馬の背中にまで達し、岩の川床をすばらしく速い勢いでながれていた。そこで小馬の背に荷物をのせていくのは、とても考えられなかった。その夜（九月七日）そこにとどまり、朝まで待たなければならなかった。その時間には雪をとかす太陽のせいで水量がふえ、朝になれば、午後よりも川水が減るのである。

この日の行程では、カラシュ・タリム（約八〇年前にここに住んでいたといわれる男カラシュの耕地、という意味）の草原にある若干の廃墟のそばを通った。小屋あとが六つと、いくつかの熔鉱炉のあとがあり、土地を耕した畝あともあった。密林中の細長い草地は、長さが八〇〇メートル以上、広さが五四〇メートル、明らかに以前は木が生い茂った地点だった。銅や鉄の鉱石のある兆候もあり、小量の金もたぶん見つかるだろう。石英や小さな鉄鉱石がやたらに多かったからだ。この山脈に鉱石があるという伝説はたくさんあるし、その地方の名前ラスカムは、ラストカン（真の鉱山）のなまったもので、鉱石がないわけではないのを明らかに示している。

さらに下って、バザル・ダラと呼ばれるかなりな流れをすぎた。この流れを上るルートがパクプルに達する。流れの大きさは、幅二二・五メートル、深さ四五センチ、コンロン山脈の主脈がここへくるとかなり後退しているのがわかる。トゥルディ・コルが教えてくれた話では、バザル・ダラ川を上り、峠（コカラン）を越えても、ずっと東のヤンギ峠とチラグサルディ峠の場合と同じように、ティスナフ川の盆地にはいらず、クラナルグと呼ばれる川の渓谷へ下るのである。この川は下流のピル付近でヤルカンド川に合流する。そこで、ティスナフ川の渓谷へはいるのには、もう一つのタクタ・クラン峠を越えなければならない。そこで、チラグサルディ峠のやや西方で、コンロン山脈が分離しているのにちがいなく、二つの支脈がクラナルグ川をはさんで分かれているのは明白だ。この下流地帯はチュクシュと呼ばれ、東トルキスタン人が住み、シナ人の管轄をうけているが、キルギス人と同じく、カンジュート人の襲撃に対する保護をシナ当局から拒否され、国境の峠の外側に住むように言われ、したがって援助は何も期待してないのにちがいない。

この日の行程では、この山々の偉大な高さにつよい感銘をうけた。周囲の山々のあいだに押しこめられ、渓谷の底を単調に進んでいくのにあき、私は突出している一つの山へ上る決心をした。そこからはわれわれを封じこんでいる山々の高い部分の眺望ができそうに思われた。

砂利石の山腹を、何時間も苦労して上った。ごろごろ動く石のすて場で、一足ごとにすべって後退し、できるだけがんばって上った。やっと頂上に着くと、そこは単に支脈の末端の一頂点にすぎず、そこから山稜がのび、しだいに高くなって背後の山脈に達している。下方、私のキャラバンが渓谷の底の斑点のように見え、頭上の雪峰はあいかわらず、はるかに遠かった。偉大な主脈は、渓谷の底から見える以外はほとんど何も見えず、この山々の高度の正体がいくぶんわかりかけてからその山の反対側へ下り、前述の峡谷で一行が立ち往生するようになったちょうどそのとき、またいっしょになった。川は巨岩や丸石の上を激怒した調子ですさまじくながれ、小馬ではとてもわたれず、その夜はそこへとどまらないわけにはいかなかったのである。翌朝、川床のあまりでこぼこしていない場所をえらび、われわれはラクダに乗ってわたった。峡谷の対岸を三、四キロいった、カルルと呼ぶ気持のいい小さな野営地で停止した。スラクワト川の合流点である。ここには、密生した緑の草が豊富にあった。高さ六〇メートルものやぶもあった。小馬にはそれからもう先ずっとありそうもないこの草をたっぷり食べさせるので、その翌日もそこにとどまった。

トゥルディ・コルは私をつれて三、四キロ川下へいき、二つばかり、なかなかいい野営地へ案内した。シャヒドゥラの位置しているカラ・カシュ川の下流地方にくらべ、この渓谷の下流地帯にはかなり牧場地が多く、昔は渓谷に人も多く住み、耕地もあり、商人たちがムスターー峠を越えてバルティスタンへいき、そこからやってきたと彼は言う。しかしカンジュート人の襲撃をうけ、これは途絶した。この峡谷でおこった大襲撃の話が伝わっている。川におおいかぶさっている絶壁の上に、カンジュート人がかくれ、ホージャ・モハメッドと呼ばれる男が、家族をふくめ、大きな一行をともなって通過していたとき、一行めがけて発砲し、それから剣を手にして攻撃し、男を皆殺しにすると、女子供を拉致した。それ以来、この峡谷はいつも一般にはホージャ・モハメッドの名前で知られているのだった。

いよいよヤルカンド川の渓谷をあとにしてアギル山脈を越え、オプラン川の渓谷へはいっていかなければならなかった。私はさらに一日分行程をのばして、アギル峠の麓までラクダをつれ、そこから、食糧の二回目の分をはこぶためにシャヒドゥラへ返した。サルトロ峠とシムシャル峠の探検を終えてから、ヤルカンド川とオプラン川の合流点に近いチョン・ジャンガルで私に出会うように、食糧をトゥルディ・コルがはこんでくることにすでに打ち合わせていた。アギル峠に向かうスラクワト川の上りは、ところどころひどく骨が折れた。渓谷はせばまって峡谷となり、急峻な絶壁を小馬がぐるっと回りこんでいけるための階段を築き、二か所ばかり数時間を費やさなければならなかった。渓谷の底一帯にばらまかれている丸石が小馬には歩きにくく、大いにつらかった。

しかしついに小さな平原へ出ると、そのはるか果てには、アギル山脈の主峰群が、正面の壁のように、鋸歯状を呈しきびしくそば立っている。一八八七年、私が岩かげに横になって、露天で一夜をすごしたその同じ岩のそばを通過した。テントを張って私の居場所を知らせることになると、カンジュート人の襲撃をうける。それがこわいので、この山地を通過するあいだはいつもそうしないわけにはいかなかったのである。九月一一日、以前通ったところをふたたびたどり、山脈のアギル峠として知られる目立った窪みを越えた。

いままでにこの峠を越えたたった一人のヨーロッパ人は私だったが、それにしても、われわれはこれまで既知の土地を進んできたのだ。こんどはほんとうに新しい探検がはじまるのだった。私はすでにアギル峠から得られるすばらしい眺望のことを述べた。——雪の峰々、気味のわるい壁のような山々、幾匹かの巨竜のように渓谷の底へはい下りてくる氷河。東の方に遠くはなれ、足下のオプラン川の渓谷を横切ってのびている氷河を上ると、サルトロ峠と呼ばれる峠を経由してバルティスタンに達する道があると、道案内のワリが私に話した。何年もこの峠を越えたものはいないらしく、ムスター峠と同じようにむずかしい峠なのはほぼまちがいない。が、シムシャル峠へ進む前に、この峠の実体をたしかめるため、一週間か一〇日ぐらいを利用してもかまわないだろうと考えた。オプラン川の渓谷へ下り、いくらか草の得られる地点にキャンプをした。ここへ重い荷物といっしょに護衛のグルカ兵をのこし、従卒のシャザド・ミール、シュカル・アリ、バルティ人一名をともなって、私は出かけた。小馬五頭をつれ、燃料をふくめ一〇日分の食糧を持参し、乗れるときにはいつでも乗るように、乗馬用の小馬を一頭をともなった。

九月一二日に出発した。最初の行程は、幅の広いオプラン川の小石の川床について上り、いかにもらくだった。南方の峡谷の一つの奥に、高度八六一一メートルの巨峰、K2の豪壮な眺望が得られ、その夜は、K2とガッシャーブルム山群を二つながら眺められる地点で停止した。山群中の四峰は七八〇〇メートルを越えていた。翌日になると、ほんとうの困難がはじまった。第一が、アギル峠からながめた大氷河だった。オプラン川の渓谷をまっすぐに横切ってつきでると、右岸の絶壁すれすれに達している。しかし川は氷河の末端の氷をたえず洗いおとしているので、川そのものはかくれずにながれつづけた。そこで、氷塊のいっぱいある川水をわたって小馬をつれ、氷河の末端を迂回することができた。氷河の壁は高さ四五メートルから六〇メートルもある大きなものだった。氷河はガッシャーブルム山脈から走り下り、末端が幅二キロ半ぐらいあった。中央部は純粋の氷塔の群れで、見上げると、氷塔の下は氷の海であり、ながめは非常に美しく、遠方にはガッシャーブルム峰が七八〇〇メートル以上の高さにそば立っている。

氷河の末端を迂回する通路は、ぜんぜん危険がともなわないわけではなかった。流れが速く、水勢がつよかったからだ。私は小馬に乗って、わたれそうな浅い地点を用心ぶかく偵察しなければならなかったし、氷河の末端を形成する氷の絶壁の下をすれすれに通過すると、大きな氷壁からは氷片が頭上におちてくるので、いささかびくついた。この障害物をうまく回りこんでから、幅が約一・二キロもある砂礫の平原へでた。すると、オプラン川を横切って走っているもう一つの氷河にぶつかった。サルトロ峠に達するのには、どうしても上らなければならない氷河なのがあとになってわかった。と同時に、南の方のべつの氷河からながれでているオプラン川がよく見えた。ところで、もう一つ氷河が現われた。それは東南の方向からやってきて、カラコラム峠からそんなに遠くないところまではい上がっているように見えた。そんなわけで、前面にも氷河、背後にも氷河、まわり全体が氷河で、このまったく氷河にとじこめられている地域にはいりこんだ。われわれの困難をさらにふかめるかのように、不運にも低い雪雲が寄り合っていた。峠に達するのには、よほどつらい仕事をしなければならないだろうという感じがした。

この氷河の一つをはじめながめると、小馬をつれてそこを上っていくのが不可能に見えるだろう。が、氷河の両側はいつも堆石《モレーン》にかこまれているし、一八八七年、ムスター峠探検の私の経験からすると、そんな氷河でも、注意ぶかく先の方をしらべながら、少なくともかなりな距離を小馬をつれて上っていける。そこで氷河の左側を上り、その夜は、氷河が上手で終わり、そこにある峠がすっかり見える地点で停止した。峠はまったくすぐ近くに思えたのだが、高山の清澄な大気中では距離にはおおいにごまかされる。登山経験のない私の従卒は、峠をはじめて見るなり、翌日は峠に着けるものと考えてよろこんだものの、実際には、それから三日たっても頂上に接近しなかった。途中の冒険については、毎日その場でつけていた日記の抜粋が、いちばんよく表わしているだろう。

九月一四日——非常につらく、苦しく、不満足な一日。どこへでも行き、なんでもする気で、今朝は熱意にもえて出発したのだが、しまいにはすっかりくたびれ、何がおころうとどうでもいい気になった。この氷河の上りはおそろしくつらかった。まる一日かかって、前夜から行きたいと思っていたところへ達するのがやっとで、峠はあいかわらずはるかに遠い。私は早朝テントも取り払わないうちから出発し、渓谷の左岸の山つづきをある鞍部まで上った。反対側がどんなふうなのか、そこからながめてみたいと思ったのである。しかし、約六〇〇メートルの急な上りのあと、ガッシャーブルム峰からながれ下ってくる大氷河と、鞍部の反対側のもう一つの山稜をながめて、やっと報われたのにすぎなかった。雪が降っていた。期待した眺望は雲にかくれて見えなかった。

この雪雲はやわらかい羊毛のようで、うっすらととらえにくい特徴があった。まるで微細な粉雪のようなものでできている。変化がほとんどわからないうちに、山頂をやわらかく消し去っている。目の前にくっきり際立つ山頂を見たのだが、やがて見守っていると、山頂はゆっくり溶けるように視野から消え、はじめ輪郭がぼんやりするようになってしだいに見分けにくくなり、ついにはすべてが周囲の空のようににぶい灰色を呈した。雪雲の一つが山頂に下りてうごかず、粉雪がはじめ軽く降り、だんだんはげしくなって、しまいには、山がすっかり消え失せた。

そんなわけで、私が上った支脈の山からは何も見えず、ふたたび一行に加わった。そこで氷河にとっくむために出発した。はじめは、進行はなかなか調子がよかった。――つまり、一時間に二・四キロの割合で進めた――しばらくは万事円滑にいくらしかったので、私は横にそれ、西の方から下りてくる小氷河の探検に出かけた。しかし、あちこち氷河の上でつまずき、二度ばかりころがってしばらくいやな思いをしたあと、急峻な氷瀑のところへ出てしまった。山側を上ることにして、突きでた岩にしがみつき、六〇〇メートルばかり上ったがうまくいかず、ロープの助けもなく、単独で氷瀑を越えるのは危険なので、上るこころみを断念しなければならなかった。こうしてまた不成功に終わり、一行のところへ戻ってくると、彼らは頭上のセラック、つまり氷塔からおちてきた氷塊の大きな層の前で立ち止まっていた。純粋に氷ばかりの大きな壁や塊をながめるのは、すばらしい光景だった。表面が白く、断面が透明な美しい緑だった。しかし、途中でそんなのにぶつかるのは困りものだった。われわれは荷物を下ろし、その荷物をかついで氷塊《デブリ》の層を越え、小馬は一筋のながれを泳がしてわたす計画を立てたのだが、前方をしらべてみるとさらに状態がわるく、しばらくあと戻りして、べつの道をやってみるよりほかに手がなかった。これをやってみたのだが、いくつかのクレヴァスにぶつかり、また立ち往生するようになった。そこでその日は停止した。

九月一五日――われわれはまた引き返し、氷河の中心部をまっすぐ上っていく道をやっと見つけた。どんどん進み、いまは峠のすぐ下、氷河の頭のところにキャンプしている。峠は明日やってみることになろう。いささかムスター峠の二の舞いに似ている。峠は約六〇〇メートルの壁のようにそば立ち、雪と氷のほか何もない。しかし、もっと接近してみると、案外やさしいことになるかもしれない。

九月一六日――今日サルトロ峠越えをやってみたが、失敗に終わった。午前二時に声をかけておこすように命じておいたのである。《チョタ・ハズリ》を少し食べ、必要な準備をすっかりととのえ、午前三時三〇分に出発した。降雪がひどく、凍結もひどかった。頭上の密雲が月をかくし、足もとがくらく、ほとんど道が見つからなかった。前日の午後、シュカル・アリと私で先の方を偵察し、前線や峠を攻略する最良の地点を決めていたので、氷河の頭の万年雪《ネヴェ》をじっくり上っていった。最初はクレヴァスがひんぱんにあった。はっきりわかるのもあった。――氷に大きくぽっかりあいた裂け目で、ふかさが一五〜一八メートルある――雪をかぶって見えないのもあった。この見えないのが危険だった。雪がとつぜん足もとでくずれ、両足が深い暗い穴の中へおちこんでいく。そんなことがちょいちょいある。われわれは事故もなく、上れば上るほど雪はしだいにやわらかくなったけれど、クレヴァスは少なくなった。しかし、一足一足、ひざまでもぐってとぼとぼ進んでいくのは、つらい仕事だった。

夜がすでに白みはじめたが、猛吹雪はやまず、山々の頂上が雲にかくれ、下の方がやっと見えるだけだった。深いせまい峡谷に向かって進み、その峡谷を上っていけば、峠の上へでる唯一の通路が見つかるものと推測した。峡谷の一つの側をつくっている氷の斜面を横切って、回りこんでいった。そのとき、とつぜん雷鳴のようなすさまじい音と、やがて突進してくる物音を耳にした。すぐなだれとわかった。まっすぐ真上から聞こえ、私はかつてない大きな恐怖感を覚えた。何も見えず、ただこの猛烈に突進してくる物音が、まともにわれわれめがけておちこんでくるのが聞こえるばかりだった。一行中の一人が走れと叫んだが、走れなかった。われわれは氷の斜面にいて、つるはしで足場を切りながら上っていったからだ。物音はしだいしだいに接近し、やがて雪ぼこりが雲のようにやって来て、なだれがわれわれの横を通りすぎ、峡谷めがけて突進した。その発生が一五分おくれていたか、われわれの出発が一五分早かったら、われわれは峡谷へ落ちこみ、なだれに埋まっていたろう。

　こんどは氷の斜面を上りつづけた。上っているうちに通路が見つかればいいと思ったのだが、氷の上の大きな裂け目のところへ出てしまった。堅氷の垂直の壁を持ち、あんぐり口をあけた間隙である。とうとうこの間隙が峠越えの計画に終止符を打った。なだれがおそろしく、私はあえて峡谷へ下りていく気がせず、そんなわけで引き返し、サルトロ峠の頂上に達する希望を断念しないわけにいかなかった。戻ってくる途中、もう一つのなだれがまた山腹を猛烈に走り下りるのが見えた。上ってきたときにつくった道がなだれをかぶり、雪の上にのこっていた足跡がすっかりかくれていた。そこでそんな場所にいつまでもいるのがどんなに危険かがわかり、先をいそいだ。広い氷河にふたたび達し、なだれのとどかないところへきたときには、なんともありがたかった。周囲のすべての山々になだれの轟音がしていた。空がすっかり晴れ、雪が落ち着くまで一週間待てるなら、峠越えの道が見つかるかもしれないとシュカル・アリが言った。どっちにしても、むずかしい登山だったろう。燃料も草も得られず、あらゆるものが雪と氷の中に埋まっている場所で、一週間も待つ余裕がなかった。そこで、オプラン川の野営地に戻ることに決め、かさねて峠越えをする計画を放棄した。したがって、氷河の頭のキャンプへいそいで戻り、荷物をまとめ、氷河を迂回していった。風雪があいかわらずつづいている。

　九月一七日――夜間ひどい風雪、氷河のまんなかのキャンプは、今朝はさっぱり陽気なふうに見えなかった。小馬もテントも荷物も、何もかも雪をかぶり、キャンプを撤収し、氷河を下りつづけたときにも、雪はあいかわらずさかんに降っていた。踏みあとははっきり見分けられた。上りのときの悪場もだいぶ改まって、二日程進むことができた。そしていまは《しっかりした場所》にいるのである。小馬の草が得られ、燃料もある程度ある。二、三〇〇メートルもある氷河の堅氷の上に横になると、体の下には先のとがった岩石がつみ重なっているのだが、いまはそれがなく、その代わり、夜は横になるのに気持のいい、なめらかな砂の見つかる場所にキャンプをした。

この氷河の全長は二八・八キロ、平均の幅が八〇〇メートル。西側から三つの小さな氷河、東側から一つが食いこんでいる。上手の峠の真下は、幅約二四キロ、なめらかに起伏する雪田である。下方は万年雪が裂けてクレヴァスができ、下れば下るほど大きくなる。やがて、万年雪の表面が徐々に割れ、円屋根状の氷の層になり、さらに下ると、純白の氷がするどい針状を呈するようになる。両側に砂礫の堆石《モレーン》が現われ、他の氷河もはいりこむ。どの氷河にもそれぞれ中央に白い氷の尖塔、横手に堆石《モレーン》がある。それぞれ渓谷を下ってくる進路がはっきりわかるのだが、わかるのは末端から四・八キロぐらいまでで、そこへくると、氷の尖塔はすべてとけ去り、氷河は大波のような堆石《モレーン》層の外観を呈し、あちこちに氷の洞窟や氷の絶壁が見当たらないと、膨大な砂礫の堆積の集合体のように見えるだろう。砂礫は実際には表面のほんの薄いおおいをなしているのにすぎず、下部はすべて純粋に堅い氷なのである。この氷は不透明な白色で、それまで見てきた氷河のように透明な緑ではなかった。また氷河の頭の雪も、それまでに見たものとはぜんぜんちがっていた。表面のすぐ下の雪や雪塊は、どれも非常に美しく、透明な薄い青色だった。風雪の中で降りおちる雪片は、完全に六角形をした星型で、形が非常に美しくやわらかだった。昨日それを述べ忘れた。渓谷の左右の山々、とくに東側は極端にぎざぎざで絶壁状を呈し、雪のつもる場所はほとんどあるいはまったくなく、雪はたちまち下方の氷河へながれおちる。西側の山脈であるムスター山脈の主脈は終日ほとんど雲につつまれ、おどろくばかり高いいくつかの峰頂が、時おり、ちらりと見えるだけだった。そのなかの一峰ガッシャーブルムは七八〇〇メートルを越え、他は七二〇〇メートルである。この山々の降雪は相当なものであるのにちがいなく、この高い山塊が大きな雪雲の塊をひきよせ、本来カラコラム山脈に割り当てられるべきものを吸収してしまう。カラコラム山脈は高度がひくく、雲をそんなにひきよせない。その結果、ほとんど雪がない。

夜のあいだにまた猛吹雪がはじまり、翌朝、九月一八日、重い荷物といっしょに警護のグルカ兵がのこっている野営地へ、私は馬に乗っていき、ひどく弱っているみじめな小馬を助け、そこからいく人かの部下と元気のいい小馬を返した。小馬は四日も草を食べていなかった。またこんな高度で一日一・八キロ以上も穀類を与えるのは賢明ではなかった。それ以上やるとすぐ息切れがするらしく、私自身の小馬が、それから二、三日行程いって、実にこの原因で死んだ。

サルトロ峠の探検中、私は《陽よけ》小型テントで暮らしたが、立ってはまっすぐはいれなかった。テーブルに椅子のある大型テントに戻ると、ほんとうに文明へ帰ったようだった。サルトロ峠へは、私の心はもううごかず、すっかり落ち着いた。運命が都合よくはたらいてくれるものならと思い、そのときには峠の頂上に達してみたかったのである。しかし、その方面からインドにいたる公道はなく、それをたいがいの人に納得してもらえるだけのものは見てきたのだった。私はいよいよシムシャル峠からフンザにはいる探検に転じた。

九月二一日、一行全部がオプラン川の渓谷を下って出発し、やがて、サルポ・ラッゴの流れをスゲト・ジャンガルに向かって上った。そこは、ムスタ－峠に向かう途中、私の野営地の一つだった。この近くで、あの華麗なK2峰をふたたびながめた。ちょうど太陽が沈みかけ、周囲の他の山々がつめたく灰色になってからも、日没の赤いあたたかい色合いが、長いあいだ、ムスタ－山脈の最高峰の岩塔に、いぜんとしてまつわりついていた。私は支脈の山へ上り、ムスタ－峠にまで達している氷河の全長と、峠が越えている雪の障壁を見ることができた。二年前、苦しまぎれにそこを上っていった。そのときはふたたび峠を見ることはないだろうと思ったのである。しかし、この地点で、ふたたびそれは私の目の前に横たわり、山々との懸命な争いをやったときの小さなできごとの一つ一つを私は心に描いた。

支脈の山を下りると、キャラバンがはるかにおくれているのがわかった。夕やみがすでに迫り、その渓谷で草と焚木の得られる唯一の地点スゲト・ジャンガルは、いぜん数キロ先だった。キャラバンに私の所在がわからず、私も、キャラバンは先にいっていないから、下の方にいるにちがいないという以外わからなかった。そこで、こんな場合いちばん役に立つ発火信号の方法をとった。これはマグネシュームの針金で、それに火をつけた。すると、渓谷のはるか下方にいた連中の注意をひきつけ、ごく近くまでくると、警護兵に一人一人わたっていた呼《よび》子《こ》を吹いて答えた。谷底いちめんに散らばっているまるい岩石をあらっぽくふみ越え、夜の一〇時直後、スゲト・ジャンガルの野営地に着いた。

この上手一・六キロばかりのところから、広い渓谷の西側をながれてくる大きな氷河が見える。その氷河の頭に、シムシャル峠があるのだろうと思った。キルギス人の道案内は、峠はそこにないと確言した。しかし、道案内が絶対に正しいわけではない。われわれの地図には、シムシャル峠は、氷河の頭と思われる場所のごく近くにしるされていた。ヨーロッパ人はだれもまだシムシャル峠の近くへいったことがなく、これはただ推察にすぎないとわかっていても、一目見たい気がした。実際は私の方がまちがっていたのがわかったのだが、かりにまちがったら引き返し、キルギス人の好きなところへおとなしくついていくだけのことだと考えた。

そこで、重い荷物はグルカ兵一名、バルティ人の人夫一名にまかせてあとにのこし、氷河探検にでかけた。護衛兵をふくめ、一行一二日分の食糧と燃料を一二頭の小馬ではこんだ。九月二三日、スゲト・ジャンガルをあとにして、正午ごろふたたび氷河に出た。

その日氷河を上り、いささか足場のわるいところを進んだが、サルトロ峠にいく途中のようにひどくはなかった。こういう氷河を攻撃する方法は、いうまでもなく次のような方法である。まず氷河の片側に沿い、山腹に近い横手の堆石《モレーン》の上を進んでいく。石切場の入口のように、角のとがったあらっぽい大きな丸石が一つまた一つ積みかさなり、ところどころいい感じはしないが、ある程度さっさと進んでいける。まもなく氷河が山腹に迫るので、こんどは氷河のまんなかへさっと出て、いちばん砂礫の堆石《モレーン》をかぶっている部分を上っていくといううまい機会をとらえなければならない。氷河では、クレヴァスを避ける慎重な進路のとり方をするのが必要である。ほとんど砂礫をかぶっていない氷の斜面を上ると、足をすべらせまいとして、小馬も人間もしばしば苦労する。

われわれは正午ごろ、この氷河のまんなかへとびこんだ。雪が降っていた。午後四時三〇分になると、雲が非常にひくく、天候悪化のおそれがあったので、停止するのにこしたことがないと考えた。むろん草も燃料も手にはいらないが、薪木は小馬二頭につんでもってきた。とくにいい地点ではなかったけれど、いたってたのしかった。雪がひどく降り、周囲には氷河の大きな白い氷塔がそば立ち、山々は重い雪雲にかくれ、テントを張る場所といっても、石の多いごつごつした窪みしかなかった。

グルカ兵の軍曹は元気だった。横になるには少しばかり《ナルム・パッタル》(やわらかい石)を集めなければならないと冗談を言い、彼も、グルカ兵もみんな大声で笑い合った。どこでそんな冗談を仕入れたのかときくと、アフガニスタン戦争のとき、カブールで、ある隊長《サーヒブ》が冗談をとばしたのだと言った。

翌朝、猛吹雪の中を出発した。——とてもひどく、氷河の両側の山すそさえときどき見えないことがあり、正午までは、頂上がまったく見えなかった。やがて、ほんのわずかちらっと見えた。キャンプをあとにした直後、進路をまっすぐ横切っている、およそ始末のわるい一連のクレヴァスに直面した。一時は万事どうしようもないありさまだった。迷宮のあいだを通りぬけて道を捜すのに似ていた。グルカ兵の伍長と私が先頭に進み、一つのクレヴァスの端から端へ回り、その都度なんとかうまく越える道を見つけた。もっとも、九〇メートル進むのに、少なくとも六倍もの距離をいかなければならなかった。一度などは迷宮と風雪のために前方がさっぱり見えず、氷河を横へそれてさまよい、霧のあいだから現われた山腹があって、はじめて方向をまちがえていたのに気がついた。

始末のわるいクレヴァスからやっとぬけだし、やがて三・二キロばかり、さっさと進んだ。氷河の最悪の場所をのり越えたのを祝福しはじめたのだが、そのとき、絶望的な一連のクレヴァスにまたぶつかった。——実際、氷がやたらに裂け、全員であちこちあらゆる方面をさぐってみたのだが、小馬を進ませるのにうまい方法がどうしても見つからなかった。そこで私はキャンプをして、次の日、荷物をかるくした二、三の部下と峠までいくことに決めた。私はかるく中食をとった。——山とほんとうに取っくみ合う時がやってきても、万事意気が上がらないといったこんな場合には、事はいささか重大である――やがて、あとからやってくる連中のためにルートをさがしに出かけた。正面一帯をあちこち歩いてみたけれど、先へは進めないのがわかった。そこで私はキャンプへ戻り、あついうまい茶を一杯飲み、次に後方へ出かけてみたが、これもだめだった。おきまりの《二進も三進もいかない》ことになった。前方には通過不可能のクレヴァスがあったし、左右両側には純粋の氷の尖塔が主として行列をつくっている。これもクレヴァス以上に通過不可能だった。

九月一六日、われわれは引き返して、氷河を下りた。雪がいぜんとして猛烈に降っていた。グルカ兵の伍長とシャザド・ミール、それに私自身が、氷河をそれて山腹の方へいく道はないかといたるところをさがしつづけた。山腹へいけばらくに通れる道が見つかるのにきまっていた。一、二度、氷河のふちのところまでいったが、ほんの二、三のクレヴァスやくずれた氷の崖に妨げられ、実際に《しっかりした場所》に達することができなかった。断念しかかったとき、どうやら進んでいけそうなルートが目にはいった。ほかの連中はとてもいけないと言って、背後にじっとしていたが、私はどんどん進み、ついに氷河のふちに達した。私と山腹のあいだには、氷塊のつみ重なった、いちめんに凍った池があるにすぎなかった。氷はいつ割れるかわからず、すこぶるあぶなっかしかったが、登山杖でさぐりながら無事にわたった。しばらく山腹に沿い、やがて大いに有望なルートを見つけ、そこを少し上っていった。

小さな湖のところまで戻ってみると、伍長とシャザド・ミールが私のあとからわたってきた。伍長は支障なくわたったが、シャザド・ミールは氷が割れて腰まで落ちこんだ。水は背丈には達せず、近くの大きな氷塊にしがみつき、やっと助かった。私は湖をわたって戻り、二度ともうまく越えられた。翌朝までにはもっと氷が厚く張るだろうと思い、ある地点までいってとまっているように命じておいたあとの連中を、いそいで追った。やがて、私は自分の身のまわりの荷物、若干の食糧、小馬の穀類、小馬一頭分の薪木の荷などを、小馬がやってこれるところまでできるだけ湖に近くはこび戻す一方、グルカ兵をスゲト・ジャンガルへ引き返させた。

私の意図は、三人の部下に荷物をかつがせ、想像上の峠をこころみ、そこへ達することだった。はじめテントを持たずにいくつもりだったが、雪はいぜんとしてはげしく降り、身を切るような風が吹き、夜間寒暖計は六度まで下がっていたし、氷河の頭ではたぶん零度以下だろうから、こんど派遣された遠征で使用している従僕用の小型テントを持っていくことに決めた。支柱を登山杖にして持ち、杭は岩石で代用できるからのこした。テントの全量は六キロをこえず、夜は四人全部なかへはいって眠れる。愉快になれるような天候ではなく、雪は、とりわけ野外で料理をしなければならない連中にとって、ひどくつらかった。さいわい、こんな仕事によくなれている山地の人間ばかりを私はつれてきた。事情がどんなふうになるか、私にはよくわかっていたから、平地住いの従僕やカシミールの人間をどうしてもいっしょにつれてくる気がしなかったのである。梱包は雪まみれになって到着するし、部下も私も乾いた長靴がなく、衣類も乾かせなかったのである。ごくわずかしか火をたく余裕がなく、そんな火では十分に乾かず、乾くそばからの降雪ではすぐまたぐしょぐしょになった。テントの敷地も雪で、雪の下は五、六センチの砂礫、それから六〇〜九〇メートルの氷である。しかし、すこぶる気持のいい羊皮外套に助けられ、不愉快な気分はおおいに吹っとんだ。私がシャヒドゥラで支給した良質の気持のいい羊皮外套を各自持っていたので、雪や寒気にもかかわらず、かなり快適だったのである。

九月二七日は、陽があたり、美しく晴れた朝だった。三人の部下(シュカル・アリ、ラマザン、アブドゥラ)が荷物をかついで出発した。私は自分でかつぐ軽い荷を用意したが、部下は私がそんなことをするのをいっこう耳に入れず、それをかつごうと主張した。こんなに善良でいや味のない人間はそうざらにない。どんなにつらい仕事も彼らを途中でやめさせたことがなかった。湖のところまで支障なくやってきたが、たちまち足どめを食った。湖は氷河の融水で生じたものだが、太陽が二、三日このかた現われず、湖は一五〇〜一八〇センチ減水し、表面に氷の層だけのこっていた。この層はあちこちで落ちこみ、前日はうっかりわたると危っかしかったのだが、こんどはまったくわたれなかった。とくに荷物をかついだ連中には、だめだった。私は思いきって、五、六センチ氷の方へ進んでみた。するどい音を立てて私の周囲が落ちこむのがわかり、いそいで引き返し、そうなると、峠に達するすべての希望を断念しなければならなかった。時間の余裕があり、適当な登山装備があれば、疑いなく氷河を上っていく道が見つけられたろう。われわれが峠として想像している氷河の頭にある山脈の窪みも越えられたろうが、この窪みはわれわれが求めているほんとうのシムシャル峠ではないのが、もうはっきりしすぎるくらいにはっきりしていた。そこで、この氷河との甲斐のない苦闘で時間をつぶす余裕がなく、以前の野営地に戻り、小馬に荷をつみ、スゲト・ジャンガルの方へ引き返した。

私が捜そうとした峠は見つからなかったけれど、山々の心臓部の氷河上で六日間をすごしたのをけっして後悔はしなかった。氷河そのものがおどろくばかり美しかったし、氷河がながれてくる山々、氷河の上にそそり立つ山々がヒマラヤの主脈を形成していた。渓谷の左右が雲にかくれると、ひとりでに北極地方の中心にいるのだと信じられた。氷河のまんなかは、不透明な氷があらゆる奇怪な姿と形をなした尖塔の集団だった。そのあいだには、透明な緑色の壁をした美しい洞窟がある。長いつららが天井から垂れ、入口にも同じ優美な房飾りが下がり、カーテンになっている。山々が生む圧倒的な壮大な感じ、その地帯を通りぬけるためのきびしくつらい仕事の思い、そんなものから心が解放されると、純粋な美しさではそれにまさるもののない光景を形成するものとして、あの氷河の風景の美、氷壁の優美な透明度、青と緑の絶妙な氷の色調、妖精の国のような洞窟、深いクレヴァス、氷の尖塔をひょいと考えるのである。その他の風景もいろいろと美しい。風景もまたその雄大さのせいで印象的である。新緑の草木につつまれた英国の山々や広い谷、清らかでしずかなスイスの湖水、川岸いっぱいに草の葉の群れるなどは美しく、どの山にも見られる威圧するような絶壁、大胆な鋸歯の峰頂もすばらしい。しかし、すべてが汚れのない純白をまとい、洗練されたものがあえて他を汚さない、そうしたもっとも高い山々の峰頂の上高く、崇高なものの真の精髄を求めなければならない。まったくそこではじめて巨大なものと美しいものが結合し、崇高なものを形成するのである。

私はクレヴァスの数やその大きさから、その氷河をクレヴァス氷河と呼んだ。ほかの氷河で見かける以上にクレヴァスが広く深く、はるかにひんぱんにあった。私はそれを氷河の屈曲のためだと考えている。いちばん広い氷河の支流が南からやって来て、われわれが達した終点でほとんど直角に曲がり、また峠からやってくる長い、ややせまい氷河がこの地点で合流する。全長約三八キロ半、幅が九〇〇メートルから一一〇〇メートル。氷河は、海抜約三九〇〇メートルの高所にある、突きでた黒い岩の支脈のところで終わっている。南側の第二峰から走ってくる小氷河に源を発する流れがあって、支脈はその対岸である。氷河の末端は三・二キロ以上も全部堆石《モレーン》におおわれ、少し上方は純白な氷峰の海といったすばらしい光景を呈し、同じような小氷河が、南側の雪の高山から多数ながれてきて合流する。北側からはある程度大きい氷河がたった一つ、合流している。北側の山々は、高度ではそんなに劣っていない場合もあるが、降雪はだいたい南側の山脈にある。それははっきりしている。クレヴァス氷河は、私には後退しつつあるように思われる。とにかく、前進していないことだけは確言できよう。氷河の氷の部分からほぼ二、三〇〇メートル下の方まで堆石《モレーン》があるし、現在の氷の高さよりもずっと高い山腹に、氷河運動のしるしがついていたからだ。山腹の小氷河——固形クリームに似ている——もたしかに後退しつつあった。左右両側にくらべ、氷河の中央部分が低く、両側には一連の礫石床の名残りがあった。それはかたくしまり、上が平坦で、砂礫の堆石《モレーン》とはぜんぜん異質のものだった。以前渓谷全体を埋めていた礫岩の厚い床があったのに、現在は氷河のために一掃されたような外観なのだった。しかし、これは氷河の中途あたりから下方だけで、そこでは山々の斜面は比較的ゆるやかで、また砂利からできている。上手の方は、氷河の両側が絶壁状を呈し、礫岩構成のあった気配はない。氷河の面積は、われわれが進んだ範囲内では、長さ二一キロ、幅六八五メートルだった。すなわち、三二対一の割合である。大体の方向は北北西である。

氷河を下りたのは、太陽がきらきらときらめく朝だった。——こういう偉大な高山ではじめて見られるように、清澄で、すべてがきらめき光った。私はできるだけ速く、私の大型テントとテーブルと椅子と書物と紙のぜいたくへ戻るため、部下や小馬の先頭に立ち、かなりの歩調で出発した。スゲト・ジャンガルのキャンプへ近寄ると、部下は私がたった一人なのを見て、なにか絶望的なことがおこったのにちがいないと思い、勢いよくとびだしてきた。そのわけは、私が昼食をいくらか食べたいのと、下着類を替えたいだけだと話してやった。私はそこへくるまで氷河の流れを徒渉しなければならなかった。流れは融氷のためとても冷たく、水をわたっていくと息の根が止まりそうだった。かわいた清潔な衣類を着こみ、次にアルスター外套（アイルランド北部の州名をとった長外套）を着、さらにうまい茶を飲み、椅子に腰かけ、落ち着いて本を読んだ。まったく豪華だった。しかし私の、容貌はそれにふさわしくなかった。両目が半ば雪盲になって炎症をおこし、血走り、鼻、耳、唇が身を切るような風のため凍傷にかかり、一方、つるつるした氷河の上でしばしば転倒したので、両手にひっかき傷をつくり、両ひざが寒気のせいでひびわれていた。しかし、私も一行全部の者も、元気いっぱいだった。――インドをあとにしたときよりもはるかに健康がすぐれていたように思う。

## 11　カンジュート人の城砦

スゲト・ジャンガルで一日休息してから、九月二〇日、オプラン川渓谷を下る旅をつづけ、長さ四〇〇メートルぐらいのきれいな草地で、その夜をすごした。いつ果てるともない雪と岩とのたたかいにぶつかって、どっちが愉快な安堵の思いを与えてくれるものやら、それをたしかめるつもりだった。翌日の行程は、身を切るような風が渓谷の奥からまともに吹きつけ、雲のような小砂利混じりの土埃が風にのり、ひどく不愉快だった。私の小馬は、氷河を探検しているあいだ、スゲト・ジャンガルにのこしておいた。がんじょうなヤルカンド産だったけれど、いまはすっかり弱り、三人でひっぱっても進まず、とうとう途中ですわりこんだ。おき上がらせようとしたが、それもできず、私は射殺しなければならなかった。

オプラン川渓谷をさらに一日行程下ってみたが、まったくつらかった。川を一一回もわたらなければならなかった。川は腰よりもふかく、丸石を敷きつめた川床を非常な速さでながれ下っているので、時によると危険な仕事になった。私だけは荷物をつんでいない小馬に乗っていたので、いつも徒渉の偵察をしたものだった。が、かなりわたりやすい場所を見つけても、小馬をまっすぐに進ませるのがむずかしかった。流れに持っていかれ、漂うありさまになって深みにはまり、荷物がぐしょぐしょにぬれた。徒渉はやたらに興奮させられる仕事で、だれも彼も精いっぱい小馬をどなり立て、まっすぐいかせようと小馬に石を投げつけた。そんなことをやったが、衣類や寝具をつんだ小馬が淵に落ちこみ、ほとんど背中に水をかぶるのが目に見えているのだった。人間の方はたいがい梱包の上にのっかっていたのだが、なかには水くぐりをやるのがいてさんざんな目にあった。

シムシャル川を通過した。上流には、われわれが求めているフンザにいたるルートがある。しかし、小馬は氷河で草にありつくことができなかったので、いつもの分量以上平らげ、いささか小馬用の穀類が不足していた。緯度を観測してみると、チョン・ジャンガルからそんなに遠くにいるはずがないという計算が出た。そこへいけば、トゥルディ・コルが中継して、あたらしい食糧を持ってくるはずだ。何はともあれ、それをあてにして、そこへいくのにこしたことがないと考えた。

チョン・ジャンガルは、ヤルカンド川に沿う一地点で、オプラン川がそこで合流していることになっていた。前述したとおり、必要な食糧を全部はこぶことができず、二度に分けて持ってこなければならなかった。最初の分はすっかり終わり、二度目を待たなければならなかったのである。この地域の地図は一つもなく、この地域をことごとく、あるいは正確に知っている人間、シムシャル峠とヤルカンド川のあいだに何があるのか情報を持っているものは一人もいなかった。せいぜい私にできたのは、二回目の食糧を持って、ヤルカンド川沿いにこのチョン・ジャンガルという場所へやってくるように、トゥルディ・コルにいいつけることだった。その地点では、北から大きな川が注ぎこんでいると彼は言った。それはその上流地帯を私が探検しようとしていたオプラン川にちがいないと彼は考えた。だから、食糧はチョン・ジャンガルへ持っていくのである。しかし、そこに注いでいる川がほんとうにオプラン川なのか、もしそうとしても、われわれ一行がオプラン川に沿っていけるのかどうか、だれも知りはしなかった。その川はチョン・ジャンガルよりずっと離れたところをながれているのかもしれない。ヤルカンド川にぜんぜん合流しないかもしれず、小馬をつれては通れない峡谷をくぐりぬけてながれているかもしれない。万事は運まかせにしなければならなかった。が、トゥルディ・コルは以前ヤルカンド川を下ったことがあるし、スラクワトで川をはなれる前に、チョン・ジャンガルは下流何キロのところにあるとか、どっちの方向にあるとか、彼から話を聞いていたのである。地図上の、その地点にほぼ近いところにしるしをつけ、オプラン川下流までの測量を私はやってみた。いまは出会いの場所に接近しているのにちがいないと計算した。そこで、それからの二、三日行程が興味と興奮にみち、曲がり角をまがるたびに、ヤルカンド川のなにかの兆候が見えないものかと思った。

そこで、一〇月三日、オプラン川沿いに下りつづけた。

しかし、とうぜんチョン・ジャンガルにぶつかっていいはずのときに川はぐるっと回り、もとへ戻り、私の算定をまったくくつがえした。なんともつらくて苦しい一日で、正午ごろには実際に到着しているものと考えたのに、チョン・ジャンガルからやはりはるかに離れていた。行く手に、東から西の方向に走っている渓谷が見え、もう一つ、北の方向に走っているのが見え、交差しているところが、みごとな密林と草地だった。これは、チョン・ジャンガルの位置についてのトゥルディ・コルの説明にぴったりあてはまった。しかし、行く手の渓谷を西の方向からながれ下るヤルカンド川の代わりに、東の方向かららいぜんとしてこのオプラン川がながれ下っているのがわかったときには、がっかりした。この川はわざと迂回し、後戻りしていた。まったくつらかった。川は何度も何度もあちこちでわたらなければならず、わたるたびにだんだんむずかしくなり、危険にさえなった。その日、三度ばかり徒渉点を偵察していると、私の小馬が流れに足をすくわれそうになって、鞍の座席を水が越えた。小馬の頭と私の上体が水の上に出ているだけで、こんどこそ泳がなければならないだろうと考えた。水がおそろしいほど冷たかった。氷河からながれてこない水は、一滴もこの川にはなかった。われわれの難儀に加え、雲のような小砂利混じりの砂塵をともなういやな風が、終日渓谷を吹きおろした。私よりは、氷のような水に浸ってわたらなければならない不運な部下の方が、よほどぶつぶつ言わなければならないはずである。それにしても、旅行中私が経験したいちばんつらい日の一つだった。

グルカ兵は山腹を伝い、ヤギのようにうまくよじ上った。が、不運にも、その日の終わりには、キャンプ地とは反対側の川岸に出ていた。徒渉点が見つからずに停止した。午後になると、いつもの例で、日中氷河がとけ、川が増水するのである。どうして彼らをわたしてよいのか、大いに気がかりだった。流れをためすために、私が小馬に乗ろうとすると、先頭のグルカ兵が二名、私の反対側に現われ、私がいつもやるように三〇分もよくよく考えることはせず、いかにものん気な出たとこ勝負式に、たちまち水をわたりはじめた。水深をためしてみるまでわたるのをやめるようにどなったが、川水の轟きで聞こえなかった。どうやってわたり終えたのか、私にはわからなかった。川水がほとんど脇の下へ達し、氷のようにつめたく、流れはものすごく速く、川床はいちめんの丸石だった。満州での経験から、それがどんなことになるか、私はよく知っていた。ところが、彼らはなんの支障もなくわたり終え、川をわたるのをこれ以上は考えられない冗談ごとみたいにして、白い歯を見せ、にやっと笑い、対岸へ着いた。私はそこで小馬を一頭つれ、川をわたった。私の反対側にいたグルカ兵を一名うしろに乗せ、あとの二名を二番目の小馬に乗せた。それからまた引き返した。一、二度、小馬がぶざまによろけ、お陀仏かと思った。しかし、無事にわたり終え、こわばった小さな心を浮き立たせるため、ウイスキーを小量、グルカ兵に回し飲みさせた。

ついにチョン・ジャンガルへ着いたのだが、トゥルディ・コルはいなかったし、食糧も手紙もなかった。てっきりもう着けないものと私は考えていたのである。支脈の山を次々に回り、そのたびにヤルカンド川と対岸のチョン・ジャンガルが見えそうなものだと思った。オプラン川の大きな屈曲点を回った午後、広い小石の平原へはいり、遠方にのびひろがった密林が見えた。チョン・ジャンガルかもしれないと思ったが、ヤルカンド川がながれている気配はなかった。二、三キロ小馬に乗っていき、小石の平原を走っているかなり大きな流れをわたった。ずっと高所にあるスラクワトでヤルカンド川をはなれたときにくらべると、その流れは小さいし、ヤルカンド川はそのとき泥土の色をしていたのに、澄んだ青い色だった。そこで、それがヤルカンド川であるはずがなく、チョン・ジャンガルは数キロ前方の支脈の反対側にあるのにちがいないと私は考えたのだった。しかし、あとから荷物が到着するやいなや、雪どけがほとんどもう終わっているからこの前見たときよりずっと減水してはいるものの、これは実際ヤルカンド川で、前方の密林がチョン・ジャンガルだとキルギス人の道案内が言ったときには、大いによろこんだ。そこでトゥルディ・コルが到着しているかどうかたしかめようと、私は大いそぎでそこへいったのだが、彼の気配はなく、私は失望した。

チョン・ジャンガルは、その地帯としては延々とのびひろがる密林なのに気がついた。山腹には絶対といっていいくらいに草も木もなく、渓谷の底に、二、三か所やぶが群れているのにすぎなかった。たいていは矮小な柳とネズだった。この密林の長さは三・二キロ、幅が八〇

○メートルだった。柳は高さが四・五メートルから六メートルぐらいあるのもあった。いい草がたくさんある。また人家の名残りもあり、その地点は一時人も住み、土地も耕作されていたのだった。現在はフンザからの襲撃もインド政庁の手で終焉するにいたっているので、ふたたび昔どおりにならないこともなかろう。

一〇月六日、小馬に乗ったキルギス人が、大いに歓迎すべき信書を持ってキャンプに乗りつけた。シャヒドゥラを出てから一か月、はじめて手にしたのだった。彼はわれわれの踏みあとをのこらずたどり、回り回ってやってきた。ニズベット大佐からの信書で、フンザの領主サフデル・アリがデュランド大尉の訪問に対して非常に粗暴だったむね書いてあり、同国にはいるのについて注意するようあらかじめ知らせてあった。しかし、その後受け取った手紙には、領主が粗暴を陳謝し、私の国内通過を許可する約束をしたと書いてあった。が、そんな人間については、私がどう応待されるのか確信が持てず、それなら彼の国に行って、できるだけ彼の気持をためしてみたいとしきりに思うのだった。

それにしても三回目の分の食糧がまだ届かず、何か災難があったのではないかと思い、食うものもなく、こんな山の中で二進も三進もいかなくなるのを想像しはじめていたので、私はヤルカンド川渓谷の奥をながめ、トゥルディ・コルらしいもののなにかの気配を求め、落ち着かなかった。一〇月一〇日、ついに、待ちに待った食糧をはこんで、トゥルディ・コルが到着した。そこで、シムシャル川の合流点までもと来た踏みあとをたどり、引き返して、その川がながれている渓谷を上った。オプラン川との合流点から八キロ、この渓谷の上流に《ダルワザ》すなわち《関門》と呼ばれるカンジュート人の前哨がある。匪賊が遠征にでかけるのはこの場所からで、前哨のあるあらあらしいせまい山間の渓谷を上りながら、われわれは盗賊の一団からどんなたぐいの応待にぶつかるだろうかと思った。支脈を巻いていくと、遠く絶壁の上に立っている望楼が見え、さらに接近すると断崖のよじ上れるところは全部銃眼のついた壁にかこまれ、壁の上には第二の望楼があった。断崖はそのままふかい峡谷の川堤になり、峡谷は本谷を直角につっ切っている。本谷を見上げると、右手には徒渉不可能なシムシャル川があり、左手が絶壁状の山であり、正面にこのふかい峡谷があった。本谷を上っていく唯一の道は、この峡谷の側を上っている困難なジグザグの小道を伝うほかなく、二つの望楼が峡谷をかためていた。望楼からはいくらか煙がもつれて上がっていたので、人の住んでいるのがわかり、その巣窟で匪賊とまともにぶつからなければならない興奮した瞬間が、すでに到来していた。

敵対行為にでてきた場合、最良の作戦計画を決めるため、私は望遠鏡で注意ぶかく位置を偵察した。小路はジグザグに峡谷へ下りている。峡谷は約六〇メートル、小道は反対側を上り、壁の真下を通り、望楼の入口をくぐっている。カンジュート人が敵対行為に出ようものならば、入口を通りぬけてはいっていくのはむずかしかった。われわれめがけて発砲しないにしても、石を投げ下ろして全滅させることができるのだった。私の最良の計画は、一行全員にそんな危険は冒させず、通訳をともなっておもむき、峡谷のこちら側の断崖の上にグルカ兵をのこし、カンジュート人が敵意を示したのがわかった場合には、退却を援護することだと考えた。この配置をしてから、通訳のラマザン、ペルシア語を話す従卒のシャザド・ミールをしたがえ、峡谷に下りていった。大して下りないうちに、グルカ兵の伍長が追いかけて来て、シャヒドゥラでは自分をまっさきにいかせる約束をしたではないかと、私に言った。このカンジュート人の前へ最初に現われようものなら、だれでも確実に殺されると臆病なキルギス人が予言したので、私が冗談に、グルカ兵の伍長をまっさきにいかせると言ったのを読者は覚えておられよう。彼は私の言葉をまじめに受け取り、いまそれを特権として要求したのだった。

峡谷の底へ下り、反対側の堤を中途あたりまでよじ上った。望楼に通じる入口の戸はいぜんとして開いたままで、あたりにはだれも見当たらなかったが、そのとき戸がバンと閉まり、粗暴な顔つきのカンジュート人が壁の配置につき、大声をあげ、手をふってわれわれを追い返し、火縄銃を向けた。われわれは一五メートルと離れてはいず、小銃弾や石が耳もとをひゅうひゅうかすめるのをいまかいまかと待ちうけた。そこで私は立ち止まり、指を一本立て、人を一人われわれのところまで下ろしてくれるようにという合図をして、手招いた。がやがやした声がだんだんやみ、いぜんとして火縄銃はわれわれの方に向けられていたが、戸がひらき、二人の男がこちらへ下りてきた。長談判を互いにやった。私は身分を告げ、領主に会いにやってきたことや、私がやってくることはすでにデュランド大尉がサフデル・アリに話してあることを語った。この話はきいていると彼らは言ったが、私が軍隊をともなっていないのを確かめたがった。そこで、彼らに一行の人員を自分で正確に数えさせた。グルカ兵がやがて私に加わり、いっしょに望楼を通りぬけた。しかし、カンジュート人が二列にならんでいるちょうど入口のところで、一人の男が私の小馬めがけてとびだし、馬勒《ろく》をつかまえた。一瞬、私は裏切られたと思った。グルカ兵がみんなとんできた。半秒後にはとっくみ合いになるところだった。が、その男は手を離して笑い、冗談のつもりでやったのだと言った。

この壁の境界線の内側へ、われわれ全部が焚火をかこんで寄り集まった。私といっしょにやってきたキルギス人は全部フンザへいかなければならないとカンジュート人が言ったが、トゥルディ・コルが私のやとったラクダといっしょに帰らなければならないので、これには同意できなかった。さっきはカンジュート人の火縄銃がわれわれに照準をあてていた壁の下手にいたのだが、こんどはグルカ兵にとりまかれ、有利な立場に回れたので、私は自分のすべきこととすべきでないことに命令をうけるつもりはないと言ってやった。キルギス人の一人は帰ることになっているのだから、少しでも妨害をうければ、その責任は彼らカンジュート人にあると見なすことができるのだ。

もう一つ困ったことは、キルギス人の村長トゥルディ・コルについてだった。彼はわれわれといっしょに焚火をかこんで立っていたのである。カンジュート人は彼がだれなのか知らずに、彼らの領主サフデル・アリは、前年の襲撃のとき、カンジュート人の一人をトゥルディ・コルが射殺したので、とくに彼をつかまえたいと考えているのだと私に言った。彼の居場所を私にきいた。私はトゥルディ・コルの方を向き、仮名で呼びかけた。「サッティワル、トゥルディ・コルの居場所を知ってるかね。」トゥルディ・コルが答えた、「ラクダといっしょにあとにのこってますぜ。」彼はずっとこのでたらめを言いつづけた。もっとも、小柄なグルカ兵の一人がトゥルディ・コルを本名で呼び、あわててまちがったのを発見してひとりで訂正し、とつぜん大声で笑いだし、あやうく台なしにするところだった。グルカ兵は勇敢で愉快な小男たちだったが、豚の機智ほどもなかった。

われわれは焚火をかこみ、長いあいだいっしょに突っ立っていた。奇妙な一団である――粗野で、こわばって、断固とした顔つきのカンジュート人、だぶだぶの羊毛の長衣を着、まるい布帽子をかぶり、両耳のあたりに長い捲き毛がたれ、背中にはすかいに火縄銃を背負っている。腰には刀剣をくくりつけている。臆病な赤ら顔のキルギス人、ダッタン人のような顔立ちのラダク人、辛抱づよく、長時間苦痛を押し通すバルティ人、がっしりして陽気なグルカ兵、重々しいパサン人、たった一人の英国人、全部がこのヒマラヤの実に心臓部、盗賊の城砦の中に寄り集まっていた。こういう場合をつくづく考えてみると、アジアにおけるヨーロッパ人の異常な影響力がよくわかる。また目的に奉仕するため、ある種族からもう一つの種族へ、転々とわたっていくその力に驚嘆する。アジア人とヨーロッパ人が戦い、アジア人がたたかれる、すると、そのアジア人は他のアジア人を征服するためすぐヨーロッパ人に荷担する。グルカ人もパサン人もむかしは英国人と死に物狂いにたたかったが、このわれわれの回りにいる匪賊に対し、英国人のために、前と同じく死に物狂いにいつでもたたかおうとしていた。またそういう彼らがいるので、臆病なキルギス人は非常な自信を吹きこまれ、以前ならぶるぶるふるえないでは思いつかなかった場所へはいりこむだけの勇気を喚起されていた。

フンザの領主は実際に私を歓迎するつもりなのがわかった。領主名代の役人が私を出迎えに、シムシャル峠の向こう側へやってくると、前哨の責任者が知らせた。そこで、われわれは峠の方の、アフディガルと呼ばれる野営地へ、また五キロばかり進んだ。そこには、焚きものになる草と低い柳とその他灌木がたくさんあった。小さな支流をいくつもわたり、支流にはそれぞれ防壁がならんでいた。フンザの男が七人同行した。グルカ兵はタバコを少しやって彼らの心をつかみ、たちまち親交をむすんだ。私もうまい食事をふるまい、彼らの舌はたちまちほぐれ、いっしょにすごしたその夜や、それからあとの幾晩かに、彼らの国のおもしろい話をたくさんきかしてくれた。襲撃のときになめなければならない辛苦や、襲撃から得る利益の少ないのを大いにこぼした。ぶんどってきたものは全部領主にわたさなければならず、襲撃も全部領主が計画した。持ってきたものを全部出さないという嫌疑をかけられ、領主が無理にしぼり取りたいと思うと、彼らは裸にされ、凍るような氷河の流れに何時間も漬けておかれた。領主にはみじめなくらいに恐怖心をいだき、話し合いながらも、自分の首をちょん切られる公算のことをひっきりなしに論じ合っていた。こういうことと、こういうことをすれば、首を切られる――片手のはしを首のところですっとひき、切られる行為を立証するのだった。生存のためにたえず苦闘して暮らしている男のような、重苦しいこわばった顔つきをいつもしていた。またそんな苦闘に心をうばわれているので、浮き浮きした生活は何も思いつかなかった。フンザの渓谷でも下流地方の人々はポロ競技や踊りが好きなのがあとでわかった。しかし、はじめて出会ったこの連中は上流の渓谷生まれの男たちで、そこでは苦闘がさらにきびしく、しばしば襲撃の遠征に狩り出された。

翌日、一〇月一五日、何週間もさがし求めていたシムシャル峠をついに越えた。二キロ半ばかりのあいだ、上りは急峻だったが、実際には困難なこともなく、それからあとは徐々に道が峠へ上っていく。カンジュート人はそこを《パミール》と呼んでいる。つまり、左右に高山をひかえたほとんど平坦な平原、あるいはひどく浅くて広い凹みなのである。頂上の手前一・六キロのところで、夏に使う羊飼いの小屋の集落を通りすぎた。頂上は海抜四四一〇メートル、二つの小さい湖水があった。峠にはぜんぜん雪がなく、まったく思いがけず楽だった。氷河との苦闘や岩の絶壁の登攀を予想していたのだが、その気なら小馬に乗ってでも越えられる峠である。

このシムシャル峠は、この山脈のあちこちでぶつかる特徴ある窪地の一つを形成している。ムスター山脈は、この地点まで極端に高く、ぎざぎざである。いたるところ氷雪におおわれ、高い偉大な峰々が山脈に沿ってそば立っていた。シムシャル峠の近くにも、高度六九〇〇〜七二〇〇メートルの峰々が多数にある。が、ここまでくると、山脈はとつぜん四五〇〇メートルにおち、峠の北側の峰頂はいぜんとして高いけれども、するどいぎざぎざはなく、なめらかでまるい。自然考えられる説明は、峠の南側の山々は北側にくらべれば最近の隆起であり、北側は氷雪の摩滅作用に長いあいださらされ、その結果、すりきれてすっかりなめらかになったことである。南側にいぜんとしてそば立つ峰頂と同じく、以前はするどくぎざぎざだった。また、ムスター山脈の《分水嶺》は峠を越え、北の方向に走り去っているけれども、これを《主軸》と呼ぶのは正しくないだろうと思う。シムシャル峠の南側からずっと西の方向に走り、三、四キロ、フンザの高峰を通過しているように思われるからだ。この走行線は一連の頂上を通過し、高度七五〇〇メートルを越える頂上が二つも三つもある。現地か地図か、どっちかをながめてみると、これが山脈の真の主軸に見えるし、いっぽう、北の分水嶺は単に副次的な支脈にすぎないように思われる。

シムシャル峠から急なジグザグ道を下り、二番目の羊飼い小屋の集落近くにキャンプをした。ここへは、夏期に、フンザの人々が羊の群れとやってくる。ここと、峠の平坦地には、なかなかいい草地があったが、木立がなく、ただ低いいじけたやぶがあるのにすぎなかった。翌朝、一行をそこへのこし、少しばかりその地方を調査するので、二、三の部下とフンザの方向へでかけた。ただし、最後は同国の首都へはいかず、シムシャル峠をふたたび越えて引き返し、パミール高原へ進んでいくのが私の意図だった。はいりこんだ渓谷がすぐせばまって、絶壁状の峡谷になった。峡谷沿いの道は小馬がまったく通れず、人間でもむずかしいというキルギス人やさらにフンザの男たち自身の話を、三年後、そこを探検したコカリル中尉が確証した。

この日、フンザの領主サフデル・アリの親書を持った役人が、キャンプにやってきた。国内を通過する私に会う必要があると、デュランド大尉が適切な指示を与えたので、領主が歓迎の言葉をよこしたのだった。歓迎を感謝し、パミール旅行を先にしたいから、二、三週間後によろこんで訪問するむねしたため、手紙を持たして帰した。私はそこで一行とシムシャル峠を越えて戻り、ラクダといっしょにのこっていたトゥルディ・コルやキルギス人たちに合流し、ふたたびオプラン川を下り、ヤルカンド川、地方名ラスカム川との合流点チョン・ジャンガルに向かった。

## 12　パミール高原に沿ってフンザへ

ラスカム川は普通ヤルカンド川の最大の支流と考えられているものだが、この川の支流オプラン川は現在のところ未探検で、オプラン川の方が最大の支流と考えられる当然の資格をたしかに持っている。この二河川のうちラスカム川の方が長く、源流から約二九〇キロである。オプラン川との合流点チョン・ジャンガルまでをヘイワードが探検した。一方、オプラン川は、源流付近から下流まで現在私が探検したのだが、二四〇キロぐらいなものである。が、とにかく一〇月には、オプラン川の水量が二倍にもふえるのである。——流域の主山脈に沿う広大な氷河地域を考えるなら、容易に理解できる事実である。

このヤルカンド川の二支流間には山脈が一つあって、私の知っているかぎりでは、アギル峠で越えられるだけである。その山脈はムスター山脈と西コンロン山脈の中間にくらいし、西北の方向に、平行して走っている。全長一九〇キロ、分裂して一連の豪壮なそそり立つ峰々になる。最高峰は七〇〇〇メートル近くあるのにちがいない。ムスター山脈と結びつくあたりには、その主分水嶺から下ってくる渓谷を埋めつくすような大氷河がいくつかある。しかし、山脈の西端にいたると、そんな《氷の海》は見当たらず、高い斜面のあたりにあるやや小さい氷河にぶつかるにすぎない。山腹には草も木もまったくなく、渓谷の底にわずかに乏しい灌木が見られるだけである。

われわれが峠を探検中に、パミール高原タグドゥムバシュ地区の人間で、シャヒドゥラで出会ったキルギス人のアカル・ジャンが、パミールの自分の家へ戻り、ラクダとヤクを集め、自発的に、チョン・ジャンガルへひっぱってきた。彼はまたバウアー中尉の手紙を持参した。バウアー中尉は、カンバーランド少佐とともに、シャヒドゥラ、クジャル、サリコルを経て、パミール高原タグドゥムバシュ地区へ向かった。手紙には、前年フンザへ入国した有名なロシヤの旅行家グロムチェフスキー大尉がラダクに向かっているから、たぶん途中でぶつかるだろうという便りが書いてあった。バウアー中尉にはぜひ会いたいと思い、タシュクルガンで出会ってくれるように至急便を彼のところへやり、一〇月二一日、私はチョン・ジャンガルを出立し、ヤルカンド川を下ってパミール高原タグドゥムバシュ地区へ向かった。

農耕のあとがたくさんあった。四〇年ぐらい前までは、渓谷にも大勢人が住み、いまでも、タグドゥムバシュ地区のキルギス人が、たまに脇谷の土地を若干耕しているのだと、キルギス人のアカル・ジャンが話した。脇谷は、カンジュート人の襲撃をうけた場合に、うまいかくれ場所になる。この渓谷では木立にぶつかり、さらにウルク渓谷へいくと、二、三のアンズの木がある。

小馬はもうすっかりくたくただった。このあたりの道路はよかったのだが、荷物をのせていない動物でも、荷物をのせたラクダに追いつけなかった。アカル・ジャンがつれてきたラクダとヤクだけで荷物は全部はこんでいけたので、私は小馬を解約しラダクに送り返した。いつも難路つづきで、野営地の草がいたって乏しいこんな山間部の高地にくると、ほとんど休みなく小馬を追い立てていかなければならず、そんなことはできない相談だった。将来、似たような探検を行なうときには、できれば、輸送力を切りかえる手筈にするのが賢明だろう。

ヤルカンド川とイリス川の合流点付近の野営地で、私はグロムチェフスキー大尉からの手紙を受け取った。トルコ語で書かれ、カイアン・アクサイにとどまっているから、ぜひお目にかかりたいという文面だった。私は著名な旅行家に会う機会のあるのをよろこび、その翌日、いっしょにキャンプをする手順にしたいむね、ペルシア語と英語で書いて返事をした。

一〇月二三日、ヤルカンド川渓谷をあとにし、柳の木が繁茂して谷底がほとんど埋まっているせまい渓谷を上り、カイアン・アクサイに向かって進んだ。支脈を回っていくと、前方に小さなロシヤふうのキャンプが見え、小馬に乗ったままそこまでいくと、ロシヤの軍服を着たりっぱな顔だちの男がテントの一つから現われ、グロムチェフスキー大尉とみずから名のった。年は三六歳ぐらい、背がたかく、がっしりした体格で、愉快な愛想のいい態度だった。たいへんていねいな挨拶をして、旅中の同行者、ドイツの博物学者コンラート氏を紹介した。手みじかに話し合い、やがていっしょに食事をしないかと彼がさそった。スープとシチューのたいへん分量のある食事で、ふんだんにウオッカをふるまわれ、食べてはウオッカを飲んだ。

これは、インド国境地帯での英国とロシヤの探検家の初顔合わせで、おたがいにおおいに興味をいだいた。グロムチェフスキー大尉はすでにフンザにいったことがあった。この顔合わせの前年、一八八八年、パミール高原を越えて同国にはいる冒険旅行を敢行した。こんどは、チトラルかカフイリスタンを通り、パンジャーブ地方にはいっていくつもりなのだが、アフガニスタンの領主が途中アフガニスタン領域にはいる許可を与えてくれないと私に知らせた。そこで、彼はパミール高原を越えてやってきたのだった。これからラダクとカシミールにはいりたいと思い、その許可を得るので、カシミールの英国駐在官に書信しようとしていた。

グロムチェフスキー大尉一行の編成は、コサック騎兵七名、前年フンザにともなった土民の秘書一名、従僕一名だった。こうもり傘のかっこうをした小さな軽いテントに住み、博物学者コンラート氏はべつに住んでいた。コサック騎兵たちは左右に口のあいているひどく薄地の日よけテントに住んでいたが、こんな高地で身を切るような風が吹きまくったら、居心地のわるい設営になるのにちがいない。土民の従者が四番目のテントに住み、以上が彼らの小キャンプだった。仕事は全部コサック騎兵がやっているように見えた。朝になると、小馬の草をさがして山腹を歩き回り、小馬に飼料をやり、進行のために鞍をおき、荷物をのせた。行程間は警護を行ない、夜になると、グロムチェフスキー大尉はいつも自分のテントからやや離れたところに歩哨を立てた。こんな仕事があるのにもかかわらず、彼らの用意は無頓着なものに見えた。テントとは名ばかりのいたって粗末なものなのは、すでに述べた。食物は、ほとんど全部羊肉で、羊のはらわたさえ食べ、一行全員の三か月間のキャンプに四〇・五キロの小麦粉しかなく、小麦粉はめったに食べず、貧弱で十分とはいえなかった。この場合、われわれの政府のおおまかなのがはっきり現われ、二つの一行のちがいが際立っていた。グルカ兵にはきちんと整った小テントがあった。防水敷布、フェルトの敷物、居心地よくするのに役立つものはなんでもあった。遠征費として金は大まかに使っていいという許可を得ていたので、食糧が手にはいる最後の村から七一日かかって進み、いま持っているものもすべてシナ領からはこんでこなければならなかったのだが、部下は、羊肉、小麦粉、米、茶、砂糖、好きなだけ、あるいはそれ以上食べていた。シナ領では、統治者が食糧補給を禁じたかもしれないのだが、これはうまくまぬかれた。コサック騎兵の待遇がよくないので思いついたのだが、彼らは善良で健全でがんじょうであり、果たさなければならないあらっぽい仕事にはよく耐えられそうなようすをしていた。小柄だが、がっしりしたつくりの男たちで、身長は平均一六五センチぐらいである。顔だちもととのい、外見はヨーロッパ人にそっくりで、英国の田舎の労働者に実によく似ている。カーキ色の上着、きちっとしたズボン、長靴がひざの上まできている。大きな長い茶色の外套を着、夜になると、足のくるぶしのあたりまでくる重い羊皮の外套を着る。武器はライフルと剣である。全体として、《粗野ながら備えあり》といえば、私のうけた一般的な印象を要約することになろう。

グロムチェフスキー大尉は多くの問題について率直な意見を述べ、ロシヤ軍の説明ではとりわけ熱心だった。ロシヤ兵は命令をうけたところへはどこへでもいくし、いく場所なんかは考えないと言った。できるかぎりいっさいのものを支給してくれる一軍の大将を父と見なし、つらい一日の行軍の終わりに、飲む水も食べるものがなくてもいっこう不平をいわず、死ぬまで愉快に進んでいく。自分が死ねば、自分に代わるロシヤ人があとに大勢いるのだと言った。この話を裏書きするために、グロムチェフスキーは中央アジア遠征からの例をたくさんあげた。ロシヤ兵が勇敢で忍耐力に富み、愉快で不平をいわないのは、うたがいもなくたしかだが、ロシヤの将軍と幕僚が大部隊を適切に編成できないのをみずから証明しているのも、同様にたしかなのだ。いつも背後に大兵力があるのを知っているから、結果は不用意になって、必要な配置がととのわず、多数の兵士の生命を犠牲にしている。国土に近いところでの戦争ならたいしたこともなかろうが、兵士の食糧をほとんどいっさい輸送しなければならない国々を通り、兵員をまた何百キロも輸送しなければならない遠征に当たって、不用意から部下の生命を失うほどの余裕は、将軍にはないはずである。

その午後、グルカ護衛兵を閲兵する機会を得たいとグロムチェフスキー大尉に乞われたので、私はその目的で彼らを整列させた。ロシャの将校は彼らをながめてから、私に感想を述べた。グルカ兵の下士官は、グロムチェフスキー大尉が、彼らが小柄なのでてっきりそのことについて意見を述べているのにちがいないと考え、ここにいるグルカ兵は普通より小さいけれども、連隊にいるほかの者はグロムチェフスキー大尉よりずっと大きいのだ、と言うように私にささやいた。そのロシャ将校は身長一八〇センチをかるくこえていた。連隊のグルカ兵全体の平均はそれよりもゆうに一五センチは低いにちがいない。グルカ人は小柄だが、がっしりした体格の人種なのである。私はそんなことを《誇張》して話して、いい加減な人間になりたくなかったので、グルカ兵がしきりに言って欲しいことをグロムチェフスキー大尉に語った。彼はひどくくすぐったい顔をした。グルカ兵の風貌や、彼らが実施した二、三の演習の正確なことと機敏さには率直にうなずいた。インドの土民部隊は正規軍ではないと考えていたが、正規軍に劣らず優秀なのがわかったと言った。グルカ兵もロシャの将校の軍人らしい態度に等しく感銘をうけたものと思われるが、彼らがコサック騎兵と親しまないのを知って、私はおどろいた。彼らは英国の兵士と親交を結ぶので有名なのである。コサック騎兵は彼らにくらべて給料が安く、装備も劣っているので、いささか見くだしているのが理由なのだと私は考えた。これはまったく東洋的なものの見方である。私自身はコサック騎兵の多くの卓越した性格に大いに感銘をうけ、どんな将校も、彼らが提供する要素以上にすぐれたものを兵士に対して望めないだろうと思った。

グロムチェフスキー大尉一行の連中が非常に気持のいい人々だったので、われわれは一日滞在し、一〇月二五日、パミール高原タグドゥムバシュ地区に向かってふたたび出立した。キャンプを去るに当たって、ロシャ将校に兵器を贈呈し、グルカ護衛兵に敬意を表させた。グロムチェフスキー大尉はコサック騎兵に《着剣》を命じ、答礼した。平和のうちにセント・ペテルブルクか、それとも戦争になってインド国境でか、ともかく再会の希望をグロムチェフスキー大尉は私に述べ、やがてわれわれは別れた。いずれにしても、心から歓迎してくれることはたしかだろう。私はロシヤ将校との会合をすっかりたのしんだ。われわれとロシヤ人は競争相手である。しかしロシヤと英国の将校が、競争相手とはなっていない。国民の一人一人に好意をいだく以上に、個人として、おたがいにおおいに好感をいだいているのはたしかだと思う。われわれは両国とも大きな勝負をやっている。その事実をかくそうとすれば、かえって一つもうまくいかないだろう。

翌一〇月二六日、クルブ峠を越え、パミール高原タグドゥムバシュ地区へ進んだ。峠は高度四四一〇メートル、らくな峠で、荷物をのせた動物でもうまくこえられた。風景の変化が非常に際立っていた。ヤルカンド川やオプラン川の渓谷で、なじんできた深いせまい峡谷や絶壁状の山腹の代わりに、今度は広大な、ほとんど平坦といっていい平原を見出したのだった。幅が約七、八キロ、渓谷からはわずかに六〇〇〜九〇〇メートル高い連山のあいだをずっと走っている。草も豊富である。パミール高原はどこへでも進んでいけるので、小馬のためにわざわざ骨を折って踏みあとをさがす必要がなかった。しかし風が身を切るようにつめたく、夜間、気温はマイナス一七・七度Cをいつも下ることはなかったが、これまでヤルカンド川で経験してきた寒気にくらべると、なんともやりきれなくつらかった。ヤルカンド川では、寒暖計がパミール高原でと同じくらいに下がったが、一般に大気はしずかで、寒気を骨の髄までまともに追いこんでくるような風が少しもなかった。

最初にキャンプしたのが、イリスと呼ばれている場所で、キルギス人のフェルトのテントが、私のために用意されてあった。そこへは、クチ・モハメッド・ベイという名前のパミールの頭首が私を出迎えて到着していた。彼は一見いたって愛嬌がなく、カンジュート族に情報を与え、襲撃をうまく援護しているというわるい評判があった。しかし私にはおおいに親愛を示し、要求したことはすべて援助してくれた。これは満足していいことだった。彼は実際には、シナ人の管轄下にいたからである。私はシナ側の旅券を持たず、支障なく同地方を通過するには、どうしても住民との友好関係をつくることに頼らないわけにいかない。彼はここで難題を持ちだせば、持ちだせたかもしれないのだった。

翌日、私は護衛兵をのこし、カンバーランド少佐とバウアー中尉に会いに約一一二キロはなれたタシュクルガンへ出かけた。この場所へはその翌日つき、やや下がったところにキャンプをしているのを見つけた。英国人に再会して、自国語で話し合えるよろこびは、十分想像していただけるだろう。

彼らは私よりも二週間ばかり早くレーを出立し、ドーヴェルニュ氏が同行してシャヒドゥラを経て、キリアン峠へ進み、そこから西に転じ、クジャルにいたった。同地の近くでは、故プルジェワルスキー将軍のあとをおそい、遠征隊を指揮してチベットにいったことのあるロシヤの旅行家ピエツォフ大佐に出会った。この一行は、小馬約二〇頭のほかに、八〇頭から一〇〇頭のラクダをつれていたということだった。護衛は二五名のコサック騎兵で編成し、仕事は全部コサック騎兵がするので、土民の従僕は一人もいなかった。フェルトのテント暮らしをして、すこぶるぜいたくに居心地よく旅行をしているらしかった。クジャルから、カンバーランド少佐はティスナフ渓谷を横切って進んだ。非常に美しく、果実が豊富だったと述べている。ヤルカンド川にいたり、そこからまた果実の非常に豊富なトゥン川渓谷を上り、タシュクルガンについたのだった。この道路はそれまでヨーロッパ人によって踏破されておらず、カンバーランド少佐の話によると、大連山から走ってくる支脈を越える峠が連続していて、そこを次々に通らなければならず、けっして生やさしいものではないらしかった。

彼らもグロムチェフスキー大尉に出会い、愛想のいいようすには、私同様に大いに感銘をうけたらしい。コサック兵の護衛があっても、ラダクにはいる許可を得るのは困難だろうと、あらかじめ注意してきたのである。

冬がもうすっかりはじまっていた。主脈の峠を二つ、これからまだ探検しなければならないので、至急に一行のところへ戻る必要があった。私はそこで、一〇月三〇日にふたたびカンバーランド少佐に別れ、もと来た道をパミール高原タグドゥムバシュ地区の方へ引き返さなければならなかった。

サリコル人は非常に親愛感をいだいているように思われた。タシュクルガンから北二、三キロのところで、城壁のある小村ティスナフを通りぬけると、村長が現われ、ぜひ朝食に寄るようにと言い、私はよろこんでこの懇願をうけた。彼は小さな家へ私を伴い、パンと茶を持って来て、いっしょに食べた。

今年は、アフガニスタン人に追われたシグナンからの逃亡者が、多数ここへやってきた。しかしシグナンの総督からもはや危害を加えない保証を受け取り、シナ側の手で大半が送還されたという話をした。

タシュクルガンとその周辺へは、一八七四年、ゴードン大佐が、フォーサイスのヤルカンド探検隊の二、三の隊員とともに、ワハン、大パミール、小パミールへいく途中に訪れた。探検隊の報告にその記述があろうから、それにつけ足す必要もあるまい。

タシュクルガンは、パミール高原タグドゥムバシュ地区の最北端にあるといわれ、ゴードン大佐の一行はこの地区には訪れていない。そこで、かんたんに説明するのも興味があろう。

パミール高原の派出部は、一部はクンジェラブ峠で、一部はワクジュルイ峠ではじまり、北にのび、タシュクルガンにいたるといえよう。そこからサリコル地区がはじまる。パミール高原の主な住民はキルギス人だが、少数のサリコル人がいる。彼らはすべて羊や家畜の大群を飼っているが、タシュクルガンをすぎると、農耕も人家も見られない。パミール高原自体は幅七、八キロの平原で、左右が非常にゆるやかに隆起し、平原をとざす連山に達している。以前は二連山のあいだのふかい渓谷だったという印象を与え、現在は氷河の運んだ岩屑《デブリ》に埋めつくされている。

降雨量が少ないので、この渓谷の岩屑《デブリ》は洗いながされることがないし、ぜんぜんなくなりもせず、その結果、現在の高度の平原になっている。タシュクルガンが三〇〇〇メートル、そこからパミール高原は高度をまし、クンジェラブ峠では四二九〇メートルにおよんでいる。大半がごつい灌木や砂礫におおわれているが、いい草がいちめんにきれいに生えているところがある。燃料がいたって乏しく、住民は一般に家畜の糞を燃料代わりにして使っている。

住民の全人口は、女子供をふくめ、おそらく三〇〇人はこえないだろう。いくぶん粗暴な連中で、たいがい性質がわるい。なにかの理由で、シャヒドゥラ、パミール高原のアライ地区、タガルマ地区から逃亡してきたのだった。頭首のクチ・モハメッドは実際はアンディジャーンのキルギス人に属しているのだが、シナ側がここにおいてこの方面の国境の責任者にしている。しかし、彼はフンザの領主につかえ、シナ人よりもこの領主におおいに尊敬を払っているように見える。

一〇月三〇日、カラチュクル川のほとりでふたたび護衛兵といっしょになった。翌日、ちょうどバウアー中尉が探検したばかりのクンジェラブ峠に向かって出立した。途中、サリコル人の持っている屯営地を通過すると、彼はなにか飲んでいかないかとさそい、たいへん親切だった。息子がメッカにいく途中インドを通過したことがあって、少しばかりヒンズー語が話せた。英国人の私も話せるのを知ると彼はよろこび、インドの経験をのこらずくり返し話した。

二、三日来、ひくい雲が寄り集まっていた。その夜は、アカル・ジャンが立ててくれたユルトですごしたのだが、ひどく雪が降った。たいていのユルトは、焚火の煙がぬけるため、上部に約七五センチの大きな穴をあけて立てる。このときは、朝目をさましてみると、焚火がすっかり消え、煙出しから降りこんだ雪がユルトの床いちめんにつもっていたのだった。外はさかんな降雪で、地方全体が雪にとざされ、峠を探検する見込みも期待薄になった。

それでも二名の元気のいい部下をつれ、一行のほかの連中はあとへのこし、雪中を進み、正午ごろ峠の頂上へ着いた。ルートは完全にらくだったので、全行程小馬に乗って頂上に達した。ところが、反対側の道がせまい峡谷を下っているのが見え、この峡谷の彼方に、ひくい山脈を越える峠がある。一年のうちのこの時期では、とても越えられない。このあたりの山々は、ずっと東に見える山々にくらべ、大して高度があるようには思われなかった。脇谷を上っていくと、もう一つオプラン峠と呼ばれる峠があって、渓谷を下ると、ショル・ブラクでオプラン川にいたる。クルブ峠を越え、オプラン川にいたるルートの代わりをするものだが、この道は非常に困難で、いまは廃道になっているといわれる。

この地帯には《オヴィス・ポリ》が多いといわれ、バウアーはクンジェラブ峠付近で六頭射止めたと言っていた。しかし今日は猛烈な降雪で、そんなものは何も見えず、ただ二、三のオオカミを見たのにとどまった。オオカミは《オヴィス・ポリ》を餌食にして、角が重くて思うように早く進んでいけない年寄りの雄羊をつかまえる。

峠を下り、峠の下まではこんであった小キャンプへいくあいだに、雪がやみ風がおさまり、太陽が現われた。空気全体がかがやく微粒子できらきら光るようになった。これはすこぶる奇妙な現象である。こまかな雪片に太陽が当たってかがやいているのだとはじめは考えたのだが、雪はいっこうに降っていないのがすぐわかったし、きらきら光る微粒子の説明がまったくつかなかった。いつも降雪のあとでおこり、以後のきびしい寒気の前兆なのだと、キルギス人が知らせてくれた。寒暖計がどんどん下がり、夕方の六時にマイナス二〇度Cだった。しかし風がおこり、寒暖計はすぐまた零度まで上がった。感じでの寒暖計としては零度をはるかに下ったところを記録したのかもしれないが、夜間、零度以下にならなかった。

ところで、もう一つだけ探検しなければならない峠があった。ミンタカ峠のあたりまでいくのである。いそいで戻った。雪のために連山が越えられず、フンザにはいれないかもしれないという不安にかられはじめたのだった。アカル・ジャンのキャプの方へ進んでいくと、遠方に、うまいぐあいに、《オヴィス・ポリ》の一群を見かけた。かなり近いところまでどうやら寄っていけたのだが、射程距離には遠く、ある岩石の背後から一頭射止めるつもりでその岩石へたどりつくと、一群は山腹をまっすぐ上って消え失せ、岩場のいちばん高いところから軽蔑するふうに私を見下ろしているのが、望遠鏡でやっとわかった。この《オヴィス・ポリ》をこっそりつけていったことから気がついたのだが、長いあいだ高いところにいたため、最近私の力がおちていたのだった。そればかりでなく、まともな料理も食べず、食欲も徐々に衰え、弱っていたので、大した活動ができなかったのである。しかし、パミール高原タグドゥムバシュ地区はらくなところで、どこへでも小馬に乗っていける。

一一月四日、カラチュクルで、グルカ護衛兵とふたたびいっしょになった。私がクンジェラブ峠を探検していたあいだそこにとどまっていたのだった。一〇日間もじっとしていたものだから、ふたたび移動するのをおおいによろこんだ。

翌日、われわれはカラチュクル川を上ってミンタカ・アクサイに進んだ。ミンタカ峠からながれてくる川とカラチュクル川の合流点で、カラチュクル川はワクジュルイ峠からながれ、平原を貫流してワハンにおよんでいる。カラチュクル川渓谷からバイジ峠を越える道路が小パミールのアクタシュにいたり、小馬で通れる。今年、グロムチェフスキー大尉が横断した。

この行程の途中、クチ・マホメッドが道路のすぐそばにある自分のほうのテントへきて、朝食をとるように私をさそった。テントにはカシュガルの男が二人いた。この国境地帯の事件を調査するため、カシュガルのダオ・タイ（道台）から派遣された役人だった。

朝食をすませてから私はふたたび出立し、途中この二人のカシュガル人に追いこされ、二人は私より少し早くミンタカ・アクサイのキャンプに着いた。彼らはテントが一つだけ離れて立っているのを見つけ、だれが使うのかとクチ・マホメッドに聞き、私のために用意したのだと知らされた。これをきいて二人は怒り、彼らのためのテントもどうして用意しておかなかったのかとなじった。クチ・マホメッドは彼らをなだめにかかったが、そのテントは提供せず、着いてみると、私のためのテントがそっくりそのままになっていたのでありがたかった。私は実際シナ領土内にいたし、単なる英国の旅行者にすぎず、彼らはシナの役人だったので、事情をきき、彼がテントを提供しなかったのにはびっくりさせられた。カシュガル人たちはキルギス人のテントの一つに同居の場所を得られただけで、私が到着すると、キルギス人を全部すぐその場所へ集合させ、今後やることには気をつけるように警告したということを聞いた。彼らはまた私の通訳をとらえ、私のやっていることをあれこれたずねはじめ、私の旅券を求めた。私はこれを聞いたので、従僕の邪魔をしないようにねがい、私のやっていることについてなにか知りたければ、いつでもお知らせするし、私がひまなときには使いを差し上げるから、なんでも好きなだけ私にきいてよろしい旨の伝言を送った。

翌朝、私はひまだったので、なんでも好きなだけお知らせすると伝言した。彼らは私のテントへやって来た。私はお茶を出してていねいにもてなしてから、私はフンザを経てインドへ帰るところで、途中パミール高原タグドゥムバシュ地区を通過するのにすぎないと語った。シナと英国は友好関係にある。私はシナ領の一部を通過しなければならないのに気がつかず、いま旅券は持っていないけれども、二年前のシナ皇帝からの旅券を所持していて、シナの首都北京からまっすぐヤルカンドとカシュガルまで旅行したことがあると語った。カシュガルの役人はそう聞いてすっかり満足し、シナと英国はいつも味方ではあるが、いま言われたことをカシュガルのダオ・タイに示すから文書にしたためてもらいたいと言った。

私はさっそく承諾し、さらにお茶を飲み、ていねいに話し合って、非常に友好的に別れた。その直後、キルギス人がはいって来て、私にあらゆる援助を与えるよう、すでにカシュガルの役人から命令が出ているのだと言った。

キルギス人といっしょに暮らすのは、この日が最後である。そこで、彼らの勘定をすましたり、やってくれた奉仕に対して贈物をしたりする必要があった。ラクダやヤクやその他の雇い賃をおおいに奮発し、三人の頭株《かしら》の男に贈物をした。ところが、前にシャヒドゥラのキルギス人にやった贈物のことが大げさに伝わって彼らの耳にはいっていたのである。彼らは私がやった以上のものを期待していたのだった。三人のなかの一人ジュマ・バイが、失礼なことに、これでは足りないといって、もらってから私の贈物を送り返してきた。私はすぐ、その前日ジュマ・バイがくれた羊に、その戻してきた贈物を添え、通訳にキルギス人のところへ返しにいかせた。相手の面前で、私が贈物にした茶や布などを投げすて、羊は谷へ放ち、私がうけたような侮辱に対する私の極端な不快な思いを述べるようにいいつけた。

ジュマ・バイは、偶然、二人のカシュガル人といっしょのテントにいた。カシュガル人は万事がいまいったようなありさまになるのを見て、客人をこのように侮辱したのを彼に向かってしたたかののしった。それがきっかけになって、ほかのキルギス人たちは不運なジュマにおそいかかり、たたきつけた。

すると、ほかの頭株のキルギス人が二人私のところへやってきて、自分たちのことはわるく思わないでいただきたいとさんざん弁解し、翌朝別れるときには、ひどく親密に、満面に善意をたたえた顔つきをした。

一一月八日、われわれはミンタカ峠を越えた。三〇〇メートルばかりの上りがひどく急で、頂上付近には最近降った雪がかなりつもっていた。そのときにも、雪がまだ周囲の山々では降っていたのだが、われわれが通過しているあいだはずっと晴れていた。雪はやわらかく、ひざまでもぐったが、ヤクに荷をのせて峠を越え、実際には大した困難もなかった。付近の山々はゆうに六六〇〇メートルの高さにまでそば立っているのにちがいないとしても、峠の高度は四三二〇メートルである。下降は急で、岩の多いジグザグ路をたどり、氷河の堆石《モレーン》に達する。しかし、ここを二・四キロばかり通りすぎると、すべて困難な場所は終わり、ルートは流れに沿ってムルクシュにいたる。ここへくると、領主から派遣されて、われわれの到着を待っていたカンジュート人の役人に出会った。私の荷物をはこぶ苦力《クーリー》が二〇人もいたので、峠を越えて荷物をはこんできたヤクとともに、キルギス人をいそいで送り返すことができた。

キルギス人は性格的にいい面をたくさん持っている人種ではない。彼らは欲がふかく、なんでも欲しがり、気まぐれである。私は彼らと別れたがべつに未練ものこらず、彼らとの親交を更新したいともとくべつに思わなかった。

われわれはふたたびインダス川の分水嶺の南側へ安全に出たのだった。われわれの探検は終わった。一八八六年、ロックハート大佐の探検隊がキリク峠に向かう途中、すでにフンザ渓谷を上っているからである。しかし、われわれがこれからはいろうとしているその渓谷は、ほとんど未知といっていい原始的な人々の住家になっている点、またその風景の雄大な点、ともに興味はおおいにある。単に野営地にすぎないムルクシュを下り、最初の村ミスガーにすすんでいくと、左右が切り立ったように高い絶壁状の峡谷を通りぬけた。山々が川床から完全に垂直に千数百メートルもそば立っているように思われ、その果ては雪の峰々である。頂上をながめるのに、ほとんどのけぞって仰がなければならない。

渓谷を下りると、空気はしだいしだいにあたたかく、骨の髄まで凍るような突風は背後におき去られ、パミール高原の高地をはなれ、ふたたび穀類の耕作のできる地方へ下りてくると、空気の稀薄度も減るいっぽうだった。いちだんと生気を覚えさせるような独特な味をふくんだ空気を、さらに胸いっぱいに吸うと、あたらしい力が体内にはいりこんでくるように思われ、寒気や空気の稀薄から生じた気だるい感じが徐々に消え失せた。

ミスガー付近で、フンザ上部地区の《アルバブ》、すなわち地方長官の出迎えをうけた。彼は親愛感を口にして、明らかに親愛感をいだくつもりだったのだが、領主がその手はずにしたいと言っていたとおりに、翌朝、われわれの荷物をはこぶ手合いを供出するときになると、たちまちむずかしい問題がもち上がった。独立心のつよいカンジュート人は、荷物をはこばなければならないのを極度にきらった。私は彼らに同情できた。どの地方を越えるにせよ、二〇キロメートルも二七キロから三二キログラムの荷物をかついでいかなければならないのは、まったく愉快なことではないにちがいない。フンザの山道を越え、そんなことをやらなければならないとすると、それが不平の原因になるのははじめからわかりきったことだ。重荷をかつぐ動物のようにふるまうことをわれわれは要求する。が、ヒンドゥークシュ山脈のこのあらっぽい人々も、それをなやみの種にしているのにちがいないのがよく理解できる。といっても、私が好もうが好むまいが、また彼らが好もうが好むまいが、いずれにしても要求しなければならず、半日ばかりぐずぐずして必要な人数の手合いの供出をうけた。

すると、もう一つむずかしいことがもち上がった。前日の夕方、《アルバプ》が羊一頭と若干の鶏卵を贈物にして私のところへ届けてよこしたのだが、無料で贈物を差し上げる余裕がないと言い、こんどは支払いを請求した。われわれの習慣はちがうので、贈物は贈物として受け取り、金は払わないことになっているから、私はわれわれの習慣にあくまでしたがうつもりだと話した。ヨーロッパ人にはじめて接触したその当時のフンザの人間は、おかしなくらいに無骨者で、入国してくる外来者からふんだくる完全な権利があると考えていた。グロムチェフスキー大尉も要求をうけたことがあると私は聞いていたし、たまに同国を訪れるシナの役人からも実際に物を盗むという事情を、一行中のキルギス人からも聞いていた。

正午ごろ、苦力《クーリー》と二、三の小馬が集まり、ギルチャに向かって出発した。踏みあとがごつごつして歩きにくく、一、二か所、絶壁に沿って進んだ。厚板をわたして絶壁にくくりつけ、そうやって粗末な回廊をつくった。渓谷は非常にせまく、山々は草も木もなく、ぎざぎざで絶壁状を呈した。ギルチャには小さな城砦があった。荷物を待ちながら、その付近で焚火をかこみ、野宿した。荷連中は途中で日が暮れ、荷物をかついでいたせいもあるが、くらやみの中で絶壁をわたる気になれず、翌朝六時になってやっと荷物が現われた。

このギルチャで一日停止し、フンザのワジール(宰相)・ダドゥ、現フンザ統治者モハメッド・ナジム・ハン、当時の統治者サフデル・アリの異母弟の訪問をうけた。ワジール・ダドゥは、私が訪れてから二年後、フンザ戦争で英国人に対する反抗の指導者になったが、おもしろい人物だった。私は旅行の終わりに、彼を次のような言葉で描写した。「ワジールはきれいな顔だちの男で、目鼻がととのい、非常にりっぱなひげをはやしている。常識も十分にあり、賢明な機敏な男として印象にのこる。私の見たところでは、領主に対してはかなり影響力を持っているものと考えたい。熱心な運動家で巧みな射手である。」現フンザ統治者の宰相である異母弟フマユンに次いで、彼は私が国境で出会ったもっとも有能な人間であり、男らしい性格のせいでもあるが、私がかなり尊敬の念をいだいている人物である。事情にうとかったため、ともに倒れに終わった政策をとるように領主をみちびいたのは遺憾とすべきである。ワジール・ダドゥは、けっきょく新疆省に幽閉されて獄死した。

彼はいま私を訪問するに当たって、華麗な長衣を着ていた。それは、一八八六年、ロックハート大佐が訪れたとき、フンザの領主ガザン・ハンに贈ったものだった。彼はサフデル・アリからの非常に友好的な親書を所持し、現在領主の居住しているグルミットまで、一行に加わってくるように派遣されてきたのだと言った。この場所へは、二日後に到着した。途中、二、三のうすよごれた小村をすぎ、左右にはあいかわらず巨峰がそば立っていたが、渓谷がわずかにひらけてきた。

グルミットに到着すれば、サフデル・アリが正式に招待したいということだったので、私は竜騎兵の正装をし、グルカ護衛兵も礼装した。われわれは峠で感じの悪い氷河を越えなければならず、そんなたぐいの進行には、拍車や、金筋入りの竜騎兵ズボンがいかにも不似合な衣装に思われた。やがてグルミットに近づくと、頭首から派遣された代表団がやって来て、大砲を打つけれども礼砲のつもりであって、けっして攻撃のためのものではないから、砲声をきいておどろかないようにと言った。

この砲声のとどろく中を私は小馬に乗って村落地を通りぬけ、大きなテントの方へ進んだ。領主がそのテントの中で私を迎えるはずだった。礼砲一三発が発射され、それがやむと、耳をつんざくようなどらのひびきがおこった。山腹には何百という人々が集まり、テントの正面には、火縄銃と剣で武装した粗暴な風体のカンジュート人が二列に長くならんだ。この連中はどうもうな顔つきはしていなかったが、精悍な風采がひどく目立った。この二列の隊列の先で私は小馬を下り、領主に会うため隊列のあいだを進んだ。領主が私を迎えてテントの外へ現われた。ほとんどヨーロッパ人といっていいきれいな顔だちで、赤味がかった髪の毛をした男がそこにいたのにはおどろいた。目鼻だちもぜんぜんヨーロッパ人の型で、ヨーロッパふうの衣服を着たら、どこへいってもギリシア人かイタリア人と見まちがえられよう。現在はすばらしい錦織りの長衣を着、きれいなターバンを頭にまいていた。ロックハート大佐から贈られたものである。腰には剣をつり、拳銃を下げていた。剣をぬいたままの男と、連発銃を手にした男が背後に立っていた。

彼は私の健康や自国通過の旅中の首尾をたずね、やがて先に立ってテントにはいった。テントはデュランド大尉から贈られた大きなものだった。テントの上座には、黄金色に縁取られた美しいビロードをかけた椅子があった。これは領主の持っている、すなわちグルミットにある唯一の椅子で、そこに彼自身腰を下ろし、私は国内の領主たちといっしょに地面にひざまずかせられるのは明白だった。私はそんな結末を予想して、荷物に先立ち、椅子を一つはこんできた。そこで私は、サフデル・アリと椅子のあいだを通ってはいり、従卒に椅子を持ってくるようにささやき、椅子が現われると、領主のにならべておき、お互いに腰を下ろした。われわれはやがてかんたんなあいさつの会話を行ない、招待の手順をととのえ、懇切な歓迎をうけたことに対して私は感謝した。テントの中には地方の頭首たちがだまってならび、厳粛に顔を上向けて坐っていた。深遠な知恵がかくれてでもいるかのように、口にする言葉を一つ一つじっと耳をかたむけて聞き、顔の筋肉一つうごかさなかった。会話は二人の通訳を介して行なわれ、あいさつの言葉もゆっくりした調子だったので、だらだらと長びいた。会見の終わりに当たって私はふたたび領主に感謝し、テントをあとにするときには、あらかじめ手順をととのえていたので、グルカ護衛兵が銃口を上に向け、いっせいに空砲を三発撃った。ふつう葬儀のときにだけ使う儀礼なのだが、音をだして、その結果人々をよろこばせる目的には役立った。

グルミットにはうすよごれた小さな家しかなかったので、そこではテントに住み、到着した翌日、私はふたたび領主を訪問した。彼がたずねた最初の質問は、ヨーロッパ人がそれまでやったことがないのに、どうして北方からこの国にはいってきたのかということだった。北から峠を越えてこの国にはいりこんだ、最初のヨーロッパ人の名誉を主張できる権利は私にはない、と話した。北から峠を越えてフンザにはいりこんだことがあるのをみずから私に報告したロシヤの将校に、私はたまたま出会ったばかりだった。私はそこでヤルカンドの貿易路に対する襲撃の原因を調査するため、インド政庁から派遣されてやって来て、現在同国を通ってインドに帰るところなのだと語った。

翌朝、サフデル・アリが長時間私のテントを訪問していたとき、この質問についてさらに立ち入った話をはじめた。襲撃は、彼の臣民が英国の臣民に対して行なわれたもので、彼が自分から口にしているとおりに、英国政府との友好を保持したいなら、彼の臣下にそんな慣行を止めるようにすべきだと、私は彼に留意させた。サフデル・アリは、自分は襲撃を行なう完全な権利があると考えている、襲撃から得る利益が主要な歳入になっているし、インド政庁が中止を望んでいるなら、歳入の損失をつぐなう補償金を払ってもらわなければならないと、すこぶる厚かましい言い方をして答えた。サフデル・アリにしてみれば、もったいぶった外交のかけひきは何もなかったのである。こんな無遠慮も生来の性格的なつよさから来ているのではなく、単に、全世界での自分の真の位置がぜんぜんわからないからなのだ。インドの女王も、ロシヤの皇帝《ツァー》も、シナの皇帝も、隣接種族の領主という印象をもっていた。しかし、彼は周囲の諸種族の住民全部に貢物を課すことに慣れていたし、英国、ロシヤ、シナからの使節として彼の国を訪れたさまざまな英国将校、グロムチェフスキー大尉、たまにフンザにやってくるシナの役人は、彼との親交を求めてうるさくやってくるのだと見なしていたのだった。彼とアレキサンダー大王はまったく同等だった。インドにいったことがあるかとたずねると、自分自身やアレキサンダーのような《大王》は、自国をけっして離れないと言った！

というわけで、むずかしいのは、こんな人間とどう交じわるかの方法を知ることだった。しかし、襲撃を中止するのに補償金をもらわなければならないのをすすめる考えにはなれないし、貿易路にはライフル銃武装の兵士を若干おいてきたから、もう一度襲撃をやって、どのくらい歳入を得られるか、ためしてみるのがよかろうと私は話した。議論は実際に一時白熱するようになったが、そのため、結果はけっしてわるくなかった。こうした教育のしつけのない人々は、むきだしに勝手にしゃべりたがるものだし、そうさせるのもけっしてわるくない方策である。サフデル・アリは自分の要求を私が拒否したのでおどろいたと、あとで語った。彼が親しく接触しなければならないような人間は、とにかくその場だけでも、求められたことは誓ってすると全部が全部言うのである。求められたことをしないと、彼の面前で率直に言うようなことはけっしてないのだと言った。

われわれの強さについて、わずかながらでも感銘を与える必要があると考え、グルカ兵の標的射撃演習を少し見ていただきたいと、こんどは私が提案した。そこで私は、サフデル・アリと私が腰かけているテントの内側に面し、部下を一列にならばせた。部下はやがて射撃演習の動作を遂行した。演習の一つは、その場に居合わした人間の方へライフル銃をぴたっと向けることだった。グルカ兵はテントの内側に向いていたので、銃口がサフデル・アリと私自身にまともに向いた。これは、アレキサンダーの後継者には我慢がならなかった。演習はもうたくさんだと言い、自分の回りをぐるっと部下に取りまかせ、発砲しようとしているグルカ兵の回りにもう一つ警戒線を敷き、やっと標的射撃の続行をゆるす気になった。ある罪の意識がちくりと彼の心を刺していたのだった。彼は実父を殺し、二人の兄弟を絶壁から墜死させていたのだ。同じような裏切りが自分の身に演じられるかもしれず、グルカ兵が一発の弾丸で彼を射殺しはしまいかとおそれた。こんな過度の用心をして、演習を続行した。渓谷のはるか彼方の目的物に向かって、一斉射撃をした。射撃の優秀さとグルカ兵の強固な性格にとうぜん人々は感銘をうけた。

私はサフデル・アリと数回会見したが、ある場合には、すこぶる粗暴だった。そんな言い方をするなら彼からの訪問をうけるわけにいかず、私も訪問することができないと、そのあとワジールに話さなければならなかった。彼は使者をよこしては、私の持っているいろんなものを要求し、ひっきりなしに困惑の種を作った。私はとっくにかなり金目の贈物をしていたのだ。しかし、彼は使いの者をよこしては、私のテント、ラバ用のトランク、何人かいる彼の妻へ贈る石けんさえ要求するのだった。ワジールへの贈物の中に、銀紙包みの石けんが二つ三つはいっていた。これが《王家》のご婦人の讃美をかき立て、自分たちもそれが欲しかったのである。要求は主義として全部拒否した。一つ与えるともっと請求してくるだろうし、私の雑嚢の中のものはのこらず取られてしまうのである。グロムチェフスキー大尉はこういったことを親切に知らせてくれて、最初からがっちりするようにとあらかじめ注意した。

　私の荷物をギルギットまではこぶためのバルティスタン人の苦力《クーリー》が到着し、一一月二三日、私はグルミットをあとにした。出立の朝、サフデル・アリが私のテントまで歩いてやって来て、これまでの不行届きを弁解し、ただなんとか適切な招待をしたかったまでで、それが本心なのだと言い、おまけにインド政庁からの補償金を望んだのだった！　サフデル・アリからは弱い性格の人間という印象を受けた。当時彼について私が書きとめた意見は、子供っぽく頑固で、機敏と先見の明に乏しく、英国人と友好を保つ利益がよくわからないということだった。私は彼にとって最後に会ったヨーロッパ人で、二年後、彼は自国から逃亡を強いられる結果になった。現在シナ領土内に追放され、異母弟モハメッド・ナジムが代わってフンザを統治している。

　この同じモハメッド・ナジムがサフデル・アリの代理として、ギルギットまで同行した。グルミットを出立したその日に、フンザの要地バルチットに着いた。領主の王宮と城壁がある。いまはいそいで通過しなければならなかった。冬が急速に近づいているからだった。私は三年後に、この国に滞在することができたので、そのことをあとでもっとくわしく述べることにする。ここでは、この国を通過した二週間の旅行のあいだに得た意見を述べるのにとどめるが、それは、「領主を左右することができるようになれば、住民についてはほとんど困難なことはおこらないだろう。彼らはアフガニスタン人にくらべ、はるかに好戦的な性質ではなく、おそらくより安定した事態をよろこんで迎えるだろう。競争相手の頭首のあいだで行なわれる小ぜり合いに始終使われがちで、安定した事態になればそんなこともなくなるだろうからだ。」二年後、サフデル・アリが国外逃亡のやむなきにいたったとき、人々はけっして遺憾の念を表わさなかった。現在では、残忍で野蛮な時代のすぎたのを理解している領主モハメッド・ナジムの下で、往昔の匪賊が落ち着いた満足した人間になっているのは、同国を訪れる各人が認めるところである。

私は護衛兵に先行していそぎ、ニルトを通過した。私のあとニルトを訪れたのは、デュランド大佐の指揮した小兵力で、大佐は一八九一年の終わり、フンザとナガルを征服した。バルチットから二日かかって――絶壁とか、岩石や丸石の上を越える峠とかを迂回するので、山腹を高く上っていく山路をたどり、岩壁に沿う回廊を伝い、一〇四キロ以上にわたるおそろしい悪路を踏破してから――ギルギットに着き、デュランド大尉とマナズスミス中尉に迎えられた。二人は同地に英国代表部を設置するので、二、三週間前に到着していた。ふたたび不安な思いからは解放された。同僚の将校の仲間入りをして、いたって忠実な従僕ながら最低の料理人、ラダク人シュカル・アリとはちがったこの男の用意してくれる食事に向かって腰を下ろし、課せられた仕事をうまく果たしたと感じるのは、実に満ち足りた気分だった。ギルギットの代表部に到着したその夜も、いまでもその回想が私の記憶にしみついていて離れない一夜だったのである。

ギルギットに二、三日滞在してから、ふたたびカシミールに向かって出発した。季節がもうすっかりおそく、高度三三六〇メートルのバージル峠と、高度四〇二〇メートルのトラグバル峠を越えなければならなかった。一二月一三日にバージル峠を越え、三日後、トラグバル峠を経てふたたびカシミール渓谷へ下りた。フンザ一周は完了した。われわれは一一の峠を越え、さらに二つの峠を越えようとこころみたのだった。ほかでは見出せないあらあらしい地方を通りぬけてきた。私はいまグルカ護衛兵と別れたのだが、彼らは連隊をあとにするのに当たって、これから企てようとしている旅行中、私の身に万一のことがあったら、所属連隊の名誉を汚してまで一人として帰隊すべきではないと、土民将校の上官に言われてきたのだと語った。彼らの将校を失って帰隊してはいけないのだ。グルカ兵の軍曹は、こう語りながら、遠征の成功のためには、全員がどんな犠牲でも払う覚悟を決めていたのだと言った。しかし、とりたてて苦難もなかった。そして軍曹は、旅中万端にわたっての私の配慮を感謝した。このグルカ兵は小柄だったがすばらしかった。全行程を通じ、万事に信用できるという感じをいだいた。いつどんなときでも、私のために生命を投げだすつもりになっていたし、多くの月日をともに暮らした仲間だった。個人的にも非常につよい愛着を覚えるようになっていた人々と別れるのは、つらかった。

彼らは所属連隊に帰った。軍曹も伍長も昇進し、全員がインド政庁から十分な報酬と感状をもらった。

パサン人の従卒も所属連隊へ帰り、昇進し、全連隊の閲兵に当たって、指揮官から報酬金とやはり同様の感状をもらった。

これは、私がインド土民軍の兵隊を指揮下においた最初の場合であった。彼らの忍耐、献身、忠誠、訓練に対して敬意を払うようになったのはそのときにはじまる。彼らをよりよく知る機会を得たので、私は尊敬の念をふかめるばかりである。グルカ人、パサン人、シーク族、みなすすんで英国の将校に荷担し、指揮官として誇りうるような部下なのである。

## 13　パミール高原へ——一八九〇年

一八八九年の探検は、パミール高原の一端に終始し、翌年私はパミール高原全地域一周の旅行を命ぜられた。当時ロシヤのいくつかの探検隊がしばしば同地方を踏査していたものの、フォーサイス探検隊のときから、パミール高原を横断した英国人はたった一人ネイ・イライアス氏だけだった。フォーサイス探検隊はT・E・ゴードン大佐が率い、小パミール高原を通り、大パミール高原から帰った。これは、シナ人が東トルキスタンを再占領する以前、ヤクブ・ベク時代のことで、以来、事態は実質的におおいに変革している。パミール高原は、南は英国領、北はロシヤ領、東はシナ領、西はアフガニスタン領のあいだにあって、一種の無人地帯を形成している。周囲から打ちよせる征服の波がこの地方を完全に沈め去るにいたらず、そんなわけで、このアジアの三大帝国会合地の状態が興味を持たれ、重要でもあった。

一八九〇年六月下旬、私はシムラを立って、僻遠の地域に向かった。前回の旅行のときのように護衛兵を伴わなかったが、さいわい仲間として、ジョージ・マカートニー氏を得た。ロンドンのシナ公使館の有名な書記官、サー・ホリディ・マカートニーの子息である。マカートニー氏はシナ語を正確に流暢に話し、したがって、通訳としての仕事がもっとも重要なことになろう。いっしょにレーにおもむき、そこで、狩猟の目的でパミール高原と新疆省におもむこうとしている二人の他の旅行家、ビーチ、レナード両氏に合流した。すでに述べたカラコラム山脈越えの長いわびしい行程を、ふたたび進んでいかなければならなかった。草木一つない平原とまるい山山、これほど極端に荒涼として気の滅入るものを想像するのはむずかしかろう。というわけで、インド平原から山々の間を通りぬけ、九六〇キロの行程の終わりにトルキスタンへ下りていったときには、なんともいいようのない安堵感を味わった。八月の最終日にヤルカンドへ着いたが、三年前私が訪れてから、少しも変わったようすがないのは言うまでもなかった。いったい、中央アジアの町々は変化するものなのかどうか、うたがわしい。ねぼけた泥土の城壁、泥土の家、泥土の回教寺院が、永久に同じ姿をとどめているように見える。たいがいの風土なら、むろん雨水に洗いながされているだろうが、中央アジアではほとんど雨がなく、何代にもわたって同じ姿のままである。がっしりしたつくりのれんがの回教寺院も二、三あるし、りっぱな家屋もいくらかあるにはある。シナ人町もべつにあって、彼らは実質的なしっかりした建物をつくっているが、土民の町は、たいてい泥土づくりの家屋で、眠たげな、ものうげで単調な印象をとどめる。《まずはじめに町があったから、現在もあり、将来もあるだろう》とは、中央アジアの町の入口にかかげるのにとくにふさわしい標語だろう。

ヤルカンドに着いてから二、三日経って、前年出会ったグロムチェフスキー大尉が到着した。こちらから訪ねていこうとしていると、私のところへ先に訪ねてくるむねをつよく述べた伝言を使いの者が持ってきた。それからすぐ、彼が勲章をつけた軍服を着て現われた。彼に再会し、一年ばかり前フンザ国境で別れて以来の放浪話をきくのは非常にたのしかった。それ以来彼はずいぶん苦労したし、かなり辛い目にあったのにちがいなかった。一二月中旬にカラコラム峠越えをこころみ、やがて厳冬期に峠を越え、東に向かい、チベット高原の一端までいったのだった。彼も一行の連中も、キャンプの装備が適切に行き届かず、全行程がむしゃらに進んでいったのを回想すると、このロシヤの探検隊が実際に行なったその仕事の、計画に対する強固な堅忍不抜の精神を賞讃しないわけにはいかない。

グロムチェフスキー大尉はわれわれと食事を共にし、われわれも彼といっしょに食事をし、次に、われわれ全部が土地の主な商人の一人と会食した。この会食はヤルカンドの一つの行事だった。ロシヤとインドの二帝国間のまんなか、中央アジアの心臓部で、ロシヤと英国の将校が東トルキスタン人の商人と会食するのをひょいと考えると、妙な気がする。土民の町にある家で晩餐をふるまわれた。非常にぜいたくな食事だった。シチュー、ピラオ、焼肉の料理が次から次へ出て、老商人は惜し気もなくわれわれを歓待した。

グロムチェフスキーは、ヤルカンドで二、三日すごしてから、どこかあたらしい土地を通って帰途につくので、東の方の山地へ出立した。一一月一五日、マカートニーと私も、パミール高原へ向かってヤルカンドをあとにした。一方、仲間のビーチとレナードはしばらく滞在したのち、ヤルカンド川の密林中で狩猟をするので、東に向かった。

パミール高原は現在ではよく知られている地域であり、最近はこの地方についての話がたくさん聞かれる。しかし、われわれが訪れたときには、その地方特有の神秘的なものの名残りがいぜんとしてあったし、われわれは《世界の屋根》を訪れる熱意を多分にいだいて出立したのだった。最初はサリコルの要地タシュクルガンにいかなければならず、そこへ達するのには、パミール高原の控壁《バットレス》を形成する連山の外にある支脈尾根を次々に越えなければならなかった。あちこち小さな村を通過したが、一帯の大半が無人で、山々には草木一つなく、面白味もなかった。一一月下旬、タシュクルガンに着き、パミール高原の国境上に達したわけだった。タシュクルガンは、たいがいの地図には大文字で示してあるので、重要な場所に見えるが、実際は、パミール高原タグドゥムバシュ地区の入口につくられた小さな城砦にすぎない。付近に五、六の小さな村落があるが、海抜三〇〇〇メートルもあるので、農耕のできもいたってわるく、地区としてはごくわずかな人口しか支えられない。

タシュクルガンの頭上にタグドゥムバシュ地区の広大なパミール高原が見え、前年私は小馬に乗ってそこを下り、この土地へやってきたのだった。西にはおおいかぶさるように、アジアの二つの水路を分かつ峨々とした雪の連嶺があった。西流してオクサス川に注ぎ、二大帝国の勢力圏の境界線を示す運命にある水路、東流するものはヤルカンド川に注ぎ、ロプ・ノールで流れの終わっている水路。この連嶺の背後に、パミール高原の主部——小パミール高原、大パミール高原、パミール高原アリチュル地区——があり、そこを訪れるのがとくにわれわれの目的だった。

一〇月三日、ネザ・タシュ峠に達する峡谷を上るので、タシュクルガンを出立した。道はでこぼこして、岩石が多く、上りの最後の部分は急だったが、小馬をひき、たいしてむずかしいこともなく越えた。峠の反対側に出ると、小パミール高原の方へ走っている、草木のない、丸味を帯びた興趣のない支脈と荒涼とした渓谷の連続が見下ろせた。その渓谷の一つを下っていくと、平原と呼んでもいいようなところへ出た。平坦で高低の起伏がなく、幅が七、八キロ、左右両方へは何キロとなくひろがり、果ては連山の境にかくれて見えなくなった。これが小パミール高原だった。われわれがはいりこんだ側は、雪をかぶった高い山々にとざされ、反対側はひくいまるい支脈で、山という名前をつけるほどいかめしく高くはなかったし、万年雪にもほとんどおおわれていなかった。

　われわれは他のパミール高原へも訪れたが、ちがいといってもほんのわずかで、したがって、このパミール高原地区を若干詳説すればそれで十分だろう。さて、われわれは左右をさまざまな高度の連山にとざされた平坦な平原にいる。この平原は何に似ているだろうかを考えるには、この平原形成の説明から推察するのがいちばんいいように思われる。そうなると、十何万年以前、これらの山々がはじめて隆起した時代を回顧しなければならない。サー・ヘンリー・ホワースが想像するように、その隆起がとつぜんであろうと、あるいは、山岳形成の一般事例と思われているように、その隆起が徐々であろうと、いずれにしても、山脈のさまざまな連なりをつくる高低差のあいだには間隙や窪地があっただろう。高い部分に雪がふり、窪地に大量につもり、徐々に氷河を形成した。やがて、この氷河は山腹からおちる岩屑《デブリ》の重荷を負ったままはい下り、さまざまな連山を分かつ渓谷の底を徐々に埋めつくしたのだった。むかし、このパミール高原でも、氷河は現在よりずっと低いところまで下っていた。この地方一帯の渓谷の底では、旧氷河の堆石《モレーン》を見かけるかもしれないのである。現在、氷河はそこまで下っていない。だから、このパミール高原全体が、むかしは膨大な氷河に埋めつくされ、氷河の氷がとけ去ると、岩屑がのこり、現在見るような平原を形成したのである。降雨量がもっと多ければ、渓谷をながれる河川のために、この岩屑はむろん洗いながされてしまうだろう。しかし、渓谷の最低部が海抜三六〇〇メートルをこえるこの高所の地域では、河川は一年の大半が凍結し、とうぜん要求される仕事をすることができず、渓谷は氷河から生じたむかしの古い岩屑でいっぱいにふさがったままである。ところが、さらに低いワハン、シグナンズ、ロシヤン諸州は、河川が本来のつとめを適切に実行するに足る時間だけは凍結しない、それほど低い平地に達しているので、渓谷はきれいにからっぽで、パミール高原は消え失せ、平坦で広い渓谷の底の代わりに、ふかく切れこんだ峡谷や隘路が見られる。

こう説明すると、パミール高原はしばしば想像されているように、高い台地、すなわち高原ではなく、冬が長く夏の降雨量が少ない非常に高緯度の地域に共通した、そして他では見られない型の一連の渓谷を形成しているのが、読者には理解されるだろうと思う。チベットは、大規模なパミール高原の集合体である。そこでも、渓谷をその底まで洗いながすだけの水量がない。ヒマラヤ山脈、カラコラム山脈、ヒンドゥークシュ山脈の多くの部分には似通った状態が現存し、きまってそこにはパミール高原があるのである。《パミール》という言葉は、この特殊な種類の渓谷の特質を示す名前にすぎないのを、読者はすでに推測されたことだろう。フンザにはいるシムシャル峠は、われわれが地図に《パミール高原》として示している地域からははるかに遠いけれども、フンザの住民はシムシャル・パミールと呼んでいる。

というわけで、以上がパミール高原の自然科学的な形成である。その高原をおおっているものについては、いろいろと矛盾した説明を聞かされてきた。あらゆるものが霜にやられてしまったときにそこへいった旅行者は、まったく荒涼とした地域だと言っているし、夏期にあちこち見てきた旅行者は、すばらしくみごとな草におおわれていると言っている。私自身の経験では、密生した性《たち》のいい草が見られる場所もあるにはあるが、渓谷の大半はその底がごわごわしたニガヨモギの密生にすぎないのである。あちこちにゆたかな牧場地も見つかるが、パミール高原については、うねる草原を想像してはいけないのである。私はかねてそれを期待し、キャラバンの小馬も、草をたべつづけるゆたかな牧場がふんだんにあるものと考えていたのだった。ほんの二、三のめぐまれた地点で牧場地にありつけたが、途中の大半は、草の密生したあたりをあさり歩いて小馬はひとりで満足しなければならず、そうわかってみると、私はなさけなく失望した。

木立はむろん一本も見られず、灌木ややぶにしても、ほんの二、三の場所にあるのにすぎない。その結果、燃料に乏しく、住民も旅行者も、ニガヨモギの根で満足しなければならない。

気候は、想像できるように、非常にきびしい。私は夏の終わりごろ、秋のはじめにいったのにすぎないが、八月に、テントの中の金だらいには氷ができていたし、九月の終わりごろに、寒暖計はマイナス一七・七度C、一〇月の終わりにはマイナス二七・七度Cだった。ダンモア卿は、一一月に、テントの中で、寒暖計がマイナス二〇・五度Cだったのを見とどけている。強風が実に多く、寒気からくる不愉快な気分がおそろしくひどくなし、高度から生じるぐったりしたものうい気分も手伝い、不愉快さがますます助長される。そこで、寒気と風と高度がいっしょになり、パミール高原の生活はさっぱり浮き浮きしたものにならない。

このきびしい気候にもかかわらず、パミール高原の住民は一年中そこにとどまっているのである。ワハンからの少数の亡命者もいるが、ほとんど全部キルギス人である。このキルギス人はとうぜんのことにはちがいないにしても、粗暴で頑強な人種で、品性がほとんどなく、戦闘の適性もない。欲張りで怠惰で、外国人の心をひきつけるような性格をほとんど持ち合わせていない。北京からの旅行話をしたときすでに述べたその同じフェルトのテントで暮らしている。

アクタシュで、三つ四つテントを見つけた。シナ人から任命された《ベク》すなわち首長がいた。彼は非常にいんぎんで、当時シナ領と考えられていたパミール高原一周の行動についてなにもむずかしいことは言わなかった。そこでほとんど真西に向かって出立し、小パミール高原の西側の連山を越え、イスティグ川渓谷にはいった。このパミール高原の東部地方全体は連山が低く、容易に越えられる。ヴィクトリア湖(大パミール高原にある)が小パミール湖の西にあるような雪の峰々は、一つも見られない。山々がすっかり摩滅して、まるくなっているように見える。そんなわけで、最初の山越えをしてイスティグ川渓谷へはいっていくのにいっこう困難もなく、そこから、パミール高原アリチュル地区のチャディル・タシュに向かった。そこへいく途中、アク・チャク・タシュと呼ばれる場所で、いくつかの温泉を見つけた。温泉の熱度は六〇度Cをこえ、私の寒暖計の最高の目盛りだった。この温泉湧出は、この地帯ではかならずしも数少ないわけではない。

チトラルのアシュ・クマン、ヤルクン、ルトクなどの渓谷にも、似たような温泉がある。住民がおおいに利用し、貴重な薬効成分がふくまれていると信じている。

パミール高原アリチュル地区に達しないうち、ある地点から四〇〇メートルの範囲内で、《オヴィス・ポリ》の角を七〇もかぞえた。むろん異常なくらい多数の角にぶつかったのだが、パミール高原ではいたるところで、渓谷や山腹に横たわるこういったみごとな角を見かける。パミール高原はすでによく知られているように、すばらしい《オヴィス・ポリ》種の羊の棲息地である。ロバぐらいに大きく、角の彎曲部はしばしば太さが一五〇センチ、ある一例として知られているのは、一八二・五センチもある。背丈は一四〇センチ以上もあって、皮をはいでも、頭部の目方だけで一八キロをこえる。

パミール高原アリチュル地区は広々とした渓谷なのがわかった。幅が六キロ半から八キロ、茶褐色の草木のない山に左右をとざされている。われわれが訪れたとき、渓谷の奥の方では草がいたってとぼしく、イェシル・クルの方へ渓谷を下りてくると、いくらかましな牧場地があって、そばに少数のキルギス人がキャンプをしていた。

さて、ある一地点を訪れるのが、現在のわれわれの意図だった。以来、その地点は歴史的に有名になっている。また、当時その名前はヨーロッパでは知られていなかったが、それでも歴史的に有名だったのである。それはソマタシュだった。ネイ・イライアス氏は旅行の記録の大半をまだ発表はしていないものの、アジアのほとんどあらゆる地帯を旅行し、ここにも来たことがあった。そして、イェシル・クル湖（イェシル湖。《クル》という語そのものが《湖》の意なので、実際にはこう呼ぶべきである）の湖畔には、碑文を刻んだ石の記念碑が立っているという噂を耳にしていた。私の知っているキルギス人たちもこの噂を裏書きするようなことを言い、マカートニーと私は、その石を一目見ようと、バシュ・グンバズから小馬に乗って出かけた。旧氷河ののこした堆石《モーレン》の窪地にある五つ六つの小さな湖のそばを通り、まる一日乗って、夜になってから、アリチュル川がちょうどイェシル・クルに注いでいる地点で停止した。寝具や炊事用具などの荷物があとからゆっくりはこばれてくるので、われわれのためにとっくに届いていたユルトの中で、空腹のまま寒い一夜を送った。しかし、翌日、その石を見つけたのでうれしかった。それは台座の上にのっている大きな平ったい石で、割れたままにのこっていた。川が湖にながれこむ手前二、三〇メートルの右岸、水面から三〇メートル以上ある場所に据えられていた。碑文がシナ語、満州語、東トルキスタン語で書かれ、明らかに、一七五九年のホジャの駆逐と、シナ人によるバダクシャン国境までの追跡のことが述べてあった。この旧跡の上手の左岸に、なん年か前に立ったシナの城砦の廃墟があった。

この場所は、一八九二年、ロシヤとアフガニスタンのあいだでの戦闘の場であり、歴史的に興味がある。ダンモア卿がこの戦闘の話を書いている。彼は事件のあったほんの二、三週間後に同地点を訪れ、アフガニスタン人の死体がまだ横たわったままなのを見つけた。アフガニスタン人は、この場所へ一五名ぐらいの小前哨兵力を派遣していたようである。ロシヤ兵の一隊はヨノフ大佐が指揮して、パミール高原の年次巡察を行ない、彼らのところまでやってきて発砲し、一人のこらず殺した。

記念碑の碑文のすり写しをとって——ついでに言うと、記念碑はその後ロシヤ人が撤去し、タシュケントの博物館へ移した——われわれはブジラ・ジャイに戻り、翌日、もときた道をたどり、パミール高原アリチュル地区をさらに進んだ。このパミール高原地区については、とくに書きとめることが何もないように思う。ほかのすべての地区とまったく同じたぐいのところである。そこに達する主要なルートは、(1)アクスゥ川渓谷からまっすぐ同地区に沿ってシグナンにいたるもの。(2)西のサレズからマルジュナイ峠を経由するもの。多少難路だが、ロシヤ陸軍の探検隊が何回となく越えた。(3)バシュ・グンバズ峠とカルゴシュ峠を経由するもの——小馬も越えられて大パミール高原にいたる。(4)コクバイ峠を経てシャクダッラにいたる。以上の峠は、ロシヤ陸軍の遠征隊によって何回となく越えられ、また往復もしている。ほとんど四二〇〇から四五〇〇メートルの高さで、したがって、渓谷の底からは六〇〇メートルぐらいにそば立っている。

いまアクスゥ川渓谷に向かって東進している途中こえたネザ・タシュ峠は、高度約四二六〇メートルで、西側の上りはいたってらくである。下降が困難で、急峻でもあり岩石が多い。カラス川のながれに沿って下り、アクスゥ川にいたるのだが、そこへ達する手前で峡谷にはいり、道は峡谷にとざされてしまう。渓谷にぶつかると、その地点での渓谷は平坦で、広さが一キロ半以上もある。いい草におおわれ、ここはサレズと呼ばれていると、同行したキルギス人が教えてくれた。少し下ったサレズ川と区別して考えなければならないが、多くの地図にしるされている《サレズ・パミール》を指すことになろうかと思われる地帯である。渓谷はカラス川の河口付近から、アクスゥ川とアク・バイタル川の合流点付近までひろがっていると言っていいだろう。

この合流点でアクスゥ川の右岸に、ムルガビがある。私が訪れたときには、川のほとりの牧場地に四つ五つキルギス人のテントがあり、上手の高所に古い墓がいくつかあったほかは何もなかった。しかし、現在は永久的に設置されたロシヤの前哨がある。海抜三七二〇メートル、川のほとりには草の多い放牧地と二、三の灌木のやぶがあるが、不毛の山にとりまかれ、荒涼としたわびしい地点である。寒気がきびしい。ロシヤ兵がどうやって生存を維持していけるかはおどろくべきことだ。しばしば息抜きをしなければほとんどやっていけないはずである。もっと温和な地方へ帰るのが彼らのよろこびであるのにちがいないのは、十分想像できる。もっと心地よい地域を目の前に見て、どんどん下りていきたいと彼らがしばしば切望するのにちがいないのも、想像できる。何もすることがなく——一週また一週、一月また一月、鈍感に単調にすぎ去り、ながめるものは同じ不毛の山々、ぶらぶら歩くにしても同じ城砦のあたり——こんなものさびしい地方にとじこめられた将校は、どんどん下りていきたいと切望するのにちがいない。「こんなところに駐屯してなんの役に立つのだろう。」そう言うのも想像できる。「政府はどうしてわれわれを適当な場所へ、居つくのにふさわしい場所へ、やってくれないのだろう。」そう希望するのは、まったく人間の本性で、こんな気分になっているときには、明らかにほんの些細な動機があればすぐそこを動くし、またそこにじっととどめておくには、背後でのかなりきびしい手綱が必要である。

けれども、私がムルガビを訪れたときには、ロシヤの兵士はまだ一人もその地点への追放の憂目を見ず、やってきていなかった。二、三のキルギス人を見つけたのにすぎず、そこで一夜を送ってから、アク・バイタル（白い雌馬）川の水路をどこまでも上り、ラン・クルに向かった。現在一〇月下旬のアク・バイタル川には、水が少しもなかった。渓谷の広さは、二、三キロで、まったくの不毛だった。ラン・クル付近までいかないと水が見られないはずなので、その場所までずっと長い行程を進まなければならなかった。数キロのあいだは湖水の岸に沿い、途中、チラグ・タシュすなわち《ランプ岩》と呼ばれるおもしろい岩のそばを通過した。支脈の末端の湖水の上に際立って見え、頂上の洞窟には永久に消えない光がかがやいていると考えている土民があった。この光は竜の目から出ているとか、竜の額にある宝石から発しているとか、いろいろ伝えられていた。この岩に接近して、その光を見せてくれるように私はたのんだ。たしかに洞窟があって、洞窟の天井にかすかな白い光が射していた。なにか燐光体から生じているようなようすだった。洞窟の中にあるそのものを見に、だれかいった者があるのかときくと、だれも思いきっていく気にならないのだとキルギス人が言った。恐怖心もさることながら、一度も洞窟まで上っていかないのはやはり怠惰や無頓着さのなせることなのだと、私は私なりに想像する。東洋人は現象の根拠を見つけだす好奇心をほとんど持ち合わせていない。私には好奇心があって、パサン人の従僕といっしょに支脈の山を上っていった。岩に達し最後の六メートルは靴をぬぎ、手と足でしがみつき、ネコのようなかっこうではい上がった。岩はちょうどその最後のみじかい個所がほとんど垂直だった。われわれは洞窟の口からはいりこんだ。光源を見つけようと、私は熱心に見まわした。ちゃんと立ち上がってみると、洞窟は岩をまっすぐつらぬいている通孔にすぎず、光が反対側から射してきているのがわかった。下からでは、むろんこんなことはわかりっこない。観察者には洞窟の天井が見えるだけで、天井はなにか白い滓《かす》にいちめんにおおわれ、反対側の口から射してくる光を反射するのである。これがつまり何百年間も代々述べられてきたという話の《永遠の光の洞窟》の秘密だった。

　その夜は、ラン・クルの東の方までのびひろがっている草原で、二、三のキルギス人のユルトのそばでキャンプをした。はるか草原の果てには、高度七五〇〇メートル、《山々の父》ムスター・アタ峰の巨大な雪の山塊が見えた。

現在向かっているカシュガルまでの普通のルートは、ラン・クルから東進してアク・ベルディ峠を越え、ゲズ川を下るのである。しかし、大カラ・クル湖を訪れたい気持がつよく、ラン・クル湖をとじこめている陰鬱な不毛の山々のあいだを北進し、第一夜はキジル・ジェク峠の麓でキャンプをした。それまでは、幸運にも、いつも休息地ではその都度われわれのためにユルトが立てられた。厚いフェルト囲いのテントは、中で火を焚き、ほんとうに暖かく、居心地のいいものなのである。とにかく焚火があると、あったまりたいと思えばすっかり暖まれるのである。しかし、うすい帆布のテントでは、中で火をもやすわけにいかず、まったく話がちがい、それからは身を切られるような寒さのなかですごした。ラン・クルとカラ・クルのあいだの地方全体は、極端に不毛である。寒風が渓谷を吹き下ろしてくるのが常で、キジル・ジェク峠を越える前夜、寒暖計がマイナス二七・八度Cまで下がった。

キジル・ジェク峠は非常にらくな峠だった。——渓谷を上りつめての急な隆起にすぎず、鞍部を越えて、もう一つの渓谷へ下りる。北側も、南側と同じく、荒涼とした地方だった。峠を越えた日、大カラ・クル湖畔の草木一つない平原でキャンプした。長さ二〇キロ以上におよぶ美しい湖水で、われわれが着いた日はすばらしい光景を呈していた。ものすごい風が吹き、湖の水を波立たせ、湖水全体が泡のかたまりのようだった。ひくい雪雲がその風景を勢いよく走りぬけ、雲間には、波立つ湖水のかなたに黒々とした岩峰群が見え、下界のざわめきのいっさいをぬけだし、高度六九〇〇メートルの堂々としたカウフマン峰が姿を現わしていた。

私は細心の注意を払って寒暖計を煮沸し、ラン・クル湖とこの湖の高度差をたしかめた。やがて、東に向かってぐいと方向を変えて出立し、カシュガルの比較的温暖な地域へといそいで下った。冬が急速に迫りつつあった。ほとんど何にさそいこまれる必要もなく、平原めざしてどんどんいそいだ。カラ・クル湖の盆地をぬけだし、高度四七四〇メートルのカラ・アルト峠を越えた。湖水に流出口がないのはよく知られている。湖から水がながれ出ないのである。湖にながれこむ水もほとんどなく、蒸発するだけのことで、現在の水位をうまく保つことができる。しかし、以前は現在よりずっと高いところまで水位が達していたらしく、そのしるしが明らかに湖の周囲にある。反対に、カラ・アルト峠はいまよりも低かったのかもしれないのだ。峠を形成する首のところは、古い堆石《モレーン》や岩屑《デブリ》ででき上がっている。湖面が低下してからそこへ集積したのかもしれないのだった。だから、昔は、湖の水が現在のカラ・アルト峠のあるところを越えて流出していたのかもしれないという可能性がある。

峠の北側、カラ・アルト川の川床に沿って下り、草木一つない峨々とした山々のあいだを通りぬけ、マルカン・スゥ川にぶつかった。一日行程だけその川について進み、やがて東に転じ、パミール高原の控壁状連山の北部余脈を形成するいくつかの支脈に沿い、ウパルに達した。とうとう高地帯を離れたのだった。気候はさらに温和になって、マルカン・スゥ川渓谷にも、支脈沿いにも、密林地区が見られ、山腹にはいじけた松の木があった。

ウパルでふたたびトルキスタン平原へ出、一一月一日、カシュガルに着いた。私は公務のために、冬のあいだそこに滞在した。

われわれはカシュガルを冬の居住地にする予定だった。旧市街の北側に、土民の家が一軒、われわれに用意してあった。高台に位置して気持がよく、カシュガル周辺の樹木にかこまれた耕地のある平原ごしに、北の方は天山山脈の雪峰群まで見わたせた。はるか東の方から北にかけ、ふたたびまた東に当たって、雪の山脈がつらなり、のびていた。家の屋根からは、平原の上に、六三〇〇メートルの高さにそば立つ巨峰ムスター・アタが見えた。家の周囲には庭園があって、外界から隔離された感じがして、そこにキルギス人のユルトを立てた。パミール高原で買ったのである。パミール高原にいたとき、ある夜、並はずれて大きく、おまけに趣味のいい備品のあるユルトがわれわれに提供された。まったくあたらしいもので、直径六メートル、中央の高さ約四・二メートル、側面の高さ一・八メートルだった。しかし、いちばんわれわれをおどろかしたのは、すこぶる優雅な装飾が施されていたのに気がついたことだった。周囲の壁は非常にきれいな垂れ幕づくりで、円屋根になっている内部の腰羽目には、みごとな縫い取りのじゅうたんがつけられてあった。私はこのテントに執心して、所有者に売ってくれるように説きつけ、ラクダ二頭にのせてカシュガルにはこび、冬のあいだずっとその中で暮らした。地面には良質のじゅうたんを敷き、暖房用のストーヴをおき、いたって住み心地のいい場所にした。私個人としては、家よりも好ましかった。

このテントは、私がカシュガルに到着するとすぐ立てられた。あらっぽい旅をたえずつづけてきたあと、ふたたび居心地よく落ち着いた気分の味わえるのが、ひどくうれしかった。孤独な山々が一変して、この人の多い町になったのに気がつくのも、奇妙だった。パミール高原の夜は、死んだようにしずかだったが、ここではわれわれのそばに町が感ぜられた。シナ軍の兵舎の大きなどらが夜じゅう時刻を打ちならし、九時には大砲が打たれ、ラッパの音が鳴りひびいた。シナ人は実地になるとさっぱりだが、演出効果はいつも巧みである。トルキスタンのような国々では、多分に効果だけで事がすんでいくのかもしれない――この騒々しい抜け目のない誇示も、一般住民には少なくない感銘を与えるのにちがいない。夜の静寂を通して鳴りひびく底ぶかいどらの音、ラッパのひびき、大砲の発射音などが、なんどもこの国に凱旋した征服者たちがいまでも住民たちのあいだにいて、やはり見張っていてくれるのだという思いを、トルキスタンの町々の住民たちに、毎夜思いおこさせるのである。

到着した翌日、ロシヤ領事ペトロフスキー氏を訪ねた。一八八七年、北京からインドへ向かう途中、当地で会ったことのある人である。ペトロフスキー夫妻、長男、書記官ルッチ氏、護衛兵隊長のコサック騎兵将校が、このカシュガルで大いにたのしいロシヤ小居留民団を形成していた。冬のあいだ、われわれ自身の休養にばかり気をとられず、他のヨーロッパ人と交際することもできるのを考えるのがなぐさめだった。

## 14　カシュガルの冬

カシュガルに滞在したはじめのころは、シナの役人をあちこち訪問してまわらなければならなかった。カシュガルは新疆省西部の要都で、国境に沿うキルギス地区のみならず、カシュガル、ヤルカンド、コータン地区の内政をつかさどるダオ・タイ（道台）がここにいる。カシュガルにはまたこれらの地区の軍隊総指揮官もいて、ダオ・タイの住む旧市街の南四キロばかりの新市街に住んでいる。この二つの職務のうち、内政総督がもっとも重要で、堂々たる威容にとりまかれている。官邸は通例のシナふうのもので、みごとな部屋があり、こんな邸宅に特有の重重しい門戸がある。この官邸内で、高位高官連の訪問をかなり儀式張ってうけるのだが、もっとも物々しい外観を呈するのが、官邸を出るときである。その際には、どいらとラッパを手にした男が先頭に進み、大きな行列をつくる。官邸を出るときと帰還するときには、礼砲が発射される。ダオ・タイはきれいな輿《こし》の椅子に腰を下ろしたままはこばれ、人々はあらゆる尊敬の仕草をやるのである。この点、被統治者につよい感銘を与える技術にかけての熟練さをシナ人が見せているといえる。こんな儀式がかった方法で市内の通りをねり歩く総督の姿——けっして普通のものではない——は、それなりに効果がある。この効果による統治がすぐれた統治の方法だと言うのではない。統治者を近づきがたく浮き上がらせて多大の効果をおさめるのだから、その点この統治はまずい。しかし、この特殊な統治方針によって、シナ人はたしかに最高の地位についている。

ダオ・タイと私はおたがいに通例の儀礼を行なった。むろん私が最初に訪問し、答礼として、いつもの行列をつくって彼が私を訪問した。シナの役人の訪問はいつもかなり長く、ひょいひょい浮かんでくる話題をしゃべりつづけると、二時間あまりもうごかないのだった。彼は老人で、回教徒の反乱中は新疆省で大いにはたらいたが、いまは体がよわく、最盛期をすぎていた。いっそう親密になると、彼はヨーロッパ文明をたいして高く評価しないと語った。ヨーロッパ人がいつもたがいに戦っているからである。機械や大砲の発明にかけてはなかなかすぐれているが、シナ人の持っている静穏な高尚な精神は一つもなく、シナ人はその精神のおかげで、国家間の些細な口論を平静に威厳をもってながめられるのだった。機械工やそういったたぐいの下層階級の人々にだけ関係のありそうな事柄ですっかり時間をつぶし、さらに高尚な事柄を熟考する機会にはめぐまれなかった。これがダオ・タイのヨーロッパ人についての考えで、この見解を述べる静かな優越感に満ちたようすを見るのは興味があった。

ダオ・タイの秘書官——まったく腹黒い男で、のちに膨大な賄賂をとったので罷免《ひめん》させられた——もカシュガルでおおいに交際したもう一人の役人だった。彼は上海にいたことがあり、ヨーロッパ人についてはいくらかの知識を持っていた。ロシヤ人はどうして手間をかけ費用をかけ、カシュガルに領事館をおき、貿易のめんどうをみているのか、シナ人には理解できないと言ったものである。英国汽船たった一隻が上海に輸入するくらいの商品を、年間を通じてこの地方にはこんでくるのにすぎないからである。

しかし、われわれがいちばんよく知るようになった役人は、旧市街、すなわち土民街に邸宅を構えている総指揮官の将軍だった。われわれの家はその市街の近くに位置している。王《ワン》老将軍は非常に親しく、いつも兵営でわれわれのために晩餐会の用意をしたので、わたしのことを洗礼名（フランク）で呼ぶのをどうしてやめようとしなかった。シナのすべての軍人のように、学問教育にはいたって無頓着で、古典からの引用文を長い巻物に書く技術を学び、それがひどく自慢だった。兵士が起居している兵舎は、実際にすこぶる居心地がよかった。シナ人——とくに北シナの住民——はみじめな暮らしをしている者は少ない。この兵舎もゆったりとして居心地がよく、なかなかよく建てられていた。将校住宅も実際に非常にきちんと整っていた。たった一つ手入れの行き届かないのが、兵器だった。シナ人は大砲もライフル銃も適切に手入れをすることができず、多数の優秀な後装ライフル銃が兵士の手にわたるにしても、さびついていれば完全に無益なものになろう。この兵舎の諸規則で主に感銘をうけたのは、全体にしみついている家族的なまとまりの空気だったと思う。そこには気らくな老将軍がいるし、将軍は万事を気軽に受けとることに腐心しているのにすぎず、将校も兵士も将軍の用向きに仕えるためにだけそこにいるといったふうだった。将軍の世話をしたり、なんとなくそのあたりをうろついていなければならないのだが、軍人的な過度の熱狂に悩まされることはなかろうと彼らはすっかり確信しているのかもしれず、指揮をとる順番が自分に回ってくるまで落ち着いて平和な暮らしをつづけていけるのかもしれない。兵士は兵舎の外の野菜畑で一生懸命にはたらき、われわれは畑でとれる野菜のすばらしさを味わう機会にめぐまれた。しかし、教練や射撃演習はほとんど実施されていなかった。個人的な慰安という範囲内でなら、これは幸運なことだった。ちょうど私が城壁の角をまがろうとしたとき、弾丸が私の頭の近くをぴゅーんと通りすぎていこうとしたのである。軍隊が射撃演習をやっていたのだが、一般に予告して注意する用意は何もせず、公道をまっすぐつっ切っての射撃をしていたのだった。

　私のカシュガルでの交際はシナ人ばかりが相手ではなく、アジアのほとんど各地方からやってくる人々にそこで会った。そこは、アジアの北と南から、東と西からやってくるそれぞれの国籍を持った大勢の人間の奇妙な会合地だった。ロシヤ領土、インド、シナ、アフガニスタン、ブハラ、コンスタンティノープルからもやってくる人々がいた。すべてこんな人々と次から次へ話をする機会を私は持ったのである。人種学的には大いに異なるが、彼らはすべてアジア人で、ほとんど全部の貿易商人はそんなにちがっていないし、したがってその特徴もほとんど変わらなかった。中央アジアののんきな気風の影響もひとりでにすべての人間におよんでいる。インド国境からやってくる粗暴で気の狂《ふ》れたようなパタン人は、ここへくると、カッとする気持をさますことになって、果てはブハラの気らくな商人と同じように温和になる。また各地を回っているうちに、おおいに有益な知識をひろってくるので、みんな利口な人間だった。隣人にもたえず接触してもまれているので、たいがいは行儀がよくなっている。自分にていねいなようすを示しているのだと知ると、それこそ彼らもていねいそのものといってよく、彼らのだれかが訪ねてくるのはたのしみだった。彼らの貿易は政治情勢におおいに依存しているので、いつもきまって政治問題を論じた。アジア全体をひっくるめ、彼らがもっとも熱心に興味をもって見守っている人間は、カブールの領主《アミール》アブドゥル・ラーマンだった。この領主やその生活に、多分に彼らの小財産が依存していた。この領主は際限のない野心をいだいていると信じられていた。ひところ、カシュガルのシナ人を攻撃して駆逐しようとした。またあるときには、ブハラに侵入するはずだった。私がカシュガルに滞在中、彼は四度も死亡しているのだった。彼が死んだらどういうことになるだろうかと、この中央アジアの貿易商人たちは勝手に臆測している。嗣子《しし》が代わって統治することになると、アフガニスタンはいぜんとして現在同様門戸を閉ざし、中央アジアの貿易は、カブールの統治者が課している禁止関税その他の障害のために、従来どおり抑圧をうける。しかし、独立国としてのアフガニスタンが一掃され、ロシヤとインドの国境として、ヒンドゥークシュ山脈かオクサス川か、どっちかに両国の意見の一致を見れば、貿易は伸張し、鉄道やいい道路も建設され、けちな役人の圧迫もなくなる。そのため、中央アジアの問題は、彼らには重要な関心事の一つだった。勝負のうごきを実に熱心に見守り、アジアの指導権を求めて争っていると考えられる二大強国の相対的な力や起こりうる動向を、彼らは勝手に論じているのである。

英国とロシヤのそれぞれの統治の功績について、彼らのほんとうの意見をつかむのは、とうぜんながら英国人にはむずかしい。しかし、鉄道、道路、電信の建設によって、この地方の通信運輸を改善しようと努めている行政から得られる恩恵を商人たちは高く評価していることと思う。その行政は、灌漑水路を切りひらき、この地方の生産を大いに増大しているし、かならずしも絶対に必要ではない義務を除去して、貿易をさらに促進させている。実際に英国人がやっていることである。彼らはインドの個々の役人の公正は信じるものの、インドの法律制度をきらっている。法律の決定がそんなに公正ではなくても、費用がたいしてかからないですみ、事務処理が確実に迅速である行政を好んでいることはたしかだと思う。しかし、全般に、英国以外の支配をうけるよりも、英国治下の方が貿易の利益はふえるものと考えている。

けれども、アジアの二大競争国の勢力を比較して、英国よりもロシヤの方が強力だと考えていることはうたがいがない。ロシヤの勢力が実際につよくないにしても、そういった印象を、ロシヤ人の方が英国人よりもうまく与えている。中央アジアにおけるロシヤ人の数は非常に少ないが、土民の数との比率になると、インドにいる英国人よりもはるかに多いことになる。ところで、ロシヤ人が進むとなると、徹底して進んでくる。英国人は一般になにかもっともらしい理由を見つけるのだが、彼らは前進するときには、前進するなり後へは退かない。のみならず、征服しやすい人々を屈従させる。このようなことや、ロシヤ本国の未公表の常備兵力についての噂などから、一般に英国にくらべ、実際以上にロシヤが強力な国力を持っているという考えを東洋人の心に印象づけることになる。一八八一年のアフガニスタンからの撤退(アブドゥル・ラーマンの下に独立、カイバル峠を英国に譲渡)は英国の威信になんら影響するものではないと、英国の筆者のなかにはそう論じている人もある。その撤退は財政的見地からは賢明だったかもしれないが、中央アジアでのわれわれの威信に影響があったのは、ほとんどうたがいのないところだと思う。われわれがカブールやカンダハルまで進駐していれば、われわれの威信は、それがどんな価値のものであろうとも、現在よりもたしかにたかまっていたのである。カブールの頭首がアフガニスタン人と英国人との個人的な接触を事実上させないのは、アジア中のだれもがよく知っていることだ。この威信を維持することは、それに必要な出費に値いしなかったのかもしれないが、撤退後も、撤退前と変わりなく、いぜんとして威信が衰えていないと論じるのはあやまりである。われわれは金を節約して、金を使った場合と同じ結果を期待することはできない。中央アジアでのわれわれの政策を鋭敏に観察している土地の人間は、われわれがアフガニスタンを保持しなかったのは、保持する兵力が不足だったからだということを実によく知っている。ロシヤはひどく好戦的ではない人々を征服し、主としてそのためであろうが、征服してから撤退しなければならない羽目に陥ったことがまだないのである。

カシュガル滞在中のその他おもしろい特記事項としては、ペトロフスキー氏との会話がある。彼は広範囲な世界知識を持った人で、ロシヤ領トルキスタンやカシュガルに住み、同じくセント・ペテルブルクにも長年住ん

カシュガル

だ。インドや中央アジア関係の問題について広く読んでいるし、英国の最良の著書や国会議事録も多数持っていた。すべてのロシヤ人と同じく、非常にこだわらない話し方で、地方政治に関係のない、二人に縁のない問題になると、ひどくあけっぴろげだった。そこで、われわれ自身を第三者の立場で見るという機会を得た。

ペトロフスキー氏は、労働搾取制度委員会の報告書、工場法報告書、たえず勃発するストライキについての新聞記事を読んでいた。それらのことから、彼はわれわれのやり方がうまくいっていないという印象をいだかせられていたのだった。四万人の人間がすべての富を保有し、三千六〇〇万人中ののこりの者がとことんまでしいたげられている――これが英国の事情についての彼の考えで、それをロシヤの事情と比較した。ロシヤには、貧富の間には大きな溝がなかった。彼はストライキを穏便な革命と考えたのだが、ロシヤにはそんなものはなかったし、ロシヤ皇帝の下で、すべての人々が平和に満足して暮らしているのだった。

理知的なロシヤ人が、英国の事情についてこんな歪曲した見解を持ち、ロシヤの状態についてもそんな楽天的な意見をいだいているのを知ると、われわれ自身のロシヤについての見解は正しいはずなのに、どうもかならずしもそうではないのかもしれないという気に、しばしばさせられた。

しかし、インドと中央アジアの事柄についての批評になると、ペトロフスキー氏は非常におもしろく、また健全なのもわかった。大いに強調した一つの点は、われわれの土民政策だった。われわれ自身がお高くとまり、彼らから遊離し、ひどく冷たく、高慢だと考えていた。この点はわれわれもその罪を認めなければならないと思う。他のすぐれたわれわれの性格に加え、われわれの支配している人々といっそう親密に交わることができたら、われわれはほとんど完全といっていいだろう。英国人が土民といっしょに、たとえば戦場での積極的な勤務、測量、探検などで一生懸命はたらいているときには、両国人はたがいに非常に緊密にむすびつくようになる。しかし英国人はふつう、どんなたぐいの外国人に対しても《自己を開放する》のがひどくむずかしいのである。人間同志がおたがいにひきつけられる温和な態度の人は、まったくまれである。しかし、インドにいる英国人がみじめな事務室から外へ出て、千篇一律な硬直した屯営の気分から遠ざかり、土民を見るため、また土民が英国人を見るため、実際に土民といっしょに投げ出されてみると、冷ややかさがなごみ、その外面の冷ややかさのうらには、実際には非常に暖かい心のあるのが土民にもわかるのである。事務室やもろもろの規定は悪である。それは文明の一形式である行政を有効にするのには必要らしいが、そんな障害物の背後にぴたっと身をかくして人々との接触を失ってしまうと、われわれが冷酷であるという終局的な結論に関して、ロシヤ領事のおそれたことが、うたがいもなく現実のものとなろう。

シナ人については、ペトロフスキー氏はいかにも貧弱な意見しか持っていなかった。彼はシナ人を蔑視して、ほとんどほめ言葉を持たなかった。彼らの行政は腐敗し、軍隊の将校もよくないし、武器もわるく、帝国全般が秘密結社のために分断されて、あやういかぎりなのである。ペトロフスキー氏のシナ帝国に対する実際の知識はカシュガルにだけかぎられ、一六〇キロとは帝国内にはいっていない。この辺境の属領においてすらそうで、ましてシナ本国そのものの中へなどはいってはいなかった。彼も館員も、多年新疆省にいるのに、だれ一人シナ語をしゃべらないし、通訳は回教徒の男に依存しているのを知って、おどろいた。シナ駐在の英国領事はいずれもシナ語が話せる。シナ語の試験に及第しなければならないことになっているのだ。私はトルキスタンにしばらく滞在中でも、有能な英国人の通訳と広東人の書記をつけてもらった。われわれが交わらなければならない国民の言葉についての知識を得ようとするこの重要な特殊な事柄では、だから、われわれはロシヤ人よりもずっと骨を折っているように見えた。

ロシヤ人がある国の言葉を習おうとしないことをみずから示している例は、これにかぎらない。トルキスタンでは、ロシヤの将校が土語を話すのはまったくの例外で、通例のこととされていない。私があとでパミール地方で会った六人のロシヤ将校は、トルキスタンに永久に駐留しているのに、東トルキスタン語を話せるのがわずかに二人だった。外国語を話すロシヤ人は実にうまくしゃべるが、英国で一般に信じられているのとは反対に、ロシヤ将校の大半はロシヤ語しか話さない。

中央アジアの商人たちやロシヤ領事やその領事館員と

のこんな会話で活気づいたので、この世界の僻地カシュガルでの冬は思ったより速く通りすぎていった。幸運にも、われわれのところへはヨーロッパから数名の訪問者がやってきた。最初がフランスの旅行家M・E・ブラン氏で、トルキスタンで二、三か月すごしたあとだったので、中央アジアに関係のある問題を、ロシャ領事や私自身とよろこんで論じはじめた。次の訪問者は、若いスウェーデンの旅行家スウェン・ヘディン博士で、真の探検家として感銘をうけた。——体格は頑強で、寛容で、気性もおだやかで、落ち着いていて、不屈なところがあった。彼はロシヤ領トルキスタンからあわただしくカシュガルを訪れたのにすぎなかったが、すでに注目すべきペルシア旅行を果たし、以来、パミール高原、チベット、新疆省を広く旅行した。ヨーロッパで最良の家庭教師の下で得た語学力、科学上の問題についての知識、芸術のたしなみなど、私は彼をうらやましく思った。北欧人の祖先の持っている落ち着いた自主独立の性格に加え、科学的旅行家のあらゆる資格を所有しているように思われた。

それからしばらくして、デュトルーユ・ドゥ・ランス氏と仲間のグルナール氏の訪問をうけた。カシュガルに二週間滞在中、ずっと私のところにいたのでおおいに名誉に思った。三年間にわたるチベット旅行の用意をしていたのだったが、この旅行は、ドゥ・ランスがチベット人に殺害されるという悲惨に終わった。ドゥ・ランス氏は四五歳ぐらいの人で、一生の主要な時期に海軍にはいり、また商船に乗っていた。すでに何年間かチベット研究に没頭し、すべてその研究の手順、とくに天体観測において完璧であり組織的であった。われわれは長時間なんども話し合った。フランス人とドイツ人のあいだの感情について話してくれた言葉がとくにつよく心にのこったのを、私は覚えている。彼にしても、大部分のフランス人にしても、ドイツと戦争をやる気はないが、ドイツの方で戦争をおこせば、ただちに一兵士として軍籍にはいるつもりだと言った。普仏戦争では、一将校として勤務したことがあった。

荷物運搬に必要な小馬を手に入れ、ドゥ・ランス氏は仲間といっしょにチベットへ向かって出立した。マカートニー氏と私は小馬に乗って町はずれまでいき、善意をなんども確認し合い、いつかまたパリで会う申し合わせをしてから別れた。のち、チベットからドゥ・ランス氏の手紙を二通受け取ったが、彼はついにそこからは帰らなかったのである。彼はチベット人に襲われ、武器を縄で体にくくりつけられ、川に投げこまれ、溺死したのだった。こうして、フランスから派遣されたもっとも頑強で勇敢で不屈な探検家の一人が死亡したのだった。カシュガルを去ってから三年後、仲間のグルナール氏はパリへ帰り、いまでは旅行の結果をいろいろと発表する仕事をやっている。

以上が訪問者だったが、カシュガルに永住しているヨーロッパ人、オランダの宣教師ヘンドリックス神父とも交際した。一八八七年、当地で会ったことがあり、現在でもまだ現地にとどまっている人である。毎日きまってやってきてはむだ話をやって、いっしょに散歩したものだ。いまでも、二、三か月おきに手紙をもらっている。彼の仕事は孤独な、坂道を上るような骨の折れるもので、進路をとりまく障害物の重さにしばしばのしかかられ押えつけられていたようである。しかし、彼の熱意と未来にかける希望は無限で、彼ほど親切な心を持った人間はいないのである。改宗をすすめるそのいろんな方法に私はおどろいたものだが、ロシャ当局からは、たしかによく思われていなかった。彼はおおいに各地を旅行し、おおいに研究し、蒙古語から英語にいたるまでどんな言葉もたちどころに話し、ヒマラヤの地理学的構造から、自分とロシヤ当局とのさまざまないざこざまで、どんな話題でもすぐ取りだせた。この高い教養を持った人が、どんな貧乏生活をやり、どんな苦境にあって職業を遂行しているかを見たら、故国の人々はびっくりするだろう。われわれが到着した直後、食事をともにし、次の朝やってくると、昨夜はいつもより安眠できたと言った。どうしてそうなのかときくと、食事に肉があってそれを食べたからにちがいないと思う、と答えた。そこで、彼がパンと野菜だけで暮らしていたのがわかった。彼は一か月に一〇ルピーか一二ルピーしか使えず、シナ人から借りたひどくむさくるしい家に住んでいた。それからはむろん、一日にいつも一回、たいがいは二回、いっしょに食事をした。われわれは彼と交際する機会のあったのをよろこんだ。

ビーチとレナードが、クリスマス前に、マラルバシの旅行から帰ってきた。そこでクリスマスに、彼らとロシヤ領事、書記官、領事の長男、護衛隊のコサック騎兵将校、ヘンドリックス神父といっしょに、かなり大がかりな晩餐会をひらくことができた。ビーチはすばらしいプラム・プディングの罐詰を持っていて、罐をテーブルの上であけると、ワッという歓声があがり、次々に罐がわたった。私も一つ持っていた。インドの親切な友人が送ってくれたもので、クリスマス前夜にとどいた。そこで、話にはきいていたが一度も見たことのない《英国のプラム・プディング》はどんなものかをロシヤの友人たちに見せることができたのだった。

ビーチはすぐロシヤ領トルキスタンへ出立し、そこで面会した総督や役人の一人一人から手厚いもてなしをうけ、歓待に大いに感銘して四月に戻った。その後彼は、レナードといっしょに《オヴィス・ポリ》猟にパミール高原へ向かって出発し、そのすばらしい動物を一七頭もうまく射止めた。

そのころ、私は人間の身にふりかかるもっとも大きな痛手を二つもうけ、人生がいささかはかなくなった。二つともとつぜんで予期しないものだった。そんな僻地では友人の手紙が私のところへとどくのに何か月もかかるし、何週間もあいだをおいて、まとまってやってくるのだった。私はふたたび国に帰りたいとしきりに思い、故国の人々が私を必要としている以上に、私の方が彼らを必要としていたのだった。しかし、さらに三か月ばかり、いぜんカシュガルに駐留しなければならず、長い一日が徐々に、少しの変化もなく、単調そのものにゆっくりとすぎた。

とうとう七月初旬のある夕方、大きな袋をかついだ男が私の家へ現われた。インドからの郵便物だった。二か月あまり一通もやってこなかった。この郵便物で、私が待ちわびていたインドへの帰還許可がついに到着したのだった。もう一つのよろこびも私を待ちうけていた。私にあてた公用便のあて名のあとに、C・I・Eという文字がついていた。書記のまちがいだろうと思い、はじめ注意もしなかった。ところが、新聞を見ると、私が《インド帝国名誉勲爵士》になったという報道が出ていたのである。折も折、こんないいときに私の勤務が認められたのは何より幸いだった。

レーかギルギットか、どちらでも好きな方を経由してインドへ帰る許可を与えられたのだが、マカートニー氏は残念なことにカシュガルにとどまることになった。現在も同地にいる。私はカラコルム山脈の荒涼としたルートを二度踏破しているので、パミール高原とギルギットを経由して帰りたかった。そこで、旅行のための小馬をやとい、その他必要な手配にとりかかった。

そんなことをしているあいだに、英国人の旅行者が一人、ほとんど無一文の状態でレーからシャヒドゥラに到着し、カシュガルの私のところまでやってきて会いたいとシナ当局に話した——そんなニュースがヤルカンドから伝わった。私はシナ側にできるだけ援助してくれるように頼んだ。シナ側がこれをやってくれて、まもなく鉛筆で走り書きした短い便りがとどいた。それによると、彼はレンスター連隊のデヴィソン中尉で、レーから私が一八八七年に探検したムスター峠を越えるつもりでやってきたのだった。途中いくつかの川で足止めを食い、従僕は一人がのこっただけでみんな逃亡し、小馬も雑嚢も金もあらかた失ってしまった。そこでレーに引き返す手段もなく、助けを求めて私のところまでやってこないわけにいかなくなった。彼はおどろくべき速さでカシュガルまでやって来て、私から情報や援助を得ると、ふたたびムスター峠を試みるため、翌日出発してもと来た道を引き返したがった。彼はまさにブルドッグに似ていた。——その峠から彼を他に転じさせることはできなかった。その峠を越えるために彼はやってきたのである。九月前にはとても越えられないのを納得させようとしたのだが、納得するのにずいぶん時間がかかった。しかし、彼は峠に達する途中の川の深さや水勢をすでに経験して、だんだん問題はないと思うのだった。そこで、私はカシュガルにくるまでの途中の冒険談を聞かしてもらいたいとたのんだ。連隊からは二か月間の賜暇を得ているらしかった。たどろうとするルートの適当な地図を手に入れる余裕もなく、カラコルム峠をめざし、カシミールとラダク地方をがむしゃらに通りぬけた。峠の地点から《左に転じ》さえすれば長大な際立った雪の山脈が見え、そのあいだの切れ目がムスター峠だろうと想像したのだった。この僻地の峠を封じこんでいる道一つない迷宮のような山々については、ほとんど何も知らなかった！カシミールとラダクのあいだにある最初の峠を越えるとき、雪めくらになり、かつぎこまれてベッドに横たわらなければならなかった。二番目の峠へくると——レーを通過して――やとったラダク人がストライキをおこし、峠は数週間もしないと小馬が通れるまでにひらかれないだろうと言った。しかし、デヴィソンは外交的というより手きびしい手段に訴え、連中と小馬をなんとかうまく越えさせた。やがて、カラコルム峠だった。積雪がまったく柔らかくてもぐるこの五月に、峠を越える唯一の方法は、フェルトの敷物や毛布を小馬の前においてその上を歩かせ、小馬がわたってしまってから、それを取ってまた小馬の先におく――何キロも何キロもたいくつにこれをくり返すことだ。五四〇〇メートルの高所の柔らかい雪の上をひとりとぼとぼたどっていく経験をやった人なら、インド平原からまっすぐやって来て、おまけに生まれてから一度も雪山に上ったことのない人間にとって、これがどのようなものだったかいちばんよくわかる。旅行の危機がやってきた。デヴィソンはムスター峠にいたる進路の出ている地図を持たず、さらにわるいことに、道案内がいなかった。ヤルカンドにいたる一般の通路から一センチ外へ踏みだしたことのある人間すら見つからず、またムスター峠とカラコルム峠の相対的な位置しかわからない粗略な地図しか持っていなかった。そこで、紙の上へ二地点を描き、三稜型羅針盤を使って測量をはじめた。そうやって、それからあとも同じ紙に二地点を描き、測量しては目の前のゴールへ進んでいきたいと思ったのである。この計画の下に、カラコルム峠から流れ、アクターを通りすぎる流れに沿って下った。しかし、進めば進むほど、ムスター峠方面の渓谷をとざす山々が峨々として、いよいよ通過不可能になった。他の連山からはっきり分かれ、ひときわ高くそば立っているものとばかり思っていた偉大な雪の連山は一つも見えず、はるかにそれと見分けられ、難儀もせずに向かっていける陸標になっているムスター峠もなかった。その代わり、彼は絶壁状の岩峰にしめこまれてしまった。ほかにルートが見当たらず、はいりこんだ渓谷について下るより仕方がなかった。カラコラム峠ではすでに三頭の小馬を失っていた。従僕の二人が食糧をあらかた持って逃亡した。食糧の貯え分が乏しく、それ以上進むのは危険だったけれど、それでもデヴィソンはどんどん進んだ。ついに――彼には非常に幸運だった――徒渉不可能なくらいに水かさをました流れがあって、立ち往生した。これはチラグ・サルディから二日行程ほど下ったホージャ・

モハメッド峡谷だった。デヴィソンは腰に綱をくくりつけ、川を泳いでわたろうとしたが、ながれがつよすぎた。雪がとけ、川が増水しているこの時期に渓谷を下るのは不可能とわかり、落胆しながら、しばらくもときた道を引き返し、やがて北に転じ、それまで未探検だったある峠（私の記憶にまちがいなければ、コカラン峠）を越え、前方のヤルカンド方面には、雪原と上れそうにもない山山しかないのがわかると、ヤルカンド（ラスカム）川渓谷へまた引き返し、食糧を得たいと思い、いちばん近い地点シャヒドゥラに向かうつもりだった。最後のぎりぎりのところまできていた。従僕は一人、小馬は一頭、一日か二日分ぐらいの食糧しかなかった。彼はやがて病気になってうごけなくなった。そんな苦境に追いこまれたので、たった一人のこっている従僕を先へやってシャヒドゥラをさがし、そこからいくらかの食糧となにかの援助をもたらさなければならなかった。あとでわかったのだが、彼が考えていたよりも、シャヒドゥラは近かったのである。従僕はその日のうちにそこへたどりつき、次の日、食糧を持ち、小馬一頭をつれて戻ってきた。デヴィソンの苦難はそこで終わり、シャヒドゥラで二、三日休養して元気を回復し、いそいでカシュガルへやってきたのだった。デヴィソンの踏破した土地は、それまでにロシヤ人と英国人が共に探検していたのだが、デヴィソンはその経験の恩恵をまったくうけなかった。彼の旅行で特筆すべきことは、それまで彼には登山や普通の旅行の経験がないのにやりとげたことである。兵営生活たった二年の下級将校として、パンジャーブ平原から出立し、旅行にとって最悪の時期に、まったく負けじ魂そのものになってトルキスタン平原までつき進んでいった。これは誇っていい離れ業である。

　私はいっしょにパミール地方を経由してインドに戻るようにデヴィソンを説得し、旅行準備をいそいですすめた。私はシナの役人をのこらず訪ね、彼らから別れの会食の厚意をうけた。とりわけ王《ワン》老将軍からは手厚いもてなしをうけた。しかし、ロシヤ領事ペトロフスキー氏には別れのあいさつをしそこない、そのままカシュガルを去らなければならないのにはがっかりした。私がデヴィソンと連れ立って、午後訪問したのが彼の威厳をそこね、彼は面会しなかった。訪問はいつも正午にすべきむね、あとでマカートニーへ知らせてきた。私は、礼を失しないように、あいさつするだけのつもりだったと手紙に書いて説明し、彼を極力なだめた。午後に訪問するのはわれわれの風習で、北京では、私自身彼の上司であるロシヤ公使を午後に訪問したことがあるし、答礼として公使の訪問もうけた。しかし、ペトロフスキー氏はカシュガルの関係者にすぎないのに、カシュガルの風習は正午に人を訪問することなのだと返事をよこした。

カシュガル滞在中、ペトロフスキー氏にはずいぶん手厚いもてなしをうけたので、それだけに私はこのゆきちがいを残念に思った。彼は急使を出してわれわれの手紙をロシヤ領トルキスタンに届けてくれたことがあり、たいへん親切だった。書物もたくさん貸してくれた。多くの点でわれわれには親切にしてもらい、私は感謝の意を表したいと思ったのだ。書記官のルッチ氏とは親しく別れの言葉を交わし、親交のしるしとして、りっぱな贈物をもらい、私はそれで満足したのだった。

# 15　カシュガルからインドへ

山々の氷の洞窟から、インダス川とオクサス川が
　溢れながれる、
夢幻に漂うその山々を越え、
彼はよろこび勇んで旅をつづける。
果てはカシミールの広い谷間で、
いとも孤独なその峡谷のはるか内部で、
洞窟の岩の下、自然の四阿《あずまや》に香木のからみつくと
　ころ、
きらめく小川のほとりで、
彼は気だるく四肢をのばした。
　　シェリー（英国の詩人、一七九二―一八二二）

一八九一年七月二二日、われわれはカシュガルをあとにした。マカートニー氏はいっしょに二日行程ばかり小馬でやって来て、やがてヤルカンドの方へ戻った。彼とは一年もいっしょに暮らし、大部分が彼と二人きりだった。生まれてから一度も会ったことのない二人の人間が、一年間を通じて、おまけにほとんど変化のない社会で、かならずしもうまくやっていけるとはかぎらない。彼は第一流のシナ学者で、シナ人との交際はすこぶる巧みだったばかりでなく、むら気のない男で、旅行者としてとうぜんしなければならないように、すすんで物をやったり受け取ったりした。そういう人間を仲間に持ったのは、だから幸運なことだと私は思った。シナ領土内へ売られていったインド政庁保護州の奴隷を解放するため、以来マカートニー氏はシナ当局と接衝し、きわめて貴重なはたらきをした。彼らの多くはいまは解放され、ギルギット、バルティスタン、チトラルの自分の家へ戻っている。こうして仕事はうまく達成されたのだ。

私はいまトルキスタン平原に背を向け、ふたたびインドに向かって山を下りたが、残念に思う気持はほとんどなかった。新疆者は訪れるにはおもしろい国だが、住む

にはわびしい土地である。空気が息苦しく、いつも《暗澹》としている。二、三日ならばとくに気にならない。空には雲一つない。しかし、一週また一週とすぎ去り、からりと晴れた空が見られなくなると、やがて息苦しい気分になる。大気はいつも砂漠からやってくる微細なとらえどころのない砂塵にみち、新疆者は永久に砂につつまれる。この砂塵が山々にもそのあとをとどめ、軽くてもろい土をつみ上げる。そればかりか、その地方の人々にもつよい効果を現わす。シナの群集の不遜な態度にすっかりなれっこになったシナ本土方面からの旅行者には、この屈従的で無気力な東トルキスタン人が親切でねんごろな人々に見えるのである。同じように、カラコラム峠越えのルートが通じているよそよそしい地域からこの地方へはいってくると、ふたたび人の住む農耕地帯にいるのがひどくありがたく、何もかもバラ色に好ましく思われる。ところが、何か月かこの地方の人々のあいだに住んでみると、彼らには活気がなく、まるで面白味のないのがわかる。たった一点にだけ、進取の気性が現われる。それはメッカ巡礼にいくことだ。——何百人となく、一家をあげてである——父、母、母の手にいだかれた子供が寒々とした峠を越えて出立し、ヒマラヤを横断し、インドの暑熱の中を進み、海をわたってメッカにいく。旅の途中で大勢参ってしまうが、それでも、毎年毎年、先行者のあとをたどってほかの人々が出かけていく。無感覚な人々がそんな極端へとおもむくのは、人心を昂揚させる宗教の影響として、私の知っているもっともいちじるしい一例である。

平原の暑熱がすでに相当なものになって、毎日三八・八度Cか三八・九度Cを記録していた。そこで、平原を背後におき去り、パミール地方の控壁《バットレス》のような大連山に向かい、道路が徐々に上っていくのを見つけると、われわれはよろこんだ。パミール地方が目の前に障壁のように立ち上がっていた。現在われわれのいる平原から六三〇〇メートルの高さにそば立つあの輝かしい山、ムスター・アタ峰をめざしてまっすぐ進んだ。カシュガルから三日間の行程ののち、ゲズの隘路にはいり、登路がでこぼこして行きなやみ、小馬がほとんど進めなかった。隘路をながれる川が減水しているときなら、小馬も川床をひっぱって上っていけるが、現在は夏期で、川は非常に増水し、六〇〇〜九〇〇メートルの高所をひっぱっていかなければならず、支脈を越え、二、三キロまた下り、渓谷の底に沿い、ふたたび小山を越えて全行程を進む。山腹にはほとんど道らしい道がなく、岩石や丸石のあるあたりを小馬がよじ上らなければならず、上り下りの場所は、家の屋根にくらべて、けっして急でないというわけにいかなかった。しかし、いったんこの隘路を通りぬけると、周囲を山々にかこまれているが、すっかり平坦な、からっとひらけた平原に出た。隘路をぬけだすと、左手に大きな湖があった。この地区の測量はよくやってあるのだが、この湖は私のどの地図にもしるされていなかった。対岸の低い丸い山々の下の方がいちめんに吹きつけた砂におおわれていたが、砂の量を見てさらに首をかしげた。湖の水はちょうど山腹のところまで達しているので、砂がどこからやってくるのか見当がつかなかった。しかし、湖の水深がほんの六〇～九〇センチにすぎないのがわかり、雪どけが終わると湖がちぢみ、単なる沼沢になる。同時に砂の堆積が大きく露出し、それを風が山腹へ吹きよせるのである。この湖はバルン・クルの延長だった。

風景もすっかり一変した。ゲズ川の水脈の上流は、渓谷がすべて深くせまく、左右が絶壁だった。隘路の頭では、ムスター・アタ峰の大山塊が、左側に、ちょうどあらっぽく頭をつきだしたかっこうに見え、岩峰の崩壊した側面がたったいま隆起したばかりのように生ま生ましく露呈していた。しかし、隘路をすぎてパミール地方をながめると、山々はすべてまるく、主だった渓谷は平坦で、からっとひらけた平原である。脇谷さえ広くて浅かった。木立はどこにも生えず、山腹は茶褐色で、ごわごわしたニガヨモギにおおわれているのにすぎないが、渓谷の底にはぜいたくなくらいに草が生いのび、一年のこの時期には、非常にゆたかな多汁質の草だった。

ブルン・クル湖で、デヴィソン中尉は私と別れ、彼はアク・ベルティ峠を経て、パミール高原アリチュル地区をめざして西の方へ進んだ。その峠を越えるのは、彼が最初のヨーロッパ人だと思う。パミール高原の峠は大半はらくで、その峠もそうだ。道はラン・クル湖へと下っている。一方、私は小カラ・クル湖まで進んでいった。まったく独特の環境を持った湖である。実にその湖岸からそば立つそれぞれ七五〇〇メートル以上もある二峰を誇りうる湖は、世界のどこにもない。この《世界の屋根》

の一端に、青く澄んだ、いちめんにひろがる美しい水があり、草の多い岸があり、湖岸の上空に、二巨峰が哨兵のように立ち上がっているのである。この二峰は、ムスター・アタ峰、もう一つは、それを発見したネー・エライアス氏がデュファリン峰と名づけたものである。二峰はぎざぎざの尖峰ではなく、巨大な山塊として、比較的おだやかにそば立ち、登攀はまったくらくなように思われる。旅行者はその氷の峰頂に上り、そこから《世界の屋根》ごしにはるかにヒマラヤを望み、一転してトルキスタンの広大な平原のかなた、ロシヤとシナの境界にある天山山脈まで見わたしたいという思いにかられるのである。私が見た山でこんなに接近がやさしく思われる山はほかにないようだし、他のどの山からもこんなに広大な眺望は得られないだろう。ロシヤ、インド、シナそれぞれが、その山すその周囲にひしめき合っている。

カラ・クル湖の付近には、キルギス人の屯営地が五つ六つあって、羊の群れがたくさん、湖のまわりの豊富な牧草地の草を食べていた。そこから、らくなウルグ・ラバト峠を経て広大なタガルマ平原へ出、そこを横断してタシュクルガンへ着いた。こんどで三度目の訪問だった。食糧を集めるのでここに一日とどまってから、八月五日出立し、パミール高原タグドゥムバシュ地区を上り、チトラル領域に通じるバロギル峠かほかの峠を経て、ギルギットに進んでいくつもりだった。この時期にはかなり雨量があって、二年前、一一月の霜のためにすっかり乾き、からからにひからびていたのを目にした土地が、いまは夏の緑のために生き生きとあたらしく、草が豊富だった。

ロシヤの小兵力がパミール高原にはいり、ロシヤ領土の宣言をしたという知らせが、この間たえずはいってきた。パミール高原タグドゥムバシュ地区へいくと、そこにはロシヤ軍のはいってこないうちに逃げてきたいくつかのキルギス人の家族がいた。四六八〇メートルのワキジュルイ峠を越えた。らくな峠で、頂上に湖があり、リンドウ、エーデルワイス、黄色いケシがじゅうたんのように地面をおおっていた。やがてオクサス川の盆地に下り、パミール・イ・ワハン川に沿った。この季節は無人だが、冬になるとワハン人がきて住む。ボザイ・グンバズへ進み、八月一〇日に着いた。この土地のことはそれ以来ずいぶん書かれている。町か大きな村と容易に想像されるかもしれないが、その地点の唯一の建造物は、殺害されたキルギス人の頭首の墓石で、唯一の住民は時たまやってくるワハンの遊牧民である。ここには一〇名のコサック騎兵が駐屯していた。ロシヤ人の本隊がのこしていった貯蔵物資の警備兵になっていたわけで、本隊はバロギル峠方面の偵察におもむいていなかった。ボザイ・グンバズのこのコサック騎兵隊には将校がいなかった。そこで私は将校に会いたいと思い、帰ってくるまでここで停止した。このコサック騎兵の一隊の中には、一八八九年、グロムチェフスキー大尉にしたがっていった兵士が一人いるのがわかり、混成パーティで取った写真を取り出して見せてやった。写真は大尉がとったもので、マルギランへ訪ねてくるようにと非常に親切な招待の言葉をそえ、サンクト・ペテルブルクから送ってよこしたのだった。

　八月一三日に偵察隊が帰ってきた。私のテントの入口からながめると、約二〇名のコサック騎兵に六名の将校がつき、ロシヤ国旗を先頭にして騎馬で通りすぎた。私は従僕に名刺と、なにか飲みものを飲みにやってくるよう、将校あての招待状を持たして、使いに出した。何人か将校がやって来て、隊長をヨノフ大佐だと紹介した。大佐も将校も、ゆったりしたズボンに、だぶだぶの《カーキ色》のブラウスようの上衣を着、ひざまでくる長靴をはき、先のとがった普通のロシヤ帽をかぶり、白い布で帽子をおおっていた。ヨノフ大佐は胸に白いエナメルのマルタ十字章をつけていたが、それはもっとも人のほしがるロシヤの勲章であるセント・ジョージ十字章なのが私にはわかった。そんなにすぐれた勲位を帯びているのを私はすぐ慶賀した。ヨノフ大佐はグロムチェフスキー大尉とはぜんぜんちがった型の控え目で落ち着いた態度の人だった。グロムチェフスキー大尉ほどの善良な性質には乏しく、口数は少なかったが、明らかに将校の尊敬をうけ、ヒヴァ（オクサス川下流地方、一八七三年にロシヤ領となる）戦争では大いに名を上げたと将校が語った。私はロシヤの将校たちに、茶やロシヤのブドウ酒を出した。ブドウ酒は領事の書記官ルッチ氏が非常に親切に、私のためにマルギランから取りよせてくれたのだった。そこで私は、ヨノフ大佐がパミール高原をロシヤ領としてキルギス人に宣言しているという知らせを受け取っている話をして、ほんとうかどうか、彼にたずねた。彼はそうだと言い、ロシヤ側が要求した境界を色塗りにした地図を示した。この境界はタグドゥムバシュ地区をのぞく全パミール高原をふくみ、コーラ・ボルト峠を越えヒンドゥークシュ山脈の分水嶺にまでおよんだ。

ロシヤ将校連は一時間ばかりいて、彼らのキャンプをととのえるために引き上げ、夜、会食にやってくるように招待をうけた。出向いていくと、非常に小さなテントで、体を折りまげてはいりこんでいるのがわかった。テント一つに三人はいって暮らし、まっすぐ立ってははいれないくらいに低く、食事でも、まんなかにテーブルクロスをひろげ、われわれ七名が地面にしゃがんでやっとの広さだった。――両側にそれぞれ将校が三名、上座に一人だった。このロシヤ人たちが私のテントの設営をぜいたくに考えたのはふしぎではなかった。私は野戦将校用のカーブルテントとして知られているものを持っていた。縦、横、高さそれぞれ約二四〇センチ、浴室がつき、入口の垂布は二重である。ベッド、テーブル、椅子もあった。そんなぜいたくがロシヤ人の心を驚愕でいっぱいにしたのだが、彼らは単に急襲してきているのにすぎず、一方、私はインドをあとにしてから、一年以上も旅行をしているのだった。テント一つ分とキャンプ用具の装備は、小馬一頭の荷にならなかった。小人数編成隊にとって、パミール高原でのように、輸送機関を切りつめる必要のないときには、小馬半頭分ぐらいの荷物を持ってみじめな思いをするより、小馬一頭でまるまる荷物をはこび、居心地よくすごすようにした方がずっとましである。必要やむをえなければ、英国の将校はぜんぜんテントを持たずにいく。しかし、居心地よくすごせる可能性があれば、できるだけそうするのである。

われわれは小さなテントにぎゅう詰めにはいりこみ、食事の順序が、おきまりのウオッカを飲むことからはじまった。やがて食事が出ると、ロシヤ人が私のキャンプの設営にびっくりしたのとまったく同じく、そのすばらしいのに私はびっくりした。ロシヤ人はいつもきわめて健康的で満足感を与えるようなスープやシチューをつくることができるように思われ、それはインドの土民の従僕には、まねようにもまねられないのだ。ロシヤ人はまた野菜――私にはぜいたく品だ――、ソース、漬物、ウオッカのほか二種類ものブドウ酒とブランデーを持っていた。六人のうちたった一人しかフランス語を話さなかったけれど、みんな非常に親切で手厚くもてなしてくれて、食事の終わりに、ヨノフ大佐がヴィクトリア女王の健康を祝って乾杯を提案し、私もロシヤ皇帝のために乾杯を提案した。

ヨノフ大佐のほか、そこにはサンクト・ペテルブルクからきた参謀将校、コサック騎兵将校二名、軍医、ベンデルスキーという測量官がいた。測量官は一八七八年のロシヤ探検隊に加わってカブールにいったことがあり、一八八三年のイワーフ遠征に加わり、パミール高原も測量していた。ヨノフ大佐は、こんどは自分の隊でつくったばかりの測量図を取りだし、彼らがヒンドゥークシュ山脈を越えてたどったルートを示した。彼らはボザイ・グンバズからコーラ・ボルト峠（バイクラともタシュ・クプルクとも呼ばれ、ロシヤ人は現在《ヨノフ》と呼んでいる）に進んだ。峠を越えて西に転じ、アシュクマン川、あるいはカルムバル川の源流まで上り、分水嶺のうちの低山脈を越えてヤルクン川渓谷にはいり、そこからダルコット峠に上り、頂上に達してヤシン渓谷を見下ろした。コーラ・ボルト峠を越えてから彼らは分水嶺のインド側に立ち、一般にチトラルに属していると考えられている領域にはいったのだった。ダルコット峠からふたたび北に転じ、バロギル峠というよりは峠から三〜五キロの連山中のもう一つのくぼみを越え、アフガニスタンのサルハド駐屯地を通過し、パンジャ川渓谷を上って、ボザイ・グンバズに帰着した。コサック騎兵は全部騎乗したままで、コーラ・ボルト峠越えにはいくらか難渋したが、小旅行の結果には相当満足したらしかった。コーラ・ボルト峠の存在は英国人には未知のものと彼らは想像していたのだが、この峠の記述の出ているフランスの旅行家キャプウの書物の一節を示してやると、彼らはびっくりした。実際には、英国の工兵将校タイラー大尉がその峠を完全に測量していた。

われわれは小さなテントの床に腰を下ろし、たがいに興味のある問題を自由気ままに話しながら、長い夕べを共にすごした。連山の反対側では、いちばん近いところはどのくらいのところで食糧が手にはいるのか、ロシヤの将校がしきりに知りたがった。オシュの出発点からその食糧の手にはいるところまで六四〇キロ、途中穀物類が一つも得られないからである。彼らはまたわれわれがギルギットに政治代表部をおき、重要な軍事的前哨地にしているのに、チトラルには代表もいないし、同地にいっこう注意を払っていないらしいのにはおどろいたと言った。当時、英国の将校連はそのときかぎりの使節団としてチトラルを訪問したことはあったが、そこには永久駐留の代表者がいなかった。まったく奇妙なことに、それから二年後に、私自身がその要地の初代の永久駐在官に任命されたのだった。

真夜中すぎにやっと会食を散会にして、ヨノフ大佐と将校全員が、八〇〇メートルはなれた私のテントまで護衛してくれ、友情の言明をなんどもし合って別れた。翌朝、彼らはパミール高原アリチュル地区へ去った。私はデヴィソンがやってきて、私に合流するものと思い、二、三日待っていた。彼がやってくれれば、いっしょにギルギットに向かって進んでいくのである。

三日目の夜、寝床にはいっていると、テントの右の方に馬蹄の当たる音がきこえ、外をながめると、きらきらきらめく月光を浴び、約三〇名のコサック騎兵が乗馬のまま一列にならんでいた。中央にロシヤ国旗があった。私はいそいで外套を着、従僕を隊長のところへやって、テントへはいってくるようにさそった。将校が二、三人馬から下り、見ると、それは三晩前に別れたヨノフ大佐、それから顔ぶれのまったく同じ将校連だった。ヨノフ大佐が実にどうもいいにくいことがあるのだと言った。その朝、大パミール高原のヴィクトリア湖にいたとき、本国政府からの急書を受け取った。それには私を護衛して、ロシヤ領からシナ領内へ連れ戻すように訓令してあったと、いんぎんていねいに、おまけになんども弁解しながら私に知らせた。そんな任務を遂行しなければならないのはまったく気の向かないことだと言った。私も軍人だし、彼も軍人で、こんなことはふつう警察官のする任務だった。おまけにわれわれは一度出会い、大いに親交を結んだのである。彼にすれば、私がすでにボザイ・グンバズを立ち去り、こんな任務を遂行する必要がなくなっていればいいと思っていたのだった。

私はロシヤ領内にいるとはぜんぜん考えていないし、とにかくインドに帰るところなのだと語った。ヨノフ大佐は、ボザイ・グンバズは地図上はロシヤ領内にあるし、彼のうけた命令は私を護衛してシナ領内に連れ戻すことで、英国領内にいかせることではないと答えた。そこで、私が拒否したらどうするつもりかときくと、そうなったら武力を行使しなければならないと言った。この議論に対してむろん私はだまった。私のところには一兵もいないのに、彼のところには三〇名のコサック騎兵がいた。こんな状況では、彼らが私に課したいと思っている条件にはなんにでも服従しなければならないだろうが、私はすすんでそうするつもりもなく、前後の事情を本国政府に通報するとだけ彼に知らせた。そんなわけで、それ以上もう何も言うべきことがなかった。

ヨノフ大佐は、訓令どおりに私をあつかわなければならないのをまたくり返して残念がると、私を護送する代わりに、私一人だけですすんでいけるように、自分の行為を大幅に修正したいと言った。そこで、彼はフランス語で協定書を作成し、ロシヤ政府の訓令に基づき、私をロシヤ領内から退去せしめること、私は不本意ながら退去に同意し、ワキジュルイ峠を経てシナ領内にはいり、指定の峠はいずれも通らずに帰ることにすると書いた。指定の峠は、アライ峠の周辺からパミール高原の分水嶺を越えるもののうち、バロギル峠にいたる既知のものを全部ふくんでいた。この協定書に署名し、写しを取ってから、これで事務手続は終了したのだし、もとの友好関係に戻り、夕食を共にしたいと私はヨノフ大佐に話した。大佐は荷物をずっと後の方においてきていた。もう真夜中近かった。そこで儀礼ぬきの夕食の座に全部が坐り、それが終わると、ロシヤの将校たちは屯営地に戻り、私はまたたった一人あとにのこった。翌朝、私は所持品の荷づくりをして、ワキジュルイ峠に向かって出発した。ロシヤ人たちのところを通過すると、ヨノフ大佐と隊員が現われて別れを惜しみ、やむをえず私という一友人をそんなふうに扱わなければならないのを心から残念に思うと述べた。彼らは前日射止めたばかりの動物、《オヴィス・ポリ》のもも肉をくれ、こんな環境でできうるかぎりの親交を保ち、そして別れたのだった。

私はむろん事態のいっさいをただちに政府に通報し、僻地パミール高原でのことではあったものの、事件発生後一三日で、サンクト・ペテルブルクの英国大使がロシヤ政府に抗議し、その結果、ロンドンのロシヤ大使がヨノフ大佐の不法行為についてソールズベリー卿に陳謝した。現在はパミール協定を結び、ヨノフ大佐がロシヤ領と述べていた地点のボザイ・グンバズは、ロシヤの勢力圏内にははいらないむねロシヤ政府が言明した。

一方、私はふたたびワキジュルイ峠を越え、ずっと離れた反対側のククトゥルク渓谷の川口で、数週間キャンプをした。ここはフンザにはいるキリク峠の真向かいである。フンザ人はわれわれに敵意を示していたので、二、三か月後、討伐の遠征隊を派遣する結果になった。のみならず、私自身キャンプをしていた地点からわずか一六キロ下ったキルギス人の屯営地を彼らが襲ったので、夜間は従僕のパサン人と交替で見張りをしなければならず、ついに私を保護するため、T・M・ステュアート中尉以下の警備隊がギルギットから到着した。私は海抜四五〇〇メートルをこえるこの場所に、六週間とどまった。八月の末だったが、夜間はひどい霜が下り、朝になると洗面器の水にいちめん氷が張りつめ、九月の末ごろには、寒暖計がマイナス一七・七C度以下になった。夏期にはみずみずしい緑だったあちこちの草地がすっかり枯れてしぼみ、山々にも渓谷にも冬の寒気が忍び寄り、荒涼として、目にとまるものは何もなかった。この地帯の山々は大半がまるく、面白味のないものだった。——岩と土の醜悪な堆積である。心をひかれる美の気配は何もなく、ククトゥルク渓谷の生活は、ステュアート中尉が到着するまで極端に単調だった。

一〇月四日、デヴィソン中尉がついにわれわれに合流した。彼はロシヤ人から私以上に軍人らしい方法で扱われ、パミール高原アリチュル地区からトルキスタンへ連れ戻された。彼個人についていえば、この小旅行をたのしんだらしかった。ロシヤの将校たちを愉快な旅仲間と思ったのである。マルギランのロシヤ総督からは晩餐の招待をうけ、炎暑の候にインド平原の連隊にいるよりもずっと愉快な時をすごした。彼は有益なはたらきをすることができた。従来、英国の将校がだれも踏破しなかった道路を通ってロシヤ人に連行されたからだ。ロシヤ人もすっかりいい気になって、デヴィソンをシナの国境まで護送し、そこで彼を釈放した。ところが、ここでむずかしい問題がおこった。デヴィソンは旅券を持っていなかった。彼はロシヤ領からきたので、シナ国境の役人は自然彼をロシヤ人と受け取り、足止めさせたがった。しかし、旅券のような些細なものがなくても、デヴィソンをそんなにいつまでも足止めさせてはおかれそうもなく、彼と従僕は小馬にとび乗り、シナの役人が大声でわめいているなかを、カシュガルさしてつっ走った。途中ほとんど止まらずに同地に着き、前から知っていたシナの役人に会って、デヴィソンは事情を説明した。それからパミール高原タグドゥムバシュ地区にいる私に合流するためにやってきたのだった。渓谷のはるか下方に、ロシヤ人の先のとがった帽子をかぶり、ひざに達する長靴をはいた騎馬の男がこっちへやってくるのが見え、またロシヤ人が私に敬意を表しにやってくるのだろうと思った。ところが、これがデヴィソンとわかったのだった。いつもの習慣から、彼はおどろくべき速度で進み、カシュガルからククトゥルクに達するのに、わずか一〇日しかかからなかった。

かねての計画どおり、いよいよインドへ向かって進まなければならなかった。既知の峠はヨノフ大佐から全部通過禁止を言いわたされていたので、唯一の方法は未知の峠を見つけだすことだった。——その地帯ではそんなにむずかしいことではない——小人数の一行で越えられないほどむずかしいのは、そのあたりの山々にはそんなにないからだ。そこで、一〇月五日に出発し、ワキジュルイ峠に向かう本谷を上っていく代わりに、峠の下方八キロばかりのところで横にそれ、脇谷を上った。脇谷にはいると氷河があり、そこを上らなければならなかったが、それでもヤクをひっぱり上げることができ、いかにもらくだった。日没前に頂上に着いた。

すると、まったくすばらしい眺望が出現した。ククトゥルクのそばの山々はすべてがまるく、単調だった——むろん、比較しての話である。英本国の山々の海抜の高度にくらべ、この山々は、渓谷の底からでもはるかに高くそば立っているのである。——こうして、われわれはふたたび真の山々の盟主にとりまかれていたのだった。うすれていく陽光を浴び、きらきらときらめく雪峰の円形劇場をわれわれは目の前にした。その麓には巨大な雪田があった。すべての山々のありあまる雪と氷の貯蔵庫であり、貯蔵庫の重荷を担って渓谷を下る大氷河のそもそものはじまりだった。この山々の秘境こそ実に中央アジアの心臓部なのだ。円形劇場の一側を形成する連山は、トルキスタンに注ぐオクサス川の水路と、インドにながれ下るインダス川の水路を分け、また新疆省に東流する川と、ロシヤ領およびアフガニスタン領のトルキスタンに西流する川を分つ分水嶺と、南側のインドの諸河川と北側中央アジアの諸河川を分つもう一つの分水嶺の交差する地点でもあった。われわれの立っているその地点で、アジアの二大分水嶺がぶつかった。分水嶺は眼前に見るきらめく雪峰の円形劇場を形成し、その山麓の雪田からは巨大なオクサス川の源流となる氷河が発した。

峠の直下に小さな湖を見つけた。幅も長さも一・二キロぐらい、三つの氷河からの水がはいりこんでいる。一地点をのぞいて、周囲が高さ三〇メートル以上の純粋に透明な氷の絶壁にとりまかれていた。湖の水は澄んだ濃い青い色で、絶壁にかこまれていない一方の側から溢れ、小さな流れになって、下方の本谷の氷河へながれ下った。

この本谷は、オクサス川の主要な支流パンジャ川渓谷であるが、われわれはこんどはこの本谷へ下らず、渓谷の底から約四五〇〇メートルもそば立つ山腹沿いに上りつづけた。暗やみがすでにやってきていた。渓谷のどのくらい下方まで氷河がのびひろがっているものやら見えなかったが、ワキジュルイ峠を越えるルートがこの同じ渓谷へ下っている地点の約一・六キロ上手で、この渓谷の底へ下りた。そこには氷河がなかったが、かなりな流れがあった。——パンジャ川である。われわれが越えた峠は、ワキジュルイ峠の南約一三キロのところに位置していた。その峠を越える道らしい道はなく、私の知っているかぎりでは、キルギス人もそこを通ったことがなかった。とりわけむずかしい個所があったわけではなく、全行程ヤクをつれて、おまけにずっとヤクに乗っていけたのである。しかし、ワキジュルイ峠の方がもっとらくで、もっと近道なので、こんな峠は重要でない。

真夜中、まっ暗やみの中で着いた。一帯が雪をふかくかぶっているので、やぶの木一つ見つけられなかった。そこで、テントの杭を二、三本燃料にして火をおこし、小量の湯をわかして茶を入れ、それで満足しなければならず、やがて雪の上にテントを張り、中へはいって寝た。翌日、パミール・イ・ワハン川を下っていった。右岸は南に面し、陽がよく当たるので、冬期になると、ワク人の羊飼いがちょいちょいやってくる。次の日、ボザイ・グンバズを通過した。さて、またあたらしい峠を見つけなければならなかった。ここへくると、ヨノフ大佐との協定で、ふたたびすべての既知の峠が通過禁止になっていたからである。インダス川の分水嶺山脈であるヒンドゥークシュ峰の山稜は、それまでの山の障壁にくらべるとはるかに手ごわく、とても越えられそうになく、そこでしばらくは、いままでに知られていない峠は何かないものか、わざわざ土民にきいてみなければならなかった。まっ正直に、「峠はないか」と土地の人々にきいても、大して役に立たない。むろん彼らは、「いや、ないね」と答え、それで話は終わってしまうのである。そこで私は、これこれの峠の右手にある峠を通っていくのだがと言ったものである。これこれの峠とは名前のよく知れているものである。男たちはそんな峠はないと、だいぶ長いあいだ次々に答えていたが、とうとうある男が、それはとてもむずかしい峠だと言った。こうして、私は峠が実在する手がかりを得、それからは事は比較的簡単だった。

　ボザイ・グンバズを通過して二日後、長いあいださがしていた峠の麓についた。しかし、猛烈に雪が降り、数日間は毎日同じようにひどい降雪だった。私よりも二、三日先に出かけていったステュアート中尉は、ワク人のわれわれの道案内によると、コラボルト峠を苦労してやっと越えたのだった。一〇月もすでにかなりすすみ、こんな猛烈な降雪では、その年はもう峠は閉ざされて越えられないかもしれない。明日になればたしかに天気はよくなる、そうすれば何もむずかしいことはなかろうと、私はワク人たちに話した。私は峠をたくさん越えているし、峠を試みる方法も知っていたからだ。しかし、翌朝五時に起きると、雪は前日よりもはげしく降っていた。私はどうして行けないのか、いっしょにいってそれを見せてもらいたいとワク人に言い、デヴィソンと私がヤクに乗り、二人のワク人が徒歩で出発した。東洋人が腹をたててわが国へやって来て、厳冬の風雪のまっ最中、われわれを狩りだして山へ上るのだとしきりに言い、われわれの歩いている横で気持よさそうに馬に乗り、むずかしいことなんか何もないよなどとは、われわれにけっして話しかけはしないのである。英国にいるわれわれはなんとそれをありがたく思うべきだろう！　辛抱づよく従順なワク人はぶつぶつ言わず――つまり、この本に書きとめるのにふさわしいようなことは何も言わず、いっしょにいくのに同意しているのである。そしてその結果は、何も重大な支障もなくうまく峠を越えることができた。

　四キロばかり、岩の多い渓谷を上ると、とつぜん氷河にぶつかり、峠の頂上まで二キロばかり上っていかなければならなかった。降雪がはげしく、いったん氷河の上にでると、左右の山々の輪郭さえたどっていくことができなかった。たった一つ見えるのは、波のようにうねる雪をかぶった氷河だけで、氷河はとうぜん峠に達しているのがわかっていたから、どこまでも上っていった。雪にかくれているクレヴァスがこわかったので、ごくゆっくり、用心ぶかく進んでいかなければならなかった。ヤクは、ぐらぐらする橋はどうしてもわたらない象のように、本能的に自分を支えてくれないような部分はよくわかり、鼻をならし、くんくんかいでは、まちがいなく氷河を上って進んでいく。午後四時ごろ、実際に一つも困難を経験せずに峠の頂上へ着いた。峠はひどくせまく、ふかく切れこみ、反対側が急におちこんでいる。煙突を吹きぬけるように、風がそこを吹きぬけていった。頂上に達したときにぶつかった氷のような烈風を、私はそれまで経験したことがなかった。おそろしい勢いで、ナイフのようにするどく、われわれめがけてまともにおそいかかった。二、三分間、風の全勢力をうけっぱなしだった。比較的風のこない場所へいそいで下ったのだが、そのみじかいあいだに、顔がさっと切られ、切り傷ができていた。私の顔には保護するものがあった。濃いひげがあったからだが、デヴィソンはひげがなく、ひどい目にあった。何週間経っても、顔の傷が治らなかった。

峠から約三〇〇メートルの下降は極端に急峻で足場がわるく、やがて少し傾斜のゆるい斜面に出、アシュクマン川、すなわちカルンバル川の方へ曲がって下りていった。道らしいものはなく、風雪がいぜんとして荒れ狂っていたので、どっちの方向へうごいていくべきか、見つけだす手だてがなく、あてずっぽうにさまよっていると、とつぜん絶壁のふちへでた。こうなれば、立ち止まらないわけにいかなかった。ほとんど先が見えないのにうごくのは危険だった。しかし、幸運にもちょうど日没前、風雪がすっかり晴れ、絶壁ごしに、はるかかなたのカルンバル川渓谷を見下ろすことができた。絶壁のふちに沿っていくと、やっと渓谷へ下りる道を見つけ、一〇時ごろ、焚木がふんだんに得られる河畔の地点に達し、そこでその夜はキャンプした。

われわれはいま中央アジアの大分水嶺のインド側に、ふたたびいた。そしてしなければならないことは、できるだけ速くインドに向かって進んでいくことだけだった。一〇月一三日、ギルギットに着き、同地でまだ勤務中だったデュランド大佐のところに、二、三日滞在してから、カシミールに向かって強行した。二年前、一二月中旬に、私はこの方面の峠をいくつか越えたことがある。一〇月がまだ終わっていない時期だから、むずかしいことがおこるとは思っても見なかった。しかし、この年の冬は例年になく早く迫っていた。猛吹雪が襲ってきた。したがって、高度四〇二〇メートルのバージル峠にやってくると、峠越えをしようとするグルカ兵の分遣隊がひどい目にあっているのがわかった。そこへ到着した夕方に、この二〇〇名の分遣隊がやってくる予定になっていたので、われわれは将校たちの食事の用意をした。しかし、夜の一時ごろになって何人かがやっと到着し、荷物をのせていたラバが雪の中へはまりこんでしまったという話だった。将校も部下も、その日はずっと、夜も夜半まで、ラバをひっぱってくるためにさんざんやってみたのだが、あわれな動物も、不運な土民のラバ引き――動物も土民も全部インド平原からやってきたので、寒気と雪になじんでいなかった――も、課せられた仕事を果たすことができなかった。動物の荷は雪の上のせまい道へ下ろし、動物を朝までそこへ放置する一方、兵士たちはずっと離れた森の中の野営地近くで、とにかくはいりこめる場所をなんとか見つけた。分遣隊長のバラット大尉が到着すると、足の痛みを訴え、ひどい凍傷になっているのがわかった。そのため彼は六か月ばかり病床につき、そのあいだに足の指三本を失った。分遣隊の兵士と従者のうち、凍傷にやられた人間は全部で一三二人だった。インドの暑熱からとつぜんやってきたので、予期しない寒気に耐えることができなかったのだった。

翌日、デヴィソンと私は、寒気や雪にはもうなれっこになったヤルカンドの小馬をつれ、災難もなく峠を越え、小馬にはまだ進んでいける力があったので、反対側へでてからも一日行程たっぷり進めた。

二日後、最後の峠、三四二〇メートルのトラグバル峠を越え、頂上から、ふたたびカシミールの美しい渓谷が眼下にひろがるのが見え、松の木におおわれた斜面、耕作された村落地、しずかな湖、かなたの遠い雪の連峰を見わたした。峠の頂上はすべて雪にふかく埋もれ、早朝の寒気はきびしかったが、カシミール渓谷へ下るにつれて、一歩ごとに空気はしだいにあたたかくなった。パミール高原の峠の氷のような烈風、バージル峠の陰鬱な凍傷、みんないまは背後に置き去られた。毛皮の外套をぬぎ、渓谷に近づくと上着さえぬいだ。夕方近くなって湖水の岸に達し、待ちうけていたぜいたくなカシミールのゴンドラの一つに身を投げ入れた。

また一つの旅行が達成されたのだった。そのすべての苦難、すべての懸念はすでにすぎ去った。一七か月のあいだ、私は文明から離れ、友人との交際も断ち切られ、ふたたび、そうしたものが与えてくれるよろこびの中へ戻ろうとしているのだった。太陽が地平線の方へかたむき、山々の長い影を湖のしずかな水の上へ投げかけていた。われわれは舟を岸からつきはなし、小波一つ立たない水面をしずかになめらかに漕いでいった。われわれの努力はもう何も必要ではなかった。せいぜいしなければならないのは、小舟の中にぜいたくによりかかっているとだった。そうやっていれば、すみやかに安らかに湖水をわたってはこばれていくのだった。太陽は華麗なかがやきをのこして沈んだ。峰頂の雪は血のように赤い色に染まり、頭上にただよう雲はたえず変わりゆく色彩にみち溢れた。やがて東の遠い峰々が徐々に灰色になって、風景からはあたたかい色合いが褪せ、一つまた一つ、空の星がするどくのぞき、夜が山々の上へおちついた。

私は横たわり、魅せられるような平和で美しい風景を見守った。休息や平静な感情が全身にめざめて生いそだち、旅行中の人間の心に宿るきびしい断固とした感情をやわらげなだめ、やがてすぎ去った長いいくつかの行程、いまはすでに終わりを告げた多くの困苦、克服したさまざまな苦難をくり返し考えた。カシュガル滞在中の後半のつらかった月日をあれこれ考え、もっともつらいものも当然すぎていくのにちがいなく、よりかがやかしい時が近づきつつあるのを知った。

スリナガルで気の毒なデヴィソンと別れ、それっきり会わなかった。二年後、彼はギルギットの国境へいく命令をうけ、バージル峠を越えるとき悪寒を覚え、峠を越え、二日行程ばかりいったところで、腸チフスのため死亡した。彼は偉大な探検家のあらゆる素質を持っていた。卓越した精力、あるいはめくらめっぽうの勇気と人が呼ぶかもしれないものを持っていた。彼には危険というものがなく、旅行に対する不屈の熱狂した心情を持っていた。彼を知っている人間ならいぶかしいこととは思わないかもしれないが、彼の所持品から見つかった手記を見ると、一般に彼のような若い将校の注意をひかないことになっている多くの問題について、非常に真剣に考えていたのがわかる、と付言していいだろう。彼の喪失は、真の男らしさ、断固たる決意を賞讃しうるすべての人々から惜しまれるにちがいない。

# 16　チトラルとフンザ

和睦は征服したも同然ですよ、双方ともりっぱに服従はしたのですが、どっちにも損害はないのですから

『ヘンリー四世』（シェイクスピアの史劇）

前章に書きとめた遠征は、実際には私の最後の旅行だったが、その後二年以上にわたって、チトラルとフンザの興味ぶかい重要な国へ赴任してはたらいた。そこで、その両国の話を少しばかりしてみよう。インドの北部国境地帯の私の旅行記にはふさわしいしめくくりになるかもしれない。

私はフンザにはいくらかなじんでいるので、この国からはじめるのがいいだろう。一八八九年、私がこの国を旅行したときには、サフデル・アリという人物が統治していたのを覚えているだろう。インド政庁は、一八九一年から九二年の冬にかけ、この領主と交戦するの止むなきにいたった。A・G・デュランド大佐指揮下のかがやかしい勝利に終わった戦争——英国の将校がそれぞれ発揮した勇武、新しく訓練されたカシミール部隊の軍事的な効果のために注目すべき戦争——の結果、サフデル・アリは国外に逃亡しないわけにいかず、フンザはさらにカシミール領主《マハーラージャ》とインド政庁の直接管轄下にはいるようになった。以来この匪賊の国は、苛酷ではないが、それ相当の支配をうけている。この一九世紀の後半に当たって、罰もうけず、問題の反面を考慮すらしないで襲撃をやっていられる時期がすでにすぎたのを、住民も統治者も理解しようとした。

彼らと交戦し、おまけに統治者が逃亡したあとだから、この国の人々が英国人に対して非友好的だろうと想像するかもしれないが、八か月後、戦争の後始末として、国事管理の仕事を委任されていた政治駐在官ステュ

アート大尉と交替するので、同国を訪れると、人々は英国政府の下で生いそだったかのように、落ち着いて平和に溢れていた。将校は護衛もつれず国内どこへでも旅行できたし、いつも尊敬の念をもってあつかわれていた。私はこの人々とはすでに親しかったし、人々も英国政府に根ぶかい反感はいだいていなかった。永久統治を仮定し、成功裏に終わった戦争を中途半端にせず、施策を徹底させたのである。そこから生じる好影響の注目すべき例証を彼らがつくっているのである。われわれがしばしば行なったように、またそうすることをある人々がすすめているように、ガンと一撃を加えて後退させてしまうと、フンザの人間は、子供のように、教えてやった教訓をすっかり忘れ、なにかの愚行——襲撃、カシミールの前哨地攻撃、その他なんらかの侵略——を犯し、ふたたび彼らの国へ侵入していく必要がおこるだろう。現在のアフガニスタンと英国の関係のように、徐々に悪感情がそだっていくことになろう。アフガニスタン人は元来はわれわれに好感を持っていたのである。戦後は軍隊を全面的に撤退させず、しかも国民を自主独立させるなら、彼らはさらに友好的になるという原則は、信頼できない。いかにもよさそうな感じはするが、事実の確証がない。二大文明国のあいだに位置する半未開国が保持しうる程度の自主独立を維持させるには、同国から軍隊を撤退させるのも一方法だが、それだけではなくその他いろんな方法がある。その維持方法の一例として、フンザの国内事情を述べるのがいいだろう。

この粗野な山地人が何よりもいちばん好んでいるのは、自分たちの統治者——すなわち支配一族——によって治められ、慣習を革新せず、いつまでも守っていくことである。フンザの住民はおそらく何百年間——とにかく、伝説にあるかぎりの長年月——王座にすわっている一族によって、現に統治されている。——自国を紛糾にまきこんだ殺人者によってではなく、殺害された父親のもう一人の嗣子《しし》、住民に好感を持たれ、尊敬されている人間によって治められている。かつての襲撃はもはや慣習と呼ばれることもなく消えたが、その他慣習なるものはいっこうに妨害をうけていないのである。国内の諸事については、住民は一八八九年に私がはじめてこの国を通過したときとまったく同じ状態にいるのだった。すべての事件が、当時と同じく、いまでも全部領主の前へもっていかれるので、この国に駐在する英国将校はそれを処置する責任や手数から解放され、ありがたいというほかはない。ただ一点だけ、インド政庁の駐在官が調整を行なう。それは対外関係のことである。その一点だけで、この国は独立国たることを失わなければならないが、やむをえないことである。アフガニスタンのようなやや大きい国でも、この点になると、独立性を失うことになる。フンザのような小国が、対外関係では全面的に独立を維持することはどうしてもできない。賢明な統治者は、アジアにひろがる二大文明国の勢力から生じる状況の変化を認識し、同盟の根本原則に基づき、宗主国《そうしゅ》とはできるだけ関係を保ちたいと思うだろう。フンザの新領主は、非公式ながら、これを実行した。二度ばかり、インド政庁を援助するように、駐在官が領主に要請した。最初の場合は、デュランド大佐から話があったので、私は、新領主と隣国ナガルの領主に、それぞれライフル銃操作の訓練のある二五名の兵士を抽出し、チトラルへ移動する小兵力の前衛と偵察の任務を行なうように要請した。両国の領主は即座に提案に同意し、フンザの領主は二五名ではなく五〇名、その場合にかぎって多数が必要なら一〇〇名でも二〇〇名でも出そうと言い、ワジール――重臣――をいっしょに派遣したのだった。一八九五年、チトラル救援のケリー大佐の軍隊にもふたたび派兵し、彼らが山の高さを測り、敵の所在地を回避するのにどんなに役立ったかをケリー大佐が記録にとどめている。こんなぐあいに、領主たちは自分たちの利益が英国政府と緊密に結びついているのを認め、英国とはっきり運命を共にした。また、そうすることで、領主の威厳も重要さも軽減しはしなかったし、独立も低下しなかったのである。むしろ反対に、独立をたかめ、最先進国との関係にしても、その国に依存するのではなく、同盟の根本原則に基づくことができたのだった。しかも、インドでの英国統治の歴史から見て、この方針によって行動する国がいちばん長く、非常に堅実に独立を保っているのがわかる。パンジャーブ地方パティアラのシーク人の国は最初から英国政府に協力し、現在では英国の駐在官すらいない。反対にラホールはかつて敗退しながらでも英国を攻撃した。とうぜん屈服せざるをえないことになって、現在は英国の属領であり、英国官吏が管轄している。そこで、独立国としてとどまるか、他国に吸収されるかを決定するのは、フンザのような小国では、統治者であり住民である。こんな小国と親しく接触したことのある将校は、小国には、たとえばフンザがいまでも所有している程度の独立を維持させておくなら、それが英国政府と住民双方の利益にとってどんなに大きいかをもっともよく知っている。この山地民の自由を破壊すること、統治者が住民に面接して、住民が統治者をよく知るように統治者も住民を一人一人よく知るといった原始的な宮廷を解体すること、英国行政の冷ややかな組織や鉄の規則や規定など、帝国のすべての機構をこの小国に導入し、その単純な慣習を霜が草を萎えさせるように萎えさせること——そんなことをするのは絵画趣味の見地からみれば、遺憾のきわみであろう。英国政府がその国の統治者からの援助を必要とするとき統治者にはいつでも援助する用意があるとわかっているなら、英国以外の政府と関係を結ばないのが、その国の統治者としての存在には実に絶対なことなのだという認識が統治者にあるのがまたよくわかっているなら、あるいは統治者が圧政を行なわないのを注視し、一方、英国政府はその独立を破壊せず、慣習に干渉するつもりがないのを統治者も住民もともにみとめているなら——そのときには満足すべき関係が成立し、その国を直接治めるときよりも英国政府は明らかにはるかにいい位置を占めるのである。

フンザには、現在一〇〇名ばかりのカシミール軍隊がいる。小駐屯地を結んで、一〇四キロ離れたギルギットの守備隊に連絡している。またフンザには、同国と川一つへだてた隣国ナガルと英国政府との関係を指導する英国将校がいる。フンザは亡くなった領主サフデル・アリの異母弟、モハメッド・ナジムという名前の三四歳ぐらいの、愉快な物腰の理知的な人物によって治められている。この領主と、インド政庁代表部の代々の英国将校は、非常に親交をかさねた。英国将校の任務も軽減し、一八九四年の末以来、とくに政治関係の将校は委任せず、少しでも政治上の仕事をしなければならない場合には、カシミール駐留部隊配属の軍事担当将校がそれを行なうように訓令をうけている。ごくわずかでも同国に軍隊がいること、英国政府からの支援が確実なこと——これが統治者と住民を安定させるのに役立ち、英国将校は直接干渉はせず、ただ領主や住民と日常単純に交際し、国内のいたるところでいつまでも有益な影響をおよぼすことができる。おまけに、フンザへの赴任ほどたのしめるものは他に想像できない。一八九二年八月、草木一つない岩石に太陽がかっかと照りつけ、窯《かま》の中のような季節の窒息しそうな日に、海抜一五〇〇メートルの山間部の、渓谷だけのことはあると思われるものは何もないあのギルギット渓谷から馬に乗って、この暑熱を完全に抜けだし、新鮮なフンザ渓谷へはいった。山々の支脈を一つ回ると、その場所から垂直に五七〇〇メートルもそば立つラカブシ峰にばったりぶつかったのをよく覚えている。一八八九年、その渓谷を下った旅行のとき私はこの峰を見て、けっして悪い印象をいだいたわけでもなく、またそのときから、その峰をしばしば見ているのだが、その峰にしても、他の峰にしても、あらたに見るたびに、前に見たときよりもさらにふかい印象をいだかせられるように思われるのは、注目すべきことである。渓谷の底からまっすぐそば立つ塔のような山塊、きらめく雪田、まっすぐ天に飛翔する誇らしく冷ややかな峰頂、私はラカブシ峰のすばらしさについて生き生きとした回想をいだきながら、いまやってきたのだった。しかし、ふたたび支脈の一角をまがり、とつぜんそのおどろくべき光景にまともにおそいかかられると、期せずして私は立ち止まった。それは私の記憶をはるかに凌駕するものだった。

われわれはときどき草木一つない山腹に沿って渓谷をどこまでも進んだ。しばしば美しい村落地を通りすぎた。最初、ニルトの城砦を通った。アイルメルがその入口を爆破したとき、デュランド大佐の軍隊が勇敢に占拠した地点である。岩石の多い山腹を通った。——この山腹を、マナーズ・スミスとテイラーがほんの少数の部下とよじ上り、絶壁状の断崖のふちにずらりとつくられた敵の胸壁陣地の横手に出たのだった——ついにニルトも背後になって、いくつかのほかの城砦に達した。城砦の入口の近くには、わずか二、三か月前、われわれと戦った男たちが何人かかたまってあちこち腰を下ろしていた。そこもすぎ、日陰になったスモモ畑や波のようにうねる麦畑もすぎた。ときには平坦な耕地を早駆けして通り、ときには奔流の岩の多い川床へと下り、さらに村落地へと進み、渓谷がついにひらけて、バルチットの領主の住む王宮の塔がいくつか遠方に見えた。

首都の手前三、四キロのこの地点で、モハメッド・ナジムと要人たち全部の出迎えをうけた。いずれも、以前いろんな機会に英国将校から贈られた華麗なインド服を着用して正装していた。われわれは双方とも馬を下り、歩み寄ってたがいにあいさつを交わし、私は、一八八九年に私がフンザを通ってギルギットに着くまで領主が同行してくれたのを、彼に思い出させることができた。そこで全員がふたたび馬に乗り、フンザの首都バルチットにはいった。片側を一〇〇人あまりの、粗野だが絵のように美しい連中が馬に乗って走り、先頭を軍楽隊が行進した。初秋のからっと晴れたかがやかしい日だった。バルチットの背後には、教会の尖塔のような岩峰が列をつくり、城砦のような王宮のすぐ上から、絶壁をつらね、四五〇〇メートルもそば立つぎざぎざの山塊がおおいかぶさっていた。

私のテントは、現在フンザの治安維持に当たっているブラッドショー大尉指揮下の一〇〇名のカシミール分遣隊屯営地のすぐそば、スモモ畑のすずしい草地に張った。この小さなキャンプは、渓谷をまともに見下ろす支脈の末端に位置し、果樹園と段々畑ごしに、渓谷の奥をその雪の壁でふさいでいる巨大なラカブシ峰まで見わたせた。右手にはなれて、ぐっとのりだした岩の上に、城砦のような王宮がちょこんとのっている。その上には、高度六九〇〇メートルの一峰があり、頂上がほとんど城砦の王宮にのしかからんばかりだった。左手にはナガル渓谷があり、高度六九〇〇メートルと七二〇〇メートルの雪峰が四方を守り、こんなロマンティックな地点はほかに想像できない。

住民を知るようになると、とくに魅惑的なところがあるのもわかるのである。にこりともしない断固とした顔つきをしている男らしい人種で、競技や遊技に打ちこんだ。とりわけ熱中してやるのはポロ競技であり、領主はそのもっともすぐれた、もっとも熱心な競技者の一人である。舞踊や音楽も好きである。また、パサン人種特有のものであるよそよそしい感じや心の中に陰気にいだいている猜疑心や嫌悪感は一つもなく、英国将校にはすすんで愛着をいだいている。彼らはうたがいもなく国境の精鋭で、彼らのあいだで暮らした将校はいずれも彼らに好感をいだいた。

このたのしい国で、私は二か月半ばかり暮らした。ついに冬が近づこうとしていた。スモモやポプラの木の帯びるすばらしい秋の色合い、きらめくラカブシ峰の純白、峰の上空の澄んだふかい青色、それと対照的な赤、黄、黄金色のあたたかい色調のために、土地の美が一日一日とましていった。私は冬の間のために、軍隊と自分のための粗末な駐屯隊本部づくりにかかり、戦後集めていた古い火縄銃の山をくずして住民用の粗末な鍬や鋤に変えたり、刀剣を鋤の先に直したりしていると、チトラルに紛争が勃発したという知らせがとどき、デュランド大佐の手紙に、領主が殺害されたことと、フンザ兵を若干徴募してただちにギルギットにやってきて欲しいことが書いてあった。

国境での《ただちに》は即座にを意味する。デュランド大佐の手紙を受け取ってから、二時間そこそこで私は身の回りの品を梱包した。きわめてささやかな《職務》をガードン中尉に委託し、フンザの兵をあとからくるように手配し、ギルギットまで一〇四キロ、乗馬で出発した。昼まのうちはほとんど困難もなかったのだが、陽が沈み、星が一つも現われず、まっくらやみで、急峻な絶壁の片側を伝い、やっかいな岩石をわたり、山道をたった一人進む仕事は生やさしいものではなかった。しかし、夜の一時ごろ、災難もなく到着し、次の日の夜一〇時ごろ、フンザの応募兵も到着した。彼らはただちに戦闘を開始する態勢で、一〇四キロを徒歩で、三六時間で踏破した。まる一年にもならない前、われわれとたたかった連中である！

紛争の勃発したチトラル地方は、フンザの西で、フンザよりかなり大きく、より重要な国である。人口が約八万人と見られ、長さがほぼ三六〇キロ、幅が一九二キロである。全体に山が多く、渓谷の底のとくべつな地帯にだけ水がながれ、土地に注いで、そこに人が住んでいる。この国は、一八九二年の末ごろまで、アマン・ウル・ムルクというぬけ目のない老領主の治下にあって、彼はチトラル本国とヤシンを併合して一国とした。アマン・ウル・ムルクは、一八九二年には、七〇歳をこえていた。一七人も息子がいて、彼が死ねば息子たちのあいだに王位の争奪があるにちがいないと考えられていた。一八九二年八月下旬に彼が死去し、長いあいだ待ちかまえていたような争奪がはじまった。二男のアフズル・ウル・ムルクは、父が死んだとき、チトラルの城砦にいて、貯蔵してあった武器財宝のいっさいを占有し、おそれていた兄弟の何人かを殺害し、ヤシンにいる兄ニザム・ウル・ムルクとたたかうために出発した。ニザムはほとんど戦意がなく、大したさわぎもおこさず、ギルギットに逃亡した。アフズルはそこで、インド政庁から《事実上》チトラルの統治者とみとめられた。

しかし、二、三週間後に、また一人の王位要求者が現われた。老領主の異母弟シェル・アフズルで、何年か前に領主がチトラルから追いだしたのである。以来ほとんど忘れられ、追放者としてアフガニスタン領内に住んでいた。その彼がとつぜん登場した。彼はチトラルの城砦からわずか七三・二キロはなれたドラー峠を経、アフガニスタン領内からチトラルへはいりこんだ。一〇〇名あまりの手兵をつれ、乗馬ですばやく渓谷を下り、途中さらに手兵を集め、翌日の夜、城砦に到着した。アフズル・ウル・ムルクは物音をきいて城砦の上へ現われ、全身をさらけだすとその場で射殺された。この不運な事件がおこらなければ、翌日、彼はシェル・アフズルを駆逐することができたろう。しかし、彼は死に、チトラル住民はシェル・アフズルの周辺に熱心に集まり、シェル・アフズル自ら領主の権利を主張した。ギルギットのデュランド大佐のもとへきた手紙は、この出来事の知らせだった。

老領主の長男で、王位の正統な後継者ニザムは、弟が殺されたという知らせがギルギットにとどいたとき、同地にいた。ただちにシェル・アフズル追放の行動をおこす考えをデュランド大佐に伝え、手兵とギルギットにやってきていた若干の部下を伴い、チトラルに向かって出発した。デュランド大佐は、シェル・アフズルと折衝する必要がおこるようになった場合に、自分の位置を強化するためと、その地区の西部およびヤシンの治安維持のため、同時に二五〇名のライフル隊に砲二門をつけ、さらにフンザとナガルの徴募兵を加え、ヤシンに派遣した。ニザムの行動は全面的に成功だった。シェル・アフズルの軍隊と一度小ぜり合いをすると、シェル・アフズルはやってきたときと同じく急きょアフガニスタン領内へ逃げ返った。ニザムはチトラルへ進み、三か月そこそこでみずから王位につき、第四代の領主になった。

王位につくやいなや、ニザム・ウル・ムルクが最初にやったことは、英国将校を一名派遣してもらうようデュランド大佐に懇請したことだった。英国政府と密接に同盟を結んでいるという、対外的にだれにでもわかる標識の価値を十分に承知し、国内に英国将校がいれば、いままでにおこったような騒擾の再発を防止できるものと信じた。そこで、一八九三年一月一日、ロバートソン博士の引率する使節団一行がギルギットをあとにした。一行はロバートソン博士のほか、ゴードン中尉と私の編成で、五〇名のシーク人の護衛兵をともなった。チトラルへ達するには、高度三七二〇メートルのシャンドゥル峠を越さなければならず、いまは厳冬だった。ギルギット付近でもずっと降雪があったし、チトラルまで三五二キロの全行程中、積雪のひどくないのはほんの二、三か所にすぎなかった。峠越えをする前に停止した最後の村は、峠から三八・四キロ、海抜三〇〇〇メートルの高所に位置するギザで、寒暖計が零度に下がり、一帯はむろん深い雪だった。この雪の中を進み、峠の麓のランガルという野営地にいたり、峠越えをする前夜はそこですごした。シーク人の護衛兵はすでに設けてあった粗末な小屋囲いの中へはいり、将校はテントにはいった。一行中、凍傷にやられたのが一人か二人だったのは幸運だった。ブルースはすぐその男をつかまえ、足を摩擦すると、その男はしまいには摩擦されるより凍傷にかかった方がましだと言った。私が連れてきたひょろっと背のたかいインド人の料理人は、この国境へくるまで生まれてから一度も雪を見たことがなく、いちばんひどかった。摩擦して足の皮がはがれると、ブルースと私にもうやめてくれるように懇願した。その夜くもっていたのは幸運だった。空がからっと晴れている場合にくらべ、寒気がそれほどではなく、翌日、雪の中をとぼとぼ歩いて峠を越え、チトラル側の最初の村ラスプルに着いた。ここでこの地区の知事と多数の知名な連中の出迎えをうけ、二日後、マストゥジの城砦に達した。一年後、私はここでわびしい冬を送らなければならなかったのである。われわれははじめてここで停止した。寒暖計がマイナス一九・四度Cまで下り、身を切るような風が渓谷を吹き下ろした。その渓谷は、ギルギットからの途中ずっと通ってきた渓谷と同じく、せまくて、いまはすっかり雪をかぶり、全体に草木一つないわびしいようすをした高い岩峰にとりまかれていた。一月二五日、チトラルに到着した。この三、四キロ手前までは渓谷で、ほとんど峡谷といっていいほどせまく、ときどき村のある場所だけがひらけてゆとりがあった。チトラルの城砦まで五キロばかりのところへくると、渓谷がひらけ、約三キロほどの広さがある。この低地帯では気候はかなり温和で、われわれは軍服のまま大外套も着ないで馬に乗り、チトラルへはいることができた。新領主のニザム・ウル・ムルクは主要な家臣の騎馬行列をしたがえ、チトラルから五キロのあたりでわれわれに合流し、全員いっしょに乗っていった。私が領主を知ったのはこのときがはじめてで、私はほぼ二年あまり、彼のそばにとどまることになるのだった。彼は三四歳ぐらい、小ぎれいな男だと思った。一見非常にヨーロッパ人ふうで、理知的で作法もいい。中背のがっしりした体格で、じょうぶそうだった。英国の軍服に似せたつもりの服装に、この地方でよく見かけるまるい布製の帽子をかぶっていた。チトラルから一・六キロばかりのところで、騎馬行列が全部停止し、標的射撃を見物させられた。高い柱の上端に陶器の鉢をぶら下げ、騎馬の連中が早駆けしてそれを狙撃するのだった。われわれが城砦に着くと、礼砲が発射された。領主は宿泊予定の場所まで同行し、歓迎を心から熱望していたしだいを述べて、引き上げた。

われわれはいまチトラル人を観察する一つの機会を持ったのだが、私自身の印象はそんなに好ましいものだったとは言えない。彼らは陰気な滅入ったような住民のように思われた。フンザの人間に見る、にこりともしない断固とした顔つきはだれもしていなかった。フンザからきてみると、いささかむっつりしたようすのチトラル人にはほとんど魅力が感じられなかった。だんだん話をしていくと、先へいってこの第一印象を修正しなければならないのだが、人々についての第一印象があとになってみるとかならずしも正確ではなかった、とわかる証明に役立つから、書きとめておくのである。この地方もいまは厳冬期で、住民と同じように気の滅入ったものだった。シャンドゥル峠越え——それだってひどく浮き立つような気分のものではない——をするときはべつとして、いつもせまい渓谷の底にいたし、高い山々がのしかかって渓谷をとじこめていた。緑の草の葉一つ見られず、雪の下に埋もれていないものは、すべて霜のためにちぢんでいた。木立もすべて裸で、くすんだようすをしている。泥土づくりの村もしめっぽく陰気くさい。チトラル自体は、町でも、大きな村でもなく、長さ約五キロ、幅約二・四キロの一連の耕地の上に散在する小さな村の集合体である。北の村はずれの河畔に小さな城砦があって、領主の邸宅となっている。これがチトラルで、当時英国民にはほとんど未知といっていい場所だった。

チトラルでの最初の一、二か月は、たしかに生き生きとして活気づくようなものではなかった。窓も煙突もない土民の家に住み、ただ屋根に穴があって、そこから光(それに雪と寒気)がはいってくるし、床の中央でもやす焚火の煙(それに、熱気)をそこから吐きださせる。戸外ではほとんど何もすることがなく、ただ今日は渓谷を上り、明日は渓谷の下の方へ歩いていくことだけで、何週間かがきまりきって単調にすぎていった。しかし、春がやってくると、すべての様相が一変した。一月と二月はしばしば降雪があり、夜間、寒暖計はマイナス一一度Cから一八C度まで下った。しかし、三月になると、渓谷の底や山腹の下のあたりの雪が消え失せ、若草が芽をだしはじめ、麦畑の麦も発芽し、川岸には紫色の小さなサクラ草や黄色と真紅の美しいチューリップが咲きだした。やがて、柳の若葉がつきはじめると、木は緑に色どられた。四月のはじめごろになると、アンズの木が一度に開花し、渓谷は雲のような白い花におおわれた。やがて、一日一日と陽光があたたかくなって、あらゆる木——すばらしいニレ、ポプラ、シダレヤナギ、アンズと桃とナシとリンゴの果樹園——がすっかり葉をつけるようになり、春はみずみずしい美に溢れ、花ひらいて生き生きとしていた。

春になると、人々の顔つきからも冬の陰気くささがなくなった。冬には、この山地の人々と同じように、室内でも屋外でも、周囲のものすべてが滅入っている。屋外でする仕事は何もないし、彼らにできることはただだまってじっと考えることにすぎず、そんなとき、陰気になるなと言っても、《策略や分取品》以外のことを何か考えろと言ってもむずかしいだろう。しかし、春がやってくると、すべてがちがうのである。彼らは畑に出てはたらかなければならない。きらめくあたたかい陽光、のびそだつ農作物、花ひらく果樹園、木々の新緑があって、彼らは浮き立つ。冬のあいだ、攻撃や陰謀やさまざまな種類の計画の風評を耳にして、われわれは二度も三度も、もしやと思い、おそれをなした。しかしいまは、住民にはもっとほかに専念するものがあったし、英国使節団がこの国にいて、領主の地位も確立しているのを見

ヒンドゥークシュ山脈の渓谷

たので、いやな風評がだんだん減って、住民の性向もより好ましいものになった。

われわれも小旅行をすることができ、ブルースと私はチトラルの背後の山稜をいくつか非常にたのしく上った。ブルースは所属連隊の四人のグルカ兵を伴っていた。そのうちの二人は、サー・ウイリアム・コンウェー（英国の登山家・探検家、一八五六—一九三七）のカラコラム山脈の探検と登山にともなわれていったことがあった。彼はまたアルプス登山の用具——氷斧、ロープ、鉄かんじきその他を持っていた。そこで私は生まれてはじめて、正統の英国山岳会式の登山をすることができた。第一夜は、山腹を高く上った松林のはずれの草地ですごし、足下のせまい渓谷に押しこめられる代わりに、眼前にはある程度ひろがる眺望があり、見晴らしがきくので、たちまち救われた気がした。次の日、深い雪の山稜に沿って進み、これから攻撃しようとする頂上直下で野営した。やがて翌日、氷斧とロープが活躍することになって、ブルースとグルカ兵が登山技術を示した。山登りの訓練がどんなにたいせつなものか、登山用具がどんなに有益なものか、そのとき私にはよくわかった。どうしてもやむをえなければ、むろん私は試みたろうが、ロープと氷斧の助けがなければ、こんなに落ち着き払ってはとても上れなかったろうと思われる場所へ、ブルースは私をひっぱり上げた。ついに非常にせまい岩のアレート、山稜へ達し、そこから頂上へ上ったのだが、カミソリの刃のような石灰岩の山稜へ馬乗りにまたがって、両足をほとんど垂直に近い絶壁へだらんとたらしながら進んだ。頂上へ着くと、岩がするどく角張って、立っていることができなかった。馬乗りにまたがっているだけで、腰かけることもできなかったのではないかと思う。そんなに高いところにいたわけではなかった。アネロイド気圧計によると、頂上は海抜四〇五〇メートルにすぎなかった。しかしここは、ごく近い周辺での最高地点で、チトラル渓谷やその地方のかなりな部分のすばらしい眺望が得られた。

こんな高所からは、チトラルの実体をいちばんよく味わうことができる。まさに山々の海である。周囲に峰頂が波頭のように立ち上がり、全山塊と同じようににぶい色彩のときがあるかと思うと、白雪の山頂になってとつぜん突き出ている。山稜また山稜、波のように山々がもち上がり、最後には全身をもたげて塔のようにそば立つ一大山塊となり、まっすぐ眼前には、ほんの二、三キロ離れて、高度七六二〇メートルのティリヒ・ミール峰が見えた。この山々は大部分まったく草木がなく、一帯が岩ばかりのように見え、やがて、はるか渓谷の底で、山地のどこかの奔流から分れてくる水が耕地に達している場所にだけ、あちこち草地が見える。渓谷の底も、隅から隅まで耕されているわけではなく、農耕に適した土壌が山々から押しながされて渓谷に堆積している場所へ、水をひいてくれれば農耕ができるのにすぎない。渓谷の川床全体のおそらく八分の一から六分の一ぐらいがせいぜい耕地になるだろう。渓谷の底も、この地方全体に対しては貧弱な比率を示しているのにすぎず、一般には単にせまい峡谷で、ほとんど広さが幅一・六キロとはない。したがってチトラルが豊かな生産地ではないのが想像できよう。

## 17　チトラルと統治者

五月末に、ロバートソン氏とブルース中尉がギルギットに帰り、私はゴードン中尉や五〇名のシーク人とともにチトラルにのこった。夏のあいだ、ポロ競技やさまざまな野外娯楽のときに顔を合わせると、冬のあいだでもわからないわけではなかったが、ずっとよく領主や家臣たちのことがわかった。領主や要人連が週に三、四回は私の家へやって来て、庭のすばらしく大きいニレの木の下にたっぷり二時間はすわり、あらゆる種類の問題をくり返し話し合ったものだった。チトラルにあるたいがいの庭のように、われわれの庭にも、ニレの木蔭に土を盛った台座ができていた。ここへじゅうたんをひろげ、領主やわれわれがすわるための椅子をおいた。二、三〇人の主だった面々がじゅうたんの上へぐるりとすわらせられ、領主の護衛と従者が庭のあたりに立っていた。やがて、茶、ビスケット、砂糖菓子、シャーベット、アイスクリームなどを領主と要人たちに回してふるまい、今後おこりそうな問題について何かと話がつづいた。土語を使ってうまく話すほど私はチトラル語がわからないので、土民の政治補佐官で、八年あまりこの地方に住んだことのあるベンガル騎兵隊の土民将校ジェマダル・ラブ・ナワズ・ハンがいつも通訳したものだった。だいたいいつも私が絵入新聞か挿絵入りの書物を持ってきてぐるっと回し、絵から思いついたさまざまな問題を話し合った。チトラル人はまったくの文盲で、この国で読み書きのできるのはたしかに六人といない。領主でさえも読めず、また文字の読めるような領主はチトラルにはいなかったと思う。しかし、絵は完全にわかった。船のように一度も見たことのないものではなく、彼らになじみのある人とか動物とか自然の事物とかの絵だった。一八八五年から八六年にかけ、ロックハート大佐の探検隊がこの地方を訪れ、ガイルズ博士が五、六枚住民の写真をとった。またインドまでいったことのあるチトラル人を

チトラルの領主，ニザム・ウル・ムルク

とった写真もあった。この写真を訪問者の連中に見せると、写真の人々の名前を一人一人すぐ言い当てた。チトラルを訪れたことのある英国将校の写真を見ると、彼らは正確な名前をその写真につけることができた。美人については、彼ら自身独自の考えを持っていた。画報や広告などには、しばしば王女や女優の想像画か肖像画があったものだが、彼らはひどくそれに熱中するようになって、だいたいヨーロッパ人とまったく同じタイプのいちばん美しいものをえらぶのだった。ところが、名前は伏せるが、ある石けん会社の広告に、一つ非常に美しい絵があった。これはきっと彼らの気に入るだろうと思ったところ、問題のその婦人は見る値うちがないと言った。その理由はなにかと言うと、彼女が灰色の髪の毛をしているからだった！　画家は灰色の髪の毛にする意図は少しもなかったのだが、印刷物では対象物に光が当たっているのを現わす在来の表示法として実際に灰色にするほかはなく、髪の毛に当たっている光を灰色の髪の毛と彼らは思ったのである。

領主は広告のなかのあるものにひどく熱中するようになったものだった。『フィールド』誌にあった孵卵器の一つは、とりわけ彼の好奇心をたかぶらせ、卵をかえす機械だと説明すると、さっそく注文の手紙を書いてもらいたがった。折りたたみ式ボートの絵も彼の賞讃を博し、そんなボートがありさえすれば、毎夏シャンドゥル峠の頂上にある湖へもっていって、そこでカモ猟をするのだがと語った。彼やインドの方へいったことのある連中が、その絵にさそわれて、インドで見たさまざまな驚くべき話をはじめたので、おおいにうながしてそんな話をやるようにさせたものである。そうすると、彼らの述べていることがほんとうなのを同国人の前で私に訴え、補足してもらえる機会があるわけになる。領主自身もカルカッタの方までいったことがあり、帰ってから、だれも彼の話を信じようとしないのを不平がった。老父アマン・ウル・ムルクは信じたけれども、それもある点までだった。鉄道や電信については信じた。英国人のようにすぐれたライフル銃を製造できる人々なら、人間や伝言を急速に送るなにかの手段を発明できるかもしれず、それは可能なことだと考えた。しかし、暑い気候の真最中に、英国人が氷をつくっている話を息子がすると、老父はそんなことはとても信じられないと言った。そんなものは神だけがつくれるのであるという考えから一歩も出ず、これ以上は信じられないと言い、もうインドの話なんかするにはおよばないと息子に話した！

しかし、領主や家臣たちが私の前でそんな話をやり、私が補足すると、チトラル人はだんだんほんとうだと思いこむようになった。インドのことで彼らを啓蒙するのと、インドへいったことのある人々がとくに感銘をうけたものを見るのと、その両方の目的から、領主をうながして大いに経験談を話すようにしたものだった。彼がいちばん気に入ったのは、カルカッタで《軽装馬車》に乗ってあちこち走り回ったことだと私は考えたい気がする。二頭立の無蓋の軽四輪馬車を自由に使用してかまわないことになっていたので、ひとりで馬車の中によりかかってたのしみ、一日中のり回すのが彼の気に入ったのだった。彼はチトラルのそばの三キロから五キロの平地に道路をつくり、馬車を解体してはこび上げ、その馬車に乗って走るのを、ある日ひょいと思いついたと言った。カルカッタの造幣局、何列にもならんでおいてある造兵廠の大砲が、彼の想像をはげしくゆさぶった。造幣局の話をきいたチトラル人にしてみると、彼らが欲しいと思っているだけのルピー貨をわれわれが与えたがらないのがどういうわけなのか、理解できないのである。われわれには次から次に休みなく、何杯でもバケツにいっぱいになるルピー貨をつくりだす機械があると教えられているし、このルピー貨のながれは、けっして途切れない水のながれのようなものだと考えているのだ。ルピー貨のための銀をまず見つけなければならないとはけっして考えず、ただ思いつくことは、金が欲しければバケツを持って造幣局へいき、泉から水を汲むようにルピー貨をすくいさえすればいいことなのである。チトラル人は、金の問題については、子供が両親の富についていだいているのとまったく同じ考えである。学校へ通っている少年は、いつも何百ポンドも持っている父親が、一ポンドくれるのにもけちけちしている理由がわからない。チトラル人は、インド政庁がカルカッタの方に財貨の泉を持っているのを知ると、英国の役人が彼らの欲しがるほんの二、三ルピーもくれたがらない理由がのみこめない。したがって、領主があらかじめ打ち合わせてあった三〇名の従者の代わりに三三名をカルカッタへ連れていったとき、三人分余計に鉄道運賃を払うように求められ、彼がどんなに腹をたてたか、想像にかたくないだろう。

領主がインド訪問から非常に多くの利益を得たのはうたがいないし、彼と交わる私の仕事も、彼が英国の権力と資源の実体についてある程度の知識を持っているので、おおいにたすかった。インドを訪れている賢明なニザム・ウル・ムルクのような領主は、自国がどんなにおくれているのかよくわきまえているし、インドで見る進歩改良から得られる利点もよくわかる。近年は万事うまくいっているのだし、何も変える必要がないと言っている旧派の議論が健全ではないのを知っているのである。だから、彼は自国の改善をいつもねがっていた。――それも大半は自分の利益のためで、住民の利益のためではなかった。東洋のたいがいの統治者のように、ニザムも非常に利己的な人間だからだ。それはそれとして、自らが熱望している高い水準の慰安や便利さを住民に示せば、実際にそれを採用したのだからおおいに国のためになるのだった。彼はすでに自邸の改善をはじめたが、インドから二、三の土民の石工を招致し、住民に正しい建築を教え、チトラルから三〜五キロの範囲内で得られる大理石を使い、自分のためのりっぱな家をしきりに建てたがっていた。彼はまたあたらしい土地に灌漑できるような水路をつくれるよう、家臣に爆破作業を教えてもらいたがった。チトラルの奥の大平原に灌漑するため、掘抜き井戸から水をひけるような人を、だれか呼べないだろうかといつも私にきいた。そんなわけで、助言をする英国将校がだれかそばにいて、彼が余計なことに手を出したり、無益な支出をしないようにしたりすれば、非常にりっぱな仕事をしたかもしれなかった。

英国政府との交際では、けっきょく彼はインド訪問から多くの有益なものを得たのだった。こういったあらけずりな領主と交わる高等な技術は、実際に武力を使わず、彼をみちびき、彼を利用することである。英国政府は彼らの独立を破壊したいとは思わないし、事実、彼らが絶対的に独立するに足るだけ強力になればそれをよろこぶだけだろう。しかしそうなるほど彼らは強くないし、また強くもなれないだろう。大帝国に隣接しているので、大帝国の統治者は彼らから何かと求めなければならず、なかでも主要なことは、前述したように、いろんな対外関係を宗主国の支配下におかないわけにはいかないことである。ニザムはインドへいったことがあり、英国政府の資源を知り、彼の利益が、英国と密接な同盟を結び、それを維持することにあるのを知った。したがって、彼はその目的で常に行動した。けれども、住民の大多数が真の英国政府の力を知らず、一八九五年はじめにニザムが殺害されると、軽率にも英国との戦争に自国を突入させ、そのためにむろん苦しんだ。戦争が終わった直後、チトラルで会った多くの人々が、われわれがそんなに強いと知っていたら、けっして戦おうとは思いつかなかったろうと、私に語った。しかし、彼らは何も知らず、その無知の結果を、彼らもわれわれもいっしょにかぶらなければならなかったのである。私はいつもこの頭首たちはいささか子供の状態にあるのではあるまいかと考えている。彼らをたたきつけ、おじけづかせたくはない。むしろつよく活発に成長し、終局的には、自国のことは自力でやっていけるようになってもらいたいと思っている。しかし、彼らが横道にそれないようにしなければならず、もしそうなったら罰しなければならない。彼らに効果的な影響を与えるのには、われわれの資源を広く彼らに知らせる必要がある。そうすればわれわれとの親交を維持するのが有利なことも、方途を見失ってふらつけば、そこからわるい結果が生じるだろうということもすっかりわかる。

私が任務を解かれたとき、ニザム・ウル・ムルクとはべつにむずかしい問題もなく、彼のぬかりなさや彼の常識のおかげで、不愉快な要求を課さなければならない必要もなくてすんだ。その後、英国代表部がチトラルからマストゥジに引き上げたとき、英国将校にはいつもそばにいてもらいたいから、代表部をもう一度チトラルへ戻してくれるよう、くり返し彼は要請していた。

ニザムや家臣たちがインドでわれわれのやっていることに興味を覚えた反面、彼らのチトラルの生活ぶりに注目することに、私は彼らに劣らず興味を覚えた。大いに注意ぶかく観察したことの一つは、彼らの統治制度だった。この制度は絶対専制だった。チトラルの領主以上の大専制主はほとんどありえないだろう。名義上国内のあらゆるもの——男も女も子供も動物も——彼のものであり、全国土もあらゆる家も同様である。一人の男の妻を奪って、べつの男に与えることができる。娘たちを自分の好きな相手にやってしまうことができる。人の家も自分の土地ものぞみどおりに処分できる。むろん刑罰はどんなふうにも気に入るように執行できる。おまけに、だれでも徴集して奉仕させることもできる。やりたいと思えば、全国民を戦争のために召集していい。すべてこれが原則で、原則としてやっていいのだ。むろん実際には、慣習と世論のため、権威の行使を合理的な範囲内にとどめなければならない。それでも、夫がある違反をしたので妻を奪われ、妻が他の男のところへやられた事例を私は知っている。これは夫だけへの罰と考えられている。女はなにも感情のないものとされているからである。

領主が政治を行なう方法は公式接見による。これは非常に興味のある統治形式であるが、この国が英国方式にさらに密接になじんでくると、その形式の一つである本来の単純さなるものがだんだんなくなってしまいそうなので、とくに注意を払ってみたい。毎日二回、領主が接見を行なう。午前の接見は一一時か一二時ごろ、二度目は夜の一〇時に行なわれる。夏期には、午前の接見は、城砦のまわりのニレの巨木の下で行なわれるしきたりだが、ニザム・ウル・ムルクはしばしばタカ狩りや狩猟が行なわれるどこかの川岸で行なった。夜の接見は、城砦内の広間か部屋で行なった。接見の際には、領主は一種の王座の役をする低い広い座に足を組んですわり、家族がその近くにすわり、ほかの要人たちが前方に半円を描いてずらりと並ぶ。領主のほかは全部床に坐っている。彼の背後には少数の護衛兵と従者がひかえていた。多くの場合、作法は非常に厳格に守られはしたが、それほど形式的な手続きを取るわけではない。領主は私室から現れ、接見の広間まで従臣をともなってくる。やがて座につき、人々が背後にすわり、儀式ばらない会話がはじまる。たぶん、国境か各地方州からだれかがやってきているのだろう。領主はあたらしい知らせは何かと尋ねる。どんな知らせでも、領主は要人たちと討議し、要人たちはそれについて意見を述べる。次に、領主の裁決を求める事件をかかえている男が前へすすみ、領主の足に接吻し、事件を述べることになる。彼の村にある水路の上流にいる人々が全部水を取ってしまい、村の低い土地には少しも水がこないのである。領主は接見の広間の方へ顔を向け、この事件を知っている者はないかと尋ねる。すると何人か村の連中が知っていると言う。その件についての会話がそれにつづき、やがて領主は適当だとおのずから考えるとおりに命令し、その件は即座に処理される。事件の記録は保存されないが、どの事件もいっぱい人のいる接見室で裁決されるので、たいてい前に決定したことを覚えている者がだれかいる。事件は通例単純なもので、またそんなにたくさんはないから、こんな原始的な方法で、満足のいくように裁判を行なうことができる。民事も刑事もこんなふうに処理される。

この会話審理が続行しているうちに、たくさんの盆や皿にのせた食事がはこばれ、特別料理がいくつか領主の前におかれ、その他は接見中の人々の前におかれる。領主の家族は階級的にいってその地位を否定しようがなく、ごく少数の家族だけが彼といっしょに同じ料理を食べ、のこりの者は接見室にぐるっとおかれる普通の料理を皿から食べる。食事は、パン、米、肉のシチューで、夏には果物が出、それがぐるっとわたり、領主と二、三の要人が茶を飲む。アルコール飲料はいっさい出ない。住民が回教徒だからである。食事は手づかみなので、食事の前後に手を洗う水が順に回る。

食事をしながら、領主は落ち着いてずっと事件を処理している。彼の面前では、あいかわらず会話がつづき、たぶん口いっぱいにほおばりながら、事件を裁決するだろう。ニザム・ウル・ムルクが川のほとりでか、狩猟の遠出をしながらか、接見を行なっているときに、家来がすっとんできて、水のほとりにカモが何羽いるとか、山腹に野生のヤギがいるとか言ったものである。すると、領主も家臣もおそろしく興奮して勢いよく立ち上がり、タカとライフル銃を持って出かけ、国事はひとりでに見送りになった。

万事がいたって不規則のように思われるが、この制度にはいい点がたくさんある。主要なことは、統治者と住民が顔を向け合って、一対一でおたがいをよく知ることである。チトラルにはすぐれた慣習があって、それによると、地方の主だった連中が一年に少なくとも二か月間は、接見に列席するため、全部首都までやってくることになっている。どの村も、護衛兵か、家事についてのなにかの働きかで、領主に奉仕する奉仕隊を送らなければならない。地方の州から首都まで、人々の流れが満ちたり干《ひ》いたりする。地方の名士がことごとく親しく領主を知り、領主も相手を知るようになるし、下層階級の人々も多数が個人的に統治者を知るようになる。領主はこんなふうに、実際に親しく臣下の者と知り合うようになるので、ニザム・ウル・ムルクは国中のほとんどあらゆる人人の名前、来歴、性格を知っているのだった。彼は少年のころから父の接見に同席し、接見に列席するため毎年毎年交替してやってくる人々を見ているので、それぞれの地位のあらゆる人々はむろん、普通の住民の大半を知るようになった。この統治者と被統治者のあいだの個人的な親交、統治者が住民の顔を見、代官とか書類とかによらずに司直を執行し、国を治める方法は、チトラルの統治制度のほんとうにすぐれた点である。この領主の権威がどんなに専制なものであるかを述べたが、この接見制度によって住民が国事の処理に発言を持ち、統治者が住民の願望に反したことはできないのが読者にわかるだろう。

領主は絶対的な権威を持っているけれども、アダムザダ、すなわち貴族の願望も考慮に入れ、おそらくそれにしたがわなければならないだろう。彼は多数の弱者に対する支配者というより、それぞれ一連の部下を持っている多くの頭首の領主だからである。むかし、チトラルは多くの小頭首の下に分裂していた。村は一にぎりの不毛の土地を隔ててたがいに分立し、ほとんどの村、とにかくあらゆる渓谷にそれぞれちがった頭首がいた。時が経ち、それがチトラルという村の頭首の下に互いに連合した。彼は大頭首たるべき人間で、戦争の場合には彼らを率いるが、各頭首は自分たちの部下を統治するものと考えられていた。ところが、徐々に弱小頭首の権力が萎縮し、チトラル頭首、すなわち領主の権力が増大した。しかし、それでもまだ昔の状態がわずかながらのこり、弱小頭首の子孫であるアダムザダは、いぜんとして消えない権威の名残りを失うまいと汲々としているあまり、領主の命令にしばしば反抗する。現在ではまったくチトラル国の不平分子である。ほとんど権威はないのだが、自分は重要なのだというとんでもない考えをいだき、どんな場合にも自分の威厳にのっかっていなければならないと考えている。彼はどの頭首にもむっつりして敵意をいだき、その権威をねたましく思っている。この国が侵攻をうけたときに、それに抵抗する手兵の派遣をなかには拒否した者がいるのを私は知っている。彼らの大半が英国との同盟には心の底から敵意をいだいている。英国人が大小貧富の差なく取り扱い、階級序列を重要視しないと聞いているからである。だから、国内での英国の影響がつよくなるにつれ、彼らの権力が減少するのをおそれているし、ロシヤの農奴と同じ立場にある部下が、英国の影響をうけてさらに自由を獲得し、ついには離れるようになるのをとりわけおそれている。そこで領主には、自分の地位が英国政府との密接な同盟に依存しているのはよくわかっていても、旧時代のこの無能な残存者の不機嫌な反対にぶつかっていつもすっきりいかず、争わなければならない。

領主はこのアダムザダの気持を汲まなければならないと私は言った。すべて重大な場合には、たまたまチトラルにいる連中はむろん、国中の主要なアダムザダや、おそらくさまざまな地区（遠隔のヤシン地区をのぞき）の頭首をチトラルに召集し、領主は全国会議をひらくだろう。他からの侵入をうけているとか、どこかの隣国を攻撃する提案があるとか、対外政策について、たとえば、国自体が英国政府と同盟すべきか、アフガニスタンとすべきかの問題がおこっているときには、いま言ったような会議がひらかれる。この場合には、国内の頭首が全部チトラルへやってくるように要請をうけ、議事が接見方式で討論される。国事が公開で討論されるのに、私はとくに感銘をうけた。われわれは極秘政策をとっている。秘密文書で事務を行ない、政府のある省の人間は他の省の者に現在発生している事柄を知らせないのに、チトラルでは国事が接見方式で公然と討論され、領主がもっとも信頼する少数の重臣と別個に話し合うのは、ごく秘密な事項だけである。チトラル人は物事を秘密にしてその秘密にたよる気はほとんどない。手紙を領主のところへ持ってきたところ、秘書がそこにいなかったので、私のところの土民の補佐官にわたし、内容を読んでくれないかとたのんだのを、私は数回知っている。

一般集会のほか、領主はとうぜん、そして不本意ながら、信用のおける人々をえらび、他の者以上に意見を聞く。チトラルからずっと離れたところに住んでいると、しばしば招いて、長期間滞在させる。チトラルに住んでいれば、何度も何度も側近に招くことだろう。こうして非公式の閣議が存在し、この人々は《陛下の顧問官》と言えるかもしれない。あらゆる人々の会議のように、進歩派と保守派の源泉をこのチトラルの会議にも求められる。進歩改善を導入したい――たとえば、国中に道路をつくり、電信を導入し、適当な軍備をし教練をほどこしたいと思う人々がいる。祖先にとって十分に役立ったものは彼らにも十分役立つと論じ、あらゆる種類の革新に反対する人々がいる。この後者がチトラルでは大多数である。いまは亡き領主、ニザムがある日、妻や親類の女たちを田舎へともなってたのしむことを考え、川の上流へピクニックにでかけたときには、恐怖の戦慄が国中を襲った。「こんなことをやった領主は一人もいない！」と住民は言った。「こんどの領主はどうしてそんな変わったことをやるんだろう。」

近代ヨーロッパの諸国で十分に発達した統治制度が、ここではいぜんとして発育していないのがわかる。支配も完全とはいかない。辺境の州への知事が任命されると、この知事はおおいに独立した権威を行使する。中央当局への通報制度も精密ではなく、関係はいたって疎縁である。すでに述べたように、読み書きのできる人間が地方には乏しく、通信も最少限にとどまっている。私が駐在していたマストゥジの知事は数か月間、側近者が一人もいないので、たまに手紙を受け取ると、私の書記のところへ持参して読んでもらった。中央当局との連絡が乏しい場合には、辺境の州は徐々に脱落して独立するようになるのは想像できよう。しかし、首都と地方州とのあいだで、国の完全統一を保持するのに足る接触を維持するすぐれた方法が、チトラルにある。領主に敬意を表するため、知事がちょいちょいチトラルそのものにやってこなければならないことだ。この方法や、すでに指摘したとおり、すべての貴族やある一定数の貧困階級者が毎年チトラルにやってこなければならない慣習のため、領主は領内各地方とたえず接触を保っている。

簡単ながら、これが私の知っているとおりのチトラルの統治制度で、制度の実際の運営で書きとめるべききわめて顕著な点は、国事処理の迅速と直裁である。重苦しいインド政庁の官庁仕事にとってみると、これは注目すべきことのようだ。ちょうど、膨大な英国政府の慎重なうごきが、チトラル人に注目すべきことのように見えるのに似ている。国を左右する最大の問題さえ二、三日で解決しうる。電信がなくても、緊急重要の場合には、一日九六キロの割合で伝言を送ることができる。国全体が一分間の布告で武器をとって立ち上がれるし、命令をうけて一二時間後には、何百人かが一日三二キロ以上の速さで国境へ移動している。六〇歳以上になるある知事が、徒歩の部下を大勢ひきつれ、チトラルまで一〇四キロを馬に乗り、二日でやってきたのを私は知っている。無益な通信のために一刻もむだには費さない。参考にすべき記録はないし、事は人間対人間で討議し、即座に決まり、ただちに行動に移る。この種のすばやい決定と即座の行動になれている人々は、だから、電信を持ち、行動の用意をいつもととのえている何千という軍隊のいる英国政府のうごきがどうして緩慢なのか理解できない。政府の裁断を必要とする問題がおこると、チトラルの駐在官はそれをギルギットの駐在官に一任すると言い、ギルギットの駐在官はカシミールの駐在官に一任し、彼はまたインド政庁へ、インド政庁は外務省へ一任する。すべてこの経路をたどり、問題がはじめて発生してから何か月かあとに解答が戻ってくる。「あんなに電信があるのに、どうしてもっと早く返答が得られないのだろう」とは、いつもチトラル人が私に言っていたことだった。そんなわけで、彼らには行動がひどく緩慢に思われる。一撃を加えるとその強さに彼らはびっくりするが、打撃を加えるべきなら、どうしてもっと早く加えないのだろうか。たとえば、一八九四年から九五年の冬にかけ、インド政庁にウムラ・ハンにチトラルを占拠させておく意向がなかったなら、それから何か月かあとの四月ではなく、彼が最初にこの国へ侵入した一月に、ただちにどうして彼に対抗しなかったのだろう。通信組織や迅速な通信方法があり、電信、鉄道、道路があるのだから、チトラル人が考えているように、インド政庁は彼らよりも敏速に決定し、すばやい行動をとるべきで、彼らに劣ることがあってはならないのである。だから、英国の将校がしばしば彼らに与えなければならない解答がはっきりしないので、彼らはいらいらしたりじりじりしたりして我慢しきれず、ときどき走り去っていくが、ふしぎに思うべきでもないのである。

さらにふかく知ってみて、私はチトラル人の性格についての第一印象を修正するようになった。私は厳冬期にはじめてこの国へはいった。領主の王位を要求する闘争のあとで、住民があえいでいたときである。すでに述べたように、住民はぜんぜん魅力のないものに思われた。当時は陰気な滅入ったようすをしていたし、嫌悪の念をおこさせるものだった。春と夏がやってきて、彼らはやっと晴れやかさを現わした。一八九三年の秋、私が領主に同行して国内を旅行したとき、元気いっぱいな彼らを目にしたのである。そしてそれが彼らの自然の状態なのだと私は思うのである。私は護衛兵もつれず、インド政庁の役人というよりは、個人的な客員として領主といっしょに旅行したのだった。各行程を全部馬に乗っていっしょに行ったのだが、タカ狩りのために停止したりして各行程ともまる一日かかり、夕方になって食事を終えると、彼は私のテントにやってきて、ときどき夜中まで話しこんだ。彼は大勢の部下をしたがえ、どの村も総出で歓迎した。そればかりでなく、地方へいくと、首都での形式主義や作法が多分に消え失せ、自然の生き方をする統治者と住民を見ることができた。

そのときの領主はこのうえもなく上機嫌だった。ニザム・ウル・ムルクほど徹底してひとりをたのしめる人間はいないだろう。勇気とつよい性格には乏しかったが、とにかく生活をたのしむ方法を知っていた。私はいま彼が心地よくのん気に進んでいく小馬に乗っていく姿を心に描くのだが、小馬にまたがって乗っていくのにつかれてくると、鞍のたかい頂から足をだらんと投げだし、周囲にいるタカ匠たちがいまにも現われるかもしれないものめがけてタカをとび立たせる構えをしているなかで、ときどき兄弟の方をふり向き、「どうだい、おれはなんて幸運なんだろう！　父の持っていたものは全部持っているし、管理するにも手数がかからない。おれが攻撃をうけないようにインド政庁が注意しているからさ。おれはいつでも好きなだけタカ狩りにも狩猟にも出かけられ、好きなようにたのしめる」と言った。彼はあらゆる種類の運動が好きで、熱中し、国内をいっしょに馬に乗っていくと、たえず山腹を指差しては、その山腹で野生のヤギを射止めたもようを話そうとするのだった。「すばらしい日でしたよ、あそこじゃ！」と言い、あるみごとな狩猟話をやったものである。彼はまた国内きってのポロ競技の名手といってよかった。終日、彼は狩猟の経験を話し、やがて、来年は私をまたちがった地方へつれていくつもりだし、次には自分を英国へつれていかなければならないと語るのだった。インドへいったときのように、政府の客員としていきたいと言った。とにかく彼はいくつもりでいる。政府が招待してくれなければ、金をため、自費でいくのだと言った。やがて夕方になると、もっとも信頼している二、三人の家臣と私のテントの中にすわり、考えられるあらゆる問題について話し合った。そのすばやい感覚、感受性に富んだ理解力、貪欲な好奇心に気がつき、私はおどろいた。われわれの統治制度についてたずねるのがいつものことで、私は議会や国内の二大政党の話をするのだった。一時グラッドストン氏が権力を持ち、次にソールズベリー卿が持つに至った事情である。国が二つに分裂しているかのように見え、彼ははじめわるい制度と考えたが、両党は勢力の均衡をたがいに保ち、一方は物事がひどく先走るのを防ぎ、他方は先走りながらおくれないのに気をつけようとしている事情を説明すると、われわれがきわめて着実に進歩をつづけている理由がわかると言った。アジア人は、偉大ということについてたった一つの考えしか持っていない。彼らにとっては、大半のものを征服する国がいちばん偉大なのである。われわれがカルカッタから北上して、徐々に、どんなふうに全インドを征服したか、その歴史を彼は知っていた。

住民についていえば、収穫がはじまったのと、領主の王権についての問題がどうやら解決したらしいのとで、途方もなく陽気で浮き浮きしているようだった。われわれが到着した村はどこででも、群集が現われて領主を迎え、騎馬行列をつくり、行列のなかで楽隊が演奏した。停止することになると、きまってポロ競技があり、標的射撃があり、舞踊があるのだった。チトラル人は娯楽が大好きである。陰気なのは、本来の特質ではぜんぜんない。彼らが束縛を脱して自由な姿になりうるなら、非常に魅惑的ななにかがある。終日ある行程を馬に乗っていくと、彼らは冗談をいったり声を上げて笑ったりしたものだった。そんなときは、子供と同じく粗野で単純で不用意だった。ある日、峠を越えようとしていた。高度三九〇〇メートル以上で、峠越えをする全行程にわたってひどく雪が降っていた。しかし、付近の渓谷に《イビックス》(野生ヤギ)が何匹かいると一人の部下がやってきて言うと、ヤギを追いかけていけば、峠の上でテントなしで野営をすることになってしまうのだけれども、全部が追いかけていきたがった。どんなたぐいのものでも、スポーツの知らせがとどくと、みんな興奮して叫び、少年と同じく熱中するようになる。このときには、われわれが達しないうちにヤギが見えなくなって、われわれは峠を越えて進み、反対側の麓で荷物の到着を待っていた。領主は二〇〇人の部下をつれていたが、彼にだけはテントがあった。そこには村がなかったので、彼らは露天で眠らなければならなかったのである。大きな焚火をして、領主と私のテントがつくまで、火のまわりにみんながぐるりとすわった、雪や寒気にもかかわらず、そんなに浮き浮きした人々を見たことがなかった。ひきつづき一両日間、トゥリコ渓谷を下っていくと、接近する村ごとに、高い場所に火縄銃を持った男たちが一列にならび、粗野な《祝砲》を発射した。主な家臣たち、それに領主も私も、みんなあらっぽいポロ競技に参加し、だれも彼もおそろしい勢いで早駆けをやると、他の連中のことはまったく眼中になく、興奮して叫び、ボールを打つために思いきり鞍からのりだし、たがいにぶつかり合い、徹底してたのしんだ。

キャンプでも、行進の最中でも、この人々は英国将校の話をしばしばやったものである。英国将校のやることにはなんにでも熱心に興味を持っているのに気がつき、びっくりした。英国将校のやることは、いつもすべて誇張した言葉で伝えられていた。ギルギットとか、チトラルとギルギットの途中の駐屯地とかで英国将校を見かけた男がやってくると、どんなかっこうをしていたか、どんなことをやっていたかと、その男は詳細な質問をうけた。チトラル人に満足のいくようなことをやっていれば、この感じやすい人々はやたらにその将校をほめることになろう。将校が彼らを立腹させるようなことをしていれば、わけもなしに公然と非難するだろう。チトラル人はいつも極端に走り、中庸がないのだ。彼らはいちじるしく《指導者》を必要とし、《指導者》を好む人民である。自分だけで行動しなければならないのをきらう。――これはアジア人に非常に共通している特徴である。何をすべきかをだれかに教えてもらいたいし、だれかのあとをよろこんでついていく。最近の戦争では、彼らは英国人に向かって腹をたて、極端に衝動的なやり方でつっ走り、英国人に反抗した。シェル・アフズルは彼らを指導できる人間にちがいないと考え、彼の周辺に蝟集し、指導を乞うたのだった。こういう人民と交わるのをわれわれの難事としてはならないのである。彼らはアフガニスタンの種族のように、生来、戦闘のための戦闘を好んでいない。国が攻撃をうけるときにたたかい、また領主が亡くなると、通例きまっておこる王位要求のための兄弟殺しの争闘で、漫然と気のりもせずにたたかうのである。そんなことをするより、家にいて、日蔭の多い果樹園で果物を食べ、ポロ競技を行ない、舞踊をながめている方がずっと好きなのである。昔ながらにそだてきた習慣が干渉をうけず、荷物をかつぎ、食糧を供給するのを苦にしないかぎり、彼らはそれで満足していられるのである。

しかし、国内に英国人がいれば、それにともなって革新の一つぐらいは生まれるにちがいない。金の価値や必要を教えることができるだろう。チトラルでも遠くはなれた地帯の渓谷にいる人々は、ほかのチトラル人にくらべ、みんな善良で忠誠心がつよく、おまけに風習は単純である。どうしてそうなのかをかつてチトラル人にきいてみたことがあった。彼らは主要な交通路線からはなれているし、彼らを堕落させ、いらないものを買わせ、貿易商人の持ってくるようなものを持っていないのを不満がらせるような外国人も貿易商人も外界からやってこないので、そうなのだという返事だった。チトラルの他の地方では、住民はすべてそんな誘惑にさらされ、誘惑のために堕落させられた。だから、そんな単純な人々のあいだへ割りこんでいって、財宝への渇望を教えるのはむずかしいことのように思われる。金への欲望を持ったためになにか不利なことがともなうとしても、それは、欲望を持ったおかげで、そこの住民の性格がつよくならざるをえないのだから、かならずしも不利ではなかろう。そういった渓谷の奥のどこかにいる住民は、最近まで、金の使用や価値を考えても見なかった。必要もほとんどなかった。食物に必要なものは畑地からとれたし、羊の毛が衣類を織る材料を提供した。上着が入用なら上着代として羊か若干の穀類をやるだろう。だから、ルピーと呼ばれる丸い銀貨にどんな用があったろう。飾りには使えたが、それ以外にはいっこうに役立たなかった。しかし、このルピー貨で、貿易商人から綿製品、塩、姿見、マッチ、鉄器、ナイフ、はさみ、針などが買えるのを漸次学んできていた。そこで、彼らもルピー貨を欲しがりだしている。

いつか、ある男が私に会いに九六ロキ以上も歩いてやってきた。私が庭で朝食をとっているのに地面にすわりこみ、やがてとつぜん勢いよく立ち上がり、私の足に接吻し、五ルピーを乞いにずっとやってきたのだと言った。それなら山腹へ上って少しばかり薪木を切ってきてくれれば、よろこんで五ルピーやると、私は言った。彼は家をあけておくわけにいかず、翌日戻らなければならないと言った。それなら、五ルピーやるが、一か月して彼の村へいったとき、金の代わりに、そこで私になにか仕事をしてもらいたいと話した。彼はルピー貨を手にして、よろこんで立ち去った。しかし、一時間か二時間して、ルピー貨を手にして私のところへ戻ってくると、そんな仕事をしなければならないのはいやだから、お返ししたいと言った。これはまったくチトラル人の欠点なのである。——彼らははたらくのがいやなのである。自分でたのしむのは大好きだが、自分で精をだしてはたらかなければならないのがきらいなのだ。商売をこの国に導き、ルピー貨を欲しがるようにさそい、彼らもルピー貨を得るためにはたらかなければならないのが納得できれば、とうぜんそれは恩恵にちがいない刺激物を与えたことになろう。チトラルのような国で、英国将校が苦闘しなければならない最大の難事の一つは、はたらかせる誘いの手を見つけることができないことだ。道路も建設しなければならず、食糧も輸送しなければならず、各種の仕事を遂行しなければならないのだが、困難なのは労務者を得ることである。人手はそこらにたくさんあるのだが、彼らははたらきたがらず、一人だけで放ったらかされている方がずっといいのである。多くの場合、仕事をした分には文字どおり支払うにしても、仕事を強制的にさせなければならない。こんな性向の人間には、金に対する健全な愛着を徐々に浸みこませるのが絶対に必要である。金の価値や使用を理解するようになれば、いつでもすすんではたらき、怠惰心も減り、衣食の道もひとりでによくなるし、住居改善の手段も得られよう。この仕事への奨励や環境の改善が、彼らの性格になにかいい影響をおよぼさないはずがない。いままでよりも一生懸命きちんと仕事をするようになれば、衝動的になることも少なく、より着実に、より信用がおけるようになるものと期待していいだろう。これだけのことでも得られるなら、この単純な人々に金銭への愛着を徐々に浸みこませた結果がいいことになるわけで、けっして害にはならないのである。

けれども、現在の原始的な状態にある彼らを見ると、彼らが英国の行政管理の洪水にのみこまれてしまうような羽目に陥らないでもらいたいと思い、あるいはまた、自国の独立を維持するに足る能力のある統治者がいて欲しいものだと思うにちがいない。旧支配一族によって国が治められているうちは、英国将校が、この国に対し有益で恩恵ある影響力を行使し、人民にはっきりした性格を与え、活力を浸透させることができる。

一八九四年一〇月、ジョージ・カーゾン氏といっしょに、当時私の本拠地だったマストゥジからチトラルまでいった。そしてもうその国を見ることはあるまいと思いながら、そこをあとにした。領主であるニザム・ウル・ムルクは、首都で、カーゾン氏と私を考えられないくらいあたたかく歓迎してくれたのだった。いっしょにポロ競技をやり、食事を共にし、そして何キロか馬に乗ってやって来て、別れを告げた。その時の中央アジアのこの火山のような地方は、まったくありえないほど静かで落ち着いているように思われた。しかし、三か月と経たないうちに、ニザムは肉親の異母弟に殺され、紛争に次ぐ紛争の結果、英国駐在官がチトラルの城砦に閉じこめられ、二部隊を派遣し、大規模の援軍の出兵が必要になっていた。私はこんどはロンドン・タイムスの特派員としてふたたびチトラルを訪れ、包囲攻撃を解いてから一週間目に現地へ到着したのだった。この事件の由来はべつに取り扱って書いたことがある。ここでは、私が旅行をつづけていたときに受けた一般的ないくつかの印象について、一、二章をつけ加え、私の旅行話を終わることにしたい。

# 18 シナの伝道問題

心があたたかくて、手がきれいであり、
主義と生活がぴったり一致し、
神聖な大義にかけては嘘いつわりのない
明白な証拠を示す人々を私は尊敬する
クーパー（ウイリアム・クーパー、英国の詩人、一七三一―一八〇〇）

旅行中私が心にいだいた一般的な印象を書きとめる前に、シナの伝道事業の問題について、若干述べてみたいと思う。シナ帝国のもっともへんぴな土地ではたらいている宣教師を見てきた人間が、この問題について二、三語るなら、最近シナにおこった虐殺に関連して、この問題にいちじるしく注意を向けるようになった英国の読者に興味があろうと考えたからだ。宗教の祝福についてまったく無知な人々の品性をたかめ、めざめさせる助けになると信じて、宗教をシナ人に伝えようと、自分の生活は自分でまかない、海をわたっていった多くのほんとうに真剣な人々のことを、私自身のようなその場かぎりの旅行者が、確信ありげにあえて判断すべきではないと思う。この多くの人々は、伝道問題の研究に年月を捧げ、シナ人と交わって実際の経験を積んでいる。だから、ゆきずりの旅行者が、この改宗方法はいいとか、あの方法はわるいとか言って、宣教師の成功不成功について判断を下すのは、いかにもふさわしくないことだろう。

しかし、めったに人の訪れない地域に深くはいりこんでいくほどの幸運にめぐまれない人々のために、真偽のほどはわからないにしても、それを観察し、また観察を書きとめるのは、旅行者の義務の一つである。自分とはちがった宗教の国民に接し、現在さまざまな経験を持っている人間がいだいた印象は、たぶん故国の人々に興味があろう。そればかりではなく、現地ではたらいている人々にも、なにかの助けになるかもしれない。この後者の人々は、とにかく、彼らの仕事に関心が持たれているのを知るだろう。時にいやな批評があっても、批評や反対意見があればこそ常に高い水準が保たれるのだと思ってもらいたい。旅行者が彼らの仕事に少しも関心を示さず、単にそばを通過するだけで、ただの一つも印象を書きとめないとすると、たしかに水準は低下し、熱意は衰え、無気力なものにおそわれるだろう。

ともかく私は、宣教師には全面的に共感を覚えるものであると直言していいだろう。遠いシナの奥地でぶつかった高貴な人々を見、その払っている犠牲がよくわかってみると、現世のいっさいのものを断念して、他に慈善をほどこしている人々をはげまし援助するためには、すべての真の英国人、すべての真のキリスト教国民の心を持っている人々が、とうぜん出かけていってしかるべきだと言おう。裕福で居心地のいい生まれ故郷の家から出てきて、伝道事業をきびしく批評する人々には、私が北満で出会った、終生故国をあとにしてふたたび見ようとはしないすばらしいフランスの宣教師たちを一人でも見てきてもらいたいと思うだけである。これが真の人間——ほんとうの同情心を他におよぼし、そして実際に人類の高揚に貢献するものと思われる人間であることを、公平な心を持った英国人ならきっとすぐにわかると思う。

宣教師がすべてこの同じ高い水準にあるのではない。彼らの精神力も目の前の仕事にうまく適合せず、日常生活のごまかしえない明るい光に照らされて、狂信の火もすっかり衰え、ついには中途にしてもえつきたランプにすぎないままになる宣教師もいる。だからといって他を助けるキリスト教の偉大な仕事は放棄すべきではない。それなのに、この宣教師に故国へ戻って、彼らが生命を捧げ、彼ら以前に父祖が一生をそのために送り、しばしば生命を犠牲にしたその仕事は行なう価値がないのを承認するように求めた多数の英国人の男女がいたのだった。

たしかに、英国民の真の精神は、善であり公正であると信じることには、兵士と同じく、自由にひるまずに生命を賭する勇敢な人々に対して、共感をいだくその心である。路傍でだらけきっている人々には顔をそむけ、それにふさわしい軽蔑を態度に現わすのはいいが、そのために真の宣教師の仕事が迷惑をこうむり、軽蔑されることのないようにしたい。本書の各章を通じて、私の述べたことを読んでこられた人々は、少なくともいくつかの土地で、宣教師たちが現に善事に従事しているのがおわかりになったろう。これらの人々の業績から、その伝道事業に対する判断を下すことにしたいのである。文明の周辺に住み、すべてのぜいたくや慰安をたのしみ、真の伝道の仕事にはほんのわずかな時間しか捧げず、嘲笑を投げつけるのにふさわしいような人々の単なる業績ではないのである。そんな人々なら普通どこででもぶつかる。ほんとうにはたらいている人々の姿は、通例、内陸の奥ふかくはいっていく少数の旅行者の目にしかはいらない。肉体的に適合しなかったり、一般には体力不足のために、後方基地にのこされている人々が、戦場にいる軍隊を判断するのが正しくないのと同様に、臆病な旅行者が、宣教師の果たしている仕事全体について判断を下すのも正しくはなかろう。

宣教師の仕事は、改宗者の統計によって判断すべきではない。その場合、統計はまったく価値がない。まず改宗者とは何かの定義を下すのが、不可能である。普通の考えとしては、だれもが洗礼をうけるときには改宗者になる。しかし、瀕死の男が、洗礼について何も知らないのに洗礼をうけたのを私は知っているし、彼を改宗者と称することはたしかにできないのだ！　改宗とは、全人間的に一変した状態を意味する。とりわけ遅鈍なシナ人の場合には、全人間的変化は実際にきわめておそく、いつどこで新しい人間になったのか、正確に言えない。そこで、キリスト教とは異なる宗教の人々とおおいに接触しなければならず、ある一つの状態からもう一つの状態に移るのがどんなにむずかしいものか、どんなに緩慢なものか――しかもそれを急速にやればきっと無価値なものになるのにちがいないのをよく心得ている人々は、キリスト教への改宗者の単なる統計には、ほとんど信用をおいていないだろうと思う。

反対に、キリスト教がヨーロッパ文明におよぼした影響のすべてを研究し、約二〇〇〇年前に移植された最初の胚芽が成育しひろがり、ついにはヨーロッパのすべての国民に影響を与えたあとをたどった人々――胚芽が移植されない以前の社会状態と現在の社会状態をくらべ、キリスト教がどんなに驚異的な慈善をほどこしたかをみとめる人々、その人々は、キリスト教の中心的真理や真髄の外皮になってしまった多くの教義の真理については同意しないかもしれない。しかし、初期キリスト教の隣人愛の教義、その真理と力にだれもが否定しえない。隣人愛のこの信念が人類に浸透しているという結果は、ヨーロッパの国民が表明する同情心から、慈善金の額が年々ふえているのでも明白である。

一八九四年から九五年の冬、ロンドンタイムス紙上で、寄付、遺産、遺産による利子などによる慈善金額はロンドンだけで年間二千万ポンドをそんなに下らないと、博識な筆者が述べていた。各キリスト教国には、病人、老人、孤児、跛者、盲人、聾唖者、精神薄弱者、戦死者に対する多くの救済制度がある。人間の男女ばかりでなく、馬、犬、ネコその他家庭の愛玩動物に対してもある。今日のアジア諸国で指摘できる感情状態とはまったく対蹠《たいしょ》的に、キリスト教徒間では、どんな形の苦難にせよ抑圧にせよ、それに対して心の底からつよい反応を示すのである。最近のアルメニア人の残虐行為のような蛮行は、アジア人のあいだではほとんど思いつかない。それはヨーロッパとアメリカのキリスト教国民全体に恐怖の戦慄を送りこみ、受難者に対する同情心がわき立ち、自然表面化して、将来そんな蛮行を防止するための積極策をとるという具体的な形になった。また、主人の所有する奴隷を解放するので、何百万ポンドを使ったあるキリスト教国民の例もある。アジア諸国でも、むろん同情心なるものが一般にゆきわたっていないというのではなく、インドの土民が老人や病者の縁者につくしている献身はまったく賞讃に価いする。しかし、アジア国民全体とキリスト教国民をながめるなら、一般に同情心はキリスト教国民の方がはるかに発達しているのをだれも異議なくみとめるだろう。

とすると、ヨーロッパ国民がキリスト教を受けいれたためにうけた非常な利益を、こんどは伝道したアジアの一国民から主として得ているのなら、同じ大陸の他の地方の人々にもそれを伝えようとするのは、正当なことである。そうするのが正当なばかりでなく、そうしなければならないのが人間の本性である。キリスト教徒が他の宗教の人々と接触すれば、神について、神との関係——それが宗教である——について、彼らは他の宗教の帰依者よりも高度に真実な考えをいだいていると感じないわけにいかない。人類のなかで、キリスト教を受けいれた人々の方が他の人々より進歩をとげたと彼らは見ている。だから、自分にもおおいにためになったと感じるその教義を、しきりに他にも伝えたいと思うのである。これは自然であり、また理屈に合った感情であり、すべての伝道事業の主因でもある。

けれども、他の宗教を信じている人々に自己の信念を伝える方法になると、宣教師のなかには批判されるような人もいる。狂信的な宣教師と呼んでいい人がいる。彼らはキリスト教がそれにまといつく疑わしい教義——あらゆる宗教には、時が経つにつれて、そんな教義がこびりつく——を持っているのにもかかわらず、キリスト教だけが正しく、他の宗教は全部まちがっていると想像するのである。ぜんぜん妥協をゆるさない言葉で、自分のとはちがった宗教やそれに関係のあるいっさいのものを非難するのである。子供のころからその宗教でそだってきた人々——生前何百年、おそらく何千年も、父祖はその宗教を信じてきたのだ——に、彼らは永久に地獄に落ちている、彼らの信じていることはすべてまちがいで、教義を信条とするキリスト教を信じないなら救われないだろう、と教えるのである。教養に乏しく、世界や人間というものについてほとんど知識のない人々が、こんな主張をすると、自然、相手に敵意をいだかせる。回教徒も仏教徒も儒教信者も、それぞれ信奉しているものには何か正しいものがあると感じているのだ。彼らの宗教の信条を非難し、自分の考えを強引に押しつけ、その信条の実体については何も知らない外国人を彼らはいきどおるのである。この《異教徒》にもいきどおる道理がある。彼らの宗教の研究者は、この異教徒は多くの点で、キリスト教徒と一致すると言っている。私が回教徒と仏教徒のあいだで暮らした経験からすると、日常生活でも、彼らはキリスト教徒にひどく似通った信念によってはたらいていると言える。

自己に対して行なうように他に対しても行なうという一般的な道義や、宇宙を支配する神の存在が、少なくとも回教徒のあいだではよく理解され、その道義にふさわしい行為や手段がかならずしも一般化してはいないにしても、よくわきまえられているのが、私にはわかった。

故国の教会からはなれ、おそらく何年間もこの見知らぬ土地で——自分とはちがう宗教の人々、異教徒として噂され、したがって永遠の罰をうける運命にあるという話をいやというほど聞かされてきた人々のあいだで——

暮らしたことのあるヨーロッパ人は、この人々に注意をはらい、彼らの性質を観察し、彼らがどういう生活を送っているかを研究しているわけである。一つ一つの宗教それぞれの信者が、キリスト教徒が送っている生活にくらべ、天国と地獄のあいだのさまざまな特色をもった罰に価いするような、明らかに悪い生活を送っているわけではない。またそれぞれの宗教の信者は、キリスト教徒とまったく同じように、自分だけの特別の宗教こそ真実で、他はすべてあやまりだと確信しているのである。そこで、キリスト教徒である外国人は、その《異教徒》が堕地獄の運命にあるものとのみ考え、彼らの宗教を極端にまちがっているとみなすのは、果たして正しいのか、という疑問をいだきはじめる。

　同時に、宗教は普遍的なもので、人間の天性の本質的な部分であるとする真理が、徐々にきざしはじめるのである。この真理については、私は旅行の途次、ふかい感銘をうけた。はるかに遠いゴビ砂漠のまんなかで、粗暴な蒙古人がテントの中の少しはなれたところに祭壇を設け、礼拝していたのを覚えている。遊牧のキルギス人のテントですごした夜も思いだす。一家がいっしょに夕べのお祈りを口にするのだった。ヤルカンドで私を訪ねてきたアフガニスタンと中央アジアの商人たちのことも思いうかべるのだが、訪問の最中、許しを乞い、床に布を敷き、祈りをくり返した。亡くなったチトラルの頭首が山々のあいだで午前の狩猟をしていると、立ち止まって、家臣全部と二、三分間お祈りをした。最後に、フンザのあらっぽい人々のことも思い浮かべるのだが、私が先頭に立ってあたらしい困難な峠を上り、頂上へ達すると、彼らは立ち止まって、感謝の祈りを捧げ、終わりに「アラー」の叫びを上げた。

　すべてこういうことには、その中にふかく根を下ろしている宗教感情があった。万物をみちびき支配するなにか偉大な霊とか影響力があって、はっきりは言えないがある意味で、この霊に依存しているという感情を彼らすべてが共有していた。この感情こそ宗教であり、人類の発展と共に発展してきたのである。生命が人体に吹きこまれたように、その感情も人間の心に移植されたように思われる。それぞれちがった形をしたこの感情の作用や結果をながめ、影響をしらべ、それぞれ異なる宗教の価値を判断しようとしたとき、それぞれの宗教を、私は、宗教的な考え――つまり、人類の宗教感情――の発展における進歩の諸段階と考えるようになった。それは、上昇的な多くの発展段階だが、まだ最上段に達したとは確信できないものである。

人間の宗教的な考えの普遍性から見て、宗教は人類に必要欠くことのできないものと論じることができ、宇宙を支配し、人類の進歩をみちびくある霊――その霊はなんと呼んでもいい――があるという普遍的な感情を信頼できるなら、人類がしだいに年をとって経験をかさね、ほかの機能が発達するとともにこの宗教感情も発達し、神や神と人間との関係についての概念もひとりでに拡大する、と信じるのは、とうぜんすぎるくらいとうぜんだろう。見知らぬ国を通過する旅行者には、それぞれの国民が信じているさまざまな形式の宗教も、ただ真理の程度がちがうだけで、ぜんぜんまちがっているものは一つもなく、すべての人々を治め左右するある《力》を信じる同一基盤の上に立っているのがわかるのである。

キリスト教が仏教や回教よりもはるかにすぐれているとも、キリスト教徒が天国にいって、《異教徒》が地獄に堕ちるべきとも、もはや信じることができない。キリスト教には、他の宗教にくらべ、はるかにすぐれた何かがあるのをみとめないわけにはいかないが、真と善は、他の宗教にもおおいにあるのがわかるのである。これらのことをすべて考察して生まれる感情は、宗教の指導者になって信者を得たいと望むなら、同情ある態度で他国民の宗教を研究しなければならないことである。これはぜひやらなければならない。真実で高尚な生活を送っている教養のある人間なら、周囲の人々に影響をおよぼすにちがいないのは、うたがいのないところである。信仰を口にする宣教師にせよ、単にキリスト教徒である男女にせよ、自国にいるにせよ見知らぬ国にいるにせよ、善とわかっている法則を日常生活で実行するのに最善をつくす教養人と学識者が、ともに暮らしている人々の道徳的水準を引き上げ、より無知な人々に、神や神と人間との関係のより高度な概念を徐々に与えることができるのである。あるいはまた、神についてしばしば生じるとんでもない考え――たとえば、この地上でなにも特別に罰をうけなくてもいいほどの些細な過失のあった人間にも、野蛮に類する責苦を課そうと待ちかまえている非人間的な怪物の考え――をいだいている無教養な人々の迷妄を払うことができる。日々満ち足りた生活をおくっている例証を彼らが示せば、一つの理想を与えることができるだろう。真実だとはわかっているけれども、日常生活では実行しにくい法則を実践してみたいと思っている人々には、その理想が助けにならないわけはないのである。

これは、もっともすぐれた宣教師が実際にシナでやっていることで、また何年となくやってきたのである。世界でもっとも変化のない、感受性に乏しい三千万以上の人種に、二世紀ぐらいの短い期間ではそんなに多くの影響は生まれなかったかもしれない。しかし、それはとうぜん予期できることなのだ。キリスト生誕後最初の二世紀には、ヨーロッパにもきわめてささやかな影響しか生じなかった。シナのような膨大な頑固な大衆に、そんな短い期間に、なにか大きな影響が生まれたら、まったく驚異だろう。しかしともかく、なんらかの影響が生まれつつあるのは、個人的な経験から、私は証言できる。シナの奥地で物しずかに目立たない暮らしをしながら、高尚な自己犠牲と純粋な善の生活によって、周囲の人々を徐々に感化している人々がいる事実を、私は証言できる。彼らは、ごく少数の人々ばかりではなく、熱狂心のない何千というシナ人に対して、宗教のためには生命の危険を冒させるほどの影響をおよぼしたのだった。この善事がつづくなら、そしてまた、他をたすけて神の道へすすませるために、キリスト教徒が現世ではきわめて貴重と思われるいっさいをすすんで断念するなら、これは支援するのにふさわしいことではなかろうか。——それは軍事力の支援ではない。宣教師もそれは望まないのだ。キリスト教徒の同胞の激励が与える支援である。怠惰、無知、無鉄砲、そんな人々が批判されるのはもっともだろう。そんな批判が彼らをうごかし、活動力を増進させ、より慎重に行動するのに効果があれば、それはそれで伝道の大義が前進するのに役立つわけである。しかし、真の宣教師、自分自身が多大の利益をうけている宗教を他の人種に伝える仕事に一生を捧げている人間、この仕事のために注意ぶかく自己を訓練し、改宗させたいと思う国民の宗教、性格、特性を同情ぶかく研究し、周囲の人々からも善とわかりうる生活を実際に送っている人間は、人間の最高の型として賞讃されなければならない。伝道の大義についてのこの重大な危機に、これらの人々に対して、同胞の共感を得たいと私は切に思うのである。

# 19　旅行の印象

高尚な思想のよろこびで
私の胸をかきみだす存在を感じた。
それは、はるかにふかく浸透する何ものかに対する崇高な感じだ。
そのものの住いは落日の光、
まるい大洋、生きうごく大気、
青い色、そしてそれは人の心にある。
うごきと霊、それが思索するすべてのもの、すべて思想を持つあらゆる物象を推しすすめる。
そして万物の中をころがり通っていく。

ワーズワス（英国の自然派詩人、一七七〇―一八五〇）

これまでの話の中で描いたさまざまな地方――砂漠、森林、山、平原――を通って旅行し、高い教養のあるヒンズー教徒からヒマラヤの粗暴な種族の人間にいたるまで、非常に多くの型の人種に接触することになった。いくつかの一般的な印象が生まれないわけにはいかないだろう。ヨーロッパ人が未開の無知な人々のあいだを旅行すると、きまって周囲の自然現象について質問をうける。というわけで、半未開人の持っている知識にくらべると、この現象についてのわれわれの知識がどんなにすすんでいるかがよくわかるようになるのである。孤独な旅行をしてみると、目に見えるものの意味をせんさくしたくなってくる。われわれの知識も、その周囲の無教養な人々の立場からはじまっているのだが、その出発点に立ってふり返り、これまでに得た知識の蓄積に思いをいたすと、空想はとどめようもなくさまよい、さらに発見すべき分野にはいりこんでいく。

もっとも純粋な様相を呈する自然だけを相手にして、種々さまざまな姿の自然を見ると、自然のいろんな意味を、しみじみと考えないわけにはいかない。旅行中はげしく緊張し努力しているときには、自然の底ぶかい伝言も私の耳には達しなかったのかもしれないが、いま旅行のあとのしずけさの中で、さまざまな変化に富んだすべての風景を、実際に目にしたその日と同じようにまざまざと目の前にし、おまけに閑暇を得て、風景を味わい、あますところなくその影響力を感じると、なにか自然の壮大さ、その作用の巨大な規模、そのつくりだすものすべての無限の美を悟ることができる。いまこの話の終わりに当たって、この話を書いたために眼前によみがえってくるたくさんの風景といっしょに、いろんな印象がどっと生まれてくる。自然がきわめて明瞭に姿を現わし、細心の注意を払って守られている地域を訪れる閑暇も機会もない人々のために、私は感じたとおりはっきりと印象を書きとめたいものだと思うのである。

ゴビ砂漠の長いわびしい行程ほど、宇宙の驚異を、印象ぶかく私の記憶にとどめようとしたものはなかった。七〇日間、私は砂漠を横断して進んでいた。進行がたいがい夜になるのはわかっていたので、星座運行の主な原則をわかりよく解説した天文学の通俗書を一冊、私はたずさえていた。昼まそれを読むことにし、夜間行進の長い時間は、読んだ事柄の意味を熟考することにした。はるか離れた砂漠では、自然に向かってながれでていく感情を妨げるものはほとんどなかった。私の眼前には、実に自然のほか何もなかった。足下には無限にひろがる平原、頭上には星のかがやく大空。地球のうすよごれた地方のどんよりした大気では見られない、はるか離れた自然の本来の奥深いところではじめて見られるきらきららめく澄んだ空。この純粋な空の中で、星はたぐいない光輝を放ってかがやきだし、一時間また一時間、長い夜のあいだ、天空の星の運行を見守り、星とはなにか、何を現わすのかを考えつづけ、眼前にのびひろがる宇宙の中で、われわれ人間の占める位置を悟ろうとしたものである。

多忙な文明世界では、科学のもろもろの真実がほとんど印象にとどまらないように思われる。われわれには思いつくことがほかにたくさんあるし、注意力を占めることもほかにたくさんある。だから、科学のもろもろの真実もほんの瞬間的な感情しかかき立てず、けっきょく、われわれの小世界の外にあるものは大して重要ではないと考えたくなる。しかし、何か月も文明から切り離されて、われわれの注意をとらえる日常生活の気晴らしが何もないと、砂漠の真只中か山々の心臓部の奥深くで、この真実が現実性を帯びてくる。そのとき、われわれは天文学が示す事実を熟考するのである。星の距離はある場合には非常に遠く、星の光は毎秒三〇万キロの割合ですすみ、今日の地球に達するにはキリスト生誕以前に発したのにちがいなく、星の数は何千ではなく何十億と数えられ、私が述べている真実のいくつかの例証を示すことになろう。

　星の数と距離はこういうものだとわれわれは教えられる。また、星の大きさ、それがすすんでくる速度も、等しく驚嘆すべきものである。しかし、星の彼方に何があるのか、地球から見えるいちばん遠い星まですすんでいけるとして、その彼方には何があるのか。その星は万象の極限なのだろうか、彼方にはまだべつの何千万の星があるのだろうか。このすべての世界は、太陽も星も、星雲のガスの膨大なひろがりから発生したのだと学ぶとき、いったいそのガスはどこから発生したのだろうか。すべてこの何万という世界には、これからどういうことがおこるのだろうか。地球は月のように冷却し、不毛になり、生物は住まず、やがて太陽に吸引され、太陽は何百万年間放射している最後の熱光線を自ら費消し、宇宙を旋回しながら、冷え、死滅し、生物の住まない星になるだろうと言われる。それぞれの星がこのようにもえつきるべきなのだろうか。ついには全宇宙が、死滅した世界の旋回する渦巻きになるのだろうか。それとも、死滅した世界はたがいに衝突するか、それともなにかまだ未知な方法で、生命と熱が再生するのだろうか。

　ところで、現在、われわれの周囲のこの世界には何がおこっているだろう。山によって住民が外部の国民や国国との接触から閉めだされているへんぴな小国フンザを訪れたとき、世界は単に隣接する二、三の渓谷から成立しているのにすぎず、自分たちよりも高度な人種は存在しないと彼らが考えているのに気がついた。インドで見られるよく耕された膨大な平原の概念はいっこうに生まれず、大洋のようなものは想像できなかった。鉄道も電信も彼らには超自然なものに思われ、そんなものを発明して動かす人々は、ぜんぜんちがったすぐれた階級の者としてやはり超自然なものに思われたろう。この地球にいるわれわれ人間は、この世界でのフンザと同じく、宇宙のはるか離れた片隅にいる。周囲の何百万という世界の中には、なにかの種類の生物がいるにちがいなく、そ

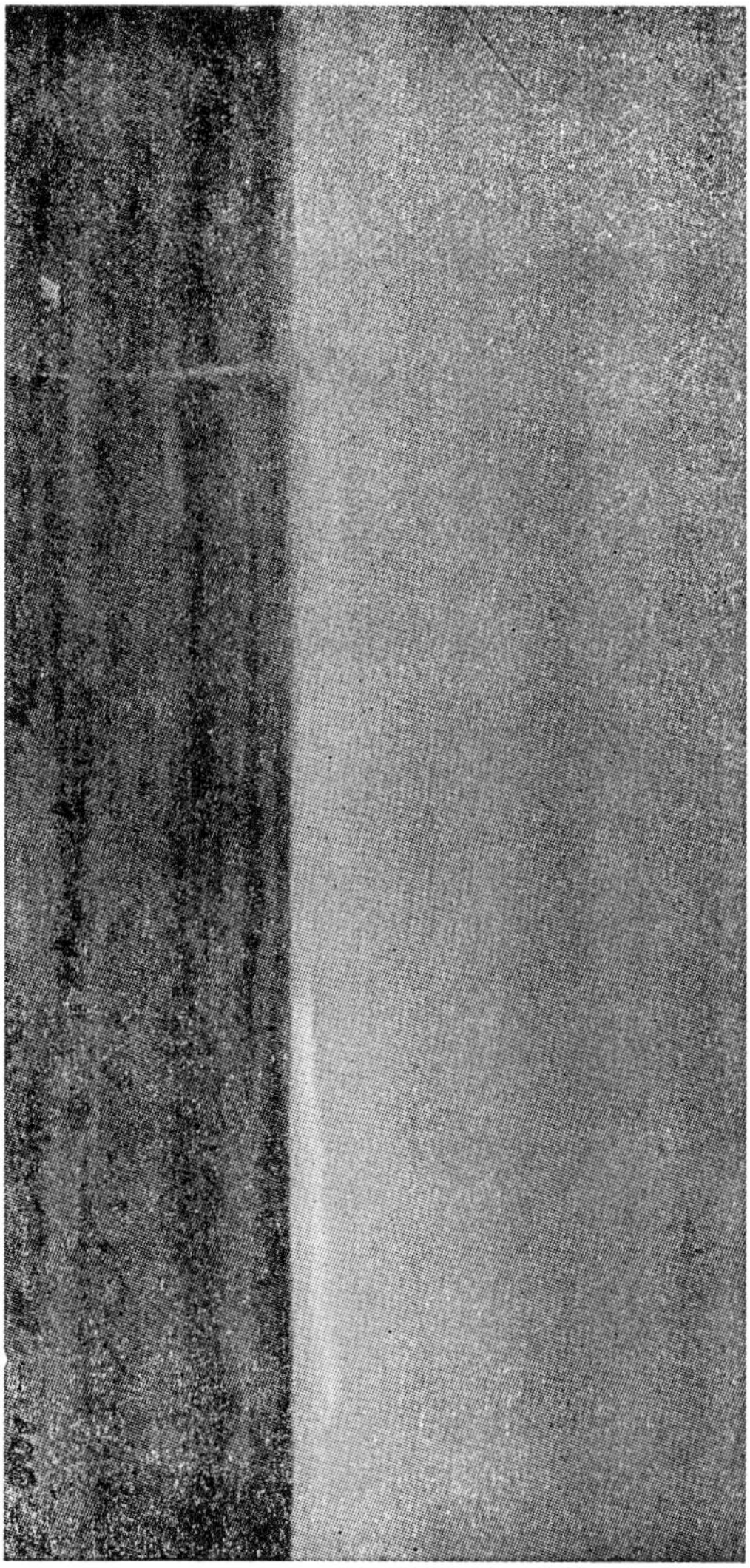

ゴビ砂漠の夜

の生物全体の中で、われわれよりすぐれたものがいるだろうか。このわれわれのたった一つの小世界――この小さな斑点は、宇宙にとっては広々とした海浜の砂粒のようなものだ――で、人間は生物の最高の姿である。しかし、全宇宙での最高だろうか。最高ではないとする公算の方が圧倒的なのではなかろうか。この何百万という世界のなかで、われわれの住むこの世界がたまたま最高の生物を発達させているなら、それはめったにない機会というべきではなかろうか。すべてこんなことを考えると、何万という世界のうちのごく少数のものの中に、われわれ自身より完全なものがいるかもしれないと信じないわけにはいかない。より高度に発達した感覚、たとえば、われわれの望遠鏡や顕微鏡の力を持った感覚でものを見ることのできる生物がいるかもしれない。さらに、われわれの持っていない感覚を持ち、われわれが漠然とさぐりつつあるように思われる力、他人の考えを読み、遠方の相手と直接通信をする力のある生物がいるかもしれない。あるいはまた、単に何年ではなく、何世紀で数える生命が、われわれのはかない一生七〇年では得られない知識と経験をつみかさねる、そんな生物かもしれない。大洋があるのでわれわれが自らを陸地にとじこませておきたくないのと同様に、島のように散在する遊星に自らをしばりつけておきたくない、そんな生物をこの遊星の世界の中に想像できないだろうか。コロンブスが自国以外のあたらしい世界を発見しようと大洋をわたったように、宇宙の奥深いところを通って、周囲の他の世界と交流をはじめようとする生きものだ。しかも、最後に、この何百万という世界の中に、われわれの社会がそこらにある未開種族のものよりすぐれているように、われわれ自身よりすぐれた社会があるという考えをいだくことができないだろうか。――心の教養、同情心と愛、人間の精神的な特質のなかでもっとも高尚なすべてのものが最高の発達を遂げ、最大限に発揮される社会である。

われわれ自身より完全な生物が、こんないろんな考え方によって、頭上の光の王国に存在するのを想像できないだろうか。この推測は気まぐれのように思われるかもしれないが、けっして可能な限界をとびこえるものではない。またそんな空想にふけると、膨大な宇宙でのわれわれの真の位置の実体が明瞭に想像できるようになって、実際にはきわめて有益である。砂漠で次々によく出会った単純な遊牧民は、荒野の居住者にだけゆるされているようなするどい視力で天空を見上げ、きらめく斑点の数だけ目にするのだが、それは一つまた一つ、地平線の下に消え、次の日の夕方にはまた同じ場所に現われる。朝になるころにはまるい光の輪が現われるのが見え、星のように徐々に空を横切り、西の地平線の下に消え失せる。毎日毎晩、同じ過程が次々にくり返され、夜には星、昼には太陽が、天空をわたって進んでいくのだった。

この砂漠の子らは、この現象をなんと考えるだろうか。単純にこうである。彼らが見たと思われるものは、実際に彼らが目にしたもの以外のものではないということだ——昼の小さな火の玉、夜の小さな光の斑点が、彼らの世界を構成する大平原をぐるぐる回っている。東の平原の上に現われ、頭上に高く上り、やがてふたたび西の平原の下に沈むと考えた。その火の玉が砂漠地帯と同じ物質でできているとか、その地帯そのものが火の玉の一部であるとかは知らなかった。この太陽が、彼らの目にはいる非常に遠い山の何百万倍——それまでに進んだいちばん長い一日の行程の何百万倍の距離にあるという着想はなかった。いかにも小さい火の玉が、まるい地平線の百万倍も大きく、砂漠の地平線の外観の百万倍も膨大なものだとは想像したことがなかった。おまけに、彼らの想像力をどんなに飛躍させても、この小さな光の斑点がいぜん彼らの世界よりも大きく——大きいばかりか無限に遠く、あるいは肉眼で見える二、三千のほか、さらに彼方に何百万、さらにまた何百万もあるとは考えたこともなかった。

しかし、この原始民よりもわれわれの方が大いに知識があるとするなら、それは先人が考え、推論し、想像力をはたらかせ、ひきつづき後からくるものの助けになる考えを記録したからにすぎないのである。ヨーロッパでもっとも博識な人でさえ、太陽が何からできているのかときかれても、彼がそれを知っている希望さえ持てないのだと教えたのだった。それは何世紀も前のことではないのだ。まして星の物質は何か、それを知っている望みをいだくことはできなかった。それでも自然からは、その他そういったいろんな秘密が徐々に払いのけられた。人々は自然を見守り、一つ一つのうごきを研究し、書きとめる。自然は過去の長い時代にわたってその胸に秘めていたものをついに隠しきれなくなる。このようにしてわわれわれは、われわれが実際に知ったものをいまでは知識として持っているのである。こうしてまた教養のあるヨーロッパ人は、宇宙におけるわれわれの真の位置は何かが、この単純な遊牧民よりもさらにわかり、それがわかることで、宇宙の創造主で支配者であるものの性格について、より高度なより拡大された考えを持つことができる。

砂漠での長い夜の行程では、私の考えは主にこの世界と宇宙の諸世界との関係におよんだ。このわれわれ自身の世界の大きさについては、高い山々を観察して、いちばんいい考えがうかんだ。この書物の中では、山々の高度や壮大さをながめ、魔法にかかったように私が立っていたヒマラヤの多くの風景を描写した。私はいま、ゴビ砂漠から見たとおりの天山山脈――《天の山々》――を眼前に見るのである。白い峰頂が天そのものの一部を形成し、そのすそが砂漠の広い胸に根を下ろしている。トルキスタンの平原からながめ、その平原から一つの膨大な塁壁のようにそば立つ《世界の屋根》の外壁、パミール山脈の光景を私は思いだすのである。私の眼前に層また層とそば立つムスター山脈――《氷山山脈》――、すべての他の峰々からぬきんでてそびえる世界第二の高峰、偉大なK2峰にも思いをいたす。カシミールの美しい谷まごしに、あるいはインダス川の岸から見たナンガ・パルバットを覚えている。この峰はそこから六九〇〇メートルのあいだ、切れ目のないたった一つの斜面になってそば立っていた。すべてこんな風景を私は思いおこし、それとともに他の多くのもの――フンザのラカブシ峰、チトラルのティリヒ・ミール峰を思いおこすのである。二峰とも海抜七五〇〇メートルである。私は高い雪の山脈をながめたその最初の光景をふと思いだすのだが、それはジュラ山脈から山脈ごしにモンブラン連嶺をながめたときで、はじめはその雪の峰頂が雲ではないと信じることができず、それほど地上はるかに高く見えた。あとでヒマラヤで見た巨峰群にくらべると、モンブランは小さな山にすぎなかったが、ヒマラヤの巨峰でも地球の全量にくらべると、地表の単なるしわにすぎないのがわかるのである。そんなふうにこの世界は巨大なものなのだ。――しかしこの世界も、太陽との比率では、オレンジのそばの針の先のようであり、星の群れる宇宙との関係では、大西洋の水量にくらべての一滴の水にすぎないし、大きいので人間の度胆をぬく山の高さと宇宙では、オレンジ一個とオレンジの皮のざらざらした手ざわりの関係にすぎない。巨大な山々と呼ぶこの微細なこぶもすぐに洗いながされてもふしぎではない。われわれにはその山山は絶対的なもので、不動不変なほどすばらしく大きく思われる。しかし、この世界の全質量にくらべると取るに足りず、地球全体を鳥瞰したらほとんど目にはいらないだろう。ここにわれわれの宇宙観の基礎になる規模があり、ふたたびはかり知れない宇宙の大きさを思いだすわけである。

しかも、この寒々とした山の孤独やわびしい砂漠地帯から、多忙な生活風景へと考えが戻ってくる。――人がたえず出入りして群れる場所、動物のおびただしい群れ、植物界のさまざまに変わった型である。私は満州の森林を思いだすのだが、たくさんの生命が群れて、みじかい夏の季節にはいる。――カシの巨木、たけのたかいニレの木、カバの木、モミ、松の木。まったく豊かな花の美しさがある。ユリ、イチイ、オダマキ、いちめんの色どりである。あらゆる種類の鳥獣が群れる川岸や湖面も思いだす。――何千というカモ、ガチョウ、シギ、あらゆる形の無数の水鳥、昆虫の群れ、草原をつらなっていく小馬の群れ、優雅なカモシカの群れ。――そうしたものや、それから私が接触するようになったさまざまな人種をも思いうかべる。――冷ややかで魅力がないが、理知的でつましいシナ人、夢想的でだらだらした蒙古の遊牧民、トルキスタンの無気力な人々、ヒマラヤの粗暴で大胆な人種、感受性のないチトラル人、信頼のおけるシーク人、陽気で小柄なグルカ兵。――そうなると、最近の科学上の真実が回想される。最下等の植物やもっとも微小な昆虫から、才気走ったシナ人や最高度に文明化した人種まで、このさまざまな生命が、元来はすべて同じ生命の姿から発したさまざまな部門と言ってもいいのだ、ということである。山々は海底の発生地から徐々に隆起し、やがてまた洗いながされ、代わって他の山が隆起し、この何百万年のあいだ、動物も植物も、山々のように、まず海面下で、のちには陸地の大陸地方で発達してきたのだ。

旅行者が普通たずさえる科学書をなにか読むと、当然のことにちがいないのだが、進化の考えにすっかりなじんでしまう。その考えをいだいて、種々さまざまな人種を観察する人間は、この人種がどんなふうに進歩しつつあるのか、どんな目標に向かってすすみつつあるのか、どんな方向に沿って進化がおこりつつあるのかと自ら考察しているのがわかる。とりわけ、人間進化の諸段階の研究から生じる問題が興味ぶかい。人類は知的に発展しつつあるのかどうか、その発展が個人の知的能力を増大させる方向にすすまず、むしろより高度な精神的性質の方向を取っているのかどうかの問題である。このことでは、私の観察はベンジャミン・キッド氏（英国の社会哲学者、社会進化を宗教に依拠させた、一八五八―一九一六）の提唱する見解を補足するように思われる。人間が社会的な生物になって以来、その知的性格の発展は宗教的性格の発展にくらべて、副次的になったということである。

旅行中や旅行のあとで、社会のあらゆる階層の人々、あらゆる水準の知的能力を持った人々に交わる機会があるのは、旅行者の特権である。旅行中は、重荷をはこぶ動物とあまり変わらない人間としばしば交わり、帰ってくると、世界でもっとも文明化した国々の政治家、科学者、一流の文学者に出会うのである。人間の進歩の梯子を一段一段目にするのである。私が観察の機会を利用したかぎりでは、私が接触するようになった未開人種にくらべ、ヨーロッパのもっとも高度に発達した人種の方が精神的に著しく優秀だという感銘はうけなかった。単に知力や知的能力だけだったら、ヨーロッパの文明人といわゆるヒマラヤの粗暴な山地種族のあいだには大した差異はないように思われ、シナ人についていえば、シナ人の方に歩があると言いたいくらいである。フンザやチトラルの粗野な山国で、そこの人々にも天分があるのを私はいくらかの方法で判断した。何か月も私は彼らと接触していたからで、彼らの知的能力をよく観察できる事務処理をいっしょにやりながら、平均能力はヨーロッパのある国民のその平均よりもたしかに劣らないと私は、彼らのあいだで述べた。自分に関係のあることや少しばかりよく知っている問題になると、すばやく要点をつかんでただちに了解した返答をする鋭敏で賢明な人々にぶつかるのである。すぐれた記憶力と、弁舌力があり、仲間同志では当意即妙の応答をする、それはヨーロッパ人にくらべて、たしかに劣ってはいない。インドの各人種やシナ人について考えると、このことがさらに注目される。ヨーロッパ人は彼らに対して精神的優越を感じるかもしれないが、理知のするどさでは両者ほとんど甲乙をつけられないのだ。文明のおくれているこの人種の知力はけっして低いものではないし、精神的能力もけっして劣っているわけではない。

いっぽうヨーロッパ人は、非キリスト教徒の人種に対する精神的優越をいだかないでは、彼らと交われない。はじめて接触するときから、知的な見地での相互の位置がどうあろうとも、精神的には自分の方がつよいと感じている。事実にてらしてみて、この感情はほんとうなのである。われわれがインドを支配しているのは、インドの土民よりわれわれの方が賢いからでも、彼らより知力がありすぐれた才能があるからでもなく、精神的に彼らよりもつよいからである。われわれの優越は単に理知のするどさによるのではなく、人類の発達によってわれわれが達したより高度な精神的な性質のせいなのである。

たとえば、いちばん近い英国の兵士からは何百キロもへだたっているチトラルの城砦へとじこめられて、たよりになるのが土民部隊だけだった六人の英国将校が、四、五〇年前、英国人に猛烈に反抗して戦った同じ人種の人人から、援軍がやってくるまで七週間も長いのあいだ、何千という敵に対して味方になってくれたほどの愛着心を呼びおこすことができたのだ。その力はなんだったろうか。ケリー大佐の率いる少数の英国将校は、一兵も英国兵の支援なしに、ただ往時断固としてわれわれに反抗したその同じインド人だけをひきつれ、チトラル守備隊に時機を得た救援を与えることができたのだが、それはどうしてできたのだろうか。故国にいる英国人はどうしてやれたのか、しばしばふしぎがったのにちがいなく、その力がなんであろうとも、とにかくその力にたよらなければならない立場にあった人々も、それがどんな性質のものでありうるのか、同じくふしぎに思ったのである。

英国人がこうした仕事を行なうことができるのは、支配下にある人々より単に勇敢だからであるはずもない。英国人にくらべて、ほとんど負けないくらい勇敢な人種がインドにはいるのである。勇敢さでは、おそらくシーク人やグルカ人以上に出る人種は、この地上ではないといっていいだろう。いくら勇敢にしても、勇敢だけで英国将校がチトラルの城砦にふみとどまったのではなかろう。また、英国人が金を払えばいくらでも望みどおりに部下をはたらかせることができるから、というわけのものであるはずもない。英国人は彼らに金を払っていいない。彼らは自弁なのである。英国人のために戦うインドの土民に支払う金は、一シリングも英国からはもらっていない。事実は、インドの土民が支払う金を英国将校がもらうのである。英国の将校と兵士は、インドの土民から徴収する政府歳入から給料をもらう。だから、英国人のために戦う土民に英国人は金を払うのではなく、現実には、彼らの方が指揮命令をうけるので、英国人に支払っているのである！ インドにいるわれわれとして、そんな一見ふさわしくない方法に対して、大英帝国を保持できるなにかちがった手段があるのにちがいなく、そこで、われわれが手段として行なえる、たとえ唯一とは考えられないにしても主要な力は、同情心の力だと私には思われる。

インドにいる英国軍隊七万名の兵営の外へ、どこへでもいいから外国人にいってもらい、インド土民兵と直接関係のある仕事をやっている英国人を見学させるのがいい。土民軍連隊、土民地区、土民州の駐在官のところへもいってもらい、政府を代表して周囲の土民の群れと交わる仕事をやっている将校をながめてもらうのがいい。外国人がじっと注意してながめると、英国人の冷ややかな《他人顔》の外見にもかかわらず、受け持っている土民の利害を心の底では大いに考えているのがわかるだろう。土民と《兄弟関係》は結ばないかもしれない。また結びそうもないのと同時に、インドの土民は信用がおけないと外国人に話すだろう。それにもかかわらず、輩下のとくべつな土民は信頼して、その利害についてはぬかりなく世話を見てやっている。なんらかの意味で彼らが攻撃をうけたり、なにか不公平なことが企てられたりすると、しばしば自国政府に反抗しても土民の側に立つだろう。彼らを信頼している証拠として、命を投げだしたことすらあった。そん事例をたくさん述べることもできよう。

被統治者の利害についてのこうした関心が、英国人のインド支配のもっとも特徴とされる特質の一つである。ある英国人が長く同じ位置にとどまっていると、同情心が下にいる者にまでおよび、そのためしばしば上司に反対をするまでにいたっている。それはほとんど常時見かけることである。前総督とインド担当国務大臣が、前者は上院で、後者は下院で、われわれ自身の利益よりもまず被統治民の利益を最初に考慮しなければならないと言明したのを最近われわれは知っているわけである。被統治者に対する同情心の表示というこの同じ信念が、この英国に住んでいる政治家の単なる空虚な言説として口に上ったのではなく、現実にそれが実行に移された。インド土民軍反乱(一八五七―五八)の騒動のあった際、その土民兵をどんなに信用しているかを実際に示した人々のことを思いうかべるなら、だれもがそのことをみとめるにちがいない。彼らは周囲の他の連隊がすべて反乱状態にあったのに、英国人の同僚のところへいき、部下を中傷する連中には、いくら悪口を言っても信じる気はないのだと話し、次に部下のならんでいる方へいくと、信頼と確信を開陳して部下をしたがえさせたのだった。残念なことに、この将校たちはしばしば死におそわれた。しかし、その行為の基礎になっているこの信念は、けっしてまちがったものではない。成功をおさめたたくさんの事例でもわかる。また確信したため将校が苦汁をなめさせられた経験もあるが、それでもやはり成功をおさめたと思われる事実によってでもわかる。一八九五年のチトラルでは、その信念そのものがいかに真実で立派なものであったかの記録として、おそらくもっとも注目すべき一例があったのだろう。

とするなら、これこそ、この同情心の力、被統治者の利益を守ろうとするわれわれの心にふかく根を下ろしているこの性向こそ、われわれがインドを保持している主要な力なのである。何百万ものインド人を支配できるのは、この力を行使して、体力上の勇気の不足を補うからである。むろん体力も大いになければならないが、同情心の力がいつも最高の影響力となるのにちがいない。弱弱しい感傷主義ではなく、《過去の素朴な偉人たち》がかつて実際に示したような同情心と精神力である。現在われわれが占めている位置を得られたのは、われわれが理想としてこの力を持っているからだ。インドの歴史上、直接土民と交わるのに、体力のつよい人というより、賢明な人がえらばれた。そればかりではなく、ローレンス兄弟(兄ジョージ・S・P・ローレンス、陸軍少将、一八〇四―八四、弟ヘンリー・M・ローレンス、陸軍大将、一八〇六―五七、戦死)、ニコルソン(ジョン・ニコルソン、陸軍軍人、一八二一―五七)、エドワーズ(ハーバート・B・エドワーズ、陸軍大将、一八一九―六八)のような、同情心に対する不撓の精神的な目的と能力のある善良な人々がえらばれたのである。

ヨーロッパ人がひとたび高い精神的水準をあきらめ、みずからをいやしめてアジア人と通じた場合、こうかつな知的なやりとりをするとやられてしまう公算が多分にある、とはアジア人と交わったことのあるヨーロッパ人のあいだの公認事実である。しかし、あらゆる場合がそうではない。むろん、アジア人と同じく、抜け目のない小ずるいヨーロッパ人がいるからだが、圧倒的に多くの場合、するどく気転のきくアジア人が勝つのである。反対に、アジア人に対してヨーロッパ人のほんとうの影響が得られるなら、その場合は、その精神的性格の率直さや力づよさによることで、本来の理知的優越によることではけっしてないのである。ヨーロッパ人は目的に対する粘りづよさ、眼前の対象物に対する固執、その対象物の進歩に対する利己的な利益への無関心、周囲の人々に対する同情心などで、より大きな精神力を示すのである。このより高度な精神的発達の特徴のために、生来自分と同等の能力を持っている人々との競争に打ち勝つことができる。その人々は同じ《根性》すなわち決意を持たず、とりわけ他人の利益に対する私心の放棄を実行できず、キリスト教の教えが説き、ヨーロッパの人種に浸透している同情心を周辺の人々に対して持たず、たたかいに敗れる。ヨーロッパ人はこの道義の実行については完璧なものだが、負傷した英国の将校*が小馬から下り、代わりに負傷した僚友の土民兵に乗るようにすすめ、四方から敵の砲火をうけているのに、彼は歩き、いっぽう土民兵を小馬に乗せて安全な場所へ引き返させたという話をきくと、そういう道義がときどきうまく適用されているのを知るのである。そしてそれが、世界の非キリスト教徒よりもキリスト教人種の手で、より多くより徹底して適用されているので、キリスト教人種は、非キリスト教人種に対する優越を確立することができたのだった。

*〔原注〕 チトラルのレシュンにおけるR・E・ファウラー中尉。

多数の異人種のいろいろな人間についての経験を基にしたこの結論が正しければ、人類の発展は、冷ややかな小ざかしい知力を持ったより大きな才能のある者の方に現在向かっているのではなく、よりあたたかい、より豊かな血のながれている、より大きな心を持った人間の方に向かっている、という意見を支持するつよい議論が生まれるわけである。発展とは、現在、社会的存在としての人間に関することで、さまざまな社会がはげしい生存競争をたたかっているとき、社会の一員が自らの個人的な利益に属している社会全体の福祉に完全に従属させられるそんな社会が勝利をおさめる。キリスト教が形づくっている社会に対してほどこの道義がつよく足跡をのこしたことはない。その社会が現在世界のすべての社会の最尖端にあると考えるなら、それはその社会が信じているその道義固有の優越性のためである、と結論されないだろうか。

これは、一〇年間の探検旅行中、私の心にひとりでに生まれた《自然》と《人間》についてのさまざまな印象を、ある一つの焦点にしぼったとき、私の心を占めた考えなのである。ここで私の話を終わりにする。たぶんこれからさき探検の場となろうそのアフリカ海岸に接近しながら、私が述べてきた情景からはるかに遠い大西洋上で、この最後の言葉を書いている。これまでの旅行中、とうぜんのことながらいろいろ苦難を味わい、ある程度の危険もあった。いまではいよいよ味わいふかくかみしめている故国の慰安をはなれ、自然の真にいくべき場所をさまよい歩いたのを一度も後悔はしない。いまはもうすべての試練も忘れ去った。その試練が後退し過去の経験となるにつれて、しだいしだいにぼんやりとおぼろになる。しかし、旅行のつよいよろこびはのこっているし、自然の印象は永久に生き、のびそだつ。自然がひとたび正体を現わすときには、毎年毎年、われわれにさらにふかい印象を与えるのである。

この現世のすべての年月を通じ、
よろこびからよろこびへと、
先に立ってすすむのが自然の特権だ。
われわれの内なる心に自然がそう教え、
静穏と美の印象を与え、
高遠な思想の養いをもたらしうる。
もはや邪悪な言葉も、軽率な判断も、
利己的な人々の冷笑も、
親切心のないあいさつも、日常生活のわびしい交わりも、
われわれに対して勝ち目がなく、
われわれの愉快な信仰をかきみだすこともなく、
目にするすべてが祝福に満ちている。

# 解説

深田久弥

この本の劈頭に「わが母の霊へ」という献辞があり、「ロバート・ショーの妹としての母を通じて私は探検の精神を継承した」と書かれている。

ロバート・ショーはヘイワードと共に、ヒマラヤを越えてヤルカンドを経、中央アジアの平原に達した最初のイギリス人で、そのことを書いた彼の《High Tartary Yarkand and Kashgar》(John Murray, 1871)は、今でもわれわれ中央アジア・マニアにとって貴重な古典となっている。ヤングハズバンドの伝記を読むと、彼がまだ八つか九つの頃、探検旅行からイギリスへ帰ってきたばかりのショーに会っている。どんなに眼を輝かせて彼は伯父の話に耳を傾けたことであろう。

ロバート・ショーはその後ヤルカンドの政務官に任ぜられ、一年の間にその国の言語の文法書と語彙を編纂し、その国の歴史を書いた。彼は勇気のある有能な探検家であったのみならず、いろいろな種族の現地民に適応し、彼らから慕われ崇められる天分を持っていた。一八七八年マンダレー駐在官として三九歳の若さで死んだことは、当時のイギリスにとって大きな損失であった。

この伯父から探検精神を継承したというが、彼のうちには生まれながら勇敢な軍人の血が流れていた。古い時代まで溯ることのできる彼の家系で、最初に軍役についたのは玄祖父で、イギリスの海軍中佐であった。その長男は海軍大佐となり、ナイル戦役で勲を立てた。その息子のチャールスはイギリス砲兵隊の陸軍少佐であった。

このチャールスに五人の息子があり、その全部がインドの軍隊につとめた。その三番目のジョン・ウイリアム・ヤングハズバンド陸軍少将は一八四三年のシンド戦役に参加し、その後もインド西北国境に勤務したが、一八五六年傷病兵としてイギリスに帰り、クララ・ジェーン・ショーと結婚した。この夫人こそロバート・ショーの妹であり、本著者の母であった。

フランシス・エドワード・ヤングハズバンド、すなわちこの解説の主人公は三人息子のまん中に生まれた。兄はインド国境移動警備隊を指揮して、数回の戦闘に大きな手柄を立てた。弟は陸軍少将でやはりインド西北国境で活躍した。ほかに二人の姉妹があった。このように彼の一族は全くの軍人ぞろいであり、しかもインドに縁が深かった。

ちなみにヤングハズバンドという珍しい名前は、もとはオスワルドであった。それがオスボンまたオスバンと転訛し、祖先に二人の兄弟があってその若い方をヤング・オスバンと呼んだのが、やがてヤングハズバンドと変わったのである。

さて、わが主人公は一八六三年五月三一日に、インド西北国境の父の勤務地で生まれた。海抜二〇〇〇メートル、ヒマラヤの麓の美しい土地であった。幼年時代は幸福であった。私たちはよくヨーロッパの偉人の伝記で、豪毅な精神を父から、優雅な情操を母から、受け継いだという自白を読むが、ヤングハズバンドもその例にもれなかった。父の武士道的態度と健全な判断力、母の教養ある芸術的な才能。「誰も私の父や母よりすぐれた両親を持つことはできまい。私はほとんどすべてのものをこの二人に負っている」と彼自身も述べている。殊に父も母も信仰深かった。朝と晩のお祈りを欠かさず、日曜には二度も教会へ行った。後年ヤングハズバンドが熱烈な宗教生活に入ったのも、すでに幼年時代にその種がまかれていたのであろう。

ようやく少年になりかけた時、インドに勤務する家庭の子弟がたいていそうであるように、彼もイギリスで教育を受けるために、本国の田舎へ送られて、二人の叔母（父の妹）の膝下に入った。叔母たちは非常に厳格であった。少しでも間違ったことをすると革の鞭で打った。しかし彼は後年、両親についで恩恵を受けた人としてこの二人の叔母をあげている。

六歳の時彼はロンドンへ呼ばれて、父の親友のサー・ヘンリー・ローレンスの義妹といっしょに過ごした。叔母たちに比べて、彼女のもてなしの母らしいあたたかさは、少年に深い感銘をあたえた。（このローレンス嬢はのちにサー・ジョージ・ヤングと結婚した。イギリス山岳会の会長をしたことがあり、登山家として著名なジェフリ・ウインスロープ・ヤングが彼女の息子であるのも、不思議な縁である。）

クリフトンの学校を経て、サンドハーストの陸軍士官学校へ入ったのは、彼の一七歳の時だった。そこを終えて、一八八二年の夏、インドのミーラトにあった竜騎兵近衛連隊へ赴任した。八四年四月、彼は二か月半の休暇をあたえられた。その休みを利用して、ヒマラヤの低山地帯へ旅行を試みた話から、本書の第一章が始まっている。

しかしその前に、この本の出版元ジョン・マレー社について、私としては一言触れておきたい。外国の登山や探検や旅行の本の好きな人は皆そうであろうように、私もこの出版社から大きな恩恵を蒙っているからである。本書に緒言を書いている社主ジョン・マレーは何代目か知らないが、この会社の創立されたのは一七六八年、初代ジョン・マレーは海軍士官であったが、退役後何か有意義な仕事を残そうとして出版を選んだのであった。

われわれが今珍重している山岳の古典はたいていこの社から出版されている。有名なウインパーの『アルプス登攀記』を初めとして、ウエストンの『日本アルプス登山と探検』、フーカーの『ヒマラヤ紀行』、それから前記のロバート・ショーの中央アジア旅行記も、この出版社から出ている。ジョン・マレー社は創立以来二〇〇年になるが（こういう点にイギリスの伝統の強さがある）、今なおわれわれ山岳党・探検党にとっては大事な出版社である。

さて、本書の大部分は、著者の青年時代の劃期的大旅行、中央アジア横断記に費やされているが、その前に、一八八四年夏の、ヒマラヤ低山地帯の旅行のことが述べられている。これは別に未踏の新しいルートを歩いたわけではないが、しかし「この最初のヒマラヤ山地旅行から、私はすっかり探検熱にとりつかれて戻り、ひっきりなしに旅行記によみふけった。」

本書の最初で、この旅行は僅か一ページ半くらいに簡単にすまされているが、もしその詳細を知りたいかたは、それから四〇年後に書かれた彼の著書《Wonders of the Himalaya》の最初の二章をごらんになるがいい。やはりジョン・マレーからの出版で、一九二四年に出ている。この旅行はよほど印象深かったものとみえて、彼が六十代になってからも「私の最初のヒマラヤ山地ワンダリングは、これまで私が果たしたどの旅行よりも、切実な喜びをもって思い返すものである」と書いている。

一八八四年の末、彼はインダス川を渡ってアフガニスタン国境方面へ、調査のため派遣された。軍務以外の彼の最初の仕事であった。当時その地方は帝政ロシャの脅威下にあったから、イギリスとしては警戒の必要があったのである。

つづいて一八八五年の春、彼はシムラに駐在を命じられて、そこでカシミールの《Military Gasetteer》の校訂の仕事についた。任地には多くの本や地図があり、彼は自由にそれを見ることができた。その中には中央アジアへのロシャ進出の秘密文書もあり、彼が注意深くそれらを勉強している間に、ロシャは満州方面へ動き出すにちがいないと決断した。

彼は満州に異常な熱を持ち始めた。そしてその満州へ旅立つことができたのは、本書にもあるとおり、当時インドの郵政長官であったH・E・M・ジェームズのおかげだった。一八八六年三月、ジェームズとヤングハズバンドはカルカッタから船出して、満州の港牛荘《ニューチワン》へ向かった。

本書の初めの三章はこの満州旅行で占められている。しかし彼も言う通り、「満州旅行の詳細な話をのこらずするのが私の意図ではなく、それはすでに『長白山』というジェームズ氏の書物に述べられている。同書には、われわれの旅行の記述ばかりでなく、歴史、宗教、国民の風習などについての知識のうんちくが見られる。」

そのジェームズの《The Long White Mountain》（Longmans, Green, & Co. 1888）という本は、私も持っている。何と私のその本にはヤングハズバンド自筆の署名がある！　満州旅行記が《The Long White Mountain》（長白山）と題せられたのは、まず最初の目標がこの山へ上ることにあったからだろう。

一八八六年といえば明治一九年である。その後日本にとって宿命の地となった満州は、まだその当時はわが国にさえよくは知られていなかっただろう。満州と朝鮮の国境にそびえる長白山（別名《白頭山》）の方がわが国ではよく通用する）へ初めて日本から登山隊を送ったのは一九三四年（昭和九年）であった。それより五〇年も前にイギリス人がその頂上に立ったことを思えば、パイオニーアとしてのヤングハズバンドの経歴の古さが知られよう。

満州旅行を終えて北京へ到着した彼に、思いがけない前途がひらけた。それこそ世界探検史上でも特記される中央アジア横断の大旅行であった。本書の半分たらず、即ち第四章から第八章までは、その紀行に費やされている。読者のお楽しみを取っておくために、ここでくだくだしく旅行の内容は述べないでおこう。ともかく二四歳の若き中尉がよくもこの冒険的な大旅行を果たしたものである。

殊にゴビ砂漠の横断ルートは、古くからラクダ隊によって利用されていたが、白人でこれをたどるのは彼が最初であった。彼とシナ人の忠僕と八頭のラクダを曳く蒙古人――その小じんまりとした隊が、内蒙古の帰化城を発って、新疆省の東の門ハミまで、七〇日、一二五五マイル〔二〇〇八キロ〕(イギリス人は今日でも、高さはフィート、長さはマイルを固執する)の荒涼たる土地を歩いた。冒険好きの若い魂で、この記事に揺すぶられないものはないだろう。

ハミからカシュガルまでは、キャラバン・ルートの天山北道をたどったが、それから先はヤルカンドを経て、カラコラムのムスター峠を越えバルトロ氷河へ出た。ヒマラヤの好きな読者はここのところをあっさり読み過ごすことはできまい。カラコラム主脈北側のアギル山脈や、ヤルカンド川の支流シャクスガム川や、サルポ・ラッゴ氷河などを、初めて発見したのはこの旅行中であり、またK2の北面を眺めた最初の白人は彼であった。

一八八七年四月四日北京を出発して、インド(現在はパキスタン)の彼の所属連隊へ帰りついたのは一一月四日であった。これで彼の長途の旅行は全く終わりを告げた。「私の最高の希望は達せられ、北京の城門をラバに乗って出た時、非常に遠く、近寄ることが出来ないように思われていた目的地に、私は到着したのだった。」

それから二年後の一八八九年、彼は再びカラコラム主脈の北側へ派遣された。そのおもな目的は、インドからヤルカンドへ向かうキャラバン・ルートで、隊商がカンジュート人(フンザ人)に襲撃された事件の調査と、カラコラム主脈に通過可能の峠があるかどうかの探検であった。第九章から第一二章までがその記録である。ヤングハズバンドは数名のグルカ兵を護衛につけて出かけた。
第九章のスリナガルを発ってカラコラム峠を越えるまでのルートは、古来の隊商路であって、大谷探検隊の橘・野村の二人がその道を逆に歩いている。（本全集第九巻の大谷探検隊『シルクロード探検』には残念ながらその部分は省略されている。）

カラコラムの地勢に関心を持つ山岳家にとって非常に興味のあるのは、そのあとに続く三章である。この若い探検家はシャヒドゥラの根拠地からアギル峠を越えてシャクスガム川（本書ではオブラン川）へ出、ガッシャーブルム氷河とウルドック氷河を発見した。このウルドック氷河を源頭まで詰めてカラコラム主脈（本書ではムスター主脈）を越える鞍部を探検したが、悪天候のためそこまで達することはできなかった。これが《ヤングハズバンドのコル》と言われた鞍部で、現在はインディラ・コル（六三六〇メートル）と呼ばれている。このコルを越すとシアチェン氷河の源頭へ出るのだが、今になるまでまだ誰も越えた者はない。

さらに彼はシャクスガム川を下って、カラコラム主脈から北へ流れる大氷河を発見し、これをクレヴァス氷河と名づけたが、現在はスカムリ氷河と言われている。シャクスガム地域は一九三七年になってようやくシプトンによって踏査されたが、それまでは全くの未知の境であった。それから彼はシムシャル峠まで行き、引き返してヤルカンド川を下り、パミール高原のタグドゥムバシュへ達した。

カラコラムの山に興味のない人は、ヤングハズバンドのこの地域の記事に、少々退屈するかもしれない。詳細な地図を追って行かないと、探検紀行というものは無味乾燥になるからである。しかしその記事のあいだに、カンジュート人の城砦へ踏みこむスリルに満ちた話や、ロシヤの探検家グロムチェフスキーに出会うおもしろい話などあって、読者は十分にその退屈に報いられるであろう。

ヤングハズバンドの探検旅行は、パミール高原のタシュクルガンを発ってミンタカ峠を越えてフンザに出、スリナガルへの帰着をもって終わっている。このルートも古来の隊商路で、その後大谷探検隊も通っている。途中若干ルートの相違はあるが、その紀行は本全集の大谷探検隊の巻に載っている。

ヤングハズバンドはこの旅行中、数人の外国の探検家に出会った。『ヒマラヤ――その探検と登山の歴史』(田辺・望月訳、白水社) の著者メイスンはこう言っている。「特に外国問題が複雑だった当時、この無人の境で、ロシヤ人、フランス人、ドイツ人、そしてイギリス人が、味方同志の探検家としてにしろ、あるいは敵対する探検家としてにしろ、互いに出会っていて、しかもいずれも正規の旅券などは全く持たずに入りこんでいたということは、まことに好奇心をそそる一面を物語っている。」まことにアムビシャスな探検家にとって、よき時代の、よきフィールドであったと言うことができよう。

その探検家同志の友誼と敵対が現われた事実を、私たちはその次のヤングハズバンドの旅行記 (第一三、一四、一五章) に読むことができる。一八九〇年、彼はパミール高原一周の旅行を命じられた。当時パミールは、北はロシヤ、東はシナ、南はイギリス、この三大帝国の勢力のせめぎあう土地であった。彼は、後にカシュガルの総領事になったジョージ・マカートニーと共に、パミールを通ってカシュガルに行き、そこで一冬を過ごした。滞在中に、揚子江上流で土民に殺されたフランスの探検家デュトルーユ・ドゥ・ランスや、第一次中央アジア探検途上のヘディンなどに会って、親交をあたためた。

翌年七月カシュガルを出発してインドへ帰るルートを、ヒンドゥークシュ越えに採った。その途中で一つの重大な《国境事件》がおこったのである。コーラ・ボルト峠の北麓に露営していたヤングハズバンドは、有名なコサック兵をつれたロシヤのヨノフ大佐に出会った。ロシヤの野心は、パミールを併合し、あわよくばアフガニスタンまでわが物にしようとねらっていた時期で、ヨノフはそのために派遣されていたのである。両国の探検家は晩餐を共にして友誼をあたためたが、一日二日してから、ヨノフは政府からの命令だと言ってヤングハズバンドに退去を迫った。

二人は紳士的な態度で別れたが、この事件がイギリス政府に報告され、ロンドンのロシヤ大使はヨノフ大佐の行動が違法であったことを認めざるをえなくなった。地図を見ると、パミールとパキスタン (当時は英領インド) の間に、アフガニスタンの細長い領土が帯のように走っている。この奇妙な形は、この事件の結果であり、これが両国の勢力の緩衝地帯となったのである。

イギリスはこの方面の重大さにかんがみて、一八九二年ヤングハズバンドを初代政務官としてフンザに送った。これほど適任はなかった。彼は現地民からあたたかく迎えられた。翌年チトラル派遣団に参加した彼は、そこに残り、初代チトラルの政務官となった。第一六章と一七章にその経験や感想が書かれている。その中に、後年エヴェレスト登山隊長となったC・G・ブルース（当時は中尉）も出てくる。

本書は、ヤングハズバンドの一八八四年から九四年までの、肉体的にも最も張り切った時代の探検旅行記録であって、おそらく彼の多くの著書の中で第一級のものであろう。イギリスの青年に大きな影響を与え、その中から後年有名な探検家や登山家が幾人も出た。

本書の解説はこれで終わるが、その後のヤングハズバンドの事績を簡単につけ加えておこう。

一八九四年、チトラルに在任中の彼は、そこへ巡回してきたインド総督のカーゾン卿に出会った。総督はヤングハズバンドの器量に惚れこんで、やがてチベットへの使節団の指揮を彼に任じた。

彼の生涯で、イギリス人に大きな衝撃をあたえた事件が二つある。一つは中央アジア横断、もう一つはチベットへの進出であった。一九〇三年から四年へかけて、彼は本国政府のロシヤを顧慮する軟弱外交を押しきり、軍隊を率いてチベットに入り、ラサに進駐した。そしてチベットにおけるイギリスの優位を確保する条約を結んだ。

この重大な事件は、進駐軍に随行した人たちによって数冊の本が書かれているし、彼自身にも《India and Tibet》(1910) の著がある。しかしこの遠征中のヤングハズバンドを最も精彩をもって描いたのは、ピーター・フレミングの《Bayonets to Lhasa》(1961) であろう。これほどおもしろい本はちょっとない。ちなみにフレミングは本全集第一四巻『ダッタン通信』の著者である。

以上は、探検家、軍人、外交官、行政者としての彼の偉大さを示すものだが、さらに山岳家としての功労を忘れてはなるまい。イギリスのエヴェレスト登山の源をたどると、ヤングハズバンドに行き当たるのである。すでに一八九三年チトラルへ行く道で、彼はC・G・ブルースと共にその登山のことを話しあっている。一九〇七年イギリス山岳会五〇年の記念事業として、エヴェレスト登山を提案したが、国の外交政策に妨げられて実現を見なかった。

第一次世界大戦が終わって、一九一九年三月、ロンドンの王室地学協会の会合で、再びエヴェレスト遠征の動議が出た。まっさきに熱意を示したのがヤングハズバンドで、同年彼が王室地学協会長に就任すると、直ちに山岳会と協同してエヴェレスト委員会を作り、彼自らその委員長をかねた。そしてついに一九二一年登山隊を送り出すまでに、彼の尽くした功績は大きかった。

彼がいかにエヴェレストに熱意を持っていたかは、次の二名著によっても察しられる。《The Epic of Mount Everest》(1926)（田辺主計訳『エヴェレスト登山記』第一書房、一九三一年）および《Everest, the Challenge》(1927)である。

ヤングハズバンドは小柄ではあったが、頑丈な作りで、濃い眉と口髭を持ち、その青い眼は刺すように鋭かった。晩年は神秘的、哲学的になり、《The World Congress of Faiths》（世界信仰協議会）を創立して、その知的エネルギーを、神および信仰に関する多くの著作に費やした。彼こそまことに行為人と思索人との稀な結合であった。一九四二年、八〇歳に近い長い生涯を終わった。彼の伝記としては、George Seaver:《Francis Younghusband, Explorer and Mystic》(1952)がすぐれている。

本書は《The Heart of a Continent》(1896)の日本最初の全訳である。一九三九年朝日新聞社から大陸叢書第一巻として、ヤングハズバンド著・筧太郎訳『ゴビよりヒマラヤへ』が出たが、それは本書の訳ではない。ヤングハズバンドは《The Heart of a Continent》の中の中央アジア横断の部分だけを、一般向きにごく平易に書き縮めて、《Among the Celestials》(1898)を出した。『ゴビよりヒマラヤへ』はその全訳である。

＊

**深田久弥氏解説中に「西域探検紀行全集」あるいは「本全集」とあるのは、本選集の元になった全15巻の全集を指します。**

本書の初版は『西域探検紀行全集』の第5巻として
1966年7月に小社より刊行された

西域探検紀行選集（全6冊）
カラコラムを越えて
二〇〇四年五月二〇日印刷
二〇〇四年六月一〇日発行
訳者© 石《いし》一《いち》郎《ろう》
発行者 川村雅之
装幀者 田淵裕一
印刷所 株式会社三陽社
発行所 株式会社白水社
東京都千代田区神田小川町三の二四
電話 営業部〇三（三二九一）七八一一
編集部〇三（三二九一）七八二一
振替 〇〇一九〇－五－三三二二八
郵便番号一〇一－〇〇五二
http://www.hakusuisha.co.jp
乱丁・落丁本は、送料小社負担にてお取り替えいたします。
松岳社（株）青木製本所
ISBN4-560-03147-9
Printed in Japan

深田久弥／長澤和俊
## シルクロード
過去と現在

《シルクロード踏査隊》の成果をもとに、地域・時代別に考察、さらに帰国後の研究を加えシルクロードの歴史と文化交流のあとを歴史的・美術的・探検史的視野から概説。
A5変型判　298頁+口絵40頁　定価3568円

深田久弥
## 中央アジア探検史

アレキサンダー大王の東征から二十世紀初頭まで、東西交渉の治乱興亡をたどり、英雄、探検家、仏教徒らの群像を学殖を傾けて語る。
A5変型判　562頁+口絵5頁　定価7560円

オーレル・スタイン
## 砂に埋もれたホータンの廃墟

ヘディンと並び称される探検家の第一次中央アジア踏査行の全記録。砂中に眠る古代都市を発掘・調査し、厖大な遺物を収集した。山口静一／五代徹訳
A5判　458頁　定価7980円

ハインリヒ・ハラー
## チベットの七年
ダライ・ラマの宮廷に仕えて

ヒマラヤ遠征に参加中、大戦勃発でインドへ抑留されたが脱走、禁断の都ラサへ……そこでの幼いダライ・ラマとの心あたたまる交流。福田宏年訳
A5判　402頁+口絵20頁　定価4725円

ピーター・ホップカーク
## チベットの潜入者たち
ラサ一番乗りをめざして

禁断の国チベットは、命を賭けて聖都めざした西欧列強のスパイ、軍人、登山家たちによって、いかにその秘密のヴェールをはがされていったのか？　今枝由郎他訳
四六判　336頁　定価2940円

デイヴィッド・スネルグローヴ
## ヒマラヤ巡礼

英国の仏教学の碩学がネパール西部のチベット人居住区を探索・記録した紀行の名著。仏像や壁画への造詣、最奥トルボ地方の記述は圧巻。吉永定雄訳
四六判　382頁+口絵8頁　定価3045円

定価は5％税込価格です.　(2004年5月現在)
重版にあたり価格が変更になることがありますので，ご了承下さい.